马克思主义理论研究
和建设工程重点教材

U0893032

城市社会学

《城市社会学》编写组
主　编　蔡　禾
副主编　陈映芳
主要成员
（以姓氏笔画为序）
卢俊秀　朱健刚　李　怀
李丽梅　何艳玲　张文明
桂　勇　梁玉成　黎熙元
魏　伟

高等教育出版社·北京

二维码资源访问

使用微信扫描本书内的二维码,输入封底防伪二维码下的20位数字,进行微信绑定,即可免费访问相关资源。注意:微信绑定只可操作一次,为避免不必要的损失,请您刮开防伪码后立即进行绑定操作!

图书在版编目(CIP)数据

城市社会学/《城市社会学》编写组编. -- 北京 : 高等教育出版社, 2022.9(2023.7重印)
马克思主义理论研究和建设工程重点教材
ISBN 978-7-04-058380-9

Ⅰ. ①城… Ⅱ. ①城… Ⅲ. ①城市社会学-高等学校-教材 Ⅳ. ①C912.81

中国版本图书馆CIP数据核字(2022)第038920号

城市社会学
CHENGSHI SHEHUIXUE

责任编辑 张婧涵　　封面设计 王　鹏　　版式设计 童　丹　　插图绘制 邓　超
责任校对 高　歌　　责任印制 刘思涵

出版发行	高等教育出版社	网　　址	http://www.hep.edu.cn
社　　址	北京市西城区德外大街4号		http://www.hep.com.cn
邮政编码	100120	网上订购	http://www.hepmall.com.cn
印　　刷	高教社(天津)印务有限公司		http://www.hepmall.com
开　　本	787mm×1092mm　1/16		http://www.hepmall.cn
印　　张	21.5		
字　　数	360千字	版　　次	2022年9月第1版
购书热线	010-58581118	印　　次	2023年7月第2次印刷
咨询电话	400-810-0598	定　　价	43.00元

本书如有缺页、倒页、脱页等质量问题,请到所购图书销售部门联系调换
版权所有　侵权必究
物 料 号　58380-00

目　录

绪　论

诞生于19世纪中叶的社会学是为了回应工业化带来的社会巨变及社会问题，对现代性作出解释的一门学科，这种社会巨变和社会问题是与城市化相伴随的，并主要在城市空间中得到展现。因此，城市社会学是社会学中形成较早的一门分支学科。

第一节　城市社会学的学科属性

一、城市社会学的研究对象与基本问题

城市社会学作为社会学的一个分支学科，是运用社会学的一般理论和方法，以城市社会为研究对象的学科。

在社会学家看来，城市是相对于农村而言的人类生活共同体形式，城市化是伴随着工业化而出现的具有普遍性的发展趋势。因此，关注从农业社会向工业社会、从乡村社会向城市社会的转型过程及其城乡关系，分析伴随这一转型而出现的社会结构和社会过程是整个社会学学科的使命。以芝加哥学派为起点的城市社会学家秉承了这一学科使命，他们把研究重点放在城市这一人类生活共同体的整体形态和特征上，而非仅仅关注社会生活的某一个具体方面，这也使城市社会学具有不同于其他专门分支社会学的特征。

纵观城市社会学的发展历史，在发达国家基本消除了城乡差别，进入城乡一体化阶段以后，城市社会学作为一门独立的分支学科并没有衰落，相反，在20世纪70年代它迎来了一个以新城市社会学为代表的发展高峰。这意味着城市社会学并非只是一个关于城市的社会学研究的集合，作为一门社会学分支学科，它有其存在和发展的客观基础和理论逻辑。当今城市社会学家不再纠缠于如何去发现一个“有自己独特的、其他学科难以替代的研究对象”①，而是力图从城市社会学的发展历史中去发现这个学科的基本问题。霍利认为，科学应该是根据它做了什么而不是事先为其界定一个领域来限定，它必

---

① 荣玥芳、高春凤主编：《城市社会学》，华中科技大学出版社2012年版，第2页。

须有若干没有被其他学科范围涵盖的核心问题，并且能应用科学技术来研究。①因此，仅仅靠前面的定义来理解城市社会学是不够的，我们需要回到城市社会学的历史中，梳理城市社会学的经典著作和研究，发现城市社会学的核心问题。

如果梳理一下城市社会学研究的传统，不难看到以下两点：第一个传统是把城市看作一种生活形态，研究诸如家庭、邻里、朋辈、社区、种族、阶级、阶层、亚文化群等城市生活群体是如何伴随着城市化过程而逐步适应或产生冲突，形成诸如认同与歧视、融合与排斥等概念和理论。第二个传统是对“空间”的关注。城市社会学在分析社会现象时，会将其置于空间的视野中，探讨群体、关系、活动的空间关系及其背后的社会过程。例如，虽然社会分层是社会学学科独立的研究领域，但是从空间和区位的角度来研究社会分层，进而形成诸如隔离、入侵、替代等概念和理论，借以分析社会群体之间的适应和冲突如何在空间中展现则是城市社会学的特征之一。

研究传统表明，城市社会学一直围绕着“人类群体生活与城市环境的关系”这一核心问题展开，从美国社会学家帕克等人的《城市：有关城市环境中人类行为研究的建议》一书的书名中便可见一斑。

威廉·弗拉纳根认为，要说明城市社会学与其他分支社会学的区别，不在于这个现象是发生在城市还是农村，而在于“行为与关系的哪些方面是城市影响的后果”②。伊夫·格拉夫梅耶尔强调，城市社会学特别关注的问题是，在城市化环境中，社会生活的方方面面以何种方式展开、配合和相互影响，而这种城市化环境是社会生活的各方面一起造就的，同时又是社会生活各方面的外壳。③ 概括而言，城市社会学研究基本上围绕着核心问题在两个方面展开：一是人类群体生活与城市环境的关系在空间结构上的展现，焦点问题是在变迁着的城市环境下，群体、组织的区位结构问题；二是人类群体生活与城市环境的关系在社会结构上的展现，焦点问题是在变迁着的城市环境下，邻里、种族、阶级等人类群体的结合和冲突。

---

① A. Hawley, *Human Ecology: A Theory of Community Structure*, Ronald Press, 1950, p. 7.

② William G. Flanagan, *Urban Sociology: Image and Structure* (3rd), Simon & Schuster Inc., 1998, p. 5.

③ ［法］伊夫·格拉夫梅耶尔：《城市社会学》，徐伟民译，天津人民出版社 2005 年版，第1—2 页。

二、城市社会学的学科特征

（一）城市社会学与其他分支社会学的关系

相较于其他分支社会学，城市社会学的特点可以从主要研究对象方面来理解。从研究对象的定义来看，其他分支社会学基本上是以社会生活的某一个方面或某一领域为主要研究对象。家庭社会学是运用社会学的理论和方法研究婚姻家庭的变化；经济社会学是运用社会学的理论和方法研究经济和社会的相互关系以及经济运行过程中经济因素和非经济因素的相互影响规律；消费社会学是运用社会学的理论和方法研究消费行为、消费文化、消费制度、消费问题。城市社会学并非以城市社会生活的某一方面或某一领域为主要关注对象，而是以城市整体为对象，以城市社会为主体，揭示人、社会与环境之间的关系，是把城市作为人类社会行为、社会关系、社会过程得以展现的空间与环境，分析城市是如何塑造社会生活的一门学科。

（二）城市社会学与主要相关学科的关系

城市作为一种社会存在、一种历史现象，成为其他许多学科的关注领域，城市研究在其他许多学科里都成长为一个独立的分支学科，以至于形成了一个以“城市学”为标识的学科群，城市社会学正是这个学科群的一员。了解城市社会学与其他有关城市研究的几个主要学科的关系，有助于我们把握城市社会学的学科特点。

1. 城市社会学与城市经济学

城市经济学主要研究在城市产生、成长、城乡融合的整个历史过程中，城市经济产生和发展的基础、条件、过程、特点和规律，研究城市内部经济结构和外部关系、空间结构与经济活动的关系以及城市财政和城市经济问题。[①] 城市社会学同样研究城市经济现象，但城市社会学注重研究经济发展与其他社会因素的关系，注重对城市经济过程的非经济解释，尤其关注城市经济发展和城乡经济互动带来的人口流动、社会结构变迁和社会差别等现象。

2. 城市社会学与城市地理学

城市地理学主要研究城市的形成、发展、空间结构和分布规律，是从区域的空间组织和城市内部的空间组织两种地域系统来考察城镇的空间组织，重视

---

① 《中国大百科全书》总编委会：《中国大百科全书》（第二版）第3辑，中国大百科全书出版社2009年版，第484—485页。

城市地域结构、土地利用、生态系统与城市职能和城市体系之间的关系。① 城市社会学也关注城市人口、经济、文化等各种活动或组织的空间关系，但研究重点不在于解释物理空间，而是要研究物理空间中呈现的社会空间，以及人们的社会活动、群体的聚落、相互交往的社会关系在物理空间上的展现，分析这种社会空间形成的经济、政治和社会因素。

3. 城市社会学与城市规划学

城市规划学是以城市和区域发展研究、土地和空间使用安排和决策、规划实施管理为核心的知识体系，旨在认识城市建设和发展规律、预测城市未来发展趋势、预先综合安排各类城市建设和发展活动、保证城市规划得以实施，为解决城市发展问题、建设美好人居环境的实践活动提供理论和知识。② 城市规划学的研究对象偏重于城市的物质形态和物理空间，城市社会学则偏重于城市的社会形态和社会空间；城市规划学强调规划的科学性、技术性和工程性，城市社会学则强调规划的社会、文化乃至政治后果，关注规划中的权利与公平问题。

4. 城市社会学与城市历史学

城市历史学是从历史学的角度研究城市的起源、发展、嬗变以及城市化的进程，各个历史时期都是城市史研究的重要内容。城市实体和城市文化的多面性使城市历史学容纳不同学科的学者进行单学科的、多学科的、跨学科的、宏观的、微观的、比较的研究。③ 城市社会学主要研究工业化以来的城市化过程和城市社会，侧重于研究城市情境如何影响人们的社会关系和社会行为，以及社会群体之间的分化、隔离、融合、冲突与秩序。

第二节 城市社会学的发展

一、马克思主义与城市社会学

虽然作为一个学科的城市社会学是在马克思、恩格斯之后形成的，

① 《中国大百科全书》总编委会：《中国大百科全书》（第二版）第3辑，中国大百科全书出版社2009年版，第473—474页。

② 孙施文：《我国城乡规划学科未来发展方向研究》，《城市规划》2021年第2期，第23页。

③ 陈恒：《关于城市史研究的若干思考》，《华东师范大学学报》（哲学社会科学版）2019年第5期，第194—243页。

马克思、恩格斯也没有直接运用过“城市社会学”这个概念，但是马克思主义对城市社会学的发展产生了重要影响，主要体现在两个方面。一是马克思主义关于社会存在决定社会意识、生产力决定生产关系、经济基础决定上层建筑等历史唯物主义的基本原理，关于人类社会基本形态划分及其一般发展规律的观点，为城市社会学研究提供了科学的立场、观点和方法的指导。二是马克思、恩格斯对资本主义社会展开的系统研究涉及城市的产生和发展、城乡关系、城市社会阶级结构和城市社会空间结构、城市社会问题等城市社会学主要领域的基本观点，为城市社会学研究提供了丰富的思想精华。

马克思、恩格斯认为，城市是一定历史阶段的产物，是生产力发展和劳动分工的结果。“一个民族内部的分工，首先引起工商业劳动同农业劳动的分离，从而也引起城乡的分离和城乡利益的对立。”① 在原始社会向奴隶社会过渡时期，部落成员“用石墙、城楼、雉堞围绕着石造或砖造房屋的城市，已经成为部落或部落联盟的中心”②。不过这时的“城市”仅仅体现了“城”的功能，还不具备商品交易的“市”的含义，真正意义的城市产生于人类社会从原始社会进入奴隶社会后。历史发展的阶段性不同，城市的性质也不同。“古典古代的历史是城市的历史，不过这是以土地所有制和农业为基础的城市；亚细亚的历史是城市和乡村的一种无差别的统一（真正的大城市在这里只能干脆看做王公的营垒，看做真正的经济结构上的赘疣）；中世纪（日耳曼时代）是从乡村这个历史的舞台出发的，然后，它的进一步发展是在城市和乡村的对立中进行的；现代的［历史］是乡村城市化，而不像在古代那样，是城市乡村化。”③

马克思、恩格斯对城市的讨论始终置于城乡关系的历史脉络中，他们认为，在私有制条件下，城乡分离是与城乡对立相伴随的。“城乡之间的对立是随着野蛮向文明的过渡、部落制度向国家的过渡、地域局限性向民族的过渡而开始的，它贯穿着文明的全部历史直至现在。”④ 因为，“城市和乡村的分离，立即使农村居民陷于数千年的愚昧状况，使城市居民受到各自的专门手艺的奴役。它破坏了农村居民的精神发展的基础和城市居民的肉体发展的

① 《马克思恩格斯文集》第 1 卷，人民出版社 2009 年版，第 520 页。
② 《马克思恩格斯文集》第 4 卷，人民出版社 2009 年版，第 182 页。
③ 《马克思恩格斯文集》第 8 卷，人民出版社 2009 年版，第 131 页。
④ 《马克思恩格斯文集》第 1 卷，人民出版社 2009 年版，第 556 页。

基础”①。“资本主义生产使它汇集在各大中心的城市人口越来越占优势，这样一来，它一方面聚集着社会的历史动力，另一方面又破坏着人和土地之间的物质变换”②。城市虽脱胎于乡村，却支配着乡村。马克思、恩格斯指出，资本主义制度下的城乡对立已成为社会发展的严重羁绊，而这是资本主义社会自身无法克服的。因为“城乡之间的对立只有在私有制的范围内才能存在。城乡之间的对立是个人屈从于分工、屈从于他被迫从事的某种活动的最鲜明的反映”③。要消灭城乡对立就要消灭私有制，消灭旧的社会分工，城乡关系发展的最终出路在于城乡融合。“城市和乡村的对立的消灭不仅是可能的，而且已经成为工业生产本身的直接需要，同样也已经成为农业生产和公共卫生事业的需要。只有通过城市和乡村的融合，现在的空气、水和土地的污染才能排除，只有通过这种融合，才能使目前城市中病弱群众的粪便不致引起疾病。”④

马克思、恩格斯坚持从生产力发展、劳动分工等方面来认识城市社会结构。“在封建制度的繁荣时代，分工是很少的。每一个国家都存在着城乡之间的对立；等级结构固然表现得非常鲜明，但是除了在乡村里有王公、贵族、僧侣和农民的划分，在城市里有师傅、帮工、学徒以及后来的平民短工的划分之外，就再没有什么大的分工了。”⑤ 也就是说，在古代社会，城市里的社会分工相对简单，等级秩序也没有乡村分明。而产业革命让工业化和城市化交织并起，“新的工业总是需要大批常备的工人来供给无数新的劳动部门……工业把劳动集中到工厂和城市；工业活动和农业活动不可能结合在一起了……城市人口增加了两三倍，这些增加的人口几乎全是工人”⑥。越来越多的人口从农业生活中分离出来，被吸纳进入居于城市的现代化工厂成为产业工人，这些失去土地进入城市的农民成为彻底的无产者，靠出卖劳动力维持生活。在资本主义大工业的挤压下，越来越多的小商人、小业主、小企业主破产，跌落进无产阶级队伍中。城市社会日益分裂为无产阶级和资产阶级两大阶级，相对于早期城市，资本主义城市社会的阶级结构更为简单，但是阶级分化日益加深，工人阶级与资产阶级之间的不平等不断扩大，阶级矛盾更加尖锐，由此引发的城市社

① 《马克思恩格斯文集》第 9 卷，人民出版社 2009 年版，第 308 页。
② 《马克思恩格斯文集》第 5 卷，人民出版社 2009 年版，第 579 页。
③ 《马克思恩格斯文集》第 1 卷，人民出版社 2009 年版，第 556 页。
④ 《马克思恩格斯文集》第 9 卷，人民出版社 2009 年版，第 313 页。
⑤ 《马克思恩格斯文集》第 1 卷，人民出版社 2009 年版，第 523 页。
⑥ 《马克思恩格斯文集》第 1 卷，人民出版社 2009 年版，第 107 页。

会问题也日益严重。

马克思主义不仅在宏观理论上，还通过大量的社会调查揭示了资本主义的城市社会问题并提出了解决问题的根本出路。在《乌培河谷来信》《英国工人阶级状况》《论住宅问题》《社会主义从空想到科学的发展》等著作中，恩格斯对劳动境遇、生活贫困、住宅短缺、空气污染、公共卫生、犯罪等一系列呈现在资本主义城市中的社会问题作了极为翔实的描述，为我们展现了那个时代城市工人阶级的悲惨境遇。“无家可归的人挤在大城市的贫民窟里；一切传统的血缘关系、宗法从属关系、家庭关系都解体了；劳动时间，特别是女工和童工的劳动时间延长到可怕的程度；突然被抛到全新的环境中的劳动阶级大批地堕落了。”① 恩格斯认为，尽管“大城市人口集中这件事本身就已经引起了不良后果”②，但是导致资本主义城市社会问题的根本原因在于资本主义生产方式。恩格斯在讨论解决城市住宅问题时指出，“当资本主义生产方式还存在的时候，企图单独解决住宅问题或其他任何同工人命运有关的社会问题都是愚蠢的。解决办法在于消灭资本主义生产方式，由工人阶级自己占有全部生活资料和劳动资料”③。

马克思主义对城市社会学的理论贡献还体现在恩格斯“对资本主义社会结构与城市空间结构、这种社会地理和劳动阶级之间的阐述”④ 上。在恩格斯的笔下，我们可以看到曼彻斯特城市中心有一个巨大的商业区，围绕着这个中心的是一个平均宽度一英里半的带状工人住宅区，这里人口高度密集，街道乱七八糟，卫生条件恶劣，房子摇摇欲坠，工人阶级苦苦求生。在工人住宅区之外，靠得较近的是有着整齐街道的中产阶级居住区。再远一些、地势再高一些的是上层阶级的别墅，他们生活在花园环绕、华丽舒适的住宅里，享受着对健康有益的乡村空气，而且有便利的公共马车将他们与城市中心连接起来。正如艾拉·卡茨纳尔逊所指出的，“在对曼彻斯特这种社会形态学的陈述中，恩格斯开辟了对城市空间结构的分析，其中包括城市的分区与辐射轴；住宅的地理和状况；公共交通和上班线路；郊区与中心商业区的开发；工作场所与住宅之间的关系；阶级内部与阶级之间社会互动的空间布局”⑤。

---

① 《马克思恩格斯文集》第 9 卷，人民出版社 2009 年版，第 392 页。
② 《马克思恩格斯文集》第 1 卷，人民出版社 2009 年版，第 409 页。
③ 《马克思恩格斯文集》第 3 卷，人民出版社 2009 年版，第 307 页。
④ ［美］艾拉·卡茨纳尔逊：《马克思主义与城市》，王爱松译，江苏教育出版社 2013 年版，第 142 页。
⑤ ［美］艾拉·卡茨纳尔逊：《马克思主义与城市》，王爱松译，江苏教育出版社 2013 年版，第 146 页。

马克思、恩格斯对城市社会的相关研究和论述奠定了马克思主义城市社会学理论的基础。

二、西方城市社会学的发展

（一）古典社会学阶段

古典社会学阶段是指19世纪中叶到20世纪初叶。这一阶段有著名的古典社会学家涂尔干、韦伯、齐美尔和滕尼斯等。对于绝大多数古典社会学家而言，他们的主要注意力放在宏观社会变迁上，而非把城市作为专门的研究对象，因此并没有发展出专门的关于城市的社会学理论。但是，古典社会学家关于社会学一般理论的建构中包含诸多关于城市社会的论述，这些论述为西方城市社会学后来的发展提供了思想来源。

韦伯（1864—1920）从历史社会学的角度研究了西方古代与中世纪城市的形成，其观点主要体现在《非正当性的支配——城市的类型学》中。韦伯从社会、经济、政治三个方面来定义城市。从社会学的角度看，城市是一个巨大的居住密集的聚落，其特征是各家户紧密相接，但彼此之间熟悉度不高，主要从事非农业活动。从经济的角度看，城市"拥有一个市场，构成聚落的经济中心，在那儿，城外的居民和市民——基于一既存的专业生产的基础——以交易的方式取得所需的工业产品和商品"①。从政治的角度看，城市应该有"自己的法庭以及——至少部分的——自己的法律"和"至少得有部分的自律性与自主性"。② 在以上城市特征下，市民以行会等地方性团体形式组织起来，以某种方式参与市政，一个代表市民的共同体得以形成。在他看来，市民对城市政治事务的参与、相对独立的自律和自治共同体的形成，是西方城市得以形成和发展的关键。韦伯也由此出发比较了东西方城市的差别，认为彼此最大的差别在于，"在东方我们从未发现城市——以工商业为主，且相对而言较大的聚落——的居民对当地行政事务的自律权力及参与的程度"，"亚洲的城市不存在有类似西方可以代表市民的共同体（例如市参政会）"③。

---

① ［德］马克斯·韦伯：《韦伯作品集Ⅵ：非正当性的支配——城市的类型学》Ⅵ，康乐、简惠美译，广西师范大学出版社2005年版，第3—4页。

② ［德］马克斯·韦伯：《韦伯作品集Ⅵ：非正当性的支配——城市的类型学》Ⅵ，康乐、简惠美译，广西师范大学出版社2005年版，第23页。

③ ［德］马克斯·韦伯：《韦伯作品集Ⅵ：非正当性的支配——城市的类型学》Ⅵ，康乐、简惠美译，广西师范大学出版社2005年版，第27页。

在涂尔干（1858—1917）和滕尼斯（1855—1936）关于社会变迁的宏观分析中，城市被加以类型化，被作为与传统的社会类型相对的一种类型而置于结构与变迁的分析中。涂尔干的观点集中体现在他的《社会分工论》一书中。涂尔干将社会类型化为机械团结型社会与有机团结型社会，认为人类社会存在从机械团结型社会向有机团结型社会变化的趋势，而分工是导致这一变化的动力。在他看来，乡村社会是机械团结型社会。在机械团结型社会里，劳动分工不发达，人们从事的是大致相同的工作，有着共同的生活方式，享有共同的价值和信仰，强烈的集体意识将人们团结在一起，法律凸显的是对违反集体意识的惩罚。而在有机团结型社会里，人与人之间的劳动分工复杂化，彼此从事着不同的职业和工作，由此导致人与人之间的互相依赖，形成所谓的有机联系。在有机团结的社会里，集体意识的强度和控制范围缩小，法律凸显的是对客观秩序的恢复。涂尔干认为，大城市具有有机团结的特征，因为大城市人口密度的增加减弱了集体监督，复杂的劳动分工使人们相对独立，个体在生活中有了更多的选择。“城市生活变化的如此之快，以至于各种信仰、品味和情绪都在不断地演变着。”① 由此传统的集体意识难以维持，社会团结发生变化。

滕尼斯在他的《共同体与社会》中，把社会类型划分为共同体与社会两种类型。在滕尼斯看来，共同体和社会的区分本质上是由把人们结合为一个整体的社会关系类型所决定的，乡村属于共同体类型，而城市属于社会类型。在共同体中，经济分工不发达，价值观比较一致，流动性很低；人与人之间的关系建立在情感、传统和共同纽带的基础上，人与人之间亲密性高、情感联系紧密、道德约束感强，彼此之间的认同和“我们”意识较强烈。城市属于社会类型，相对于共同体，社会建立在工具理性、个人主义和情感祛魅的基础上，家庭、邻居等自然纽带作用松弛，法团组织代替传统组织成为社会的组织基础，契约和法律是把人们约束在一起的主要规范，维护着社会的秩序。滕尼斯认为，伴随着城市化发展，社会无可避免地会取代共同体成为主导类型，不过滕尼斯对共同体表现出极大的怀念，对社会则持批评态度。

齐美尔（1858—1918）对城市社会学的贡献突出体现在他对大城市与人的精神和心理特征之间关系的讨论上，其代表作是《大城市与精神生活》。齐美

---

① ［法］埃米尔·涂尔干：《社会分工论》，生活·读书·新知三联出版社 2000 年版，第 253 页。

尔认为，货币经济统治着大城市，准时、计算性、精确性被大城市存在的复杂性和扩展强加在生活之上，这些特征一方面有助于排除非理性和本能的冲动，但另一方面也导致对人和事务采用实用主义态度，形式公正经常与不为他人着想的冷漠结合在一起。货币以它那毫无色彩性和中立性而变成所有价值的共同单位；它不可避免地挖空了事物的核心、特殊价值和不可比性。另外，大城市不像乡村和小城镇那样，居民之间相互熟悉，有着积极的联系，这促进了人们的自由自主，但也经常不能清晰地了解多年来一直是我们邻居的那些人，彼此难以形成信任感。① 齐美尔认为，大城市像万花筒一样，经济、职业和社会生活的快节奏和多样性让人们必须适应快速和不可预期的刺激，这是大城市居民有别于小城镇和农村的心理环境，所以大城市居民比乡村居民显得更加精于世故，更加理性，工于心计。大城市的人对日常生活更具有规划，以求获得更高的效率，但也呈现出对他者的漠不关心、自我迷失、孤独、厌世。齐美尔认为现代都市生活中最深刻的问题在于个体独立、个性与社会之间的张力。

（二）早期城市社会学阶段

早期城市社会学阶段是指20世纪20年代到60年代。在这一阶段，从社会哲学中脱胎出来的各种社会学理论流派开始形成，经验研究在社会学学科领域得到长足发展，各种社会问题成为社会学家关注的焦点。作为一个独立分支学科的城市社会学正是在这一背景下确立和发展的。早期城市社会学是与20世纪初兴起的芝加哥学派紧密关联的。

20世纪初叶，西方国家经济政策的主导思想仍然是古典经济学思想，资本主义处在崇信市场自发调节力量、反对政府干预的自由资本主义阶段。同时，工业的发展使整个西方工业国家经历了一个迅速的城市化过程。在美国，从1890年到1920年仅30年的时间，城市人口就增加了2倍多。经济的发展导致了城市的快速扩张和空间结构的重组，人口的增长带来了城市中多种族、多文化的聚集和冲突，以及他们的社会适应和社会整合问题，而所有这一切在芝加哥这个急速扩张的美国大城市里表现得尤为突出。时代特征促使早期城市社会学家的理论聚焦在一个城市内部的空间结构以及群体、活动、设施的区位形成的决定因素和过程上。他们关注邻里、伙伴群体等社会关系的变化，关注失范

---

① 孙逊、杨剑龙主编：《阅读城市：作为一种生活方式的都市生活》，上海三联书店2007年版。

与认同、越轨与控制，寻求建立在功能相互依赖基础上的适应与整合。“人文生态学”的研究范式在早期城市社会学阶段占据支配性地位。

所谓研究范式不是指某一具体的理论，而是指“存在于某一科学领域内关于研究对象的基本意向。它可以用来界定什么应该被研究，什么问题应该被提出，如何对问题进行质疑，以及在解释我们获得的答案时该遵循什么样的规则”①。早期城市社会学阶段的人文生态学范式包含了以帕克（1864—1944）为代表的古典生态学，以霍利（1864—1929）、邓肯（1921—2004）为代表的新正统生态学以及以费雷为代表的文化生态学等，这些研究范式虽然有不同的理论和观点，但都有以下相似的分析立场。

首先，他们把城市作为一个独立的分析单位，并在理念上持有与斯宾塞相一致的社会生物学观点，即把城市看成一个不断生长着的“有机体”。

其次，作为一个有机体，城市存在一个相互联系和相互依赖的内部结构，这种结构表现为人群之间是一种类似于植物生态系统的“共生”关系，表现为人、组织、技术和环境之间是系统的功能关系。这与涂尔干的整体论和结构分析方法是一致的。

最后，人和社会活动在城市空间中的区位构成了城市的空间结构，空间结构的形成既受到“生存竞争”这一生物法则的支配，也受到“文化”这一社会法则的影响。竞争导致一个群体或组织的社会层级体系得以形成，人们由此建立起与其占据的区位或层级相应的社会适应力。

早期城市社会学阶段的人文生态学范式存在一个从帕克倾向生物系统的解释向霍利、邓肯倾向社会系统的解释的变化，其理论视角本质上与社会学的结构功能主义理论是一致的。人文生态学范式在早期城市社会学阶段能够占据支配地位，也与20世纪20年代到60年代结构功能主义在整个社会学领域占据支配地位的历史背景是一致的。

（三）现代城市社会学阶段

现代城市社会学阶段是指20世纪70年代以来。相较于早期城市社会学阶段的历史背景，20世纪下半叶的欧美社会具有以下不同的时代特征。首先，城市化的过程已经基本完成，先后经历了城市化、郊区化、逆城市化和再城市化阶段。在这一过程中，城市中心既有的产业结构、就业机会和居民构成不断变

① 周晓虹：《社会学理论的基本范式及整合的可能性》，《社会学研究》2002年第5期，第35页。

化，城市空间结构和社会结构不断重组。其次，经济全球化日益形成，各个国家、各个城市之间的联系越来越紧密，每一个城市都不可能孤立发展，资本为追求利润在世界范围内流动，对城市的兴衰产生了直接的影响，也导致社会分工乃至阶级斗争在更大范围内展开，这决定了资本主义经济固有的矛盾和危机在更大的空间范围内形成。再次，古典经济学崇信的自由主义市场经济不再独大，国家对经济和社会的干预日益加大，这种干预不仅体现在生产领域，还体现在消费领域。然而，政府对消费干预得越多，对消费品供给承担的责任就越大，日常生活就越成为城市政治斗争和意识形态竞争的直接内容。最后，当全球化将不同国家、不同地区的经济日益连成一体的时候，也将原本在不同空间里呈现的不同文明聚合在同一空间里，文化、价值观、宗教等多元差异及其碰撞成为全球化时代无法回避的问题。所有这些变化一方面导致人们必须从更宏观的范围来认识城市发展和城市问题，另一方面也展现出城市社会冲突不仅仅体现在经济领域，还以各种形式体现在城市社会运动和社区抗议中。在这一历史背景下，城市社会学的研究范式开始发生变化，一种有别于人文生态学的新城市社会学研究范式得以形成。新城市社会学包括以卡斯特、桑德斯为代表的城市消费研究，以列菲弗尔、哈维为代表的城市空间研究，以雷克斯、莫尔为代表的城市住房阶级研究，以帕克为代表的城市经理人研究等诸多理论流派，他们有着以下相似的分析立场。

首先，他们把城市看作资本主义的产物，主张必须将城市放到全球化时代的整个资本主义体系中加以分析，反对孤立地研究一个个具体的城市。

其次，他们或多或少地接受了马克思主义关于资本主义社会的分析概念或观点，认为资本主义社会的基本矛盾不仅体现在生产领域，还体现在集体消费领域，强调消费领域的问题对资本主义城市社会的影响。

最后，他们认为，资本主义体系下的城市不是一个统一的共生社区，它充满着相互对立的关系和力量。城市中的资源分配受到政府权力的影响，城市社会的不平等受到经济与政治的双重形塑。

西方国家的城市化起步较早，城市社会学学科的形成也较早。西方城市社会学家对资本主义城市社会发展中出现的社会越轨、社会不平等、社会隔离、社会冲突、社会解组等问题开展了大量调查和研究，提出了城市社会学的基本概念，形成了若干理论流派。这对于我们了解资本主义城市社会的状况，认识资本主义城市化发展及其城市社会问题是有一定帮助的，提供了一些可以借鉴和吸收的观点，但是它们没能揭示出对城市社会产生根本影响的原因和客观的发展规律，没有找到解决根本问题的办法。例如，帕克看到了城市存在着社会群体的空间分化和区隔，但是他把这种现象看作如同自然界中各种动植物的空间关系一样，不过是各种社会群体在竞争中找到适合自己生存的空间，是社会均衡的一种表现，而没有看到资本主义生产资料占有关系、国家机器及其意识形态在这种空间区隔中的作用。人文生态学范式看到了社会各个部分的相互联系性，但它强调社会各部分之间的均衡和“共生”，却看不到社会各部分关系中的本质关系和决定性因素，难以揭示资本主义社会内在的矛盾和冲突。

新城市社会学家虽然看到了资本主义城市社会中的矛盾和冲突，但他们没能揭示产生这些矛盾和冲突的根本原因和解决问题的力量所在。例如，桑德斯认为，在发达工业社会里，通过正式生产领域寻求大众的自由已经被证明是不可行的；而消费领域却因为潜存着提高大众控制其生活的能力而显得更为重要。这是本末倒置地处理生产和消费的关系，否认了工人阶级在实现社会变革中的作用。雷克斯和莫尔沿用了“阶级”的概念，提出了“住房阶级”概念并以此对资本主义社会阶级斗争进行分析。但是这与马克思主义的“阶级”概念相去甚远。

形成和发展具有中国特色的马克思主义城市社会学，需要坚持马克思主义的立场、观点和方法，掌握辩证唯物主义和历史唯物主义，密切立足中国国情和发展实践，批判性地吸收和借鉴西方城市社会学中的合理因素。

三、城市社会学在中国的发展

（一）城市社会调查的兴起

城市社会调查在中国的兴起，几乎是与社会学在中国的形成同步的。第一次世界大战期间，中国的民族工业有了较大发展。由于工业化和城市化引发了劳工问题和其他社会问题，一系列关于城市劳工及其他城市社会问题的调查在高校社会学教师的指导下出现了。1918—1919 年，燕京大学美籍学者、社会学系主任步济时和美籍传教士甘博等仿照美国茹素斯基金会所组织的春田调查（Spring Field Survey），在北京进行了一项较大规模的城市调查，调查内容包括北京的社会状况，涉及历史、地理、政府、人口、健康、经济、娱乐、娼妓、贫民、救济和宗教等方面，调查结果于 1921 年用英文在美国发表，书名为《北京的社会调查》（*Peking: A Social Survey*）。

1924 年，在帕克的指导下，齐鲁大学社会学系对济南市社会概况进行了调查，包括济南市的历史、地理、人口、行政管理、公共事业、地方财政、劳动制度、教育制度、娱乐活动、娼妓、工业状况、生活水准、住宅、慈善事业、教育体制、文化和教育机构、宗教机构、妇女动向、家庭状况和基督教活动等方面，调查结果以《济南社会一瞥》为题于同年用英文发表。[①]

1931 年建立社会学系的国立中山大学将社会调查作为学生培养的必要要求，成立了专门的社会调查团，统一规划组织调查，并由学校补贴，教师带队，以此敦促学生走出象牙塔，体验民生，了解国情。1933 年 10 月 17 日的《国立中山大学日报》报道："社会学系调查团于十六日举行改组，此调查团成立于民国二十一年，'激励从事社会调查。如调查广州市工人生活状况，萝岗洞农村生活状况等项'。"[②] 调查足迹涉及粤、京、沪、平、津等多地。

这一时期还产生了一批由学者组织和撰写的著名的城市社会调查报告，如陶孟和的《北平生活费之分析》、杨西孟的《北平生活费指数》等。有一大批调查成果被公开发表：林颂和的《塘沽工人调查》，杨西孟的《上海工人生活程度的一个研究》，施裕寿等人的《山东中兴煤矿工人调查》，麦倩曾的《北平娼妓调查》，许仕廉的《一个市镇调查的尝试》，牛鼐鄂的《北平一千二百贫户之研究》，刘宝衡的《上海市人力车夫生活状况调查报告书》，余启中的《广州劳资争议的分析》《广州工人家庭之研究》，伍锐麟的《广州市六百人力车夫生活状况之调查》，杨蔚的《成都市生活费之研究》等。

这些调查的突出特点是：第一，关注下层群体，调查对象主要集中于劳工、人力车夫、娼妓和贫困者等；第二，重视对"生活"的调查研究。如陶孟和于 1926 年到 1927 年所作的《北平生活费之分析》采用家庭记账法，是对北平 48 家手工业工人的家庭生活费进行了 6 个月的调查，对 12 家小学教员的家庭生活费进行了 1 个月的调查后写成的。采用日用账簿的记账法进行调查在当时还是个创举，此书是在国内采用记账法调查工人家庭生活费的第一本书，因此其在方法上有较大贡献。总的来说，中国早期城市生活调查是中国城市社会学初创时期的重要组成部分。当时的调查绝大多数以了解、反映社会现实，改良社会为主旨，这些城市调查体现了中国城市社会学在起步时就具备了关注社

---

① A. G. 帕克指导、齐鲁大学社会学系调查编著，郭大松译、庄惠娟校：《济南社会一瞥（1924 年）》（上、下），《民国档案》1993 年第 2 期，第 50—58 页；第 3 期，第 56—63 页。

② 李文波等：《传承与发展——纪念中山大学社会学系建系 80 周年、复办 30 周年》，社会科学文献出版社 2011 年版，第 44—46 页。

会公平这一社会学的学科性格。

（二）城市社会学学科的形成

城市社会学作为分支社会学的形成与其在中国社会学的知识体系和教学系统中的地位相联系。孙本文早在 1927 年就在复旦大学开设“都市社会学”课程，“城市社会学”在中国社会学形成之初就被作为一门主要课程纳入教学体系。从 20 世纪 20 年代末 30 年代初开始，由国内学者主持编写的《城市社会学》教材也不断问世，这些教材在借鉴国外“城市社会学”的概念和体系之外，还面向中国城市问题开展教学，而大量开展的城市社会调查为其奠定了学科基础。1929 年由吴景超在南京金陵大学社会学系任上编写、世界书局出版的《都市社会学》是中国人自己编撰的、较早的城市社会学教材。该教材内容简明扼要，注重介绍社会学的观点及其研究方法。邱致中在暨南大学任上先自编讲义，后来于 1934 年出版的《实用都市社会学》和《都市社会学原理》分别对都市构成要素和城市社会学的学科发展、学科定位、研究范围及研究方法进行了论述，从而使城市社会学作为社会学的一个重要分支学科具备了较为完整的体系。

除了教材的出版，这一时期还形成了一批城市社会学研究的成果。例如，吴景超著有《近代都市化的背景》；邱致中撰写了《都市社会学原理》《都市社会进化史》等都市社会学丛书，并译著了《都市经济与农村经济》，他的《都市社会学原理》《都市社会进化史》先后被译成日文，其本人也被日本学者誉为远东城市社会学的权威；马元放著有《都市政策论》《中国市政论》；刘光华翻译了日本弓家七郎著的《都市问答》等。总之，城市社会学在中国社会学界形成了初步的学科形态。

（三）社会学恢复重建以来的城市社会学

1979 年，邓小平提出：“政治学、法学、社会学以及世界政治的研究，我们过去多年忽视了，现在也需要赶快补课。”[①] 在邓小平的号召下，中国社会学在 1979 年得以恢复重建，城市社会学作为社会学的重要分支学科，体现出以下发展特征。

1. 关注城市发展中的现实问题，注重社会调查

社会学在中国恢复重建之初，社会学者就围绕着城市社会开展了大量调

---

① 《邓小平文选》第 2 卷，人民出版社 1994 年版，第 180—181 页。

查，这些调查涉及面广泛，并形成了一些持续开展的大规模的城市社会调查。例如，中国社会科学院社会学研究所在 1982 年、1992 年、2008 年三次主持开展的全国五城市家庭调查和全国七城市家庭调查，天津社会科学院 1983 年开展的天津市千户调查，西安交通大学实证社会科学研究所 2009 年开始先后 4 次进行的“大城市社会网络与求职过程”调查。除此以外，中国人民大学从 2003 年开始的“中国社会综合调查”，中国社会科学院从 2005 年开始的“中国社会状况综合调查”，北京大学从 2010 年开始的“中国家庭跟踪调查”，中山大学从 2012 年开始的“中国劳动力动态调查”，均以连续性调查或跟踪性调查方法对全国城乡开展调查，收集了大量关于城市社会的数据。农民工调查一直是城市社会调查的重要内容，近年来这些调查逐渐与政府的“全国农民工监测调查”以及人口学的流动人口调查合流，被纳入国家的社会调查和统计的系统中。同时，一些以民族志方法开展的社区调查也引人注目，如杨圣敏和王汉生等的北京“新疆村”调查、王卫华等的北京回族社区“牛街”调查、项飚等的北京“浙江村”调查、陈映芳等的上海“棚户区”调查、何艳玲的“乐街”调查、蓝蕴宇等的广州“城中村”调查等。这些城市社会调查不仅在学术上延续了 20 世纪早期中国社会学界关注城市社会问题、注重社区的传统，还在实证研究的理论对话上取得进步。

与此同时，在许多开办社会学专业的大学里，在教师的指导下，学生对城市人群展开的社会生活/生活史调查、社区民族志调查也十分活跃，编辑出版了一批反映城市社会的调查报告集。如郑也夫主编的《都市的角落》、陈映芳主编的《移民上海：52 人的口述实录》《棚户区：记忆中的生活史》、李强和王昊主编的《城市社会学：北京城市社会生活调查》、张鸿雁主编的《城市角落与记忆丛书》。

2. 城市社会学学科建设快速发展

城市社会学作为社会学的重要分支一直受到关注。在社会学恢复重建之初的 1981 年至 1982 年，教育部在南开大学举办了我国高等教育系统内最早的社会学讲习班，邀请了德国学者芭芭拉开设“社区分析”课程，这门课的实际授课内容就是“城市社会学”和“农村社会学”两大部分。社会学发展到今天，几乎在每个开设社会学本科专业教育的高校中，“城市社会学”都被列入教学大纲。在教育部普通高校社会学类专业教学指导委员会制定的社会学本科专业培养方案中，“城市社会学”被列入专业必修课的课程目录。在拥有社会学专业硕士或博士学位授予权的大多数高校中，城市社会学被列为培养方向之一。在教学与科研领域，已经形成了一支城市社会学的教学研究力量，2004 年 5 月，“城市社会学与城市发展学术研讨会暨城市社会学专业委员会（筹）成立大会”在天津社会科学院召开。2008 年 5 月，“科学发展与中国城市化学术研讨会暨城市社会学专业委员会正式成立大会”在南京召开，中国社会学会城市社会学专业委员会正式成立，标志着城市社会学作为一个独立的分支社会学学科地位得到确立。

在 20 世纪 80 年代，城市社会学教材主要翻译自国外，影响较大的是芝加哥学派的城市社会学，如康少邦、张宁编译的《城市社会学》，帕克等著、宋俊岭等译《城市社会学——芝加哥学派城市研究论文集》，Г. Ф. 库采夫著、张叔君等译的《新城市社会学》等。从 20 世纪 90 年代开始，国内学者编写的《城市社会学》开始问世，一批城市社会学教材先后出版。①其中，向德平编著的《城市社会学》是社会学恢复后国内学者较早出版的城市社会学教材。

3. 中国城市社会学研究的主要领域

中国的城市社会学是伴随着改革开放的历程形成和发展起来的，因此，关注改革开放中面临的重大问题，回应学术问题与实践需求是中国城市社会学的发展动力，由此形成了若干相对稳定和活跃的研究领域。

第一是城镇化研究。从 20 世纪 80 年代开始，费孝通先生就提出“小城镇，大问题”的中国式城市化发展道路问题，致力于寻找一个既切合中国历史传统，又符合快速工业化发展现实的城市化道路——城镇化。城市社会学对城镇化的研究并不简单地局限于农业人口的城市转移，而是置于传统体制下的城乡二元结构关系中，关注城乡之间的户籍和资源配置制度在城市化过程中的扩散、嬗变和一体化，以及由此引发的城市社会问题。

第二是社会流动、迁移与城市社会融合研究。城镇化与市场化推动了人口在城乡之间、城市之间流动和迁移，传统体制下的同质社会逐渐消失，城市社会呈现出高度的异质性，即不同民族、种族、宗教、文化的人群日益大规模地

---

① 如张钟汝、章友德等编著：《城市社会学》，上海大学出版社 2001 年版；郑也夫：《城市社会学》，中国城市出版社 2002 年版；许英：《城市社会学》，齐鲁书社 2002 年版；顾朝林编著：《城市社会学》，东南大学出版社 2002 年版；蔡禾主编：《城市社会学：理论与视野》，中山大学出版社 2003 年版；王颖：《城市社会学》，上海三联书店 2005 年版；夏建中：《城市社会学》，中国人民大学出版社 2010 年版等。

会聚在城市，其经济状况、教育水平、价值观念、生活方式的差异和碰撞不可避免。研究影响流动和迁移的因素，认识不同社会群体的特征与群际交往关系，探索促进社会融合的机制，尤其是农民工的市民化，成为中国城市社会学持续关注的领域。

第三是城市社会不平等与社会结构研究。城市是一个国家或一个地区的经济、政治、文化资源的聚集和配置中心，城市化与市场化也是一个资源重新配置的过程。城市社会学注重分析不同社会群体在资源配置中的地位及其变化，分析城市社会结构及其社会流动的特征，在揭示社会不平等的基础上探索实现社会公平的路径，尤其把注意力放在被征地的农民、被拆迁的居民、下岗工人和打工的农民等群体的生存状态、社会权利和发展机会上。

第四是社区研究。随着计划经济体制下的“单位制”消解，中国城市社会治理的基本单元转向了社区，而不断增长的异质性使传统的具有“熟人社会”性质的社区向“陌生人社会”转化，社区的空间特征与空间差异也在变化，如何将社区这个以居住关系为纽带的地域社会建设成一个人与人之间有着紧密互动、情感联系和群体认同的社会共同体，建设成一个服务周全、生活便利、和谐有序的宜居家园，使之成为城市公共安全的微观基础，已经成为中国城市社会学研究的重点。同时，“社区营造”这一将学术研究与实践行动相结合的探索正在中国城乡社区出现，城市社会学学者正在积极参与其中。

第五是城市社会组织研究。市场经济体制改革客观上要求政企分离、政社分开和有限责任政府，这需要有新的组织形式和社会体制来承接分离出来的社会职能；“单位制”的消解导致个人与单位之间的全面利益依赖关系转向有限的契约性的利益关系，这也需要有新的组织形式和社会体制使“去单位化”的个体能够得到再组织化，以此满足个体不断增长的需求和利益诉求。如何大力发展社会组织，构建一个具有中国特色的社会组织发展和社会组织参与治理的社会体制是转型期中国必须解决的实践问题，也是城市社会学学者构建具有中国特色的政府、市场和社会三方关系理论的基础。

第六是城市社会问题研究。城市发展导致了空间扩张、环境改变、人口增长、经济繁荣、消费增长、人群分化和文化差异等问题，所有这些都使城市社会问题更为多样，更为复杂，更显突出。对于处在城镇化和市场化双重转型过程中的中国城市，不仅与较早完成城市化的发达国家一样，出现了一些具有共性的“城市病”，也出现了双重转型社会背景下所特有的社会问题和社会矛盾。

对这些问题的研究和治理成为众多学科关注的问题，城市社会学更是其中非常重要的学科力量。

第三节　城市社会学研究的指导思想、方法和意义

一、城市社会学研究的指导思想

城市是人类社会发展到一定阶段的产物，随着历史的发展不断变化。要客观、科学地认识城市，就需要有正确的理论指导。“马克思主义是科学的理论，创造性地揭示了人类社会发展规律。”① 自成立以来，中国共产党坚持将马克思主义基本原理与中国具体实践相结合，不断推进马克思主义中国化，创立了毛泽东思想、邓小平理论，形成了“三个代表”重要思想、科学发展观，创立了习近平新时代中国特色社会主义思想。马克思主义，特别是马克思主义中国化最新成果，是我们开展城市社会学研究的指导思想。

（一）坚持马克思主义的指导就是要从社会发展的基本规律来认识城市社会变迁

“由生产力和生产关系统一而成的物质生产方式，是社会生活发展变迁的决定力量，任何复杂的政治现象和思想文化现象都能在物质生产方式的矛盾运动中找到根源。这就是社会存在决定社会意识的历史唯物主义基本观点，也是马克思主义社会学分析社会生活的基本原则”②。正如马克思、恩格斯在《〈政治经济学批判〉序言》中所言：“人们在自己生活的社会生产中发生一定的、必然的、不以他们的意志为转移的关系，即同他们的物质生产力的一定发展阶段相适合的生产关系。这些生产关系的总和构成社会的经济结构，即有法律的和政治的上层建筑竖立其上并有一定的社会意识形式与之相适应的现实基础。物质生活的生产方式制约着整个社会生活、政治生活和精神生活的过程。不是人们的意识决定人们的存在，相反，是人们的社会存在决定人们的意识。”③ 这意味着，要认识城市的形成和发展就必须从生产力和生产关系出发，不同的生产力和生产

---

① 习近平：《在纪念马克思诞辰200周年上的讲话》，人民出版社2018年版，第7页。

② 刘少杰：《马克思主义社会学的学术地位与理论贡献》，《中国社会科学》2019年第5期，第88页。

③ 《马克思恩格斯文集》第2卷，人民出版社2009年版，第591页。

关系制约着城市的发展水平和形态，这种制约不仅体现在城市人口规模和经济发展水平上，还深刻地影响着城市的社会结构、生活方式和社会矛盾。

社会存在决定社会意识，社会意识反作用于社会存在。社会存在与社会意识的相互作用、相互影响，形塑了城市的经济、政治、社会和文化活动的特征与方式，从而呈现出城市的差异性。

社会存在与社会意识的辩证关系告诉我们，城市社会学要以历史的眼光来考察城市，要从城市发展的客观阶段来认识城市社会，过于超前或滞后于历史发展阶段的分析都是不科学的。对于那些处在同一历史发展阶段的城市，也要从环境、人口、经济、政治、社会和文化等各种要素的相互关系和各要素的结合方式来认识城市社会特征。

（二）坚持马克思主义的指导就是要从人是一切社会关系总和的观点来研究城市社会结构

城市是一个人口高度聚集的地方，大规模、异质性、高密度构成了城市人口的基本特征，由此产生了复杂的社会关系和群体差异。城市社会学是从“城市是社会生活共同体”的视角出发来研究城市社会的，因此对人的认识是研究城市社会的出发点。马克思主义认为，人“不是处在某种虚幻的离群索居和固定不变状态中的人，而是处在现实的、可以通过经验观察到的、在一定条件下进行的发展过程中的人”①。因此，“人的本质不是单个人所固有的抽象物，在其现实性上，它是一切社会关系的总和”②。马克思主义的这一观点告诉我们，人的本质不是先天固有的，是在社会实践活动中形成和发展的。对人的认识要从“现实的人”出发，即处在一定生产关系和在生产关系基础上发生的政治、思想、法律、道德、宗教等社会关系的全部总和中的人。社会结构则是由这些“现实的人”构成的稳定的关系结构。无论是处在全部社会关系总和中的人还是由这些“现实的人”所构成的社会结构，都是历史的，会随着经济社会的发展而变化。

所以，社会学不能从抽象的、孤立的人的观点来认识城市社会，要从作为整体的社会关系总和去认识和把握城市中的个人、群体、阶级和阶层，要从人在生产关系乃至各种社会关系中的地位来研究城市中的人与人之间、群体与群

① 《马克思恩格斯文集》第 1 卷，人民出版社 2009 年版，第 525 页。
② 《马克思恩格斯文集》第 1 卷，人民出版社 2009 年版，第 501 页。

体之间、阶级阶层之间的社会互动，研究各种资源和机会的分配与占有以及由此引发的社会矛盾与冲突，并从社会关系的角度来理解城市空间。

（三）坚持马克思主义的指导就是要从马克思主义的交往理论出发来研究城市社会互动

马克思主义认为，人的本质是人的真正的社会联系，所以人在积极实现自己本质的过程中创造、生产人的社会联系、社会本质。也就是说，人与人之间的社会关系是通过人的交往实践活动形成的，“社会——不管其形式如何……是人们交互活动的产物”①。与西方社会学家米德的符号互动理论与哈贝马斯的交往理论强调主观理解和语言的唯心主义不同，马克思主义的交往活动是一种实践活动。人类的交往活动包括经济交往、政治交往、文化交往、军事交往等，但生产交往活动是人类交往活动的基础，“思想、观念、意识的生产最初是直接与人们的物质活动，与人们的物质交往，与现实生活的语言交织在一起的。人们的想象、思维、精神交往在这里还是人们物质行动的直接产物”②。马克思主义的交往理论不仅是理解人与人之间关系的理论，也是理解地区与地区之间、民族与民族之间，乃至全球化的理论。因为“各个相互影响的活动范围在这个发展进程中越是扩大，各民族的原始封闭状态由于日益完善的生产方式、交往以及因交往而自然形成的不同民族之间的分工消灭得越是彻底，历史也就越是成为世界历史”③。马克思主义认为，人类的交往经由以人的依赖关系为基础的交往形态到以物为基础的交往形态，最后达到以人的自由全面发展为基础的交往形态。

社会互动是社会学表述社会交往的概念，是社会学研究的重要内容。城市作为经济、政治、文化中心，表现出不同于乡村社会的、更为复杂和广泛的社会互动。马克思主义的交往理论指导我们从实践活动出发，在人与人之间、群体与群体之间复杂的社会互动中找出最根本的因素及各种互动之间的联系和规律，增进城市社会交往，减少社会隔离，建设和谐城市。当今世界处在一个快速多变的经济全球化时代，危机和机遇并存，构建人类命运共同体是时代的要求。马克思主义的交往理论为我国提出构建人类命运共同体，推进人类发展，共创世界美好未来提供了基本遵循。

---

① 《马克思恩格斯文集》第 10 卷，人民出版社 2009 年版，第 42 页。

② 《马克思恩格斯文集》第 1 卷，人民出版社 2009 年版，第 524 页。

③ 《马克思恩格斯文集》第 1 卷，人民出版社 2009 年版，第 540—541 页。

（四）坚持马克思主义的指导就是要从全面发展的观点来把握城市社会发展的方向

马克思主义把社会不平等看作生产力发展到一定阶段的私有制的产物，认为随着生产力的高度发达和公有制的发展，社会不平等将会发生性质的变化和逐步减少，最终实现共产主义，共产主义是一个全面发展的社会。全面发展是指人的自由全面发展，即人们摆脱了对人和对物的依赖关系，实现人的自由个性的发展；全面发展是指社会不再有一部分人占有另一部分人的劳动，人与人之间、群体与群体之间不再存在对立的关系，城市发展创造出来的文明成果由全体人民共享；全面发展是指在人口、资源、环境之间协调可持续发展基础上的经济、政治、社会、文化、生态的共同发展。全面发展不是边缘化农村，孤立农村，以农村为代价的城市发展，而是城乡融合式的全面发展。“通过城乡的融合，使社会全体成员的才能得到全面发展”①，马克思主义的全面发展观是城市社会学研究城市社会发展的科学理念，是评价和规划城市人口、环境、经济、政治、社会、文化发展的指导思想。

（五）坚持马克思主义的指导就是要把马克思主义的基本原理与中国城市社会发展的具体实践相结合，探索符合中国国情、具有中国特色的城市社会发展道路

理论与实践相结合是马克思主义的理论精髓之一。坚持把马克思主义基本原理同中国具体实际相结合是中国革命和社会主义建设成功的秘诀。自近代以来，无数仁人志士为国家的独立统一和富强贡献了毕生的心血，但中国仍然没有摆脱半殖民地半封建的境遇，是中国共产党人通过农村包围城市这一中国特色的革命道路取得了新民主主义革命的成功。从社会主义制度建立到改革开放初期，我们完成了生产资料所有制改革，为社会主义制度的完善奠定了坚实的基础，初步建立起了一个独立的工业体系、国民经济体系和具有中国特色的城市体系。改革开放以来，中国共产党人从社会主义初级阶段这一实际出发，探索了一条具有中国特色的社会主义市场经济发展道路，使国家的经济发展驶入了一条快车道，成为世界第二大经济体，从一个温饱不足的国家跨入中等收入国家的行列。与此相应，中国的城镇化率从 1978 年不足 20%提升到 2020 年超过 60%，城市建设和发展“在促进经济社会发展、优化城乡布局、完善城市功

① 《马克思恩格斯文集》第 1 卷，人民出版社 2009 年版，第 689 页。

能、增进民生福祉等方面发挥了重要作用”①。

党的十八大以来，党和国家事业发生了历史性变革，取得了历史性成就。国家发展站到了新的历史起点上，中国特色社会主义进入新时代。党的十九大报告提出了“决胜全面建成小康社会，开启全面建设社会主义现代化国家新征程”的战略目标，作出了两个阶段的安排：从2020年到2035年，在全面建成小康社会基础上，基本实现社会主义现代化；从2035年到21世纪中叶，在基本实现现代化基础上，把我国建设成富强民主文明和谐美丽的社会主义现代化强国。“到那时，我国物质文明、政治文明、精神文明、社会文明、生态文明将全面提升，实现国家治理体系和治理能力现代化，成为综合国力和国际影响力领先的国家，全体人民共同富裕基本实现，我国人民将享有更加幸福安康的生活，中华民族将以更加昂扬的姿态屹立于世界民族之林。”②无疑，城市在解决新问题，回应新挑战中扮演着极为重要的角色，城市建设和城市社会发展对“实现‘两个一百年’奋斗目标和中华民族伟大复兴的中国梦具有重要现实意义和深远历史意义”③。

探索新时代中国特色的城市社会发展道路是中国城市社会学的学科使命，要完成这一使命就必须坚持把马克思主义与新时代中国国情相结合，坚持以习近平新时代中国特色社会主义思想为指导。“习近平新时代中国特色社会主义思想是当代中国马克思主义、二十一世纪马克思主义，是中华文化和中国精神的时代精华，实现了马克思主义中国化新的飞跃。”④ 坚持以习近平新时代中国特色社会主义思想为指导，对中国城市社会发展建立起道路自信、理论自信、制度自信和文化自信，才能在城市社会学学科领域建立起自己的学术体系、理论体系和话语体系。

二、城市社会学研究的方法

（一）系统研究方法

系统研究方法视城市为一个完整的、有机的系统，系统的各个组成部分是

① 中共中央党史和文献研究院编：《十八大以来重要文献选编》下，中央文献出版社2018年版，第182页。

② 习近平：《决胜全面建成小康社会 夺取新时代中国特色社会主义伟大胜利——在中国共产党第十九次全国代表大会上的报告》，人民出版社2017年版，第29页。

③ 中共中央党史和文献研究院编：《十八大以来重要文献选编》下，中央文献出版社2018年版，第182页。

④ 《中共中央关于党的百年奋斗重大成就和历史经验的决议》，人民出版社2021年版，第26页。

相对独立的子系统，承担着不同的系统功能，子系统之间相互联系、相互制约、相互适应，彼此之间存在一个信息和能量的交换机制。系统内部各个子系统之间的不协调和系统与环境的不协调会影响系统的整合和运行，从而导致系统的变迁。城市社会学注重研究社会行为、社会问题、社会制度与政治、经济、文化等因素的相互联系和系统整合。

（二）空间研究方法

空间研究方法是通过对研究对象在空间的位置、分布和关系的分析来研究问题的方法。与地理学等学科注重物理空间分析不同，城市社会学认为城市是“人造”的产物，城市的物理空间本质上是社会建构的产物，空间是社会性的。因此，城市社会学注重人及其社会行为的空间分布与关系，注重这种空间关系形成和变化背后的经济、政治、社会、文化因素和权力关系。

（三）历史研究方法

历史研究方法有两层含义：一是以历史现象为研究对象，运用历史文献文物、口述资料等对已经发生的历史现象进行研究，梳理研究对象发展的历史顺序，对历史现象的产生、变化和消失的过程加以解释；二是以当下问题为研究对象，通过对该问题早期形成和变化的历史过程，或者对该问题相关的历史因素加以分析，发现当下问题与历史现象之间的相关关系或因果关系，认识历史对当下问题的影响，并以此预测变化的趋势。城市社会学对历史研究方法的运用主要在后一层含义上。

（四）比较研究方法

比较研究方法是根据一定的标准，对不同城市或不同城市中的相关现象进行考察，寻找其异同，探求普遍规律与特殊规律的方法。纵向比较和横向比较是比较研究方法中最主要的形式。纵向比较重在比较两个或多个城市或城市现象在不同时期的环境与条件、状况与特征、变化与进程等；横向比较重在比较同一时期的两个或多个城市或城市现象的环境与条件、状况与特征、结构与形式等。

（五）社会调查研究方法

社会调查研究方法指的是针对研究目的，运用一定的社会调查工具和技巧，有计划、有步骤地观察研究对象，采集相关资料，最后通过对调查资料的整理和分析，对研究问题作出经验和理论的解释。社会调查是社会学最主要的研究方法。社会调查方法有问卷调查和实地访谈两种。问卷调查基本上是结构性调查，即社会调查是根据研究者预先设计的非开放性问题来获取被调查者的信息；实地访谈可以是半结构性调查或无结构性调查，半结构性调查是指研究者根据研究目标所预先设计的开放性问题来获取被调查者的信息，非结构性调查则是研究者不预先设计任何固定问题，而是通过观察来获取与研究目的相关的信息，再从这些信息中形成问题。

（六）民族志研究方法

民族志研究方法指的是以人类学的整体观为方法论基础，将研究问题嵌入一个有边界的整体体系中，通过对这个整体开展事无巨细的田野调查，来实现对整体观的追求，并在此基础上形成对特定问题的解释。民族志研究中的人始终都被视为一种整体和系统的存在，通过理解整体和系统来理解人，而社区、类型、情景、结构、网络等都是用以定位人所处整体和系统的重要工具。城市民族志往往把社区作为有边界的体系，以此构建文化理解的研究单位。怀特的《街角社会》、项飚的《跨越边界的社区——北京“浙江村”的生活史》都是民族志研究的典范。不过随着小型、简单社会的逐步消失，人类学的研究也在突破局限于某个地理空间的整体体系，衍生出了类别整体观、网络整体观、情景整体观等不同形式。

（七）大数据研究方法

大数据研究方法是互联网和云计算发展到现今阶段的一种新的研究方法。大数据包括结构化、半结构化和非结构化数据，非结构化数据越来越成为数据的主要组成部分。大数据具有多维性、复杂性、不完整性、时序性、冗余性特征，因此需要特定的研究手段和方法。大数据为科学研究提供了海量数据，以及传统研究技术无法解决的数据处理与分析的工具和技术。运用大数据开展城市社会学研究，能为城市社会现象提供更扎实深入的相关关系分析或因果关系解释，为研究城市社会变迁趋势和建构城市社会分析模型提供更坚实的方法基础，并在此基础上为城市社会治理决策提供支持。例如，城市社会学可以根据人们的购物行为、出行行为、交往行为等大数据来创新社会阶层研究。

三、研究城市社会学的意义

（一）有助于科学地认识现代社会的发展趋势

城市化是现代社会的发展趋势，从城市人口规模来看，城市化正呈现出加速度发展趋势。1930 年全世界的城市人口比例只有 30%，但到了 1990 年达到

43%，2014年达到54%，预计2050年将达到66%。人口聚集使城市越来越成为现代社会各个国家的政治、经济、文化发展的中心，各种资源在城市高度聚集、流动和分配。城市化也越来越广泛地将农村地区吸纳到城市，空间的自然性越来越多地被加以社会性改造，具有了社会建构的性质，这使得空间本身成为最重要的城市资源，与其他各种资源共同形塑着城市的形态。在现代社会，人类的生产活动和消费生活的变化，社会群体、民族种族、阶级阶层的分化与关系重组，各种社会矛盾和社会问题的衍生，大多在城市中首先表现出来，现代社会问题大多数就是以城市社会问题表现出来。因此，开展城市社会学研究能够帮助我们更科学地认识现代社会的发展趋势，揭示城市与城市化发展的规律，分析城市社会的分化与整合过程，发现城市社会问题并寻找解决社会问题的途径。

（二）有助于探索具有中国特色的城镇化发展道路

从计划经济转向市场经济的经济体制改革推动了中国经济的快速发展，也促进了中国社会从农业社会向工业社会的转型，从传统社会向现代社会的转型。作为一个有着几千年发展历史、国土辽阔、人口众多、区域差别大、坚持社会主义制度的发展中国家，中国的城市化与现代化道路不可能完全重复发达国家的道路，也不可能与其他发展中国家完全相同，必定具有中国自己的特色。1949年以来，中国的城市化经历了计划经济时期的起步、波动、停滞几个不同阶段，也经历了改革开放时期的小城镇优先发展、大中小城市和城镇协调发展、以城市群为主体构建大中小城市和小城镇协调发展的不同阶段，形成了一条以城市和小城镇协同发展、具有中国特色的城镇化发展道路。不同发展时期，不同发展阶段，城镇化发展的动因就存在差异，城市社会结构、城市社会发展和城市社会问题也呈现出不同特征。运用社会学理论和方法开展城市研究，分析影响中国城镇化发展的社会因素及其与其他因素的相互关系，进而揭示其内在发展规律，发现和分析各种已经出现或可能出现的社会问题，形成具有中国特色的城市社会学理论，并为中国城镇社会建设和社会治理提供知识贡献，是城市社会学学科的责任。虽然城镇研究不是城市社会学的独有领域，但是城市社会学在理论观点、分析范式、研究方法上的学科特色使其具有其他学科不可替代的作用，是探索具有中国特色的城镇化发展道路不可缺少的学科之一。

（三）有助于创新和完善中国的城市社会治理

相比农村，城市社会治理面临更大的挑战。这是因为，在任何国家，城市化都是一个重大的社会变迁过程，都会面临一系列不可避免的社会问题。城市是一个在人口、政治、经济、文化等各个方面都不同于农村，远较农村复杂的社会，这种复杂性导致城市社会问题的复杂性。相较于城市化已经初步完成、城乡一体化基本实现的发达国家，中国正处在城市化和现代化的巨变过程中，巨变使城乡差别更为凸显，使城市社会问题更为集中展现，中国特色的城市化发展道路上也会出现具有中国特色的城市社会问题。例如，计划经济体制下的城乡二元体制在空间上是隔离的，但是在劳动力高度自由流动的市场经济体制下，二元体制在同一个城市空间中并存，人们在城市中的机会和资源分配，以及由此形成的城市社会差别、社会流动和社会结构呈现出不同于任何国家的面貌和特征，出现了诸如“农民工”“人户分离”等独特的社会问题。另外，作为一个发展中国家，发达国家城市化过程中遭遇的问题给我们提供了教训和经验，能否避免“重蹈覆辙”或者减小城市化发展的经济、环境和社会代价是中国城市化发展和城市治理需要考虑的问题。所有这些都需要在科学的理论指导下，创新和完善城市社会治理体制。城市社会学作为一门注重实证研究的学科，能够更加客观、科学地分析各种城市问题，寻找和发现解决城市问题的可能路径，制定科学的城市政策，回应转型中国面临的重大城市问题。

（四）有助于科学认识城乡关系，促进城乡高质量融合发展

城市是生产力发展到一定阶段，从乡村中脱离出来的产物，但是伴随着工商业的发展，城市日益成为一个国家或地区的政治、经济、文化中心，城乡差别的出现以及由此带来的社会问题成为每一个处在工业化发展过程中的国家绕不过去的问题。中国曾经是一个农业大国，农民占人口的绝大多数。改革开放40多年使我国迅速成长为一个工业大国，并向一个科技大国发展。但是不可否认，今天仍然有超过40%的人口居住在农村，农民与市民之间在收入、教育、社会福利、发展机会等各个方面还存在显著差别。中国作为一个拥有14亿多人口的国家，农业发展在任何时候都具有重要的战略地位，即使到城市化基本完成时，也会有近3亿人口生活在农村。如何发挥社会主义制度的优越性，统筹城乡关系，缩小城乡差别，促进城乡高质量融合发展是实现社会主义共同富裕目标的关键。城市与乡村之间不可分割的联系决定了城市社会学不可能孤立地研究城市，城市社会学应该在科学认识城乡关系，探索城乡和谐发展道路中发挥重要的作用。而要实现这一点，就必须坚持马克思主义从生产力发展水平出发，将城市置于城乡关系中加以研究的立场。

本教材共十一章，可分为三个部分。

第一部分主要涉及学科基础性知识，包括绪论、第一章和第二章。绪论系统介绍了城市社会学的研究对象、核心问题、研究方法、学科发展的历史和学习意义；第一章和第二章主要论述城市的形成和发展的历史、城市性，以及城市化的过程和功能，分析了中国城市的发展历史、特征和趋势。

第二部分主要涉及城市社会构成，包括第三章至第七章。该部分对群体、阶级阶层、社会组织、社区等城市社会构成单元进行分章论述，着重分析“城市性”是如何影响和形塑了城市社会构成的，以及城市社会与乡村社会的差别，并对当代中国城市在以上方面的变化和城市社会问题进行了论述。

第三部分主要涉及城市社会变迁，包括第八章至第十章。该部分从城市社会的整体展开论述，包括城市空间与城市规划、城市社会发展、城乡关系，从观念和实践两个方面讨论城市变迁过程，辩证分析中国城市社会发展的历史过程及其社会转型带来的变化，从国际经验和中国国情两个方面论述中国特色城市社会发展和城乡关系发展的趋势。

思考题：

1. 城市社会学的研究对象与核心问题是什么？
2. 如何理解马克思主义对城市社会学研究的指导意义？
3. 中国早期的城市社会调查有什么特点？
4. 学习城市社会学的主要意义有哪些？

▶ 思考题要点

第一章 城　　市

“人们来到城市，是为了生活。人们居住在城市，是为了生活得更好。”① 城市是人类文明积累和财富集聚的贮藏库，更是人类文明得以传播和财富再生产的舞台。城市以其异质性、开放性不断向前发展，由点及面，最终在全球范围内形成城市网络。任何国家的城市发展都难以孤立于全球城市化浪潮，但也基于其自身的地理、历史背景而各有特点。

第一节 何谓城市

一、城市的概念

城市是什么？它是如何产生的？又经历了哪些过程？有些什么功能？它起些什么作用？达到哪些目的？对于以上问题，很难用一种定义来回答。不同学科按照各自的理论体系，关注城市复杂机体中的某些层面并由此定义城市。在《中国大百科全书·地理学》中，城市被定义为规模大于乡村和集镇的，以非农业活动和非农业人口为主的聚落。经济学认为，城市是工业和服务业经济活动高度聚集的结果，是市场交换的中心。政治学虽然没有对城市做过单独的定义，但从政治学角度对城市进行的研究来看，城市是“权力精英”统治地方社区生活的组织形式。尽管无法清晰界定城市是什么，但我们可以描述出城市的特点。“城市已经表明了人口、生产工具、资本、享受和需求的集中这个事实”②。首先，城市的规模远远大于乡村，聚集了大量非农业活动和非农业人口。其次，在城市中，工业和服务业经济活动高度集中，市场交换也频繁发生。最后，城市内部权力及其运作集中在某些人或群体手中。在社会学看来，相对于农村而言，城市具有以下特征：

（1）城市有较大规模的人口，人口的异质性增加。

（2）城市人以聚居的形式生活，大规模人口与聚居结合，形成人口的高

① 中共中央文献研究室编：《十八大以来重要文献选编》上，中央文献出版社 2014 年版，第 604 页。
② 《马克思恩格斯文集》第 1 卷，人民出版社 2009 年版，第 556 页。

密度。

（3）城市人主要从事非农职业活动，职业活动多样化，使城市在一个地区、一个国家发挥着综合性功能。

（4）城市人与人的关系、群体与群体的关系有着不同于农村社会的特征。

二、城市的分类

城市类型的形成，一是与地理位置和自然环境相关；二是与社会、经济、文化、历史背景等因素有关。一般来说，城市分类多是以空间分布为背景，考虑城市的主要职能、城市规模和城市综合实力三个因素。

（一）基于城市主要职能的分类

城市是一个多功能的综合体，所承担的职能是多样的，但是一个城市往往会有某个职能占据首要的位置，不同的城市承担的首要职能是不同的。基于城市首要职能的不同，城市可以划分为政治型、经济型、文化型、宗教型、交通枢纽型、旅游型、资源型城市等。

在全球范围内，政治型城市普遍为各国的首都及次级区域的首府，作为政治中心而历史悠久，政治型城市的典型代表包括中国首都北京、美国首都华盛顿等；经济型城市往往具有极强的经济实力，对本国甚至全球资本市场发展影响深远，典型代表包括中国上海、美国纽约、日本东京等；文化型城市往往聚集了丰富的文化遗产、名胜古迹等，典型代表包括中国的北京、西安、开封，埃及的开罗，意大利的罗马等；宗教型城市往往是某一宗教的发源地或圣地，典型代表包括尼泊尔的加德满都等；交通枢纽型城市的形成得益于关键的地理位置和便利的交通条件，典型代表包括中国的武汉、广州、香港，巴拿马的巴拿马城，西班牙的直布罗陀市等。

（二）基于城市人口规模的分类

一定规模的人口数量是城市形成的必要条件，但是究竟多大规模的人口数量是形成城市的标准，或者多大规模的人口差异是划分城市级差的标准，依据城市的不同历史发展阶段和不同国家的国情而不同。

以中国为例。新中国成立以来，我国对城市规模划分标准进行过多次调整。1955 年，国家建委《关于当前城市建设工作的情况和几个问题的报告》首次提出大中小城市的划分标准，即常住人口五十万以上为大城市，五十万以下、二十万以上为中等城市，二十万人口以下的为小城市，此后几经修改，但基本上依照 1955 年的标准。[①] 改革开放以来，伴随着工业化进程加速，我国城镇化取得了巨大成就，城市数量和规模都有了明显增长，原有的城市规模划分标准已难以适应城镇化发展等新形势要求。2014 年 11 月 20 日，国务院发布《国务院关于调整城市规模划分标准的通知》，规定城区常住人口 1 000 万以上的城市为超大城市，城区常住人口 500 万以上 1 000 万以下的城市为特大城市，城区常住人口 100 万以上 500 万以下的城市为大城市，城区常住人口 50 万以上 100 万以下的城市为中等城市，城区常住人口 50 万以下的城市为小城市。截至 2019 年年末，中国共有超大城市 7 个，分别为重庆（3 134.32万）、上海（2 428.14万）、北京（2 153.64 万）、成都（1 658.00 万）、天津（1 562.00 万）、广州（1 530.59 万）、深圳（1 343.88 万）。[②]

（三）基于综合能力的城市分类

根据城市发展水平、综合经济实力、辐射带动能力、对人才的吸引力、信息交流能力、国际竞争力、科技创新力、交通通达能力等多个层面因素考虑，不同城市处于不同的发展层级上。2020 年全球化与世界级城市研究小组与网络（GaWC）对世界一线城市的排名显示，第 1 档世界都市 Alpha++只有伦敦、纽约，第 2 档世界都市 Alpha+有香港、北京、迪拜、上海等 7 个城市，其他城市逐次降级。[③]

三、城市性

城市性（urbanism）是城市社会学的一个重要概念，它与城市规划或公共管理中使用的“城市性质”不是一个概念。城市性质是指城市在一定地区、国家以至更大范围内的政治、经济与社会发展中所处的地位和所担负的主要职能，是城市在国家或地区政治、经济、社会和文化生活中所处的地位、作用及其发展方向。城市性则是指城市生活所具有的特性，即城市生活区别于乡村生活的特征。1938 年，美国学者路易斯·沃思首次提出了城市性概念，并依此分析了城市的人口和生活方式特征。[④] 事实上，从古典社会学家开始，对这一特征的讨论就存

---

① 王雪芹、王成新、崔成刚：《中国城市规模划分标准调整的理性思考》，《城市发展研究》2015 年第 3 期，第 113—114 页。

② 数据来自 2019 年各市统计公报。

③ Glovalization and World Cities, “The World According to GaWc 2016”.

④ L. Wirth, “Urbanism as A Way of Life,” *American Journal of Sociology*, vol. 44, no. 1 (1938), pp. 1-24.

在了。例如，齐美尔在《大城市和精神生活》一文中就集中讨论了大城市市民的生活方式、精神状态与现代社会结构、经济模式的联系，认为城市生活具有多样性，但维系城市居民之间关系的不再是个人感情，而是利害关系，虽然城市中人与人之间的关系在数量上增加，却趋向于理性化、浅层化、淡漠化。①

城市性不仅是与乡村性相对应的分析概念，也是城市自身差异和特征的分析概念，以下是理解城市性的若干维度。

（一）人口的集聚性

城市区别于乡村最显而易见的特征就是它的人口集聚性，表现在人口规模大、人口密度高。城市是国家或地区的中心，是各种资源的集散中心、信息和交通的枢纽，因而成为人口的聚居地。当大量的人口在相对有限的空间聚居时，人口密度就会增加。在城市社会学里，人口密度包含涂尔干所说的物质密度和精神密度，物质密度是指人口数量上的密度，精神密度是指人们的社会交往密度。密度不同，人们的社会行为就会出现差异，观念和认知也会出现差异，因而成为认识城市社会的基础。

（二）人的异质性

人的异质性是指构成某个社会的人与人之间的差异性程度。异质性包括年龄、性别、民族、种族、宗教、文化等横向的类别差异，也包括教育、收入、财富、权力、地位等纵向的层级差异。城市大规模的人口集聚性决定了它的异质性程度远远高于农村。不同的城市，其异质性也不一样。人的异质性直接影响到人的安全感、信任感、认同感，影响到人与人之间社会关系的建立和关系强度，影响到人与人之间的合作与冲突。

（三）人与人关系的变动性

社会学将人与人之间的关系分为首属的地缘关系、血缘关系和次属的业缘关系、志（趣）缘关系，正是这些关系将分散的个体联系起来，形成群体、组织和社区。在不同的社会，这些关系在联系和整合社会成员中的地位和功能是不同的。城市快速的人口流动、集中化的生产模式、社会化的需求满足方式等，使地缘关系和血缘关系等首属关系在城市社会关系结构中的地位下降，业缘关系和志（趣）缘关系等次属关系的地位上升，由此导致人们的社会互动显

① G. Simmel, "The Metropolis and Mental Life, 1903," in Gary Bridge and Sophie Watson, eds., *The Blackwell City Reader*, Oxford and Malden, Wiley-Blackwell, 2002.

示出理性与情感、局部与全面、先赋与自致的差异，形成了不同的社会关系结构和这种关系结构所建构的城市性特征。

（四）群体文化的多样性

城市大规模的人口与人的异质性相结合，导致社会群体的形成与分化，群体的多样性以及由此产生的文化多样性是城市区别于农村的典型特征，也是城市之间的差别所在。文化是建构城市性的核心要素之一。社会群体之间的冲突与合作、排斥与融合、压迫与抗争，群体文化之间的歧视与尊重、隔离与包容等，成为城市社会不断变迁和发展的趋力。

（五）社会生活的组织化

人的社会生活需求是多方面的，但是满足需求的组织化模式是不一样的，城市社会生活不仅表现出人的需求日益多样和复杂，还表现出满足需求的组织化方式日益社会化和专门化。例如，在城市里，养老正在成为一种专业服务并交由社会化机构来完成。社会生活的组织化还体现在建立社会生活秩序的社会规范上，包括正式规范和非正式规范。社会规范不同，其实现社会生活目标的行为和空间就不同，城市显然要比农村更注重正式规范的秩序。而不同城市也会因为其社会生活的组织化程度不同而使其城市性呈现差异。

（六）空间的社会性

空间是事物的存在形式，一谈到城市空间，人们就会联想起马路、工厂、学校、商业中心、金融中心、市民广场、居住小区、公园等，它们构成了城市空间的格局，也成为城市人工作生活的环境。从城市社会学的观点来看，空间是物质性和社会性的统一，社会性是更为本质的属性。这是因为城市的马路、工厂、学校、商业中心、金融中心、市民广场、居住小区、公园等所有这些物质性的空间载体都是人类生产出来的，空间作为城市人工作生活的环境是人造的环境，而非“自然的”环境。正因为如此，城市空间的形塑必然受到诸种社会关系的影响，本质上是社会关系在空间上的展现。城市人的工作、交往、聚居和闲暇也必然受到其所占据的空间区位和空间关系的制约。空间的社会性是城市社会学最重要的研究视角。

第二节　城市的产生与发展

人类文明的发展与城市的周期性兴衰相关联。依据城市的经济发展、社会结构、城市空间与政府管理等条件，城市的发展可以分为前工业城市、工业城市和后工业城市三个阶段。

一、城市的产生

城市并非从来就有，而是生产力和劳动分工发展到一定程度的产物。生产力发展引起社会分工的发展，工商业劳动同农业劳动的分离，物质劳动和精神劳动的分工，是城市与乡村分离的根本动因。

在真正意义的城市产生之前，“城”与“市”是不同的。“城”是在人类进入农耕阶段，出现定居后产生的，是指为了防御的需要而在定居点的四周建立起来的障碍性建筑物。《墨子·七患》曰：“城者，所以自守也。”随着定居点人群的扩大，随着战斗的需要和技术的进步，障碍物越垒越高，最后成为坚实的墙体。“市”是随着经济的发展，剩余产品的出现而产生的，是指人们进行产品交换的特定空间。《易·系辞下》曰：“日中为市，致天下之民，聚天下之货，交易而退，各得其所。”随着经济社会的进一步发展，产品交换发展到商品交换阶段，产生了商业这个产业和商人这个阶层，这个产业的载体和这个阶层固定活动的地方便是“市”。经年累月，最终形成了城与市的合一：城市。正如马克思指出的：“城市已经表明了人口、生产工具、资本、享受和需求的集中这个事实。”①

从历史来看，城市是晚于乡村出现的人类生活共同体形式。城市与乡村的分离是一定历史阶段的产物，生产力的发展和社会分工则是导致城市与乡村分离的根本动因。人类历史上最早的城乡分离发生在古代社会，当时，“社会上的一部分人用在农业上的全部劳动——必要劳动和剩余劳动——必须足以为整个社会，从而也为非农业劳动者生产必要的食物；也就是使从事农业的人和从事工业的人有实行这种巨大分工的可能，并且也使生产食物的农民和生产原料的农民有实行分工的可能”②。这意味着“一个民族内部的分工，首先引起工商业劳动同农业劳动的分离，从而也引起城乡的分离和城乡利益的对立”③。不难看出，生产力和生产关系的矛盾运动导致了城乡分离的必然性，城乡分离的根本原因在于生产力的发展，生

---

① 《马克思恩格斯文集》第1卷，人民出版社2009年版，第556页。
② 《马克思恩格斯文集》第7卷，人民出版社2009年版，第716页。
③ 《马克思恩格斯文集》第1卷，人民出版社2009年版，第520页。

产力的发展外化为社会分工的细化，社会分工的细化深刻影响着城乡结构的变化。

马克思主义肯定城乡分离对劳动分工的合理性和历史进步性的影响。一方面，城乡分离是生产力发展的必然产物；另一方面，城乡分离也促进了生产力的发展，工业文明替代农业文明、资本主义生产方式替代封建制生产方式自然体现了人类社会的进步性。但是马克思主义也指出，城乡分离不可避免地引发了不同劳动分工和生产关系之间的矛盾状态，导致城乡对立，城乡对立过程加剧了整个城乡关系的恶化，而生产资料私有制的资本主义生产方式是影响城乡对立和城乡关系恶化的最深刻根源。因此，马克思主义认为，城乡关系发展的根本出路在于城乡融合，只有这样，才能使人类创造的文明成果成为全体人民都能享受的财富。马克思主义的理论表明，城乡对立是个历史范畴，它是社会生产力发展到一定程度的产物，也将随着社会生产力的发展而最终消失。

二、城市的发展史

美国未来学家丹尼尔·贝尔按照生产方式和生产技术的不同，将人类社会分为三个阶段，即前工业社会、工业社会和后工业社会。随着社会经济的变迁，城市也由前工业城市转为工业城市，再转为后工业城市。以下将从经济发展、社会结构、城市空间和政府管理四个方面论述城市的发展与历史。经济发展强调城市的产业结构和职业结构，社会结构解释城市的规模及社会分层，城市空间考察其作为物质生产资料、消费对象、政治工具、阶级斗争工具的具体功能，政府管理描述政府在城市中的作用。

（一）前工业城市

前工业社会包括奴隶社会和封建社会时期，农业文明占主导地位。在这一时期，主要经济部门是第一产业，即农业、矿业、渔业和木材业等从自然界获取资源的采掘业，其技术主要是从自然界取得原材料，并利用经验和常识进行加工，受到土地和自然资源很大的限制。前工业城市亦具有相应特点。

1. 经济发展

由于社会生产力发展水平低，城市的变迁速度很缓慢。当时农业经济仍占统治地位，城市中的商品“交换是有限的，市场是狭小的，生产方式是稳定的，地方和外界是隔绝的”[①]。而且，关于交换品的固定价格是很少见的，买者和卖者靠争论完成他们的交易。前工业城市的存在依赖于从外界获得的食物和原材料，货物和服务的生产依赖于有生命（人类或动物）的能源，或直接或间接地通过诸如锤子、滑轮和车轮这样的机械装置来应用能源。它们也因此成为市场中心，充当手工业生产的集散地和农产品交换的集散地。[②]

前工业城市社会分工相对简单，“除了在城市里有师傅、帮工、学徒以及后来的平民短工的划分之外，就再没有什么大的分工了”[③]。因此，尽管存在市场和市场活动，但在前工业城市中，它们与自然经济并存，交换没有动摇甚至反而加强了自然经济的统治地位。

2. 社会结构

建立在自然经济和小农经济基础之上的城市不可能获取大量的商品以养活城市人口。因此，这一时期的城市绝大多数规模较小。例如，在 13—14 世纪，威尼斯人口为 7.8 万、巴黎为 5.9 万、米兰为 5.2 万，仅有少数城市如中国唐代长安人口近百万。[④]

在前工业城市中，“土地占有的等级结构以及与此相联系的武装扈从制度使贵族掌握了支配农奴的权力。这种封建结构同古代的公社所有制一样，是一种联合，其目的在于对付被统治的生产阶级”[⑤]。在古罗马，有贵族、骑士、平民、奴隶，在中世纪的欧洲，有封建主、臣仆、行会师傅、帮工、农奴。

3. 城市空间

前工业城市的功能并不是经济导向的，因此大多数街道只是人们和用于运输的动物们的通道。城市内部存在隔离，城区靠围墙使彼此隔离开来，不同的群体生活在不同的城墙内。部落成员“用石墙、城楼、雉堞围绕着石造或砖造房屋的城市，已经成为部落或部落联盟的中心”，部落底层成员则居住在城市的边缘地区。[⑥] 以中国为例，尽管中国封建社会的城市类型趋于多样化，中期

① 《马克思恩格斯文集》第 9 卷，人民出版社 2009 年版，第 394 页。
② 孙逊、杨剑龙主编：《阅读城市：作为一种生活方式的都市生活》，上海三联书店 2007 年版，第 244—247 页。
③ 《马克思恩格斯文集》第 1 卷，人民出版社 2009 年版，第 523 页。
④ 谢文蕙、邓卫：《城市经济学》（第二版），清华大学出版社 2008 年版，第 15 页。
⑤ 《马克思恩格斯文集》第 1 卷，人民出版社 2009 年版，第 522 页。
⑥ 《马克思恩格斯文集》第 4 卷，人民出版社 2009 年版，第 182 页。

以后出现了一些经济功能较强的城市，例如《东京梦华录》《清明上河图》所描述的北宋都城汴梁以及江南地区出现的一些区域性经济功能小镇，但它们并没有改变中国封建社会的城市政治功能属性。因此，前工业城市的城市空间更强调的是“城”的功能和作用，“市”的功能是附属的，物质生产资料、消费功能有限，更多发挥的是政治统治工具和阶级斗争工具的功能。

4. 政府管理

随着城市的出现，也就“必然要有行政机关、警察、赋税等等”①。前工业城市的政府是精英阶层的活动范围，并与教育和宗教制度紧密结合在一起。它执行两种主要职能：从城市大众中收取贡赋以维持精英阶层的活动；通过“警察力量”（军队）维持法律、秩序和法庭制度。警察主要是用于对“外来者”的控制，法庭缺乏由正式颁布的法规构成的法典，只是依据风俗和圣书描写的规则运作。②

（二）工业城市

工业化是城市化的根本动力，因此工业城市的出现及发展与工业革命密切相关。纵观人类历史上出现的两次工业革命，“最初导致社会痛苦的分裂，使人们遭到无数的苦难，但最终决定性地促进了人类的生产率和福利”③。我们可以发现这不仅是技术的革命，更是深刻的社会革命，对人类社会各个方面都产生了极其深远的影响。工业城市的兴起更是加速了全球的城市化进程。

1. 经济发展

资本主义大机器生产打破了封建时代社会生产力长期停滞的局面，使工业摆脱了过去完全依靠人力、畜力和水力的状态，使生产从过去的家庭手工业转向现代大工业生产。大工业生产中复杂的劳动分工需要特殊的管理群体，他们的首要职责是指导和控制其他群体，由此发展出“工厂体系”。在这种高度专业化的工厂体系下，工人必须在固定的工作时间内把自己的精力用于生产，而无暇顾及其他，这就催生了城市内服务业的发展，并逐步形成颇具规模的第三产业。

---

① 《马克思恩格斯文集》第1卷，人民出版社2009年版，第556页。

② 孙逊、杨剑龙主编：《阅读城市：作为一种生活方式的都市生活》，上海三联书店2007年版，第250页。

③ ［美］托马斯·弗里德曼：《世界是平的：“凌志汽车”和“橄榄树”的视角》，赵绍棣、黄其祥译，东方出版社2006年版，第147页。

2. 社会结构

工业革命使一大批工业城市迅速发展扩大，城市规模增长明显。从1800年至1900年的100年里，发达国家具有10万人以上的大中城市数目，从28个增至195个。例如，1800年时，伦敦人口仅85万，但1900年时人口数达到660万。① 在工业社会中，半熟练工人是劳动力中最大的一部分。“新的工业总是需要大批常备的工人来供给无数新的劳动部门……工业把劳动集中到工厂和城市；工业活动和农业活动不可能结合在一起了……城市人口增加了两三倍，这些增加的人口几乎全是工人。”②

同时，城市内部社会出现阶级分化，“整个社会日益分裂为两大敌对的阵营，分裂为两大相互直接对立的阶级：资产阶级和无产阶级”③。借助财富集中和机器大生产，资本家雇佣劳动，并最大化榨取剩余价值。伴随着资本家对工人的剩余价值的剥削及工人阶级的反抗，双方之间的矛盾也愈演愈烈。

3. 城市空间

在工业城市中，城市是机器大工业生产的中心。传统工业城市的结构是高密度的单中心结构，中心城市及其中心商业区在整个大都市区居于主导地位。工业时代的机器大生产讲究规模效益，依靠采矿业发展起来的钢铁、金属冶炼、机械制造等重工业的规模空前扩大。有的工厂就有成千上万甚至十万产业工人，本身就是一个小城市。“人口也像资本一样集中起来……大工业企业要求许多工人在一个建筑物里共同劳动；他们必须住得集中，甚至一个中等规模的工厂附近也会形成一个村镇……于是村镇变成小城市，小城市变成大城市。”④

专业化的分工和统一使用的公共基础设施也使得企业布局更为密集，城市规模迅速扩大形成集群发展态势，大城市和特大城市不断涌现。“铁路、公路和水路把繁华的都市与荒僻的村庄联系起来，在英国狭窄的铁路跨过像绿色海洋一样的乡间，把沿途装进他们自己火车里的英国人民抛进城门口越来越稠密的人群之中。”⑤ 例如，英国作为最早的工业化国家，其新兴的工业城市曼彻斯

---

① 谢文蕙、邓卫：《城市经济学》（第二版），清华大学出版社2008年版，第17—18页。
② 《马克思恩格斯文集》第1卷，人民出版社2009年版，第107页。
③ 《马克思恩格斯文集》第2卷，人民出版社2009年版，第32页。
④ 《马克思恩格斯文集》第1卷，人民出版社2009年版，第406页。
⑤ 高珮义：《中外城市化比较研究》，南开大学出版社1991年版，第471页。

特、伯明翰、利物浦等聚集而成英格兰城市带或城市群；19世纪，法国、德国相继走上工业化之路，德国的鲁尔地区、法国北部地区也诞生了城市群；美国的大西洋沿岸和五大湖沿岸等煤田和沿海、沿湖地区也出现了城市带或城市群。可以看到，这一时期，城市空间的生产、消费、阶级斗争功能都比较凸显。

4. 政府管理

工业文明的极大发展进一步凸显了管理的滞后、杂乱无章。因此，城市公共物品供给是不足的，集中体现为城市住宅问题、环境卫生问题等。第一，缺乏住宅。工业大生产使得大量劳动力涌入城市，“房租大幅度提高，每所住房更加拥挤，有些人根本找不到栖身之处”①。第二，基础设施配套不齐全。城市房屋建设简陋，室内照明、通风、取暖、卫生设施等条件都极差；许多地方既缺少排污系统，又无污物处理设施；城市公共物品提供严重不足，设施落后。第三，公共服务供给不足。恶劣的环境导致疾病流行，霍乱、伤寒、白喉等流行病四处蔓延，威胁着居民的健康与生命。

（三）后工业城市

交通运输与通信技术的进步、基础设施的老化、相对拥挤的城市空间、日益严重的环境污染问题表明工业城市已经不能适应发展的需求，工业城市开始向后工业城市转型。美国早在20世纪50年代就率先从工业社会进入后工业社会，工业生产在国民经济中的地位日趋衰落，而服务业则逐步成为国民经济的主导部门；西欧和日本等在20世纪60年代末和70年代初，也开始进入后工业社会。后工业社会的主要经济部门包括交通运输、公用事业、商业、金融业、保险业、地产业、卫生保健、教育、研究和娱乐等。

1. 经济发展

第二次世界大战之后，随着发达国家从工业社会向后工业社会的过渡，以信息和服务业为主体的第三产业、以高新技术产业为主体的知识密集型产业迅猛发展，工业在国民经济中的地位不断下降。在后工业时代，城市服务中心的功能增强，服务经济快速发展，开始超过制造业而在经济结构中居于主导地位。首先，在产业结构上，后工业城市的主导产业多为知识密集型产业，这类行业的发展需要更多的技术、协调、管理和服务人员，也需要其他服务行业辅

---

① 《马克思恩格斯文集》第3卷，人民出版社2009年版，第250页。

助经营，比如金融、通信、咨询等。因此，大量服务业向城市中心聚集。其次，在职业结构上，与服务中心的定位相匹配，越来越多的劳动力不再从事农业或制造业，而是从事服务业，如贸易、金融、运输、保健、娱乐、研究、教育和管理。从事管理、办公室和技术工作的白领职员的人数超过工人人数。诚如米尔斯所言，作为劳动力的一部分，处理各种事情的个人越来越少，而管理人和符号的却越来越多。①

2. 社会结构

后工业社会经济结构与城市空间的变化导致后工业城市贫富分化明显。以美国为例，扩大的中间阶级为了将自己与下层群体区分开来，开始向郊区迁移，利用自己拥有所有权的独立住宅和私人汽车这些外在的标志来表现自己所达到的社会地位。中间阶级的迁移与贫富分化导致中心城市社会结构呈现两极化。后工业城市中的矛盾、不平等也愈发突出。“由成百上千个居住单元组成的社区隐藏在高墙深院和警卫门岗后面。富有生命力的城区生活被抛弃了。地理上的距离疏远了城市应该具备的社会责任。人们把安全建立在金融信用和由汽车、沥青、汽油和混凝土墙体产生的地理隔绝上，只有特邀的客人和电磁波、收音机、电视机、电脑、电话的电缆才能进入。”②

3. 城市空间

后工业城市的城市空间变化突出地表现为郊区化。一方面，中心城市的高租金、有限空间导致产业转移，最先向郊区转移的是制造业，而后伴随其他商业、服务业等；另一方面，为了缓解工业城市时期人口聚集所带来的环境污染、住房困难、交通堵塞等问题，中心区域的人口开始向郊区迁移。在后工业时代，由于郊区化的迅猛发展，郊区商业区逐步形成，大都市区呈现低密度的多中心结构，中心城市在大都市区中越来越难以发挥主导作用。

对此，1957 年，法国地理学家戈特曼在研究美国东北部都市区连绵化现象时提出大都市带（megalopolis）的概念。戈特曼认为，大都市带是在特定地区出现的沿着特定轴线发展的巨大的多中心城市网络，城市之间通过人口、交通、信息、资金等各种流动发生着强烈的相互作用。1961 年，戈特曼分析了美

---

① ［美］C. 赖特·米尔斯：《白领——美国的中产阶级》，杨小东等译，浙江人民出版社 1987 年版，第 85—86 页。

② ［美］理查德·瑞吉斯特：《生态城市——建设与自然平衡的人居环境》，王如松、胡聃译，社会科学文献出版社 2002 年版，第 5 页。

国东北部大都市带的多中心的空间结构和多样性的功能结构，指出大都市带具有枢纽功能和孵化器功能，前者指大都市带成为区域内各种发展轴线的枢纽、国家对内以及对外联系网络的枢纽，后者指各种新思想、新技术在大都市带形成并扩散。

从综合性的角度，城市群是“在特定的地域范围内具有相当数量的不同性质、类型和等级规模的城市（包括小集镇），依托一定的自然环境条件，人口密度较大，生产高度技术化，土地利用集约化、以一个或两个特大城市和大城市作为地区经济的核心，借助于现代化的交通工具和综合运输网的通达性以及高度发达的信息网络，发生与发展着城市个体之间的内外联系，共同构成一个相对完整的城市群区”①。从生成机制和发生作用的角度，城市群是“在地理位置和自然条件上有相似性的以及历史上经济和文化上有关联性的城市聚集构成了一个相对完整的地域单元，其内外集聚和扩散功能强劲”②。从空间角度，城市群是“点（城市）、线（有形的空间通道和无形的经济、文化和政治联系）、面（区域）三个基本要素构成的空间组合形式，是城市空间支持结构的扩大和演变”③。世界著名城市群包括美国东北海岸城市群、美加沿湖城市群、日本东京城市群、英国伦敦城市群、法国巴黎城市群、中国长三角城市群、中国珠三角城市群和韩国首尔城市群等。

“在区域空间序列上，存在这样的演化发展过程：一般城市—都市区—城市密集区—城市群—大都市区—都市连绵区—都市带。”④ 都市带即城市带，作为城市群发展的高级阶段，城市带是指多个大城市地区连接成一个巨型的、一体的居住和经济活动的群集地带，是一个多核心的、人口与社会经济活动频繁、强烈交互作用的地域组织。有学者将城市带命名为“都市连绵区”（Metropolitan Interlocking Region，MIR），并提出了形成 MIR 的五个必要条件：具有两个以上大城市（人口百万以上）作为发展极；有对外口岸；发展极和口岸之间的对外交通干线作为发展走廊；交通走廊及其两侧人口稠密且有较多的中小城

---

① 姚士谋、陈爽、陈振光：《关于城市群基本概念的新认识》，《现代城市研究》1998 年第 6 期，第 17 页。

② 林先扬、周春山：《论城市群经济整合内涵、特征及其空间过程》，《经济地理》2006 年第 1 期，第 70 页。

③ 马志强：《我国城市群聚集和形成问题的探讨》，《中州学刊》2006 年第 5 期，第 49 页。

④ 赵勇、白永秀：《城市群国内研究文献综述》，《城市问题》2007 年第 7 期，第 6 页。

市；经济发达，城乡间有紧密的经济联系。① 1976年，戈特曼指出世界上已经出现6个大城市带：（1）从波士顿经纽约、费城、巴尔的摩到华盛顿的美国东北部大城市带。该地带是美国经济核心地带，制造业产值占全国的30%。（2）从芝加哥向东经底特律、克利夫兰到匹兹堡的大城市带，与美国东北沿海城市群共同构成北美制造业带。（3）从东京、横滨经名古屋、大阪到神户的日本太平洋沿岸大城市带，包括以东京为中心的东京城市群、以大阪为中心的大阪城市群、以名古屋为中心的中京城市群，是日本经济最发达地带。（4）从伦敦经伯明翰到曼彻斯特、利物浦的英格兰大城市带，是英国产业密集带和经济核心区。（5）从阿姆斯特丹到鲁尔和法国西北部工业聚集地的西北欧大城市带，由大巴黎地区城市群、莱茵—鲁尔城市群、荷兰—比利时城市群构成。（6）以上海为中心的城市密集区，主要城市包括上海、南京、杭州、苏州、宁波等，是中国最大的经济核心区。

4. 政府管理

伴随着后工业城市以第三产业为主、城市空心化等特征，城市发展更加关注公共性，更加关心住在这个地方的人们需要什么。城市应该拥有大片的公园区、校园区、游乐休憩场以及其他空旷场地，有安全的街道和人行道，人们愿意在这里工作、居住、交往，并相互关联。与基础设施建设和公共服务供给的迫切需求相对的，则是政府财政收入不足。政府用于管理的支出主要来自对其辖区内居民和企业的税收所得。中心城市中产阶级的郊区化、城区贫困居民的增加和就业的减少，严重地削弱了中心城市的税收基础，也就制约了城市政府的管理水平和公共服务供给能力。对此，各国政府先后于20世纪40年代末至70年代进行了大规模的城市更新和改造活动，以提供足够的公共设施，改善城市衰败地区的投资环境，扩大就业，并扩充政府财政收入。第二次世界大战后，美国在联邦政府统一指导下，开展了全国范围的大规模城市更新改造运动，从1949年持续至1972年，经历了清理贫民窟、商业性大规模开发、城市综合治理三个阶段。在这一过程中，政府扮演了重要角色。先通过国会立法，制定全国统一的规划、政策及标准，确定更新运动的重点及联邦拨款额度；在联邦统一指导和审核下，地方政府主导实施更新项目。

---

① 周一星：《中国的城市体系和区域倾斜战略探讨》，《中国城市化道路宏观研究——中美双方合作成果论文汇编》，黑龙江人民出版社1991年版，第99—107页。

城市群、城市带的发展对政府的战略管理、协调能力提出更高要求，政府管理也积极回应城市群、城市带的发展要求。1964 年，英国创建了“大伦敦议会”，专门负责大伦敦地区的管理和发展问题。其间经历波折，到 2000 年，英国设立“大伦敦市政权”，统辖整个大伦敦地区 32 个自治区和伦敦开发公司，致力于实现大伦敦地区的整体协调发展。美国城市群和城市带的一体化协调管理主要包括：建立有权威的大都市区政府、县市合并、建立地方政府协会、设立单一功能的特别区或专门协调机构、地方政府之间在重大基础设施建设及社会治安等领域签订专项协议。日本政府高度重视城市群的协调发展规划，规划每 10 年左右修订一次。自 20 世纪 60 年代，法国许多相邻的城市（镇）就自发自愿地组成联合协调机构，1999 年法国国会通过并颁布实施专项的《城市（市镇）联合体法》，明确市镇联合体是城市或市镇之间的行政法人联合组织，通过“调查研究—征求各方意见和建议—酝酿协商—起草方案和讨论修改—共同签署协议—共同行动”的方式运作。①

第三节　全球化与城市

全球化是社会生产力发展的客观要求和科技进步的必然结果，为世界经济增长与城市发展提供了强劲动力。全球化是人类历史发展的必然趋势。全球化于每个人、每个组织、每个国家而言，既是挑战，又是机遇，它使我们以前所未有的方式进入世界，也使世界以前所未有的方式深入我们每一个人的生活中。

一、全球化的兴起

国际货币基金组织在 1997 年 5 月发表的《世界经济展望》中指出，全球化是指跨国商品与服务交易及国际资本流动规模和形式的增加，以及技术的广泛迅速传播使世界经济的相互依赖性增强。戴维·赫尔德在其《全球化和反全球化》中则将其定义为“社会交往的跨洲际流动和模式在规模上的扩大、在广

① 鞠立新：《由国外经验看我国城市群一体化协调机制的创建——以长江三角城市群跨区域一体化协调机制建设为视角》，《经济参考研究》2010 年第 52 期，第 20 页。

度上的增加、在速度上的递增，以及影响力的深入。它指的是人类组织在规模上的变化或变革，这些组织把相距遥远的社会联系起来，并扩大了权力关系在世界各地区和各大洲的影响”①。总之，全球化是世界各国的经济、社会发展秩序所表现出的高度渗透、融合并最终形成了一个统一体的状态。

（一）全球化的过程

尽管到 20 世纪 80 年代全球化才成为一个重要的概念，但全球化的起源要早于工业革命和资本主义的产生，后两者只不过是加速了这一进程，并使其发展变得更加不可逆转。15—17 世纪为欧洲的原始资本积累时期，“地理大发现”不仅为世界市场的形成开辟了道路，而且结束了世界各地长期割裂、孤立的状态，世界各国的政治、经济和文化开始趋于紧密地联系在一起。马克思、恩格斯预见：“各个相互影响的活动范围在这个发展进程中越是扩大，各民族的原始封闭状态由于日益完善的生产方式、交往以及因交往而自然形成的不同民族之间的分工消灭得越是彻底，历史也就越是成为世界历史。”②

从 18 世纪中叶第一次工业革命的兴起到 20 世纪中期第二次世界大战结束，工业资本成为资本主义全球扩张的主导性力量，资本的贪婪与扩张不断加剧全球相互依存的程度。第一次工业革命将人类带入“蒸汽时代”，第二次工业革命将世界带入“电气时代”并形成了垄断，第二次世界大战的爆发更凸显了西方资本主义开辟世界市场并称霸全世界的野心。因此，这一时期的全球化并非真正意义上的全球化，它带有明显的先进国家野心扩张、落后国家被动卷入的殖民色彩。赤裸裸的资本扩张，无止境的资源掠夺，少数先进工业化国家生产工业制成品、多数落后国家生产初级农矿产品的垂直等级分工加速了世界发展的不均衡。尽管资本主义在它产生的不到 100 年的时间里，生产力比过去所有的时代还要强大，但此阶段的全球化实质上是某种程度的全球极化，东西方差距越来越大，资本主义国家内部的阶级矛盾也越来越激烈，世界日益分裂为两大对立的阶级——工业无产阶级和工业资产阶级。

第二次世界大战结束后，美苏之间大搞军备竞赛并势均力敌，形成了以美国为首的资本主义阵营和以苏联为代表的社会主义阵营的对峙局面。一方面是

① ［英］戴维·赫尔德、安东尼·麦克格鲁：《全球化与反全球化》，陈志刚译，社会科学文献出版社 2004 年版，第 1 页。

② 《马克思恩格斯文集》第 1 卷，人民出版社 2009 年版，第 540—541 页。

发达资本主义国家对新兴社会主义国家的仇视；另一方面是东方国家的民族独立运动如燎原之势兴起，全球化的发展被极端的意识形态所制约。

20世纪中叶以后的第三次科技革命将全球化推向新阶段，在以电子信息技术为主要标志的高新技术的支持下，全世界开始形成“地球村”。自1945年以来，一直在国际事务中占主导地位的冷战体系，逐渐由一个被称为“全球化”的崭新的、盘根错节的体系所代替。20世纪90年代苏联的解体标志着两极格局的结束，长期的军备竞赛也使得美国无法实现其“单极称霸”的野心，长达半个世纪的冷战体系最终被全球化体系所替代，世界呈现多极化的发展势头，第一个真正的全球化时代已经到来。

（二）全球化的推动力

全球化在20世纪中后期才成为一个重要的概念是有其必然性的。从根本上来讲，全球化在20世纪80年代的凸显是生产力发展到一定水平的客观要求。生产力决定生产关系，生产力发展的要求引发世界范围内资源的优化配置和国际舞台上不同主体的协商合作。具体而言，生产力的发展对全球化产生了以下几个方面的作用。

1. 劳动分工和国际贸易的全球化

随着世界市场的形成，劳动分工不再局限于狭隘的国家地域范围之内，而是被卷入了世界分工体系之中。在这一世界分工体系中，处在中心区的发达国家掌握并控制了核心技术以及巨额的金融资本，聚集了大量的知识、技术密集型产业，而处在边缘区的后发国家仅拥有某些技术含量低、附加值少的劳动密集型、资源密集型产业。“以世界为工厂，以各国为车间”①，尽管这种分工是明显不公平的，但这种经济的全球化发展确实推动了国际范围内的分工，密切了全球联系。同样，国际贸易范围、种类的不断扩大也使各国开始谋求全球范围内更为广阔的市场，“中国制造”就是很好的例证。

2. 跨国公司的蓬勃发展

据统计，“大的跨国公司在全球电讯市场份额中占86%，农药类占85%，计算机方面占70%，医药类占60%，其他重要经济领域内所占的份额也都举足轻重”②。在几乎所有的经济领域内，生产往往集中于少数的几个大公司。它们

---

① 于沛主编：《全球化和全球史》，社会科学文献出版社2007年版，第168页。

② 于沛主编：《全球化和全球史》，社会科学文献出版社2007年版，第139页。

一般为跨国公司，基本上控制了这一领域的生产和销售，甚至能够操纵市场。作为全球化的桥梁，跨国公司把不同国家、不同市场、不同行业联系起来，企业的生产基地、销售和服务基地、物流和配送基地等处于价值链低端的环节被配置在远离指挥中心的其他地方，而研发、管理、信息中心等处于价值链高端的环节则被配置在较高等级的城市。如此，跨国公司实现了世界范围内资源的最大化利用，逐利本性表现突出。

3. 经济区域一体化的发展

区别于单极化或两极化，全球化尤其表现为在世界范围内，存在多个相互制衡的力量，有效地遏制了霸权主义和强权政治，一旦有国家要打破这种平衡，它便要付出巨大的代价。存在相互制衡的力量则得益于区域经济一体化以及世界多极化的发展：欧盟、东盟、北美自由贸易区等国家性合作组织及石油输出国组织等行业性合作组织的发展极大地增强了区域的力量，每个区域都谋求自身在世界格局中的地位和作用，而区域力量的增强又产生了世界范围内的多个增长极，相互竞争又相互依存。因此，区域经济一体化和经济全球化并不是相互矛盾的。区域经济一体化是全球化的过程，它所形成的多极化是推动全球化的关键，而全球化则是区域经济一体化的最终结果。

4. 信息技术的日趋成熟

"当技术很可能不受限制地被利用时，其所产生的能量不仅会在地理上将边界障碍消除，而且还会将人类本身的差异去掉。"① 全球化时代建立在通信成本下降的基础上，信息技术的广泛应用形成了全球化网络，互联网及其中信息流的快速流动使生产的分散化和管理的集中化成为可能。全球化的边界也随着网络的不断覆盖而日趋扩大。

二、全球化时代的城市

20 世纪 80 年代以来的全球化进程不仅造就了少数全球城市，也使得更多城市被卷入全球化城市网络中，持续进行资金流、劳动力流、商品流、服务流的交换。国家作为独立的经济单元的重要性持续下降，而城市作为经济单元的重要性迅速上升。

---

① ［美］托马斯·弗里德曼：《世界是平的："凌志汽车"和"橄榄树"的视角》，赵绍棣、黄其祥译，东方出版社 2006 年版，第 6 页。

（一）“流空间”与全球城市网络

卡斯特尔于1990年提出“流空间”概念，用来表述全球信息网络的物质或非物质组成部分，并指出越来越多的经济要素在全球信息网络中跨距离流动配置。现代社会是由资本、信息、技术、组织互动、音像符号等各种流组成的，“流”是支配我们经济、政治和象征性生活的过程表达。“流空间”具有位置属性，网络连接起来的是具有明确社会、文化、物理和功能特征的具体地点。一些地点是网络中承担协调功能的交换和通信中心，另一些地点则是围绕网络中具有战略意义的功能而从事相应活动并建立起相应组织的节点。中心和节点都根据它们在网络中的相应权重呈等级分布。

全球城市网络就是由不同城市作为网络节点而相互作用形成的。在全球城市网络中，不同城市的价值是不同的，其价值在于它与其他节点之间的关联性。当一个城市与其他节点之间的联系越多，其越有可能获得频繁流动的信息和知识，并通过生产、分配和消费方面的创新来抓住经济发展的机会。因此，一个城市所处地位的变化是由它与其他节点的相互作用所决定的。

（二）全球城市

在全球城市网络中，处于最高地位的城市就是全球城市。全球城市是“流空间”的原始节点或中心。关于全球城市，国内外学术界并未得出统一的定义，单就其称谓也有很多种，如“世界城市”“国际性城市”“超级城市”等，但其在本质上都是一致的。

“全球城市”（global city）最早于1915年由西方城市和区域规划先驱盖迪斯提出，以突出少数聚集了异常多的全球商业活动的城市的首位性。1996年，英国地理学家、规划师彼得·霍尔对全球城市这一概念作了经典解释，即专指那些已对全世界或大多数国家产生全球性经济、政治、文化影响的国际一流大城市，具体包括以下几方面内涵：主要的政治权力中心；国家的贸易中心；主要银行的所在地和金融中心；各类专业人才聚集的中心；信息汇集和传播的地方；重要的人口中心；娱乐业成为重要的产业部门。

1986年，美国学者弗里德曼系统地提出“世界城市假说”（The World City Hypothesis），他认为，全球城市是新的国际分工和经济全球化的产物，其本质特征是拥有全球经济控制能力，表现为少数关键部门的快速增长，包括企业总部、国际金融、全球交通和通信、高级商务服务等。

美国学者沙森则认为，全球城市是经济、政治和文化权力重合的地方，是全球性的制高点，具体体现为高度集中化的世界经济控制中心、金融和特殊服务业的主要所在地、包括创新生产在内的主导产业的生产场所与作为产品和创新的市场。全球城市的形成源于两股强大的经济力量的结合：一是以制造业为主的经济生产活动在全球范围内不断扩散；二是对这种生产活动的控制不断向大城市的集中。

卡斯特尔认为，超级城市即全球城市的形成，并不是将城市开放、让农村的剩余劳动力涌入城市，而是立足现有的发展，将某一区域内的诸多城市连接起来，使这一区域具备更多的功能，发挥更大的作用。要将这些城市联结为一体，主要是要发展通信网络、交通网络，拓展新能源，开发当地资源，尽可能地就地取材，供应超级城市内大部分生产所需的原料和能源，而不依赖于外地的原料和能源供应。在他看来，全球城市不是一个地点，而是一个过程。高级服务的产生、消费以及它们所附属的本地社会在信息流的基础上通过这种过程联系在全球网络中。

全球城市在区位分布、城市功能、内部结构及产业体系等方面具有特别的偏好及特点。

第一，在区位分布上，全球城市往往是全球信息流的集散中心，信息化、数字化水平尤其突出。随着互联网的飞速发展，后信息时代中地理限制不断被消除，数字化生产将导致越来越少对特定地点、特定时间的依赖，而尽可能地接近信息的生产和消费中心。作为在世界体系的资本积累链条上的关键点，全球城市主要布局在发达资本主义国家的最发达地区，支配着各种形式的国际信息交流。

第二，在城市功能上，全球城市对本国发展影响至关重要，其发展也已经远远超出了国家边界范围。“一个没有世界城市的经济大国，只能是为发达国家提供劳动力的‘躯干国家’，只有具备了世界城市的经济强国，才有可能成为具有全球影响力的‘头脑国家’。”① 因此，全球城市对于衡量一个国家综合国力的强弱来说是至关重要的，它往往成为抽象的国家概念的具象体现。当然，不可否认的是，一个城市要获得或维持全球城市的地位，则需要一个强大的国家在政治、管理和意识形态等方面的协助，而不是与所在国家的政府分道扬镳。作为城市等级序列中的最高一级，全球城市并不是以其规模或在

① 苏雪串：《西方世界城市论的演变及其启示》，《广东社会科学》2007 年第 4 期，第 187 页。

国家中的地位如首都而定位的，而是以其在世界城市体系中的专长和角色定位的，全球城市存在的关键在于其超越城市的地域和行政界限而发挥的世界性的功能与作用，包括全球的金融中心、管理和控制中心以及综合性的交通与通信枢纽等。

第三，在内部结构上，全球城市存在“堡垒”和“隔离区”的极化对立。沙森指出，全球城市既集中了不成比例的全球企业权力，也集中了不成比例的弱势群体。随着两者之间差距的日益增大，城市很难成为两者均衡游戏的地方。世界城市的形成所导致的最重要的社会事实就是社会阶级更加两极分化。跨国精英成为世界城市的主导阶级，而城市服务于他们的生活风格和职业需求。与之相对的另一部分则是在边缘地带看不到希望、在世界经济的神经中枢又无法成功的人。托马斯·弗里德曼认为，贫富悬殊和恶劣的生存环境使得种族冲突、恐怖主义等暴力活动在全球城市有增无减，全球城市在内部的地理格局上则被划分为“堡垒”和“隔离区”，堡垒服务于跨国精英，而隔离区则成为社会底层的贫民窟。因此，全球化最大的威胁是全球化体系自身包含的自我毁灭的潜在因素。

第四，在产业体系上，生产性服务业空前集聚。生产过程的分散化和管理控制的集中化是全球化过程的两大趋势，全球化固然使生产和销售更为分散，不受空间影响，却更需要一个复杂而高级的支持系统来处理遍及全球的分散而迅速变化的业务，这使资本、权力和影响力更加集中于世界级城市。凭借着发达的通信、高质量的人力资本、强密度的社会资本等区位优势，全球城市往往成为跨国企业的总部聚集区。企业总部管理控制职能的发挥需要生产性服务业提供服务，从而带动生产性服务业在全球城市的集聚，具体包括由银行、证券、信托、保险、租赁等组成的现代金融业；由通信、网络、传媒等组成的信息服务业；由会计、审计、资产评估、法律服务等组成的中介服务业以及由教育、培训、会展、现代物流等组成的新型服务业。

（三）当今世界的全球城市

作为“流空间”中心的城市，全球城市是跨国生产、销售与国际金融的控制点。伦敦、纽约和东京是世界经济的三足鼎立的控制点，三者各执一个地区，是对全球经济进行管理和服务的金融中心。还有美国的芝加哥、洛杉矶，欧洲的巴黎、布鲁塞尔、法兰克福和苏黎世，南美的圣保罗，亚洲的新加坡和中国香港等。这些城市形成了国际上政府、大型企业、股票交易、期货外汇、证券市场、商品市场、主要银行和国际组织等的“流空间”。

第四节 中国的城市

中国城市发展历史悠久，但坎坷曲折。中国目前已经初步形成具有中国特色的城镇发展道路和城镇体系。

一、新中国成立之前的中国城市发展历史

（一）原始社会末期

从原始社会末期到夏代之初，这是中国古代史上的城堡阶段。这一时期的城堡既是文明曙光初现时野蛮人掠夺性战争的产物，又是人类长期同自然斗争的成果。原始社会，部落间的争斗不断，部落首领为了部落的安全而指导人们修建了城堡这种防御性的设施。原始社会末期，原始聚落逐渐分化，大型中心聚落和周围多少不等的中、小聚落结合在一起，形成具有等级差别和主从关系的聚落群体结构。许多中心聚落往往建成城址，具有地区性政治统治中心的地位。夏朝作为中国的第一个王朝，已经有了阶级分化，代表着国家的产生。但由于城堡中绝大多数人口仍然从事农业劳动，围有城墙的墙内就有农田、菜地等以供耕种，而商业活动十分有限。这一阶段的城市发展具有以下特点：第一，生产力水平很低，社会分工不明显，大多数居民主要从事农业活动；第二，城墙的筑造开始带有阶级分化色彩，体现统治功能；第三，人口数量有限，城堡规模比较小且数量不多，由成群成片的房屋建筑组合而成。

（二）夏、商、西周和春秋时期

这一时期大致从公元前 21 世纪至公元前 475 年。商周时期是我国奴隶制社会的发展时期，商朝为青铜器鼎盛时期，商品交换促使了商人的兴起，社会分工有了实质性的发展。西周时期，城市在商朝的基础上进一步发展，宗法制度下分封的诸侯加快了很多未开发地区的经济发展，农业的繁荣为商业、手工业的发展创造了条件。与乡村城堡不同，周朝城市中居住的主要是统治者和工匠，从事农业生产的农奴不能随便进入，“是故当时之务，农不见于国”①。总

① 《吕氏春秋·上农》，陆玖注，中华书局 2017 年版。

的来说，比较完整意义上的城市在商周时期开始形成。

春秋时期开启了大规模筑城运动，是中国古代城市发展史上一个极为重要的转折点。随着西周晚期周天子直接拥有的军事力量和驾驭诸侯的权力日益被削弱，各国诸侯开始进行增修扩充旧城并建造新城，包括新郑韩故城、凤翔秦都雍城、曲阜鲁国故城等，已相当于或超过了洛阳东周王城的规模。①

这一阶段城市发展的特点有：第一，城市数量增多，规模扩大，旧的等级城制遭到破坏，新的城市不断涌现，政治功能凸显；第二，城市建设重视规划性，突出政治中心、强调中轴线以及前朝后市的规划布局，奠定了此后两千多年中国城市建设的布局基础；第三，经济功能开始显现，出现了专门的交易中心——市，城市管理严格。

（三）封建时期

封建时期即从战国时期一直持续到鸦片战争之前，包括战国、秦汉、隋唐、宋元、明清时期，时间大致从公元前 475 年至 1840 年。从分散的村落经济向高度组织化的城市经济进化过程中，最重要的参变因素是国王，或者说是王权制度。对于封建时期的城市来说，工业、商业都只是一种“附属现象”，而封建统治阶级是城市磁体的磁极。作为交易场所的城市，更多的是充当统治农村社会的据点。

战国时期是中国历史上具有真正意义的城市诞生时期，战国时期战乱频繁、政治兼并愈烈，但也在一定程度上打破了诸侯封建割据的状态，推动了整体生产力的发展，有利于形成更大规模的诸侯国，进而推动城市规模的扩大和人口的聚集。这一时期城市数量激增，规模更大，商业也发达，但城市更重要的还是军事和政治中心。

秦朝作为中国历史上第一个大一统的封建王朝，通过郡县制形成了网络分布状的城市体系，城市数量有 800~900 个，其中规模较大的有 250 个左右。城市由重兵守卫并受司法机关控制，城市巡逻、启闭制度进一步加强了管理。汉承秦制，确定了自秦以来的首都—郡—县三级城市体系，并有市令—市长—市吏、市掾、市啬夫作为市场管理官员。

隋唐时期是中国历史上第二次大一统时期，也是我国封建城市发展史上的

---

① 许宏：《春秋战国时期城市的形态及其社会意义》，《中国城墙》2018 年第 00 期，第 16—32 页。

一个高峰阶段，社会的稳定使一批毁于战争的北方城市得以重建，而大运河的开凿也促进了南方城市的发展。城市重心在隋朝出现南移，呈现“南升北降”的态势。唐朝的“贞观之治”及“开元盛世”为城市的发展提供了充足的人力、物力和财力，城市数量增多，分布更加广泛，还出现了一批大城市和特大城市，长安就有“世界之都”之称，洛阳则发展为当时世界上人口最多的城市。城市的蓬勃发展也引发了统治者对其更严格的管理，唐朝的“坊市制”严格区分了住宅活动和商业活动。尽管后期工商业的发展在某种程度上打破了坊与市的界限，并出现了“草市”“墟市”等非正规的市场区，但城市的经济功能仍服从于政治统治功能。

两宋时期，城市市场形态从唐朝的封闭性坊市制转变为宋朝的开放性坊市制。以街道地段为单位的“坊厢制”城市行政管理逐步取代小区式封闭性强制管理，人们可以临街开门，甚至“侵街”，商人也可自由选择开设商店的地点，出现了许多小型的有地方特色的商业市镇，商业贸易十分繁荣。不仅城市的经济功能得到增强，文化功能也开始凸显，出现了专门的娱乐场所“瓦子”“勾栏”。在一些区域经济中心形成了几个重要的都市，如黄河下游的开封府、关中地区的京兆府、珠江流域的广州府等，成为全国都市人口最为密集的区域。但两宋时期人口高度聚集给城市发展带来一系列新的问题，包括物资供应、卫生管理、消防安全等。

元朝以武力建国，攻城略地的战争对中国社会经济和城市造成了极大的破坏，北方地区尤为严重。减少乃至停止屠城，是元朝城市发展的一个重大转折点。为了保证庞大的中央机构、军队及迅速增加的城市人口的基本生活需要，元朝统治者于1235年开始修建新城，并以行省作为行政区划单位，形成了影响深远的“行省制度”。作为继秦汉、隋唐之后又一次大一统的时代，元大都的建造彰显了中央集权的尊贵，行省制度延长了中央对地方的管理触角，加强了封建统治者对基层政权的控制。同时，由于元朝统治和管治汉人较为松弛，城市的商业与娱乐业也有发展。

明清时期封建的专制主义中央集权发展到顶峰，国家统治机器的力量变得前所未有的强大，城市管理方面派官驻军，设有兵马司、御史等检查机构。尽管明朝出现了资本主义工商业萌芽，水运交通的便利、地方性商帮的兴起催生了很多工商业市镇，但受制于中央集权控制下狭隘的农耕文明及封建统治者为维持骄奢淫逸的生活而推行的苛捐杂税，这些城市的发展和繁荣被限制。到清朝时期，沿海、沿江、沿运河的城市凭借区位优势和相对发达的农业商品经济，首先发展成区域性的商品集散地。到清朝中期，城市发展到了一个新高峰，北京人口规模超过百万，苏州、广州等城市人口规模近百万，还有数十个人口规模在十万人以上的城市。不仅如此，清朝边疆少数民族地区的城市数量也不断增多。

总体来看，封建时期城市发展有以下特点：第一，城市数量不断增多并分布广泛，规模不断扩大，尽管朝代更替，但城市规划、管理有一定的延续性；第二，城市类型趋于多样化，工商业城市获得发展，城市的经济功能逐渐显现，但政治功能自始至终居于主导地位，在三次大一统时期和明清时期尤为突出。

（四）近代时期

近代时期即从鸦片战争持续到新中国成立之前，时间大致从1840年至1949年，历经百余年。鸦片战争中，西方列强用坚船利炮炸开了中国“闭关锁国”的大门，使东部沿海及内陆重要交通城市作为通商口岸成为他们侵略中国的据点，各自以点带面划分势力范围。从《南京条约》开放上海、宁波、福州、厦门、广州五处为通商口岸，到《天津条约》《北京条约》《马关条约》开放九江、汉口、天津、重庆、杭州等沿海沿江城市；从《天津条约》允许外国公使自由进驻北京，到《辛丑条约》设立的不准中国人居住的北京东交民巷使馆区，西方列强以风卷残云之势划分了各自的势力范围，扼住了中华民族的经济和政治命脉，中国近代城市也开始了各自迥异的发展历程。

作为列强殖民统治中国的工具，资本、权力、空间成为决定城市发展的关键因素，对于列强来说，这三点要素与其经济利益息息相关。在此背景下，一个城市要想发展，就至少具备这三个要素之一：资本指向城市聚集的充足的廉价劳动力与自然资源；权力指向西方列强殖民的势力范围中心所在；空间则更多地指向方便资本流通并实施控制的水陆交通。因上述因素，中国城市发展走向了两个方向：一类是丧失地理交通优势或作为政治中心功能下降或工商业发展受阻，这些城市的发展相对停止或倒退，如大运河沿线的扬州、地处内陆的西安；一类是至少具备三要素之一，作为列强侵略中国的据点，开埠通商，聚集了大量的人力、物力和财力，客观上接触到了先进的资产阶级文明而得以迅速发展。资本的代表城市如东北抚顺、鞍山等新兴工矿业城市；权力的代表城市如上海和广州；空间的代表城市如大连等港口城市。尽管英国人最早在广州设立第一家工业企业，但当外国投资重点转移至上海时，曾一度发展的广州便迅速由巅峰跌落。

这一阶段城市发展的特点为：第一，城市发展带有明显的时代特征，经济功能愈来愈强，政治功能不断下降。第二，城市发展水平呈现地域不平衡，走向传统与现代局部重叠的二元化。资源型城市以及东部沿海或处于重要水陆交通位置的城市获得迅速的发展并走上了近代化的道路，而这种发展是畸形的，产业结构极其不平衡，带有明显的“外生性”；其余城市，特别是内陆地区的城市的发展呈停滞状态，城市之间贫富差距悬殊。第三，受西方工业文明的客观影响，城市功能结构复杂化。

我国近代城市的盛与衰，与中国成为半殖民地半封建社会的大背景分不开，有深刻的时代烙印，但中国城市的性质、规模、市政建设、产业结构也由此开始发生了巨大变化。

二、新中国成立之后的城市发展

1949 年中华人民共和国的成立彻底结束了旧中国半殖民地半封建的历史，城市发展也进入了一个新的时期。

（一）城市发展过程及现状

由于近代民族工业发展缓慢，1949 年以前，中国的城市化速度相当缓慢。据统计，1949 年中国的城镇化率只有 10. 64%。1949—1978 年，城市发展速度仍然比较缓慢，到 1978 年，中国的城市数量为 193 个，其中地级市只有 98 个，城镇化率略微上升到 17. 92%。改革开放把中国带入一个城市高速发展期。到 2019 年年底，中国城市数量为 680 个（图 1-1）。伴随着城市数量的不断增加，城区人口规模也不断扩大，城镇人口占总人口比重不断上升，2011 年中国城镇化率已达 51. 27%，首次突破 50%。2019 年年末，中国城镇常住人口为 84 843 万，城镇化率进一步增长到 60. 6%（图 1-2）。

随着城市数量和城市人口的快速增长，城市群也开始出现，若干城市群已经初步成型（表 1-1），根据城市群发展的阶段和定位，《中共中央关于制定国民经济和社会发展第十四个五年规划和二〇三五年远景目标的建议》进一步指出：推动西部大开发形成新格局，推动东北振兴取得新突破，促进中部地区加快崛起，鼓励东部地区加快推进现代化。支持革命老区、民族地区加快发展，

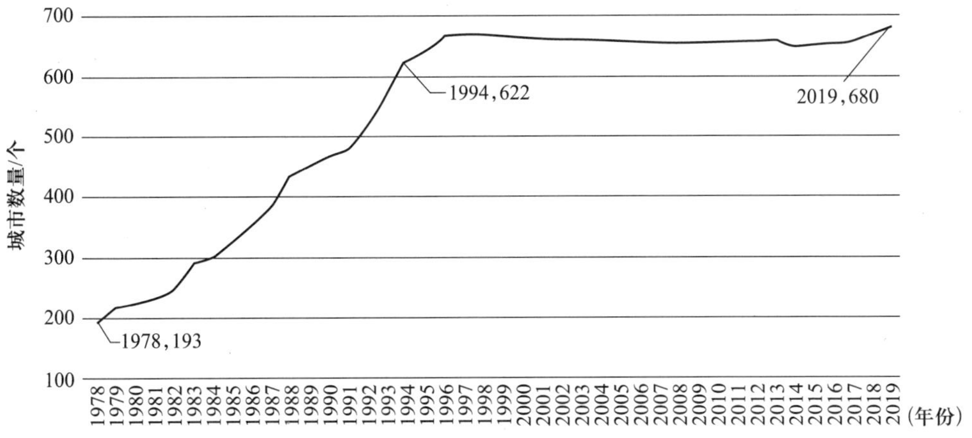

图 1-1　中国城市数量（1978—2019 年）

资料来源：国家统计局网。

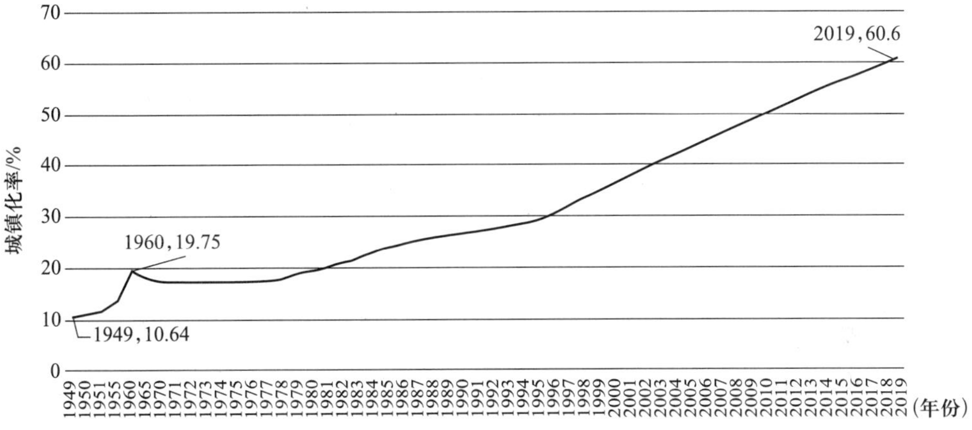

图 1-2　中国城镇化率（1949—2019 年）

资料来源：国家统计局网。

加强边疆地区建设，推进兴边富民、稳边固边。推进京津冀协同发展、长江经济带发展、粤港澳大湾区建设、长三角一体化发展，打造创新平台和新增长极。推动黄河流域生态保护和高质量发展。高标准、高质量建设雄安新区。坚持陆海统筹，发展海洋经济，建设海洋强国。健全区域战略统筹、市场一体化发展、区域合作互助、区际利益补偿等机制，更好促进发达地区和欠发达地区、东中西部和东北地区共同发展。完善转移支付制度，加大对欠发达地区财力支持，逐步实现基本公共服务均等化。

表 1-1 中国已基本形成的城市群

城市群	包含城市	资料来源
珠三角城市群（粤港澳大湾区）	以香港、澳门、广州、深圳四大中心城市作为区域发展的核心引擎，建设珠海、佛山、惠州、东莞、中山、江门、肇庆等重要节点城市，发展特色城镇	《粤港澳大湾区发展规划纲要》（中共中央、国务院，2019）
长江三角洲城市群	在上海市、江苏省、浙江省、安徽省范围内，由以上海为核心、联系紧密的多个城市组成，主要分布于国家“两纵三横”城市化格局的优化开发和重点发展区域，包括26个市	《长江三角洲城市群发展规划》（发改规划〔2016〕1176号）
京津冀城市群	以“一核、双城、三轴、四区、多节点”为骨架进行空间布局，以首都为核心，北京、天津为主要引擎，以京津、京保石、京唐秦三个产业发展带和城镇聚集轴为主体框架，四区包括中部核心功能区、东部滨海发展区、南部功能拓展区和西北部生态涵养区，多节点包括石家庄、唐山、保定、邯郸等区域性中心城市和张家口、承德等节点城市	《京津冀协同发展规划纲要》（2015）
长江中游城市群	以武汉城市圈、环长株潭城市群、环鄱阳湖城市群为主体形成的特大型城市群	《长江中游城市群发展规划》（发改地区〔2015〕738号）
山东半岛城市群	“两圈四区”的总体布局，以济南、青岛为双核，形成以各自为中心的都市圈；烟威、东滨、济枣菏、临日四个都市区；济青聊和沿海城镇发展带	《山东半岛城市群发展规划（2016—2030年）》（鲁政字〔2017〕12号）
辽中南城市群	以沈阳、大连为中心，涵盖鞍山、抚顺、本溪、丹东、辽阳、营口、盘锦等城市	
中原城市群	以河南省郑州市、开封市、洛阳市、平顶山市、新乡市、焦作市、许昌市、漯河市、济源市、鹤壁市、商丘市、周口市和山西省晋城市、安徽省亳州市为核心发展区，联动辐射河南省、山西省、山东省等中原经济区其他城市	《中原城市群发展规划》（发改地区〔2016〕2817号）

续表

城市群	包含城市	资料来源
成渝城市群	以成都和重庆主城为双核，包括重庆市27个区（县）和开县、云阳的部分地区，以及四川省15个市	《成渝城市群发展规划》（发改规划〔2016〕910号）
关中平原城市群	包括陕西省西安、宝鸡、咸阳、铜川、渭南5个市，杨凌农业高新技术产业示范区及商洛市的商州区、洛南县、丹凤县、柞水县，山西省运城市等市县	《关中平原城市群发展规划》（发改规划〔2018〕220号）
海峡西岸城市群	“两点、一线、四轴”的城市群空间布局结构，两点为福州大都市区和厦泉漳大都市区，一线指沿海城镇密集地带，四轴指南（平）三（明）龙（岩）发展轴、福（州）武（夷山）发展轴和中部（三明至泉州、莆田）发展轴及厦（门）龙（岩）发展轴	《海峡西岸城市群发展规划》（闽政〔2010〕32号）
哈长城市群	以哈尔滨和长春为核心，涵盖黑龙江的大庆、齐齐哈尔、绥化、牡丹江，吉林省的吉林、四平、辽源、松原和延边朝鲜族自治州等两省11市州	《哈长城市群发展规划》（发改地区〔2016〕499号）
北部湾城市群	包括广西壮族自治区南宁市、北海市、钦州市、防城港市、玉林市、崇左市，广东省湛江市、茂名市、阳江市和海南省海口市、儋州市、东方市、澄迈县、临高县、昌江县	《北部湾城市群发展规划》（发改规划〔2017〕277号）

中国城市群的发展有如下特点：第一，城市群结构体系相对比较完整。我国形成了由23个大小不同、规模不等、发育程度不一的城市群组成的空间有序、分工相对合理的空间集群体。第二，城市群发展带有明显的政策导向。城市群的发展需要市场发挥决定性作用，也离不开政府的宏观调控。改革开放以来，我国形成沿海、沿长江、沿陇海—兰新线的发展轴，培育了珠江三角洲、长江三角洲和环渤海三大经济核心区，这三大轴线和三大经济核心区就集中了全国85%的城市群。

2015年，中央城市工作会议提出，要把城市群作为未来的城镇化的主体形态，促进大中小城市和小城镇合理分工、功能互补、协调发展。2018 年年底，习近平在中央经济工作会议上进一步指出要促进区域协调发展，要统筹推进西部大开发、东北全面振兴、中部地区崛起、东部率先发展，并增强中心城市辐射带动力。但是要实现这一发展，就必须解决目前城市群发展存在的以下不协调问题：第一，区域内核心城市作用有限。城市群的范围超越了单纯的行政区划，因此针对很多关系共同发展的问题就不能再由各个城市自行解决，而是需要核心城市发挥统筹的管理协调职能。但现实情况是，由于这种管理协调权缺乏强制性的力量，城市间合作有限。第二，区域内城市功能分工不清晰。核心城市往往有更强的资源和人才吸纳作用，容易导致核心城市功能过于密集，“摊大饼”式扩张，难以辐射带动周边城市和地区。面对以上问题，习近平专门指出：“要建设一批产城融合、职住平衡、生态宜居、交通便利的郊区新城，推动多中心、郊区化发展，有序推动数字城市建设，提高智能管理能力，逐步解决中心城区人口和功能过密问题。”①

（二）城市发展特征

新中国成立之后的城市发展以改革开放为界限，大致可以分为计划经济与市场经济前后两个阶段，其城市发展特征也呈现出相应的变化。

1. 政府是城市发展的引导性因素，市场因素逐步发挥作用

新中国成立以后，从 1953 年第一个五年计划开始到 1978 年实行改革开放，我国在计划经济体制下进行了大规模的社会主义工业化建设。国家实行“农业支持工业，农村支持城市”的方针，对主要农产品实行统购统销政策，实行城乡分离的户籍制度，形成了特有的价格体系、财政体制、城市发展路径、公共服务体系、社会治理模式和相应的城市结构。改革开放以来，随着农业的发展和社会主义市场经济的改革发展，我国取消了统购统销政策，允许农民进城打工，改革户籍制度，实行“工业反哺农业，城市支持农村”的方针，逐步实行基本公共服务均等化，城市的发展路径、公共服务体系、社会治理模式和城市结构也出现了相应的变化。随着社会主义市场经济体制的建立，城市建设的资金越来越多地通过市场来获得，政府通过设立自贸区、开放区、综合改革试验区以及旧城改造等措施，在吸引资本发展经济的同时，也大大加快了城市化进

---

① 习近平：《论把握新发展阶段、贯彻新发展理念、构建新发展格局》，中央文献出版社 2021 年版，第 347 页。

程，改变了城市空间和城市社会结构。但是，单纯以追求经济发展为目标的城市发展，使资本在参与城市发展中逐利的本性被极度释放，城市发展中的人的问题、文化保育问题和环境问题等社会问题日益显现出来。尊重城市发展规律，尊重市民对城市发展决策的知情权、参与权、监督权，鼓励市民通过各种方式参与城市建设、管理，真正实现城市共治共管、共建共享，是我国未来城市发展的要求。

2. 城市是政治中心、经济中心和文化中心的合一体，但相对分离的特征已经萌生

从历史上看，中国城市一直扮演着政治中心的角色。在计划经济时代，城市发展的资源完全依赖于政府，经济发展和文化发展的资源往往也优先投在作为政治中心的城市，导致政治中心、经济中心和文化中心高度合一，城市与城市之间的功能分化程度不高，特色不明显；中心城市与非中心城市的发展差距较大。改革开放使得城市发展的要素逐步受到市场机制的调节，资源不再完全追随政治中心流动。不同的城市，其地理地貌、区位、自然资源和社会资源等优势禀赋不同，其发展的重点和路径开始出现差别。在某些地区，政治中心、经济中心和文化中心相对分离的特征开始萌生。在国家层面，北京作为首都开始有意识地去除非首都功能；在东部沿海地区，一些非省会城市发展为经济中心城市，这些城市的经济地位有些已经超过了省会城市，例如，广东的广州与深圳、福建的福州与泉州、江苏的南京与苏州、山东的济南与青岛。尊重城市发展规律，综合考虑城市功能定位、地域环境、文化特色、建设管理等多种因素来制订规划和发展城市，形成合理的城镇体系，是我国未来城市发展的要求。

3. 迈向“以人为本”的宜居城市发展

新中国成立之初，面临落后且亟待恢复的国民经济与复杂的国际环境，国家把工业发展，尤其是重工业发展放在城市发展的首位，“变消费性城市为生产性城市”成为城市发展的方针。20 世纪 60 年代初开始，“不建集中城市”成为影响城市发展的观念，而“文化大革命”时期大力开展的“三线建设”则是以国防建设为中心来规划和推动城市发展。改革开放前三十年是以建设生产性城市为目标的三十年，因此与城市居民生活紧密相关的基础设施建设被控制在极低的水平，城市生活环境与城市生产环境紧密地交织在一起，无法形成真正具有现代性的城市和城市生活。改革开放使国家从“以阶级斗争为纲”转向解

决“人民日益增长的物质文化需要同落后的社会生产之间的矛盾”的发展轨道，坚持以人为本，树立全面、协调、可持续的发展观，促进经济社会和人的全面发展。中国特色社会主义进入新时代，解决人民日益增长的美好生活需要和不平衡不充分的发展之间的矛盾进一步引领城市发展。2015 年中央城市工作会议提出，城市工作要把创造优良人居环境作为中心目标，努力把城市建设成为人与人、人与自然和谐共处的宜居家园，实现生产空间集约高效、生活空间宜居适度、生态空间山清水秀。城市要更健康、更安全、更宜居，成为人民群众高品质生活的空间。

4.“单位制”瓦解与社会化体制重构

在计划经济时期，城市社会生活是以“单位”组织起来的，单位不仅是城市居民的职业组织，还是人们社会生活的组织形式。一个人的生、老、病、死，乃至婚姻家庭的组织和救助等都与单位息息相关，同时也受到单位的制约，每个人都依附于某个单位，单位是一个人与人之间全面联系的“熟人社会”。市场经济体制使人们与单位的联系化约为单一的“契约性”的劳动关系，各种原来由单位承担的社会职能被分离出来，并由不同的政府部门或社会组织来承担，城市居民的社会生活日益社会化。“单位体制”的消解和市场经济下快速的城市人口流动也使城市居民从原来单位这一“熟人社会”进入相对的“陌生人社会”，人与人之间的联系越来越依靠社会化的组织形式来实现。完善和强化社会领域的政府职责，重视企业的社会责任，提升居委会的基层治理能力，大力培育和发展互益和公益性社会组织，是未来城市社会发展的必然道路。

5. 从城乡隔离下的城市社会到城乡互动中的城市社会

户籍及其衍生出来的就业、收入、粮油食品、养老、医疗、住房等各方面的权利差别是计划经济时期最为典型的“城乡二元体制”的特征，它使城乡社会生活完全处在相互隔离的状态。改革开放逐步打破了城乡二元隔离的体制性安排，这一破除隔离的过程首先从农民可以进城务工的就业权利开始，然后是与就业相关的职业保障权，即农民工也可以享受城市“五险一金”的社会保障。因为经济发展、人口流动、商品交换、社会关系网络的发展，城乡之间的关系已经从隔离走向互动，正处在一个日益密切的城乡互动关系中，城市发展离不开这种城乡互动。然而由于以户籍制度为代表的城乡二元体制并未完全消除，尤其是捆绑在户口上的诸如子女教育、社会救助等差别化权利还存在，“半城市化”成为中国城市化发展的阶段性产物。“半城市化”是农村人口向城市人口转化过程中的一种不完整状态，其表现为：农民已经离开乡村到城市就业与生活，但他们在劳动报酬、子女教育、社会保障、住房等许多方面并不能与城市居民享有同等待遇，不能真正融入城市社会。“以人为本”的全面发展观和城市发展的客观需要都要求中国的城市发展要进一步从城乡互动走向城乡一体化或城乡融合。

（三）超大城市及其治理

伴随城乡融合、城市群发展，越来越多人会涌入城市，城市的拥挤会引发污染、治安、教育、医疗等方面的问题，而这些问题在规模越大的城市越发突出。因此，党的十八大以来，以习近平同志为核心的党中央高度重视城市工作，尤其是北京、上海等超大城市的治理。构建超大城市治理体系，成为国家治理体系和治理能力现代化的一部分。2014 年全国两会上，习近平要求上海努力走出一条符合特大城市特点和规律的社会治理新路子。2017 年，党的十九大报告指出：要以疏解北京非首都功能为“牛鼻子”推动京津冀协同发展，高起点规划、高标准建设雄安新区。

要治理好特大城市，至少做到：一是坚持以人民为中心。2015 年召开的中央城市工作会议指出，“做好城市工作，要顺应城市工作新形势、改革发展新要求、人民群众新期待，坚持以人民为中心的发展思想，坚持人民城市为人民。这是我们做好城市工作的出发点和落脚点”。二是坚持尊重特大城市发展规律和坚持规划引领。习近平指出，“做好城市工作，首先要认识、尊重、顺应城市发展规律”。在认识特大城市发展规律基础上，要顺势规划，而“规划失误是最大的浪费，规划折腾是最大的忌讳”。三是要做好超大城市战略定位，明晰中心城区核心功能，防止无序蔓延，合理疏解中心城区非核心功能，做到有所为有所不为。四是坚持精细化管理。习近平说过，城市管理应该像绣花一样精细，越是超大城市，管理越要精细。而超大城市的精细化管理，则倚赖于基层社区治理的社会化、法治化、智能化和专业化水平的提升。①

思考题：

1. 如何理解城市性？

---

① 中共中央党史和文献研究院编：《十八大以来重要文献选编》下，中央文献出版社 2018 年版，第 78—92 页。

2. 什么是全球城市？

3. 中国城市群的发展状况与特点是什么？

4. 新中国城市发展的阶段划分与特征是什么？

▶ 思考题要点

第二章　城　市　化

城市化一般指人口向城市地区聚集和乡村地区转变为城市地区的过程，常被用于衡量一个国家现代化水平和发展程度。从历史上看，影响城市化的原因有多种，但工业化无疑是城市化发展最重要的原因之一。世界各国的城市化道路有其相似性，也各有不同特点。20 世纪 80 年代以来，中国的城市化以其规模宏大和速度迅猛而备受世界关注。

第一节　何谓城市化

一、城市化概念

虽然不同学科对城市化的定义各有侧重，但都以城市—乡村关系为出发点来界定城市化，“城市已经表明了人口、生产工具、资本、享受和需求的集中这个事实；而在乡村则是完全相反的情况：隔绝和分散”①。

人口学注重人口的数量及分布变化，把城市化定义为城市人口占全部人口的比重不断增加的趋势，人口城乡分布比例变化是现今学界通用的城市化指标之一。经济学注重经济增长和产业聚集，把城市化定义为非农产业在城市集聚的过程，也是一个经济发展、经济结构和产业结构演变的过程。产业发展需要劳动力人口，人口聚集也需要产业发展。产业聚集和人口聚集存在互相推动的关系。虽然城市化的最初动力不一定是产业发展，但产业发展对城市化无疑是至关重要的。不过，技术的进步能够在某种程度上改变产业对劳动力人口的需求，有时高科技或自动化产业聚集并不一定伴随人口大量增加。例如，美国的硅谷因高科技产业而生成，但人口并没有急剧增加；底特律汽车产业仍在，但城市却衰败了，居民逐渐迁出。②

地理学注重空间的形式和格局的改变，认为城市化是一个复合的过程，不仅包括人口数量的增加，而且包括经济、政治、文化、科技、环境、社会等方

---

① 《马克思恩格斯文集》第 1 卷，人民出版社 2009 年版，第 556 页。

② ［美］查理·勒达夫：《底特律：一座美国城市的衰落》，叶齐茂、倪晓辉译，中信出版社 2014 年版。

面的变化。城市化会引起一系列相关改变，包括土地利用模式、社会生态、建筑环境和居民生活本质等。城市地理学认为，经济变化是推动和塑造城市化的核心动力，城市化是特定的地方由于外部经济、聚集经济和地方化经济而享有优势增长的能力。从建筑和城市规划的角度来看，城市化是由现代文明和技术建构起来的巨大建筑如会堂、图书馆、商业大厦等系列城市景观形成的。

社会学在定义城市化时以人口学的定义为基础，认为城市化以大规模人口迁移和聚集为特征。“所谓城市化，就是指一个国家或社会人口由农村向城市的转移。衡量城市化水平的标志就是城市人口占总人口的比量。”① 但社会学更关注大型人口迁移和聚集引起社会生活的结构性变化。城市社会学家沃思从人口规模、居住密度以及居民和群体生活的异质性三个尺度来区分城市与乡村，把城市定义为一系列生活的特质：一个由基本人口、技术和生态秩序构成的物质结构，一个社会组织体系、一个特定的社会结构、一系列社会制度和一个社会关系的典型格局，一组态度、观念和系列人格。由此可见，社会学认为，城市化不但意味着大规模人口从乡村迁移到城市，也意味着这些移动的居民在城市具有不同于乡村的分布格局、生活方式和价值观念。

城市化过程包含一些基本要素，但并没有固定不变的结构。一般来说，城市化包含以下要素变化。

（1）人口变化。人口变化是城市化最重要的特征，无论城市化的动因是什么，它必定产生的效果之一就是人口聚集。

（2）经济变化。城市经济一定以非农经济为主体，以管理、组织等专业活动以及与消费相关的专业服务发展为特征。

（3）政治变化。经济变化要求政府管理和产业、组织内部管理秩序化，因此，世界上多数城市都是所在区域的行政中心。

（4）社会变化。城市化导致社会群体关系变化，城市文化以非血缘、关系疏远和竞争行为为特征。

（5）文化变化。城市化意味着来自不同地方、不同族群移民向城市的聚集，移民众多的城市通常都是文化多元化的城市。

（6）技术变化。由于科学技术的进步，公路、铁路、飞机等现代化交通工具和网络将更广泛的地区连接起来，城乡之间、城市之间的人口、物资、信息

---

① 李路路：《“社会现代化”理论论纲》，《社会学研究》1987 年第 3 期，第 109 页。

流动更加快速便捷，技术进步成为城市化最重要的“催化剂”。

（7）环境变化。城市化形成的产业密集和人口密集，往往对区域环境造成显著影响，形成了特有的城市人造景观。

二、城市化过程

从城市化历史和众多城市化研究成果来看，与其把城市化界定为某种具有特定性质的结构，不如视之为一种不断演进的过程。不同城市处于不同的发展阶段，具有不同的城市化进程。早期的城市可能由于不同的原因产生，但城市化往往伴随工业化而发生。城市化是人类社会在全球范围的历史转变——乡村文化迅速被城市文化取代。英国是最早进入工业化的国家，也是最早发展为以城市为主体的国家，19 世纪初全国不到 20%的人口居住在城市，到 20 世纪初这个比例已上升到 74%。20 世纪是全球性城市化时期，尤其是在 20 世纪下半期，亚洲大部分发展中国家开始进入城市化，全球城市人口急剧增长。根据联合国推算，到 2050 年，全球城市人口比例将达到 70%。世界城市人口变化趋势见表 2–1。

表 2–1 世界城市人口变化趋势

	城市总人口（百万人）					城市人口占总人口百分比（%）					年均增长（%）
	1980	1990	2001	2009	2018	1980	1990	2001	2009	2018	1990—2018
全世界	1 741. 8	2 257	2 890. 5	3 398	4 196	39	43	47	50	55	2. 18
低收入国家	381. 0	121	772. 5	243	229	24	22	31	29	33	2. 14
中等收入国家	755. 6	1 437	1 376. 1	2 309	2 982	38	38	46	48	53	2. 6
高收入国家	605. 2	688	741. 9	845	984	73	73	78	77	81	1. 2

资料来源：世界银行《2003 年世界发展指标》《2011 年世界发展指标》；“World Development Indicators: Urbanization 2018”。

从 20 世纪的城市发展历史来看，根据不同时期的特点，城市化过程可以分为不同阶段。学术界把它们归类为以下几种：城市化、逆城市化或郊区化、内城衰落、再城市化。这四个阶段是从不同发达国家城市化历史中总结出来的，反映了人口在城市内外多次往返流动的过程。但并不是发达国家的所有城市都完整经历过这四个阶段，有些西欧和南欧的城市就没有经历明显的郊区化和内城衰落。亚洲和南美洲等后起发展的大城市，也很少发生显著的内城衰落现象。

（一）城市化（urbanization）

简单地说，城市化表现为人口和产业向城市聚集，同时城市的边界向周边地区扩展的过程。城市的产业和商业的发展需要大量劳动力，大量的就业机会吸引乡村劳动力向城市转移；城市提供大量专业服务，而这些服务在乡村是缺乏的，如老人迁居城市可能是由于城市有更专业的医院和医生能够满足他们的健康需要。城市能提供各种高素质的教育机会，以及参与、发展和寻求新社会共同体的机会，城市与乡村在生活条件、文化多样性和闲暇生活等各方面的差异也是人口移居到城市的影响因素。公共供给的城乡差异越大，城市的吸引力就越大。

（二）逆城市化（counter-urbanization）或郊区化（suburbanization）

逆城市化是指城市居民从城市内向城市外区域的迁移过程。人文地理学家贝利最早提出这一名词并对此作出研究，后来有的学者用“郊区化”一词来代替“逆城市化”。郊区化是由于城市中心区域衰落和过度拥挤而发生的现象。人口在城市中心区域过度集中，对个人来说造成生活和工作压力增大、生活成本增加等负面效果，对于社区来说造成过度拥挤、公共设施供给不足、犯罪率上升等问题。随着城市边缘区域的发展，许多居民在城市中心区工作但选择在郊区的卫星社区居住，通过自驾车或公共交通系统上下班；有些居民利用互联网等现代通信技术在家里工作。这种逆城市化多出现于发达国家，它的必备条件是整个区域的基础设施足够发达，不会导致产业的效率下降和居民生活水平下降。如美国，2000 年有半数美国人居住在郊区，它是世界上第一个人口主要居住在郊区而不是城市或乡村的国家。

（三）内城衰落（inner-city decline）

内城衰落发生于住房不足、交通拥挤、污染和人口过度密集的城市中心区。上述城市问题让城市中心区的吸引力下降，导致投资潜力丧失、城市生产能力低下、中上收入阶层移出、中心区税收下降进而公共设施供给不足等一系列问题。内城衰落在英、美两国的大城市表现突出。英国曼彻斯特和格拉斯哥两个城市在非中心化过程中大量流失人口。曼彻斯特人口从 1961 年的 66.1 万下降至 1985 年的 45 万，减少超过 30%。格拉斯哥人口从 1961 年的 100 万下降到 1981 年的 77.4 万，减少约 23%。当中上阶层居民移出，取而代之的居民大多是低收入阶层和新移民，在城市中心区形成贫民窟或者废弃、颓败的大型建筑区。但在多数人口众多或者领土狭小的国家，内城衰落则不明显，原因是在人口多而可利用土地少的情况下，城市中心的土地总是处于价值上升状态，即使产业搬迁，其空间也会立即被其他更有竞争力的组织占据、改造而不会闲置。

（四）再城市化（re-urbanization）

再城市化指人口再度向城市中心区迁移而使大都市区复苏的过程。再城市化通常是由政府采取行动解决内城衰落问题而促成的。在城市规划和政府政策引导下，通过市中心重建行动增加吸引力，鼓励商业集团和居民迁返城市。英国曼彻斯特和格拉斯哥两个城市是比较典型的再城市化例子。两个城市经历了1960—1980年的人口大量流失过程，但自1990年起，两个城市人口流失开始减慢，由于城市中心区重建房屋数量不断上升，城区人口开始趋于稳定。1990年以后，两个城区制订重建计划，包括私人房屋和公共房屋混合的房地产发展，大量在产业衰落时空置的办公室和厂房被重建为高级住宅区。部分旧居民区重建成中产阶层住宅区，以可承担的价格售卖给本地和城外居民。除吸引居民回迁之外，这些计划的另一个重要目标是发展文化产业，通过新型文化产业来对抗旧工业产业的没落，重建城市文化形象。北美和北欧也出现类似的再城市化现象，大城市人口止跌并缓慢回升。

20世纪中后期发达国家的再城市化过程出现一种比较特别的方式：绅士化（gentrification），指原本低收入人士聚居的旧城区，在重建之后环境改善、地价及租金上升，吸引中上阶层迁入，取代原有低收入居民的过程。不同学科对社区绅士化评价各有不同，从经济学和城市规划角度来看，绅士化包括住宅更新、房屋所有权从租住到私有转变、住宅价格提升和“新中产阶级”置换工人阶级等过程，对于城市发展来说是正面效应。但有社会学家指出，社区绅士化使人口结构改变，少数族裔会首先迁出社区，随之中低收入住客在各种因素影响下也被迫搬离，原有社群及人际关系就此瓦解，社区特色永久消失，而绅士化过程也没有解决旧城区社会冲突和居住隔离的问题。不少城市研究学者观察到，绅士化是一种全球化现象，在大部分发达国家甚至部分发展中国家城市相继出现，作为城市复兴与发展的一种手段越来越受到政府与开发商的支持。中国有些特大城市在旧城改造之后也会出现不同收入住户更替的现象。

第二节　城市化的动力

一、何谓城市化的动力

社会学把城市化理解为人口从乡村向城市聚集及其生活方式改变的过程，

能够促使人口从乡村向城市迁移的力量就是城市化的动力，而能够显著影响人口迁移的动力主要有三种：城市增长的扩张力、城乡差异的推拉力、国家行政区划调整力。

（一）城市增长的扩张力

工业和贸易经济增长是推动城市化并塑造城市特征的最重要动力之一。受19世纪工业资本主义发展的影响，欧洲和北美两个大陆发展起来的城市均具有工业化及与之相应的组织和制度化特点。19世纪中晚期，由于工业革命和蒸汽机的应用，在欧洲出现了第一批工业城市。以英国为代表，工业的发展产生了对劳动力的巨大需求，大量乡村人口不断进入城市成为工厂的劳动力。正如恩格斯所指出的："新的工业总是需要大批常备的工人来供给无数新的劳动部门……工业把劳动集中到工厂和城市；工业活动和农业活动不可能结合在一起了……城市人口增加了两三倍，这些增加的人口几乎全是工人。"① 20世纪初期，以美国城市为代表，工业技术提高，以流水线生产为特征的"泰勒主义"生产制度被广泛应用，生成了现代工业城市。同时，汽车的广泛使用使城市开始向郊区扩张。第二次世界大战之后，发达国家的城市产业成功完成了从工业向现代商业和金融等服务业的转型，工业向城市外、国外转移；城市之间建成高速公路网络，无数高质量住宅区在郊区建成，城市空间进一步扩张，并把越来越多的郊区和乡村卷入城市经济体系。这种城市化形态在北美称为"福特主义"。20世纪50年代，法国经济学家佩鲁提出"经济增长极"理论，认为经济增长的重要动力是技术进步与创新。具有创新能力的产业或企业往往成长、扩张速度较快，这些产业或企业对同类企业或产业具有推进和支配作用，也可能与其他关联产业或企业组成上、下游产业合作关系而产生区域增长效应，被称为"增长极"。增长极理论被经济学家广泛应用于区域发展，认为具有增长极能力的产业通常出现于城市，可以在城市配置不断扩大的工业综合体，并引导周边区域的进一步发展。增长极理论成为国家推动城市增长普遍采用的策略指导思想，国家通过重新布局城市产业，或者扶持科技创新产业成长来刺激新城市生成、使已经发展的城市继续保持增长能力。20世纪晚期的经济全球化使工业进一步在全球扩散，发达国家城市转向高端专业服务和信息化发展，城市化速度减慢，同时发展中国家因卷入全球生产分工而导致城市化速度加快。由此可

---

① 《马克思恩格斯文集》第1卷，人民出版社2009年版，第107页。

见，经济发展是城市增长和扩张的动力，而城市增长或扩张则导致新的城市化。

（二）城乡差异的推拉力

人口学以推拉理论来解释城乡之间的人口流动，认为人口流动基于改善生活的期望。对于人们来说，城市具有更多改善生活、发展自我的可能性，而乡村则较少这种可能性，因此城市对人口具有吸引力，乡村具有外推力。城乡之间在生产方式、生活环境、公共设施供给等方面都存在差异，对于个人来说，这些差异体现为工作机会、教育机会、薪酬水平和公共福利与生活便利性的差异，这些差异构成城乡之间的推拉力，促使人口向城市流动。乡村生产活动往往因为受制于自然环境或气候条件不容易扩张，导致劳动力过剩和低工资；而城市由于产业聚集和人口聚集，对各种各样劳动力具有较大需求，城乡之间在工作机会、创业机会、收入水平、个人可获得的专业服务和可使用的公共设施等方面形成显著差距，从而构成城乡人口流动的推拉力。发生于现代资本主义或全球化发展背景下的城市化，其经济活动的变化更加显著，以大规模的非农产业，例如工业和服务业的聚集为特征，产业聚集产生庞大而且多样化的劳动力需求，进一步推动人口从乡村向城市迁移。人口理论还指出，人口的城乡流动存在各种影响因素，包括移动距离远近、移动所需物质条件、城乡可能存在的语言文化差异等，以及个人对以上这些因素的价值判断。

城乡之间往往存在发展差距，城市的公共设施通常较乡村更好，在经济因素的影响下，城市容易聚集各种人才与资源，成为各种文化潮流的创生地。不少学科的城市研究均视城市为“文明”“开发”和“现代”的象征。城市不仅以更高素质的教育机构，也以各种时尚和多元化的生活方式吸引乡村人口。尤其是在资本主义全球化语境中，乡村被描述为传统、落后、衰败的象征，城市被描述为现代、先进、繁荣的象征。对于年青一代来说，从乡村到城市的迁移不仅是寻求经济机会，也是一种生活的历险。在中国许多乡村，进城打工被青少年称为“见世面”。还有，“熟人社会”的网络关系也是一种影响乡村人口向城市迁移不可忽视的力量，早期移民在城市组成的社团或社区为后来者提供指引和庇护，使“后来者”不仅获得了新的发展机会，而且让原来的社区归属感在城市得到了延续。

（三）国家行政区划调整力

国家行政区划布局对城市化影响很明显。国家通过布局城市和设计城市体系来对其领土及散居其中的人口加强控制。在后工业化时期，国家和政府往往以城市作为经济增长的核心或“发动机”，政府通过改变行政管辖边界，把近郊的乡村纳入城市发展范围，使城市能够聚集更多资源以利于产业发展。国家对城市行政区划的变动会引起新的城市化。同时，城市更新通常也由政府主导实施，通过旧城更新来吸引居民，实现再城市化。

国家和政府常常通过行政规划、直接投资或干预市场等政策措施，对城市和城乡格局施加影响。以马来西亚为例，马来西亚西部较为发达，该国于20世纪80年代开始针对中等发达地区帕朗实施类似发展增长极的扶持政策。政府通过向帕朗地区投资，为建立西北地区的增长极提供优惠政策，尤其是政府对电子科技等创新产业的扶持，带动了许多企业的模仿和不断创新，使帕朗和周围地区发展成为世界性的电子产品出口基地。当帕朗地区具有更好的基础设施和发展潜力，它所产生的经济扩散效应带动周边相对贫穷地区逐步发展成为富裕地区。①

二、城市化类型

城市化类型是从城市化与工业化之间关系的角度，把城市化分为过度城市化、同步城市化和滞后城市化等不同类型。

（一）过度城市化（over-urbanization）

过度城市化有两个特征：一是城乡之间的迁移未能实现劳动力在工业和农业两个部门之间最佳配置；二是城乡间迁移的机会成本增加。过度城市化主要是乡村的推力大于城市的拉力造成的。如果城市工业化水平不足，进入城市的农业部门剩余劳动力超过了城市产业能够吸收的数量，会导致失业、就业不足、无效就业等城市劳动力剩余问题。若城市建设速度落后于人口城市化速度，城市不能为居民提供充足的就业机会和必要的生活条件，农村人口迁移之后没有实现相应的职业转换，就可能造成严重的“城市病”，如印度的孟买、巴西的圣保罗和阿根廷的布宜诺斯艾利斯。

（二）同步城市化（synchronic urbanization）

同步城市化指人口聚集速度与工业化和经济发展速度基本同步的城市化类型，即迁移到城市的乡村剩余劳动力能够被城市产业有效吸收，既使剩余劳动

① 郭熙保、陈澍：《西方发展经济学中的地区不平衡发展理论》，《教学与研究》1998年第5期，第33—39页。

力得到有效利用，也使城市产业部门能够保持比较稳定的工资水平，有利于产业成长。有些西欧国家城市在历史某个发展阶段会出现这种城市化类型，它的前提是乡村人口增长缓慢同时城市产业成长较快，这样，城市产业的劳动力需求才有可能与劳动力供给形成大致平衡。但由于城市产业本身也有兴衰变化，所以，这种均衡状态总是处在变动过程中。

（三）滞后城市化（under-urbanization）

滞后城市化指与过度城市化相反的状态，即城市化水平低于工业化程度。学术界把滞后城市化作为过度城市化的对立面来使用这个词。例如，1980年以前的中国城市化就被一些学者认为属于滞后城市化。这些学者认为，当时的中国为了避免其他发展中国家出现的“城市病”而人为地控制农村人口流动，抑制城市化发展，从而导致中国城市人口比例大大低于世界水平，也低于当时发展中国家的平均水平。

三、各国城市化道路

（一）欧美国家的城市化

欧洲内陆许多历史悠久的城市在15世纪之前已经形成。16、17世纪的海洋贸易和对外殖民拓展，不但使这些城市获得了更多外来经济资源而迅速扩展，也催生了一系列从事海洋贸易的港口城市，前者如伦敦、巴黎、威尼斯，后者如里斯本和阿姆斯特丹。欧洲早期的城市格局给后来全球城市体系留下了深远的影响。例如，巴黎在国家的中心位置有助于维持它的政治和行政控制能力，在经济贸易活动中能够控制更多的资源；而伦敦因有效控制远东贸易和非洲贸易，后来发展成为全球贸易和金融控制中心，是当前全球城市体系顶端的国际大都市的样板。

17世纪的工业革命催生了欧洲的大规模制造业，一批工业城市迅速兴起。英国的曼彻斯特在1750年时还是一个只有1.5万人的小镇，到1801年变为拥有7万人的城市，1861年增至50万人，1911年成为拥有230万人的世界城市。① 它的城市人口来自欧洲各国的移民。19世纪中后期，欧洲农场在工业化和农业生产技术提高、国际贸易的多重冲击下普遍出现土地和农场兼并重整，

① ［美］保罗·诺克斯、琳达·迈克卡西：《城市化》，顾朝林、汤培源、杨兴柱等译，科学出版社2009年版，第51页。

产生了大量失地人口和失业农场雇工，这些人口流入城市。1850 年，全世界人口在 10 万以上的城市已经超过 900 个。由于城市人口急剧增加，产生了很多城市问题。恩格斯在《英国工人阶级状况》中仔细描述了曼彻斯特社会底层群体的生活处境。文中描写的城市实际上已经具有“过度城市化”的特征。曼彻斯特和格拉斯哥等工业化时期兴起的大城市，百年之后由于工业技术改变、产业转移而衰落，人口大量移出。1986 年，曼彻斯特人口不足 1911 年的 1/5，城市中心的工厂区荒废，显示出“内城衰落”的典型特征。20 世纪 90 年代初，曼彻斯特市政府开始策划推动城市再造，尝试通过发展文化创意产业和重建服务业来吸引人口回流，推动“再城市化”。曼彻斯特等城市的演变是欧洲城市化类型变化和模式选择的经典样板。

相对于欧洲国家，美国城市的演变有所不同。美国最早的城市是由殖民者沿着哈得孙河建立的贸易与运输港口，功能上与欧洲的贸易港口相连，称为门户城市（gateway city），例如纽约、费城、波士顿等。19 世纪中期，基于欧洲工业技术与美国西部大量农产品和矿产资源的应用，美国城市工业化迅速展开，国内的乡村移民和欧洲乡村移民大量涌入美国城市。同时，由于工业发展的地理区位优势，如接近大型原料产地、交通枢纽等，在美国新生了一批拥有数十万人口的中型城市和十余万人口的小城市，如宾夕法尼亚州的哈里斯堡（水能工业），弗吉尼亚州的诺顿（煤矿工业）、罗阿诺克（交通枢纽）和孟菲斯（重工业镇），构成美国城市体系的雏形。

20 世纪初期，随着美国许多大城市中心区人口迅速增长，工业和汽车对城市污染日趋严重，大量移民劳动力拥挤在条件恶劣的住宅区。20—30 年代，原来住在城市的中产家庭开始往城外迁移，房地产商着力实施发展郊区计划，配合政府兴建大型高速公路网，拉动大规模人口“郊区化”，在大城市附近形成许多以生活区为主的卫星城镇。“加利福尼亚的郊区”就是这种生活区的典型例子，被人文地理和城市规划学者称为美国的三大景观象征之一、“福特主义”城市化的典型。

美国的郊区化现象比欧洲国家更加显著，住宅区围绕大城市而建。究其原因，美国的城市之外仍然有许多尚未开发的土地空间。但是，美国的人口郊区化以及工业投资撤离大城市转投其他新区，同样导致了 20 世纪五六十年代一些大城市的“内城衰落”，中心城市的工业区破败不堪，充斥着贫民窟和废弃房屋，例如费城、圣路易斯、波士顿和巴尔的摩。70 年代以后，美国许多中心城市通过再投资计划重建中心商业区，高级贸易金融服务业重新占据这些区域，郊区通过一系列快速交通路线与中心城区相连，形成中心城区和经济次区域。这样，大都市区郊区人口并没有像欧洲城市那样重新回流中心城区，而郊区也不再扩展，呈现出和欧洲不同的“再城市化”现象。

底特律曾经是美国重要的汽车制造中心，19世纪依托航运、造船和制造业兴起，20世纪初期由技术创新推动汽车生产，带动城市迅速发展。根据美国人口普查局数据，1910—1930年，底特律的人口从46.5万增长到150万，1950年达到人口最高峰180万，之后持续下降，1980年为120万，2010年再降为71.3万。① 底特律经济的迅速增长首先吸引了欧洲移民，之后有大量美国南部的非洲裔美国人移居该城市，成为汽车制造业的廉价劳动力。城市的公共管理尚未能适应急剧增长的多族裔人口，城市种族关系紧张，多次爆发大型种族冲突，社会治安恶化。自20世纪中期起，生产自动化导致汽车制造业对劳动力需求下降，城市的失业率逐步上升，非裔族群生活状况进一步恶化，不断发生的冲突与暴乱使人口和投资逐渐退出底特律，城市公共财政长期陷入困境，公共设施失修，城市中心区衰败，底特律成为“工业衰退”的一个惊人范例。2013年7月18日，底特律正式申请破产保护，成为美国历史上最大的破产城市。

发达国家的城市化时间持续很长，而且出现了多种不同类型。北美的郊区化现象在欧洲城市中并不明显，20世纪三四十年代的欧洲城市也没有出现美国式“福特主义”郊区。就城市化的特征而言，在工业化时期形成的发达国家大型城市或多或少都会经历“工业化”和“去工业化”两种由产业的变动带动的不同流向的人口城市化过程。但“内城衰落”和“再城市化”却不是一定发生的，在那些不以工业和工厂为基础产业，而是以支持区域产业的服务业（如伦敦和纽约）为基础产业的城市，就不一定会经历“内城衰落”和“再城市化”过程。

（二）发展中国家的城市化

在发展中国家，历史较长的城市可分为三类：因国家或王朝统治建立；因殖民者控制资源和贸易而建立；因文明古国发达的内部贸易而建立，这类城市的历史甚至比西方发达国家大部分城市历史更悠久。旧殖民主义对发展中国家

---

① ［英］诺南·帕迪森：《城市研究手册》，郭爱军等译，格致出版社、上海人民出版社2009年版，第372页。

城市的影响各不相同，有些城市因为殖民贸易而兴起，如开普敦、拉各斯等；有些却因为殖民贸易而衰落，例如墨西哥的阿兹特克。第二次世界大战之后，随着殖民主义结束和民族国家逐渐独立，发达国家的跨国公司把劳动密集的制造业生产转移到发展中国家，推动了发展中国家的城市发展。这一时期，全世界的城市都在增长，但发展中国家城市增长的速度远远高于发达国家。联合国2001年作出的人口调查与预测显示，1950年世界最大的30个城市化地带当中位于欧洲和北美洲等发达国家的有21个，到1980年下降为19个，到2015年只剩下5个。发展中国家的城市化成为21世纪世界城市化的主要场域。不过相对于发达国家主要因为产业和经济发展推动城市化发展，人口因素在发展中国家的城市化发展中扮演了更为重要的角色。

然而，发展中国家的人口增长与产业吸纳劳动力能力的增长不一定同步。有些发展中国家在人口从乡村向城市迁移的同时，乡村人口仍然保持增长，即城市化并未能改变乡村劳动力过剩的状况，这往往导致发展中国家出现过度城市化。由于乡村人口快速增长，劳动力过剩在那些农业发展困难的地区会格外严重，很多贫困的乡村人口因而倾向于迁移到城市寻求更好的生活。在非洲、亚洲以及拉丁美洲很多国家，城市产业发展产生的工作机会经常少于乡村移民的数量，青壮年从乡村流动到城市与其说是受城市经济产业劳动需求的吸引，不如说是受他们对乡村的绝望以及对城市的希望所驱使。在非洲有些国家，环境恶化和战争也会迫使乡村人口迁往城市。由于多数发展中国家的经济产业由外来投资引导，自生成时就嵌入“中心—边陲”的世界政治—经济不平等体系之中，存在许多内在和外在的结构性缺陷，这些产业实际上不具备完全稳定地吸纳大量乡村劳动力的能力，当大量人口向城市集聚时，“过度城市化”的巨型城市迅速在发展中国家生成，例如孟买、圣保罗、内罗毕等。这些城市的典型特征是贫富分化严重、居住区隔离，受经济全球化影响的中心商业区汲取了周边地区的资源和财富，因而从未发生“内城衰落”。城市不断向四周扩展，公共设施恶劣的低收入住房和贫民窟遍布城市大部分地区，形成多种城市问题。进入21世纪后，亚洲国家，尤其是东亚和东南亚国家的城市化速度明显快于其他发展中国家，这些国家生成的巨型城市或许未能像纽约、伦敦那样成为顶端世界城市，但是都不同程度地加入全球城市体系，同时城市本身不断向外扩展形成大都会区。

有学者对58个发展中国家面板数据进行回归分析，发现遭受环境恶化威胁的发展中国家更容易发生过度城市化，砍伐森林对过度城市化有显著正影响，同时环境的可持续发展能力与过度城市化显著负相关。研究结果支持“新马尔萨斯论”假设，高速的人口增长推动过度城市化；也支持依附理论假设，以跨国公司和国际贷款机构为基础形成的跨国经济联系促成发展中国家的过度城市化。可见，发展中国家内部和外部的相关因素对其国家的城市化道路产生了综合影响。

以巴西为例，20世纪50年代，巴西开始了从乡村社会向城市社会的转型，并在2010年前后基本完成了城市化进程，目前城市人口占全国人口超过85%。巴西城市化进程发展迅速，但一系列问题也随之而来。第一，城市集群和“边缘化”城市问题。巴西城市化进程中出现了为数不少的小城市依托某一区域经济和政治中心城市而发展的独特现象。小城市多依赖于中心城市而生存，其人口增长速度远高于中心城市，同时吸纳因高昂的租金和生活成本而从中心城市迁出的贫民，实际上形成了以贫民为主的“边缘化”城市。这种现象的成因与中心城市的工业化动力在拉动周边地区城市化过程中受到制约有关。第二，城市化过程中的贫民窟问题。贫民窟最初形成于里约热内卢。1950—1991年，里约热内卢城市人口增加一倍多，贫民窟人口却增加了4.9倍。20世纪90年代，巴西最大城市圣保罗有近20%的人口生活在贫民窟。贫民窟居民难以享受到经济社会发展的成果，同时也是有组织犯罪的“温床”。贫民窟较差的生活、卫生、教育和基础设施条件影响贫民窟居民自身及其后代的发展，使家庭和群体长期处于贫困的恶性循环中而不能自拔，造成“贫困陷阱”。第三，城市化与无地农民问题。巴西的无地农民问题与其历史上遗留的土地制度有关，工业化开始后，传统的大地产迅速向大型现代农业发展，土地高度集中的现象进一步强化。农业现代化和土地进一步集中，加速了无地农民的增加，大量农村劳动力涌入城市，在收入低、贫困率高的非正规就业部门工作，转而成为城市贫民。巴西的城市化一定程度上推进了该国由低收入国家向中等收入国家转变，但其城市化进程中的问题表明，仅仅依靠城市化，难以改变收入分配两极分化的现象，也无法避免城乡之间贫困人口转移的趋势。①

发展中国家与西方发达国家一样，并不缺乏由于区域政治和贸易而形成的历史古城。但城市化动力和进程却具有与西方发达国家不同的特征。第一，城

---

① 吴国平、武小琦：《巴西城市化进程及其启示》，《拉丁美洲研究》2014年第36卷第2期。

市化发生较晚，但速度更快。发展中国家的工业化发展较晚，大部分都是在第二次世界大战之后发达国家工业外移、跨国公司发展时期才逐渐发展的。较晚进入工业化也是这些地区或城市欠发达的主要原因。但相对来说，发展中国家的城市化速度比发达国家快得多，很多大型或巨型城市形成时间仅需三四十年。第二，“过度城市化”，城市化速度和特征变化的自主性小。发展中国家的现代城市自生成时已经嵌入在由发达国家主导的“中心—边陲”全球政治经济体系中，城市化由于发达国家的产业外移、外国投资进入而快速发生。但是，这种基于外来因素激发的快速城市化加深了发展中国家城乡之间的发展差异，使城乡人口流动不能调节、不能逆转，由此而产生比较普遍的“过度城市化”。第三，很少出现“内城衰落”。许多发展中国家人口众多，而且城乡差异太大，乡村人口不断向城市流动，导致城市空间不足，市中心的土地租金持续上升，产业竞争激烈，城市极少出现“内城衰落”现象。即使城市人口想向郊区移动，通常也不是向“福特主义”郊区发展，而是内城过于拥挤且租金昂贵，迫使人口向外扩散，而且这种扩散往往要以公共交通设施（例如地铁和城际快速交通）的发展为前提。

通过比较可以看到，世界各国的城市化历程各有不同。它们对城市化模式的选择受制于本国的人口规模和分布、土地和可用资源的数量以及土地所有制、资本的影响力和国家的调控能力。从宏观上看，发达国家的城市化相似性较多，经历了过度城市化、逆城市化、内城衰落和再城市化的过程；发展中国家的城市化的相似性是过度城市化但内城不衰落。欧美城市在工业化时期的扩张不一定基于本国乡村人口的迁移，而是各国乡村人口交叉迁移的结果；但是发展中国家的城市化则大多是本国城乡人口流动的结果。因而发达国家和发展中国家所面对的城市问题是不同的，发达国家城市的主要问题是移民、族群之间的不平等，发展中国家城市的主要问题是内部贫富分化和城乡发展差距。

第三节 城市化效应

城市化的动力与城市化效应是一种互相推动的关系。城市化最初的动力无论是一种或多种，都会产生多种效应，而这些效应反过来会成为城市扩张、使更多周边区域卷入城市的动力。

一、经济效应

经济效应可以简单地分为极化效应和扩散效应两种。

极化效应是指当迅速增长的产业吸引和拉动其他经济活动不断向增长极集中时，会出现经济活动和经济要素在区域空间上集聚，形成规模经济。规模经济反过来又进一步增强增长极的集聚效应，加快其增长速度和扩大其吸引范围。集聚促成的各种生产要素向增长极城市聚集，会导致发达地区越来越发达，不发达地区越来越落后，形成或深化城乡差异。

扩散效应是指增长极的推动力不断向周边地区传递出去的过程。扩散效应的结果是全区域产生经济增长乘数作用，各种生产要素从增长极向周围不发达地区扩散，带动周边落后地区经济增长加速，从而逐步缩小与先进地区的差距。

然而增长极城市和周边落后地区的发展差异也可能出现积累性因果循环，即处在增长极城市的地区越来越发达，周边乡村地区越来越落后。这种城乡差异在经济学上称为“二元经济”结构，它使地区经济差距扩大，甚至会导致增长极与周边地区没有正面关联，成为“飞地”，具体表现在以下几个方面：第一，城市发展可能导致外围乡村陷于资本短缺。相对于乡村，城市往往具有更好的投资环境、更优厚的投资回报以及日益扩大的市场，这些因素吸引银行及其他金融机构将乡村的储蓄转化为城市的投资；而乡村由于经济基础不良，投资回报不足，致使资本外流、积累减少，资本日趋短缺和枯竭，任何现代化的产业都难以起步。第二，城市发展可能导致乡村人才缺乏，经济发展受到极大制约。城市在就业机会、工资待遇、工作环境、个人服务、子女教育等方面具有更大优势，吸引外围地区的劳动者和各类专业人才流向城市，导致乡村人力资源缺乏，社区凋零。第三，城市增长极可能产生不利于乡村的市场条件。在城市与外围乡村之间的区域贸易中，前者主要输出工业品和资本，后者主要输出初级农产品，后者的价格低且不稳定，因而竞争形势和交易条件更有利于前者而不利于后者。总之，城市增长的经济效应可能带动乡村发展，也可能是以牺牲乡村的发展为代价。极化效应将生成或深化城乡二元经济结构，而这种二元结构使城乡对人口的推拉力变得更加强大。

产业聚集是城市快速成长的原因。产业聚集的城市往往具有以下条件：一是新技术诞生或者交通集散等地理区位优势使企业具有更多发展机会；二是企业家的传统和技术创新、金融网络的形成；三是新产业对劳动力的需求急剧增加，人口聚集形成大型劳动力市场；四是城市和人口规模所构成的市场使生产和投资具有更好的出路和更低的运输成本。由于城市的区位条件或优势不同，城市经济和产业具有自己的地方特色。对内不断完善、对外不断伸展的交通设施是城市化经济效应的重要特征，是产生规模效应的基本条件。城市越大，产业聚集的能力越强，但是城市规模的变化却有其内生制约因素。当城市过大时，日常运输成本和劳动力通勤成本上升、城市中心区域过度密集和公共管理成本上升等造成规模失效，这时有些产业就会放弃大城市。

城市化的经济效应是显著的。工业化以前的城市，可能由于产业聚集而生成，也可能由于政治和军事的因素而生成。但工业化之后的城市，经济和产业是城市增长的最重要因素，倘若城市产业不能在技术革命和经济全球化过程中成功转型，城市往往会走向衰落。

二、环境效应

城市是一种改造自然环境而生成的人文景观。由于城市承担重要的政治、经济、文化和社会功能，因此城市必须建设并维护复杂的基础设施，赋予土地不同的功能（例如居住区、商业区、工业区等），并用道路以及各种交通、通信工具把它们连接起来。现代城市和前工业化城市在环境和景观上的显著区别之一就是城市规模和交通体系，现代城市在功能上远比传统城市更加复杂多样。为了满足这些功能，城市需要加深开发并不断扩张，于是交通体系也越发庞大，从而大大改变其自然物理环境。

城市的功能构成可能相似，但各种功能的组合方式却必然不同。进一步来说，城市的发展与变化过程可能相似，但其中的结构和结构改变却不同，城市的独特景观则取决于自身的功能组合方式或结构。土地利用和住房供给对城市环境的影响最大，是城市功能组合方式的决定因素，它涉及土地所有制和土地使用权的界定与执行、开发商的利益追求、国家的城市规划意图以及居民对住房等的需求及其集体压力。由这些力量角逐与均衡决定的城市布局就是城市环境的社会生产和再生产。

城市的政治、经济、文化和社会结构对城市的功能组合及其空间格局也具有重要影响。城市景观及其物理形态反映出各种变量的互动关系，包括资本的力量对土地利用和城市消费方式的影响，国家和政府的干预包括城市规划、基础设施建设和公共管理水平，城市居民的文化包括宗教活动、居住方式和休闲方式以及对公共空间的理解与表达等。城市社会学的“人文生态学”方法论就强调从城市空间格局来理解城市组织和社会力量之间的竞争关系。例如，城市不同族裔、不同收入人群的居住格局能够反映城市的族裔关系、阶级关系和国家通过福利体系对收入分配的干预。

大量新技术和新型交通工具的应用对城市环境的改造日益加深。进入 21 世纪，城市环境保护越来越受到关注，“密集”已不再被认为是城市的必然状态，城市建设开始从强调人文环境转向强调人文环境与自然环境相协调，生态型城市的概念越来越受到重视。

城市与郊区定居空间的扩张，给环境带来种种压力。有毒工业品的污染甚至可以造成环境灾难。例如美国与加拿大边境的拉夫运河，曾被用作联邦政府尤其是美国军队有毒化学制品的一个垃圾倾倒场。沿河民居建造在垃圾填筑地之上，有毒废弃物渗入地下水，渗出地表，威胁居民健康。在 20 世纪 70 年代，沿河居民的癌症、胎儿缺陷、流产和中枢系统疾病发生率远高于其他地区。1980 年，联邦政府不得不下令沿河所有家庭从他们的家园永久撤离。① 急剧的城市化和工业化可能导致能源大量消耗、人口高度集中、生态环境快速恶化，这都会对城市可持续发展产生负面影响。

三、社会效应

城市化带来的社会效应首先表现为社群结构多元化。城市复杂的经济竞争和职业分工，不同种族、民族、族群、宗教和文化的异质性居民，产生了多样化的社会群体，社会生活变得碎片化，家庭、朋友和邻里等基本社会群体对个人的支持和控制的功能弱化，形成了更多、更加正式的制度和理性组织来对个人提供社会支持和社会控制。

城市化的另一个重要社会效应是社群关系多元化。城市的社群关系不仅因为社群结构的多元化变得更加多元，还因为城市和乡村、发达和不发达地区之间存在二元经济结构和劳动市场结构而变得更加复杂。市场的流动性和城市的

---

① ［美］马克·戈特迪纳、雷·哈奇森：《新城市社会学》，黄怡译，上海译文出版社 2011 年版，第 305 页。

发展为城市不断地输入劳动力，但是大部分外来移民在城市中最初都从事低技能、低工资的工作，聚居于廉价、破落的住宅区。西方城市普遍存在的少数族群居住隔离的现象，既是制度性的封闭和歧视造成的，使外来移民只能长期停留在社会底层，也反映出社会群体之间的敌意和排斥，使外来族群以自卫的方式聚集，这种居住隔离往往导致城市族裔因素与阶级因素混合的社会冲突。同时，拥有优势人力资本的外来移民对城市本地中下层居民的工作机会构成竞争，使这些本地中下层居民更难获得向上流动的机会。也就是说，城市化过程中大规模的人口流动本身有可能深化城市当中的阶级分层或族群矛盾。

城市化的第三个显著社会效应是社会组织蓬勃发展和文化多元化。城市的人际关系越来越脱离原有的家族、血缘和地缘等传统纽带，在社群关系多元化和市场竞争激烈的环境下，城市居民基于自治、抗争、社会支持、文化与环境保护等多种多样的目的而组织起来。社会组织在前工业化城市已经随着工商业聚集和移民的增加而蓬勃发展，在现代城市当中，社会组织伴随企业和行政等理性组织的发展而变得更有活力并且多元化。城市居民通过参与组织而进入公共空间，参与城市公共政策和城市改造的讨论。

四、政治效应

城市化带来的政治效应是城市治理关系复杂化。人口和组织在城市大量聚集，必然产生资源竞争，让城市成为权力冲突的场域。治理是城市化带来的重大政治挑战，资本、社团、民众的内部关系和相互关系构成城市权力关系的基础，而国家和地方政府的角色对这种权力关系具有重要影响。一个秩序混乱、发展乏力的城市实质上反映了城市治理的失败。所以，城市的权力关系模式不是固定的，而是必须与城市经济、社会、环境等特征的变化相一致，城市规模越大，权力关系越复杂，治理方式越需要更有灵活性和协商能力。

由于城市的特征是人口大规模集中和土地大规模、高密度使用，任何特定用途或所有权的地块都代表一种特定利益，因而地区开发和城市规划就变成一种决定社会群体利益格局的方式，城市中各种利益群体会在国家的制度约束下，或强或弱地通过自己的代表或诸如游说、集会、宣传等各种方式参与规划决策，使城市的发展更加符合自己的利益。例如，在20世纪七八十年代，一种被学者称为“增长机器”的政商联盟主导了大部分美国城市发展决策，这种政商联盟由商业领袖、物业所有者、本地金融机构和投资人等组成，他们的理念是推进城市经济增长有利于增加每个居民的福利。从 20 世纪末期开始，“反增长联盟”的力量逐渐壮大，对城市政治更有影响，这个政治联盟主张“绿色城市化”，推动减少碳排放的环保政策和给穷人弱势群体提供更多机会的公平政策。与过去城市规划由资本集团、政治精英和专业团体决断的权力格局不同，今天越来越多的城市居民意识到参与城市发展决策的重要性，城市规划的生成方式从精英决定变为多方协作决定。

第四节　中国的城镇化

由于中国近代民族工业发展缓慢，1949 年以前，中国的城市化速度相当缓慢，截至 1949 年，中国设市建制的城市只有 132 个，城市化率只有 10.64%①，仍然处在以农业为主的社会发展阶段。中国城市化的真正启动是从新中国成立之后开始的，从 1949 年到 2019 年，中国的城镇化率快速上升到 60.6%。与其他国家的城市化发展一样，中国的城镇化发展也是与工业化发展相伴随的，但是，广袤的农村地区、巨大的农业人口规模、显著的区域发展不平衡和社会主义公有制体制，所有这些因素相互作用，形塑出具有中国特色的城市化发展道路——城镇化。城镇化指通过城市和小城镇的协同发展来实现城市化。

一、城镇化及其发展动力

（一）“镇”的概念

要理解“镇”的概念和它在城镇化中的地位和作用，首先要了解“集镇”。集镇是在中国农村集市的基础上逐步发展形成的一定区域的经济、文化和生活服务中心，其职能是供应乡村所需的生产资料和生活资料，收购农产品，以及满足其服务范围内的居民对教育、医疗、娱乐等的需要。集镇在区位上是介于乡村与城市之间的过渡型聚居点，在功能上是城乡之间的纽带。集镇在中国由

---

① 国家统计局城市社会经济调查总队：《新中国城市五十年》，新华出版社 1999 年版，第 23 页。根据该书解释，此处城市化率指当时国家核定的地级和地级以上城市人口占总人口比重。由于未计入建制镇人口，因此数据不能视为城镇化率。不同计算方法得出的城镇化率有所不同，一般会大于以上数字，运用较多的数值是 10.64%。

来已久，直至今日仍然普遍存在，一些地区的乡（民族乡）人民政府往往坐落在集镇上。

“镇”是指有建制的集镇，即它是政府体制中县和县级市以下，与乡同级的行政区划基层单位。1954 年颁布的《中华人民共和国宪法》明确规定，“县、自治县分为乡、民族乡、镇”，镇作为中国县辖基层政权建制被确定下来。镇与集镇的区别除了是否有建制，还在于镇作为一级政府行政单位，当然是一定区域的政治中心，而集镇主要是经济、文化和生活服务中心。到 2018 年年底，我国有建制镇 21 297 个。

（二）“镇”在城市化发展中的功能

相对于城市，镇在经济总量、常住人口规模、非农职业人口比例等各方面都较小，但是在我国农业人口规模庞大，长期存在城乡二元特征的国情下，镇对于城市化发展有着独特的作用。

首先，在缩小城乡差别上，镇可以发挥重要的作用。从许多发展中国家的城市化发展历程来看，城市化往往是大城市化，各种生产要素和资源向大城市高度集中，结果导致城乡差别日益扩大，城市化与乡村衰败并存。而镇在区位上介于乡村与城市之间，与乡村有更加紧密的联系，是城乡之间的纽带。镇的经济、社会、文化发展能更加直接地辐射和带动乡村全面发展，从而缩小城乡差别。

其次，在农业人口转移上，镇可以发挥重要的作用。城市化必然带来农业人口向城市的转移，大量人口离土离乡地向城市转移不仅可能导致城市就业压力，也可能导致乡村社会共同体的涣散甚至解体。2019 年年末，我国建制镇建成区户籍人口 1.65 亿。① 镇的建设和发展不仅可以吸纳相当一部分农村劳动力转移，更为重要的是，这种人口转移是一种离土不离乡的转移，转移人口与乡村仍然保留着紧密的联系，村落共同体与文化传统得以继续。

最后，在城市发展上，镇是新的城市增长点。城市数量的增加是城市化的必然结果，2019 年年末我国有城市 679 个②，对于一个有着近 14 亿人口的国家来讲并不算多。而镇作为一个地区的政治、经济、社会和文化中心，具备成为新城市的发展基础。2014 年，国家发改委等 11 部委联合印发《关于开展国家

---

① 中华人民共和国住房和城乡建设部：《2019 年城乡建设统计年鉴》。

② 中华人民共和国住房和城乡建设部：《2019 年城市建设统计年鉴》。

新型城镇化综合试点工作的通知》，提出了开展“镇改市”这一新型设市模式试点的发展目标。至2018年，我国镇区常住人口10万以上，达到设市的镇有238个，这些镇势必会成为我国未来中小城市的新增长点。

（三）“镇”在城市化发展中面临的挑战

在市场经济背景下，生产要素和资源的流动受成本—效益的市场原则支配，“镇”相对于城市，尤其是相对于大城市，其市场配套、交通环境、金融信贷、信息化水平、人才吸引等各方面不占优势，因此资源利用率和经济效益往往不高，也较容易导致环境问题。如何在激烈的市场竞争中获得持久和稳定的发展是“镇”面临的挑战。

2016年，国家发改委印发了《关于加快美丽特色小（城）镇建设的指导意见》，其后，国家有关部委又联合发布了《关于规范推进特色小镇和特色小城镇建设的若干意见》《关于建立特色小镇和特色小城镇高质量发展机制的通知》《关于促进特色小镇规范健康发展的意见》等多项文件，对特色小（城）镇的发展确立了指导思想、目标、原则和规范。

发展特色小（城）镇是为了推进新型城镇化，促进大中小城市和小城镇协调发展，发挥城镇化对新农村建设的辐射带动作用，有机对接美丽乡村建设，促进城乡发展一体化。特色小（城）镇包括特色小镇、小城镇两种形态。特色小镇是在几平方公里土地上集聚特色产业、生产生活生态空间相融合、不同于行政建制镇和产业园区的创新创业平台。特色小城镇是拥有几十平方公里以上土地和一定人口经济规模、特色产业鲜明的行政建制镇。二者相得益彰，互为支撑。发展特色小（城）镇要遵循经济规律和城镇化规律，因地制宜，立足资源禀赋、区位环境、历史文化、产业集聚等要素，实现特色产业立镇、强镇、富镇；要围绕人的城镇化，统筹生产生活生态空间布局，提升服务功能、环境质量、文化内涵和发展品质，打造宜居宜业环境，提高人民获得感和幸福感；要加强历史文化名城名镇名村、历史文化街区、民族风情小镇等的保护，保护独特风貌，挖掘文化内涵，彰显乡土特色，建设有历史记忆、文化脉络、地域风貌、民族特点的美丽小（城）镇。

二、中国的城镇化历程

（一）1949—1978年：计划经济时期的城镇化

计划经济时期的城镇化分为起步、波动、停滞三个阶段。

1. 起步阶段（1949—1957 年）

新中国成立后的前三年，国家主要致力于对已经成型的城镇进行清理改造，并在宪法上确立城、镇、乡的不同建制地位。从第一个五年计划开始，国家确立了快速实现工业化的发展目标，强调城镇发展为工业发展服务，同时出于平衡城市的区域发展差异和城市国际环境的压力，城市布局强调的主要方向不是沿海城市，而是内地中西部城市。随着国家 156 项重点工程的启动和推进，中西部地区出现了一批新的工矿城市，如纺织机械工业城市榆次、煤炭新城平顶山、钢铁新城马鞍山、石油新城玉门等；完善了一批老城，如扩建了武汉、成都、太原、西安、洛阳、兰州等工业占优势城市，发展了鞍山、本溪、齐齐哈尔等中等城市和哈尔滨、长春等大城市。相比 1949 年，1957 年年末我国城市数量增长了 33.3%，城市市区人口增长了 79.2%，城市市区人口占全国人口的比重增加了 3.3%。

2. 波动阶段（1958—1965 年）

1958—1965 年，国民经济经历了“大跃进”的发展和“三年困难时期”的衰退，经济发展的巨大波动导致城镇化发展也呈现由扩大到紧缩的变化。从 1958 年到 1961 年，我国城市数量增长了 18.2%，城市人口增长了 43.2%，城市市区人口占全国总人口比重提高到 15.4%。但从 1962 年开始到 1965 年，全国的城市减少了 40 个，2 500 万城市职工返回农村，城市市区人口的比重由 15.4%下降至 12.2%。

3. 停滞阶段（1966—1978 年）

1966—1978 年的 12 年间，我国城市发展缓慢，城镇化进程受阻。这一时期，全国仅增加城市 26 个，平均每年只增加 2 个，1978 年城镇人口（居住在城镇地区半年及以上的人口）为 17 245 万人，城镇化率（城镇人口占全国总人口的比重）为 17.92%，其增长主要来自城镇人口的自然增长。

（二）1979 年以后：改革开放以后的城镇化

改革开放后的城镇化可以分为小城镇优先发展，大中城市与小城镇协调发展以及以城市群为主体，构建大中小城市和城镇协调发展的城镇新格局三个阶段。

1. 小城镇优先发展阶段（1979—2001 年）

党的十一届三中全会以来，我国的经济发展逐步进入快车道，城乡隔离的二元体制开始突破。农村从家庭联产承包责任制开始的经济体制改革不仅搞活了农业，也使乡镇企业得到发展。但农村剩余劳动力问题也从隐性变为显性，在巨大的城乡收入与福利的二元差异下，剩余劳动力向城市转移的压力剧增。继农村改革之后，城市也开始了经济体制改革，经济特区建设、公有企业所有制改革和非公企业发展等陆续展开，但是经济增长所带来的就业机会被首先用来解决返城知识青年和城市下岗职工的安置，对农村剩余劳动力的吸纳能力相对有限，小城镇发展受到重视。1983 年，社会学家费孝通提出“小城镇，大问题”的观点；1986 年全国城市建设工作会议提出“控制大城市规模，合理发展中等城市，积极发展小城市”的方针；1998 年 10 月，党的十五届三中全会《关于农业和农村工作若干重大问题的决定》重申“发展小城镇是带动农村经济和社会发展的一个大战略”，城镇化进入快速发展的第一个时期。1978 年，全国只有 2 176 座小城镇，2000 年猛增到 20 312 座，有近 90%是 1978 年之后增建的。截至 2001 年，全国城镇化率上升到 37. 7%。[①] 2007 年全国建制镇建成区面积 2. 8 万平方公里，人口密度 5 459 人/平方公里，小城镇聚集效应显现。2008 年，小城镇人口占城镇总人口的比重由 1978 年的 20%上升到 45%。

2. 大中小城市与小城镇协调发展阶段（2002—2013 年）

进入 21 世纪，中国经济高速发展中潜藏的局限显露出来。面对“知识经济”的挑战，中国需要加快产业结构调整，大力发展新兴产业和资本密集型产业，用新技术改造传统产业；面对日益自由的劳动力市场和不断新增的劳动力数量（2011 年，我国新增劳动力数量达到顶峰），中国需要进一步改革户籍制度和保护农民工的社会权利，解决农民工融入城市的问题；面对不断扩大的东、中、西部发展差别，中国需要调整发展战略，通过城市的发展来带动区域发展，缩小差距。无疑，大中城市在基础设施、高层次人才、文化与教育、信息与金融等各方面较之小城镇有明显优势，大城市发达的第三产业也为其吸纳更多劳动力奠定了基础。2002 年 11 月，党的十六届五中全会提出了“坚持大中小城市和小城镇协调发展”的城镇化方针，取代了“控制大城市规模，多搞小城镇”的城镇化方针，城镇化发展进入一个新阶段。到 2013 年，以城区常住人口为统计口径，全国有超过 100 万人口的大城市 199 个，50 万~100 万的城市 263 个，50 万以下的城市 186 个，共 648 个。

---

① 白南生：《中国的城市化》，《管理世界》2003 年第 11 期。对 1949—2000 年的城市化率估算，不同文献的数据略有差异。

2011 年，中国的城镇化率超过 50%。新中国从 1949 年 10.64%的城镇化率到 2011 年超过 50%城镇化率只用了六十余年①，而欧洲和北美国家城市化水平达到 50%以上经历了上百年，日本经历了七八十年。随着城市化的发展，我国城市发展区域不平衡的状况也得到一定的缓解，2006 年，西部地区城市密度比 1949 年增长 11.97 倍，中部地区增长 4.41 倍，东部地区只增长了 3.66 倍。中国已经形成一个以超大城市、特大城市、中等城市、小城镇构成的城镇体系，步入以非农职业和城市人口为主体的现代社会。

3. 以城市群为主体，构建大中小城市和城镇协调发展的城镇新格局（2014 年至今）

2019 年，以城区常住人口为统计口径，全国有超过 100 万人口的大城市 230 个，50 万~100 万人口的城市 259 个，50 万人口以下的城市 190 个，共 679 个。相比 2013 年，城市数量增长 31 个。到 2019 年年末，中国城镇常住人口为 84 843 万人，城镇化率达到 60.6%。② 可以预见，随着改革开放进一步深化，中国的城镇化率还会发展，预计到 2030 年，城镇化率将达到 70%。这意味着还将有一亿多人口从农村转移到城镇地区工作和生活。

尽管我国在城镇体系建设上已经取得显著成绩，但是城镇体系不合理，规模结构、空间布局与资源环境承载条件以及管理能力的矛盾依然存在。我国是一个人口大国，但并不是一个土地和资源大国，如何在下一步的城镇发展中实现空间和资源的高效利用是亟待解决的问题。从世界城市化发展形成的格局和规律来看，城市群是各国城市化发展的主要空间形态，以较少的土地空间聚集了较多的人口和经济要素，能够产生较大的经济效果，往往是资源利用效率较高、较具创新活力的地区。我国的京津冀、长三角、珠三角三个大城市群就以 5.2%的国土面积，聚集了我国 23%的人口，创造了 39.4%的国内生产总值，还形成了 70%以上的发明专利。因此，构建一个以城市群为主体形态的城镇化体系是我国下一步城镇化发展的战略。2014 年，《国家新型城镇化规划（2014—2020 年）》颁布，明确了以城市群为主体形态，推动大中小城镇协调发展的导向要求。2019 年，中共中央、国务院公布了《粤港澳大湾区发展规划纲要》《长江三角洲区域一体化发展规划纲要》，进一步落实城镇化发展战略。党的十

① 数据来自国家统计局网。
② 中华人民共和国住房和城乡建设部：《2019 年城市建设统计年鉴》。

九大报告强调，要以城市群为主体，构建大中小城市和城镇协调发展的城镇格局，其目的就是要进一步加强城市群在我国城镇化战略格局中的主体地位，通过对城市群的科学规划、合理布局，更好地发挥城市群内不同城市和小城镇相对密集分布、规模经济和范围经济显著、分工协作关系紧密的优势，形成中国特色的大中小城市和小城镇协调发展的城镇格局。

三、新型城镇化发展

中国的城市化晚于当今世界发达国家，城镇化发展道路是在学习和借鉴外国城市化经验的基础上，结合自身国情的探索和选择。改革开放以来，我国经历了一个快速的城镇化发展历程，城镇化将中国迅速地从以农业为主的社会带入以工业为主的社会，从传统社会带入初步现代化的社会。但是快速的城镇化也产生了一些值得高度重视并需着力解决的突出矛盾和问题，面对21世纪的发展与挑战，中国需要进一步解放思想，探索一条“以人的城镇化为核心，以提高质量为关键，以体制机制改革为动力”① 的新型城镇化的发展道路。

（一）消除二元体制，促进社会融合

改革开放是一个渐进的过程，经济体制改革先于城乡二元体制改革，当大量农业转移人口进入城镇后，城乡二元户籍制度并没有发生根本变化，其结果是农村转移进城的人口无法公平地获得捆绑在城镇户籍上的经济、社会、政治权利。已成为我国产业工人主体的“农民工”及他们随迁的家属在城镇基本公共服务如教育、就业、医疗、养老、住房等方面得不到充分保障，原本呈空间隔离态的城乡二元体制差别被集合在同一个城镇空间下，二元矛盾在城镇内部产生，广大农村转移进城人口难以建立城市认同，强烈的二元反差和人口高密度聚集更催化了矛盾，带来更多、更大的社会风险隐患。

新型城镇化就是要消除城乡二元差别，实现城乡融合发展。在经济权利上，要消除在就业机会、劳动报酬、职业保障与福利等方面的不平等；在社会权利上，要消除在教育、住房、养老、社会救助、社会组织参与与发展等方面的不平等；在政治权利上，要消除在公共政策参与、选举与被选举权等方面的

---

① 《国务院关于深入推进新型城镇化建设的若干意见》，中华人民共和国中央人民政府网，2016年2月2日。

不平等。消除城乡二元体制差别将是一个从经济权利到社会权利，再到政治权利，最终实现社会融合的渐进过程。改革开放以来，国家已经在消除城乡二元体制差别方面做了许多工作，新型城镇化发展将会加快这一进程。

（二）保护自然资源和提高使用效益，实现可持续发展

城镇化不可避免地会把农村土地转化为城市用地，会消费更多的水、空气、植被等自然资源。我国是一个人口众多，但人均自然资源相对不足的国家，如人均耕地面积还不到世界平均水平的50%。因此，保护土地、水、空气、植被等自然资源，提高自然资源的使用效率关系整个国家的可持续发展问题。中国早期的城镇化发展是在“以经济建设为中心”的国家发展战略下推动的，各级政府通过设立特区、开发区和工业园区等政策来吸引投资，“土地财政”在一些城镇的建设中占据重要地位，其结果是城镇化建设用地粗放低效，自然资源过度开发使用，环境污染加剧。如从2000年到2011年，城镇建成区面积增长76.4%，远高于城镇人口50.5%的增长速度，土地城镇化快过人口城镇化。①

新型城镇化意味着要严格控制城镇建设用地规模，合理控制城镇开发边界，优化城市内部空间结构，促进城镇紧凑发展，提高国土空间利用效率，实现产业集聚与人口集聚同步，城镇化发展与工业化发展同步；要把生态文明理念融入城镇化进程，节约集约利用土地、水、能源等资源，保护空气和植被，着力推进绿色发展、循环发展、低碳发展；要实现城镇发展与资源环境承载能力相匹配，城镇空间分布和规模结构相匹配，使中心城市辐射带动作用更加突出，中小城市数量增加，小城镇服务功能增强；要促进城乡要素平等交换和公共资源均衡配置，形成以工促农、以城带乡、工农互惠、城乡一体的新型关系。

（三）提高城镇管理服务水平，建设宜居城镇

相对于农村，城市是更为复杂的系统，需要更为高效的管理和多样化的公共服务。改革开放以来的城镇化总体上是一个以速度为主的城镇化，一些城镇存在的“摊大饼”式的空间扩张、重经济轻社会的发展局限和二元的福利服务供给体制，使“城市病”问题日益显现并日渐严重。《国家新型城镇化规划

① 《国家新型城镇化规划（2014—2020年）》，中华人民共和国中央人民政府网，2014年3月16日。

（2014—2020年）》指出，一些城市空间无序开发、人口过度集聚，重经济发展、轻环境保护，重城市建设、轻管理服务，交通拥堵问题严重，公共安全事件频发，污水和垃圾处理能力不足，大气、水、土壤等环境污染加剧，城镇管理运行效率不高，公共服务供给能力不足；城中村和城乡接合部等外来人口集聚区人居环境较差。

从以速度为主的城镇化向以质量为主的城镇化转变，就需要在“以人为本”的思想指导下，提高城镇管理服务水平，提倡健康生活方式，建设宜居城镇。要实现城镇基本公共服务应该覆盖全部常住人口，进一步完善基础设施和公共服务设施，使消费环境更具便利性，生态环境显著改善，公共安全得到保障，自然景观和文化特色得到有效保护，实现“城镇发展个性化，城镇管理人性化、智能化”的国家要求。

（四）保护自然历史文化遗产，彰显城镇个性

城镇化是一个不断的空间重构的过程，在这个过程中，如何处理城镇建设与历史文化遗产保护的关系，如何彰显城市的自然和文化个性，是城镇化发展必须面对的问题。一些城镇在征地开发和旧城改造中，忽视城镇建设与自然历史文化遗产保护并重，城市建设失去自然和文化个性，缺乏特色。

新型城镇化要求保护自然历史文化遗产，彰显自然和文化个性，把城市建设成为既具有厚重的历史底蕴又具有鲜明的时代特色的人文魅力空间。城镇建设要注重与自然景观的协调，形成与河流、湖泊、山峦等自然地理格局相协调的城镇空间；要注重发掘城镇的历史文化资源，体现文化传承，注意在新区建设中融入传统文化元素，与原有区域的历史人文特征相协调；要在坚持文化传承的基础上追求创新，促进传统文化与现代文化、本地文化与外来文化交融，形成多元开放的现代城镇文化。

（五）创新社会治理体制机制，实现社会和谐

城镇是人类群体生活的一种共同体形式，但是大规模、高密度、异质性这些城镇人口特征和依然存在的社会差别，使城镇这个社会共同体不断地面临社会整合问题：新增城镇人口的社会融合问题，多元文化之间的排斥和共生问题，利益诉求的表达问题等。新型城镇化就是要创新社会治理体制机制，促进社会和谐，实现社会融合。

要实现这一目标首先要确立党的领导、政府主导、社会协同、公众参与的体制机制；其次要强化自治、法治、德治在基层社会建设中的作用，大力

培育和发展社会组织，形成一个充满活力和能动性的社会；最后要重视城镇社会空间的建构，促进多元人群的社会互动，增强社会信任，积累城镇发展的社会资本。

思考题：

1. 城市化对个人生活和社会生活有什么影响？
2. 如何理解城市化的动力和效应？
3. 中国的城镇化发展经历了哪几个阶段？
4. 什么是新型城镇化发展？

▶ 思考题要点

第三章　城市社会群体

第一节　社会群体与城市生活

人一来到社会就处在一定的社会关系中，并通过各种社会关系获得其自身的社会性。处在社会关系中的每个人都具有某种关系地位，人与人之间关系地位的差别使我们得以把人与人以“群”区分开来，正所谓“物以类聚，人以群分”。社会群体也是人类的基本活动方式之一，个体只有通过社会群体才能抵御和应对来自自然和外部社会的挑战，才能被整合到社会体系之中，也正是因为这一点，“群”又将不同关系地位的人联系在一起。社会群体是构成社会的基本单位之一，社会群体之间的关系是社会结构的反映。严复在把社会学知识引入中国时，将 sociology（社会学）翻译为“群学”是有其道理的。

一、社会群体的概念

社会群体概念有广义和狭义之分。广义的社会群体泛指具有某种共同社会关系特征的个人集合体，集合体中的个体在经济利益、心理情感、文化意识、行为方式上呈现出某些共性。例如，根据人们在生产资料占有关系上的地位将其分为有产阶级与无产阶级；根据人们的受教育水平将其分为文盲、小学、初中、高中、大专、大学本科、研究生及以上等不同的群体。一些先赋性特征也是划分社会群体的重要范畴，例如民族、种族、性别、年龄。不过这些先赋性特征本身不是社会学研究的对象，社会学关注的是在这些先赋性群体身上呈现出来的经济、政治、社会、文化特征和差异。广义的社会群体概念是一个与社会结构分析紧密相关的概念，不同的社会群体概念展现了社会结构的不同面向或维度。例如，不同民族群体构成了一个社会的民族结构，不同阶层群体构成了一个社会的阶层结构。

狭义的社会群体是指人与人之间不仅具有某种共同特征、共同利益、共同意识、共同心理，还存在相对紧密的社会互动，遵守某种共同规范，有着一致性行动的个人集合体。朋友群体、亲属群体、邻里群体，各种正式或非正式组织都属于狭义的社会群体范畴。狭义的社会群体概念指的是人们为了满足自身或社会的某种需要而结合起来的社会形式或行动单位，相对广义的社会群体而言，它强调的是社会群体成员之间是否存在互动、规范、认同和一致性行动。例如，人们为了满足情感需要而交友，组成朋友群体；人们为了满足求知需要而上学，成为学校这一组织群体的成员。

从某种意义上讲，广义的社会群体概念是一个类别概念，依据某种共同社会关系特征将人划分为不同的类别，这些人之间并不一定存在直接互动、规范、认同和一致性行动。老年人作为一个社会群体，并不是因为老年人之间都保持着直接互动，遵守着共同规范和有着一致性行动，而是因为他们之间在心理、情感、意识和利益上有着共同特征。不过社会群体的广义和狭义区分是相对的，狭义社会群体以“共同特征”这一广义社会群体性质为基础，而广义社会群体在一定条件下也会成为狭义社会群体。例如，当老年人之间有了持续的互动，由此建立了老年协会，形成了共同规范和行动目标，并为了目标开展共同行动，也就成了狭义社会群体。

社会群体是人的集合体，但不是所有人的空间集聚都可以被称为社会群体。影剧院里的观众、公交车上的乘客、市民广场上的游人、商场里的顾客等，虽然他们具有在同一时间出现在同一地点这一特征，但是他们只是一种社会集聚，而非社会学意义上的社会群体。因为不是所有能够将人与人区分开来的特征都能成为社会学的社会群体分析概念，只有那些能够反映人与人之间在资源占有、权力分配、文化认同、情感归属、行为取向模式上存在差异的特征才可能成为社会学的社会群体分析概念。当然，在一定条件下，社会集聚是可以转变为社会学的社会群体分析对象的。例如，当剧院中、公交车上、市民广场中发生了突发事件，使集聚中的个体共同面临社会风险，甚至生命安全时，他们就有了共同利益，就有可能出现共同的心理和行为特征，甚至可能产生社会互动，进而组织起来共同行动，从而成为社会学意义上的社会群体。

二、社会群体的分类

社会群体的特征是多元的，因此划分社会群体的维度也是多元的，以下是划分社会群体的若干主要维度。

（一）根据社会关系性质或特征划分的社会群体

这种划分多用于广义的社会群体。彼得·布劳（1918—2002）将社会结构的分析参数分为类别参数和等级参数。所谓类别参数是依据这种参数，可以把人划分为若干处在同一地位的社会类别群体，这些社会群体在财富、权力、文化、声望等各种资源占有上不存在等级差别。所谓层级参数是依据这种参数，可以把人划分为若干存在差异的层级社会群体，这些社会群体在财富、权力、文化、声望等各种资源占有上存在等级差别。在社会学分析中，常用的区分类别群体和层级群体的指标有：

1. 类别群体

（1）人口特征：年龄、性别、种族、健康（残疾人）等。

（2）社会特征：职业、民族、族群、家庭结构等。

（3）政治特征：党派。

（4）文化特征：宗教信仰。

2. 层级群体

（1）经济特征：收入水平、财富水平、消费水平。

（2）政治特征：公共事务决策的参与程度、权力地位。

（3）社会特征：职业的社会声誉、社会福利水平。

（4）文化特征：受教育年限。

人具有不同的社会群体属性，依据社会关系性质或特征划分的类别群体与层级群体是相对的，二者在许多时候存在相关性，甚至是重叠的。种族原本是一个以先赋性特征划分的类别群体，但在存在种族歧视的国家，它是一个分配经济资源、政治权力和社会地位的重要根据，种族也是重要的层级群体。

（二）根据群体成员之间关系划分的社会群体

这种划分多用于狭义的社会群体。一般的划分标准有：

1. 根据维系群体的社会关系性质划分

（1）血缘群体：指以血缘关系划分或形成的社会群体，如家庭、宗族、氏族。

（2）地缘群体：指以地缘关系划分或形成的社会群体，如邻里、同乡会。

（3）业缘群体：指以职业关系划分或形成的社会群体，如白领、蓝领。

（4）志缘（趣缘）群体：指以共同的志向、价值观、兴趣等因素为关系纽带将人们联系起来的社会群体，如政党、社团、公益团体。

2. 根据群体成员之间关系的亲密程度划分

（1）初级社会群体：群体成员之间有紧密的互动，彼此熟悉和有认同感，情感是联系群体成员之间关系的最主要的社会关系纽带，群体成员之间的交往往往涉及人格的各个方面，如家庭、邻里、朋友。

（2）次级社会群体：群体成员之间的关系纽带主要不是基于感情，而是基于某种利益和工具性目标，群体成员之间的交往不涉及人格的各个方面，只与实现利益和目标相关，依托较为正式的规范来维系群体关系，如同事。

3. 根据维系群体成员关系的规范划分

（1）正式群体：群体成员之间的互动有正式的规范，彼此的权利、责任和义务比较明确，角色分工已经形成，如校友会。

（2）非正式群体：群体成员之间的互动缺乏清晰、正式的规范，彼此的权利、责任和义务不明确，角色分工没有形成，如“广场舞”人群。

4. 根据群体成员资格的获取方式划分

（1）先赋性群体：社会群体依据人们先天或自然具有的某些特征来接受群体成员，如宗族群体、同乡会。

（2）自致性群体：社会群体依据人们后天通过自己的努力获得的某些特征来接受群体成员，如大学只凭分数录取学生。

（三）根据成员个体与群体的关系划分的社会群体

这种划分多用于狭义的社会群体。

1. 根据群体成员对群体的归属感

（1）内群体：群体成员与群体的关系十分密切，其对群体有强烈的认同、情感和归属感。

（2）外群体：群体成员与群体的关系十分松散，其对群体缺乏认同、情感和归属感。

2. 参照群体

参照群体指人们在规范和价值上认同的、进行自我评价和比较的群体。参照群体可以是自己所属的群体，也可以不是。如一个工人将自己的收入与自己所在工厂其他工人的收入比较时，自己所在工厂是参照群体；如果将自己的收入与其他工厂的工人收入比较，其他工厂的工人是参照群体。

社会群体的分类都是相对的，在现实的社会群体中，人们之间的关系不仅是多重的，关系的亲密、规范、内外、认同也不是简单的二分，更多的情况下是处在一个连续的谱系中。

三、城市与社会群体

“群”是社会结构的基本要素，也是人类活动的基本方式，其发展和变化受到社会发展水平的影响。从人类历史发展的进程来看，生产方式的变化给人类群体生活带来了最为基础和深层的影响，而城市作为人类文明发展的载体，对人类群体生活的形式和内容都产生了直接的影响。

当人类处在较为落后的游牧和自给自足的农业社会时，生产力不发达，劳动分工水平较低，人们有着大致相同的价值观念、心理取向和情感特征，彼此保持着较为紧密的互动，因此人与人之间有着较高的同质性，社会群体的分化程度不高，社会结构相对简单。在这种社会里，血缘关系是把人们联系起来形成社会生活的最主要纽带，在这一关系基础上形成的社会群体，诸如家庭/家族/氏族/部落等初级社会群体，是人类最主要的群体生活形式，这类社会群体有着直接的内在同一性，与外部群体有着清晰的边界，主要依靠基于感情和认同为基础的非正式规范维持群体关系。虽然人的社会群体属性还是可以区分出血缘关系、地缘关系、业缘关系、志缘关系，但它们之间是重叠的，即所有其他关系都是以血缘关系为核心建立起来的，不同的社会群体本质上是围绕血缘群体这一核心群体，同心圆般扩展开去的。例如在传统的中国农村，农民多是聚族而居，自给自足的生产方式和极低的社会流动性导致村庄往往是由一个或少数几个姓氏的人口组成。同村这一乡邻关系与同姓这一血缘关系高度重叠，生产活动也是以血缘关系组织起来的，村庄的管理也是建立在族群秩序基础上的。在这种社会里，人们的物质需求和精神需求主要通过这些初级群体来满足，个体与这些群体的关系是全面的，个体与群体的全面性关系在保障个体获得群体全面性支持的同时，也使群体对其成员拥有较强的控制力。

工业化、信息化、互联网的出现极大地促进了生产力的发展，改变了包括生产关系在内的各种社会关系，人们的观念、价值、意识形态也在发生相应的变化，从而改变着人类社会生活的群体的形式、结构和功能，也改变着个人与社会群体的关系。城市是一个社会的人口聚集中心，更是经济、政治、文化发展中心，生产力发展所带来的社会关系变化以及社会群体生活的变化在城市中得到更为突出的表现，同时城市自身的特征也对人类社会群体生活和个体与社会群体的关系产生重要影响。

第一，城市社会群体更加多元复杂，城市社会群体结构更加多维和立体，导致这一变化的首要因素是经济发展。城市是工业、商业、贸易等非农产业发展的集聚地，劳动分工更为复杂，职业专门化程度较高，因此人与人之间的关系更加多元复杂。劳动分化与职业专门化不仅带来了人与人之间的利益差别，也改变了人们在价值观念、心理取向和情感特征上的同一性而呈现出多样性，城市人口在利益和意识的分化中逐步形成了不同经济、政治、文化特征的集合体——社会群体，多元复杂社会关系下的社会群体结构也更加多维和立体。

导致以上变化的另一个原因是城市社会的流动性和城市规模。工业化和城市化加大了人口的流动性，大量人口从农村来到城市，从一个城市流向另一个城市。乡村社会中那种聚族而居、安土重迁的现象逐步消失，五湖四海的人口在城市中集聚，这些人在经济水平、社会地位、民族种族、文化宗教、出身经历、兴趣嗜好等各个方面存在巨大差别，乡村社会中人与人之间的高度同质性现象难以看到。异质性成为城市社会的典型特征，城市人口构成更为复杂。其实乡村社会中也不乏特立独行“异质”的人，但是“群”是以一定数量的个体存在为前提的，乡村社会人口的小规模和居住的分散性，使这些“异质”的人难以形成“群”。而在城市中，人们有更大的机会找到与自己有着共同兴趣、爱好、理想、价值和利益的人，逐步形成特定的社会群体。正如费舍尔所说，随着城市人口规模的扩大，会产生一种“关键数量”（critical mass）的结构现象，即某种类型的城市人口（如移民）一旦达到一定数量，他们就会努力建立自己的聚会场所，创造自己的仪式，强化自己的认同，一个亚群体和亚文化就会形成。

城市多元复杂的社会群体现象使城市呈现出丰富多彩的面貌和发展的活力，但是也增加了群体差异带来的摩擦、矛盾和冲突的可能性。

第二，城市特征影响和改变了社会群体与其个体的关系。在乡村社会里，人们几乎所有需求都是通过血缘群体等初级群体来满足，个体在获得这些群体全面性支持的同时，也使群体对其拥有较强的控制力，个体往往依附于某一个或极少数群体，缺乏自主性。城市发达的劳动分工和功能分化使城市居民的社会生活不可能依赖已经被“流动性”撕裂或淡化的血缘关系和地缘关系，城市居民的物质需求和精神需求依赖更加多元化、专门化的社会群体来满足。城市居民参与的社会群体数量远远多过农村居民，拥有的社会关系远远多过农村居民，城市居民由此获得了更加全面发展的可能性和更加丰富多元化的生活方式。当然，尽管城市居民的社会关系更为多元，但城市居民与大多数社会群体的关系都仅涉及或主要涉及生存与发展的某一方面。例如，参加工作主要是为了收入，参加同学会主要是为了维系校园情感，参加广场舞主要是为了健身，他们与绝大多数社会群体无法形成农业村落中那种人与人之间的全面关系。正如沃思所言，在乡村社会和原始社会中，个体淹没在群体之中，城市中的群体绝不会有这种单一中心结构出现。没有一个群体能让个体完全归属于他，个体所属的群体也没能自发地形成一个单一的生活阶层。[①] 这种状况的后果是使城市居民摆脱了家庭/家族等单一或少数初级社会群体的束缚，次级社会群体在人们的生活和发展中占据越来越重要的地位，城市人从中获得了更加独立的发展自由。相对于乡村社会，城市居民在个体发展上的选择性更多，选择的自主权更大，个性更加独立。如齐美尔所言："群体在数量、空间、生活的意义和内容上发展到某种程度，群体直接的内在统一性便松弛到某种程度，最初不同于其他群体的严格界定因素，便通过相互关系和联系被软化了，同时个体获得了活动自由，超越了最初的警戒线，个体获得了特性。"[②]

但另一方面，为满足某种需要而发展起来的次级社会群体使其成员个体与群体的关系具有较强的工具性，缺少了初级社会群体中的那种情感性。由于在城市中没有一个群体能够给我们提供像乡村社会中那种全面的社会支持，初级社会群体在城市社会中所扮演的社会功能在简化，尽管他们仍然是城市人社会生活的最重要的社会群体，是情感和心灵的居所，但其对人们社会生活的影响面在缩小，对个体的社会支持能力大大弱化。在面对生存和发展挑战时，城市人往往有更强烈的"孤独感"。社会群体多元化在使城市人变得更加自主独立的同时，也凸显了群体关系中的工具性特征和城市人在心理上的孤独。

第三，城市特征影响和改变了城市中的人际关系。在城市中，一方面，那些处在日益复杂多样社会关系中的人在渴望、寻找和建设有深度和温度的社会关系；但另一方面，在绝大多数城市社会交往中，人际关系却变得表面化而缺乏深度。导致这一现象的原因来自"同质交往"的人类心理特征和异质之间的紧张。在社会交往中，人们总是趋向"同质交往"，即人们更愿意与那些在观念、行为或经济社会地位上与自己相近的人交往，因为这样他们更容易找到共同的话题，分享共同的感受，合作追求共同的目标和价值。但是城市化、市场化和快速的人口流动将农业社会中的生活方式彻底改变了，生产空间与生活空

① 孙逊、杨剑龙主编：《阅读城市：作为一种生活方式的都市生活》，上海三联书店 2007 年版，第 2—18 页。

② 孙逊、杨剑龙主编：《阅读城市：作为一种生活方式的都市生活》，上海三联书店 2007 年版，第 26 页。

间分离，世代同堂的现象难以看到，世代为邻的现象更是少见，交往关系和交往对象处在不断的变化中，乡村社会的同质性在城市里不复存在。城市是一个高度异质性的社会共同体，城市丰富多样的异质性社会群体生活在给人们自主选择和个性发展的空间时，也迫使城市人为了生存和发展，不得不与更多的社会群体或个人打交道。在这些群体和个人中，真正满足“同质交往”的是少数，异质交往是大多数。也就是说，城市人的多元社会群体身份使其人际交往的广度和频率远远高于乡村，但异质性使城市中人与人、个人与群体、群体与群体之间的关系缺乏由“同质性”产生的熟悉、信任和情感，人们的交往倾向于就事论事的“事本主义”原则，因此变得缺乏深度和情感，“陌生感”增加。事实上，在人口规模和人口密度极高的城市中，我们可能每天都要与很多人打交道，但我们不可能同等地发展与所有人的关系，因此只能有选择地重点发展与少数人的关系或深度参与少部分社会群体，对与大多数人和群体的关系则维持在较为表面的层次上，甚至忽略。这也给了我们城市是一个“陌生人”社会或“感情淡漠”社会的感觉，城市人更加渴望寻找和建设有深度和温度的社会关系。这并非说城市人没有初级社会关系，没有有深度、有感情、有认同、有归属的社会群体，而是说在一个城市人参与的众多社会群体和社会关系中，它们所占的比重有限，能为城市人提供的社会支持也发生了变化。

城市与社会群体的以上特征引起了城市社会关系朝着理性化方向转变。首先，初级社会群体在城市社会中所扮演的社会功能在简化，尽管它们仍然是城市人社会生活的基本单位，是他们情感和心灵的居所，但是其对人们社会生活的影响面在缩小，影响力大大下降，人们越来越依赖于次级社会群体来满足自己越来越复杂多样的需求，次级社会群体中的科层化、正式化、契约原则成为形塑城市人人格的重要环境和生活体验。其次，城市作为一个具有高度劳动分工和职能分化的共同体，城市人为了满足需要而不得不与非同质性的个体或群体发生联系时，人际关系的工具性特征就被凸显出来，或者说城市人变得更注重社会关系中的工具性层面，即非情感性的利益。当人与人、人与群体、群体与群体之间不再依靠熟悉、信任、情感来维系关系时，必然倾向于用正式的规范或法律来维系彼此的关系。

理性化推动城市社会朝着制度化、法理化、世俗化方向发展，这是城市这一复杂体系得以协调的基础，是城市这一具有高度异质性的社会共同体得以有序的基础。但是理性化也使情感、礼俗和道德在维系城市社会生活中的作用下降，人们不断地，甚至强烈地感受到城市社会与乡村社会的反差。

第二节　城市社会群体关系

城市社会关系和社会群体的分化塑造了城市社会的多样性和丰富多彩的城市生活，这是城市发展不可缺少的内在活力。城市既是产生差异、容忍差异的地方，又是这些差异共生的地方。共生强调的是各社会群体间承认差异，平等互助，互为依存；即使有竞争，也要在竞争中产生新的、创造性的群体文化。只有在平等尊重每个社会群体的文化特征的基础上，城市才能凸显最具现代性的合作关系和生产生活方式。但是不可否认，社会关系和社会群体的分化也带来，甚至扩大了人与人之间、群体与群体之间的社会差异，而且诸如性别、民族等先赋性差异往往会与经济、政治、文化、空间等差异交织在一起，形成错综复杂的城市社会关系结构。在社会群体的关系结构里，一些群体处在主导群体、主流群体、强势群体的关系地位，另一些群体则处在从属群体、边缘群体、弱势群体的关系地位，在社会学研究中，后者经常被称为少数群体（minority groups）。这些具有不同社会经济地位、不同生活方式和思维方式的社会群体之间既可能发生积极的群体互动，促进群体共生和群体融合，也有可能发生消极的社会互动，导致群体排斥和冲突，由此构成了城市社会生活的真实画面。因此，研究社会群体之间的关系及其变化是城市社会学的主要问题之一。一般来讲，城市社会学对社会群体关系的研究有两个基本的面向：一个是从社会群体的地位出发，关注什么因素导致了社会群体的地位差异和地位流动，重点放在对社会分层与社会流动的制度和结构分析上；另一个是从社会群体的互动关系出发，关注社会群体之间的关系特征，重点放在对社会排斥与社会融合的制度和文化分析上。第一个面向将在后面的“城市社会分层与社会流动”一章讨论，本章讨论的重点在第二个面向。

社会排斥与社会融合是相互联系的，一个社会缺少社会融合就会导致社会排斥，而减少社会排斥就会增加社会融合。社会排斥和社会融合是一个连续光谱：一端是完全没有融合，只有社会排斥；另一端则是完全社会融合，没有社会排斥。如此的划分是相对的，在现实社会中，绝大多数社会处在这条光谱线的某一点上。社会排斥与社会融合本质上是围绕着各种资源所发展的竞争和适应过程构成的一种动态互动关系。在经济领域涉及物质资源的获取；在政治领域涉及话语权和决策参与；在文化领域涉及对符号、价值和意义的支配。一个社会是否在政治、经济、文化、社会等各个领域里向所有社会群体开放或封闭进入的机会与权利是分析社会排斥和社会融合的根本。

一、社会排斥

"社会排斥"（social exclusion）是法国学者勒内·勒努瓦在 1974 年首次提出的概念，到了 20 世纪 90 年代，社会排斥已经发展为一种社会理论，并被广泛地运用到社会福利和社会政策实践中。社会排斥最初是用来分析诸如贫困这样的经济领域的排斥现象，发展到现在，社会排斥的含义已经不局限于经济领域，而是几乎扩展到社会生活的各个方面。对于社会排斥，不同学者的定义不尽相同。彼得·阿布瑞汉森认为，社会排斥不仅意味着一定类型的人群被排除在主流社会之外，也意味着他们被隔离在普通人群工作、生活、购物和休闲的场所之外。2004 年欧洲理事会则提出，社会排斥是某些个人由于贫穷、缺乏基本技能和终身学习的机会，或者由于受到歧视，导致他们被推入社会边缘，无法全面参与各项社会活动的过程。社会排斥使他们不能得到工作、收入和受教育的机会，也使他们远离社会、社区网络和各种社会活动。他们难以触及权力和决策团体，因而经常感到没有权力和不能控制影响他们自身生活的决策问题。国内也有学者认为，社会排斥是指在政治、经济、文化、社会等领域，某些个人、家庭或社群缺乏机会参与一些社会普遍认同的社会活动，被边缘化或隔离的系统性过程，这个过程具有多维的特点，并表现为被排斥者的经济、政治、社会、文化及心理诸方面的长期匮乏。尽管对社会排斥的定义各有不同，但基本点是共同的，就是都认为社会排斥是指某些个体或某些群体无法获得与其他人或其他群体同等的机会和权利，其排斥可以发生在经济、政治、社会、文化等各个领域。社会排斥的含义和使用往往与社会隔离和社会歧视交互。

经济领域的社会排斥与劳动机会和生活资料的获取相关。例如，性别排斥就是经济领域的一种常见的社会排斥，它的表现是即使男女具有同等的人力资本，女性的就业率和平均工资往往都低于男性。在欧美国家，种族排斥在经济领域则极为普遍，黑人的就业率远低于白人。政治领域的社会排斥是指政治参与的权利和机会不足。这种排斥在前现代阶段普遍存在，它通过明确的法令制度规定不同的人享有不同的政治权利。如在世界范围内，女性长期以来都没有选举权，英国直到 1928 年所有女性才最终获得同男子同等的选举权，美国直到 1920 年才在全美赋予女性完全的选举权。社会领域的社会排斥体现在社会交往和公共产品的分享权利上。例如，根据 1896 年美国联邦最高法院的“普莱西诉弗格森案”判决，直到 20 世纪中叶，美国仍然在公共汽车上实行种族隔离。文化领域的社会排斥则以文化中心主义的形式表现出来，即以自己群体的文化为标准或中心来衡量其他群体的文化，对其他群体文化采取边缘化、打击，直至消灭的态度。这种现象较普遍和严重地存在于殖民主义统治时期，如宗主国往往会取缔殖民地国家的语言，以宗主国语言取而代之。社会排斥可能发生在某一个领域，也可能是多个方面复合的，如性别歧视就不仅表现在经济领域，还体现在教育、政治等领域。

社会排斥的存在与社会的正式制度或非正式制度安排紧密相关。正式制度的排斥是指社会群体之间的权力和机会差别是由法律、规章或政策等正式规范造成的，例如印度历史上曾有的种姓制度就是如此。非正式制度的排斥指的社会排斥是因为民俗、习惯等非正式规范导致的，这种社会排斥往往是隐性的，甚至不为人们所意识到。对于那些被排斥的个体或群体，社会排斥在绝大多数时候是外部施加给他们的，但在某些情景下，某些个体或群体也会主动选择排斥社会，即他们希望通过与其他群体保持距离，减少与外部社会的互动，甚至自我隔离来维护自身的独立。

社会排斥既是社会不平等的原因，也是社会不平等的结果，它使一部分人或群体被边缘化，在生存和发展上受到不公正的待遇，甚至被完全剥夺机会和权利。社会排斥使社会中人与人之间、人与群体之间、群体与群体之间的关系发生疏离、歧视、隔离、仇恨，直至毁灭对方。例如，第二次世界大战时期纳粹德国对犹太人的政策就是从开始的歧视、隔离，最后走向种族灭绝。消除社会排斥、实现社会融合是多元社会实现社会和谐有序发展的客观要求，是实现善治的基础。

二、社会融合

社会融合（social integration）最早是法国学者涂尔干提出来的概念，不过涂尔干在使用这个概念时突出的是社会分工基础上的社会联系或社会秩序的性质，多翻译为社会团结或社会整合。城市社会学家帕克对这一概念作出了更具城市社会学特色的定义，认为社会融合是个体或群体互相渗透、相互融合的过程；在这个过程中，通过共享历史和经验，相互获得对方的记忆、情感、态度，最终整合于一个共同的文化生活之中。该定义突出了人与人之间、群体与群体之间“求同”的过程。后来的定义基本上是在这个基础上拓展的。

社会融合可以从经济层面、政治层面、社会生活层面、文化层面加以分析，它既是社会关系、社会结构的一种存在状态，也是人与人之间、群体与群体之间社会互动的一个过程。社会融合的实现建立在自由、平等、公正、法治的基础上。只有每个人或每个群体在法律上是平等的，在教育、就业、住房、医疗、养老等基本公共服务上享有平等的权利和机会，在不同层次的发展需求上享有平等的权利和机会，社会融合才有坚实的基础和保障。在发达国家，同化和多元文化主义被认为是社会融合的两种路径。

同化是指主流社会群体对于其他群体成员的接纳，其表现是其他群体成员接受、学习主流社会群体的语言、文化、习俗、信仰、行为模式以及其他行为特征，最后达至社会融合。同化意味着其他群体要放弃自己原来的传统，甚至放弃带有伦理感情意义的社会联系，认同主流群体的文化和行为方式。例如，某一民族在与其他民族的互动过程中，逐步放弃了自己的语言，最终采纳了主流民族的语言，这就是文化同化。同化是一个社会群体经过相遇、竞争、适应，最后达至同化的一系列递进的、不可逆转的互动过程。同化可能建立在自愿的基础上，也可能建立在被强制的基础上，或者二者兼而有之。不过，无论对于主流群体还是非主流群体，要完全接受他群体，从社会结构、文化结构、心理结构、行为模式上完全实现同化需要一个很长的、艰难的，甚至是冲突的过程。

多元文化主义是指在尊重差异的前提下，通过社会群体文化的共生共存来实现的社会融合。多元文化主义强调，不论是主流群体还是非主流群体，都应保留自身的特征，保留文化多样性和社会差异，实现多元共存。在多元文化主义看来，任何文明都是历史的产物，都有其内在和特定的价值体系，没有一种文明可以宣称比其他文明更优越，也没有理由以主流文明自居，并歧视、否定甚至取代其他文明。多元文化主义看上去争取的只是对文化和传统的尊重，但本质上是要将文化平等落实到政治和经济生活中去。

同化论是社会融合的一元论，多元文化主义是社会融合的多元论，二者都有其合理性，但却都没能很好地解决“一元”与“多元”的关系。一元论强调的是同一或一致，但一个没有多元和差异的同一社会或一致社会是没有活力和动力的；多元论强调的是独立或差异，但一个没有同一或一致的社会是缺乏核心认同或核心凝聚力的。例如在民族关系上，极端的一元论会导致民族灭绝政策，而极端的多元论则正在使部分欧洲国家饱受难民问题困扰。

三、社会和谐

社会和谐是指社会成员、社会群体处在一种互相联系、互助合作、互促互补、共同发展的状态。坚持同一性和差异性的对立统一是处理社会主义社会中社会群体关系，实现社会和谐的立场和方法。不同社会群体在根本利益和核心价值观上的一致是社会和谐中的同一性。没有这个同一性，社会群体之间难以形成良性互动关系，会导致社会排斥，甚至社会冲突。承认和尊重不同社会群体在经济、文化、社会领域的利益诉求是社会和谐中的差异性。没有对差异性的肯定就难以形成同一性，无法实现互助合作、共同发展。费孝通“多元一体”的论述很好地从民族关系的角度诠释了社会群体关系中的同一性和差异性的对立统一。

社会主义制度和社会主义核心价值观是中华人民共和国全体公民、各个民族、所有社会群体都要坚守的同一性，个体的异质性、民族的多样性、群体的差异性是在坚持这个同一性基础上展开的多元性。社会主义社会追求民主法治、公平正义、诚信友爱、充满活力、安定有序的社会群体关系。民主法治就是坚持所有个体或群体在法律地位上是平等的、同一的，处理所有人与人的关系、群体与群体的关系都必须以法律为基础；公平正义就是不同个体或群体的合法权益是平等的，都应该得到保护，同时应在协调利益关系上控制和缩小不平衡的发展；诚信友爱就是要促进人与人之间、群体与群体之间互帮互助、诚实守信、融洽相处；充满活力就是承认社会的多样性，鼓励个性和创造性的发展，使一切有利于社会进步的个体或群体的创造愿望得到尊重；安定有序就是社会秩序良好，群体关系和谐，矛盾处理理性有序，社会安定团结。

第三节　城市社会运动

城市社会的高度分化和社会群体的多元化导致人们在利益、身份认同、文化与价值观念上呈现出更多的差异。城市社会大规模、高密度的人口特征使得利益诉求更容易获得形成“群”的人数规模。城市各种传媒系统发达，利益诉求的表达和传递更为迅速。因此，城市中各种基于利益、身份认同、文化和价值产生的群体性诉求行为更加活跃，由这些群体性诉求差异产生的社会矛盾和社会冲突更为频繁。例如，自20世纪六七十年代以来在世界各地，尤其是在发达国家出现的反战运动、妇女运动、反核运动、环境保护运动、堕胎合法化运动、和平运动、社区保育运动、消费者权益运动、邻避运动①等。这些主要发生在城市的基于利益、身份认同、文化和价值产生的群体性行为被泛称为城市社会运动。城市社会运动是认识和解释当代城市社会的重要方面。

一、城市社会运动的概念

“社会运动”是社会学的重要分析概念，泛指由社会变迁引起的，具有一定群体目标、形成特定动员结构和一定持续性的集体性行动。社会运动具有以下特征：

第一，是一种群体性行动，即由一定规模的个体参与，并有一定组织性的行动；

第二，具有一定的群体目标，即具有某种集体认同；

第三，有一定的持续性和结构，即不是乌合般的聚集；

第四，不是全部社会运动都以非制度化形式出现，但确有许多社会运动具有非制度性特征；

第五，社会运动的目标不一定专指城市，但它主要发生在城市并对城市社会产生重要影响。

社会运动与社会学中的“集体行为”有相似之处，即它们都是群体性行动，但是二者有重要的区别。集体行为主要指诸如聚众、骚乱等集体现象，是一种自发、散乱的无结构的行为，它没有明确的社会目标，具有强烈的情绪性，往往受焦虑、愤怒、被剥夺或被抛弃的负面情绪支配，其发生具有偶然性和非持续性。而社会运动是拥有一定群体目标和组织结构的群体行动，尽管在某些社会运动中也会有负面情绪的存在，但总体上它相对更为理性，而且许多社会运动是由积极情绪推动的，其行动更可预期。

---

① 邻避（Not in My Backyard，直译为“不要建在我家后院”），指居民因担心住宅或小区周边的某些公共建设项目（如垃圾场）对自己的身体健康、环境质量和住房资产价值等带来负面影响，滋生厌恶心理、表达反对意愿甚至采取抗争行为。

社会运动无疑会对既有的权威结构产生影响，但是它与革命运动有本质的区别。首先，社会运动不以改变政治制度和夺取国家权力为目标，而革命运动的本质在于指向政治制度和国家权力。其次，虽然社会运动会对权威结构产生影响，但是它所指向的权威结构并非只指国家政治权威，而是包含更为广泛的内容，例如组织权威、公司权威、文化权威等，许多社会运动只是思想性和文化性的。最后，社会运动不像革命运动有统一的革命意识形态，社会运动的议题比较零散，动员力量来自特定群体的归属感和身份认同，与日常生活符号、价值和意义紧密关联，而这些认同会随着时间、地域、群体而不断变化。

二、城市社会运动的发展特征

城市社会运动是现代社会广泛存在的城市社会现象，涉及的主题广泛多样、复杂多变，包括政治、经济、社会、文化等各个方面。既有追求工资、福利等物质利益的社会运动，也有倡导动物保护等价值观的社会运动；既有诉诸气候变暖这种全球问题的社会运动，也有诉诸邻避现象这样社区问题的社会运动；既有少数族群诉诸族群权利和身份的社会运动，也有不同族群共同参与的反战运动；等等。广泛存在的城市社会运动在不同国家、不同制度、不同社会发展阶段，其内容和形式并不一样，难以一概而论。不过，城市社会运动的兴起与发达资本主义国家紧密相关，与这些国家的工业化、城市化发展过程紧密相关，分析发达国家的城市社会运动发展有助于我们认识现代城市社会的发展。

马克思主义认为，无产阶级与资产阶级之间的矛盾是资本主义社会基本矛盾运动的产物，两大阶级之间的斗争是推动资本主义社会变迁的直接动力。马克思主义的这一观点已经被资本主义工业化实践和20世纪席卷全球的社会主义革命所证明，而且仍然是我们分析和认识当代资本主义社会的指导思想。但是我们也要看到，在数百年的资本主义发展历史中，资本主义制度也在不断地调整，城市社会运动呈现出以下发展特征。

首先，资本主义国家面对周期性经济危机、工人阶级不断增长的博弈能力和各种政治危机的挑战，为刺激经济发展，消减社会矛盾，出现了一个从政府不干涉的自由资本主义向国家干预的福利资本主义变化，力图透过各种福利政策使市场不平等和阶级冲突在一定程度上得到调和。政府在住房、医疗、交通、闲暇等消费领域扮演越来越重要的角色，这些政府生产和供给的消费品日益作为集体消费品成为劳动力再生产的必要消费品，这就导致了资本主义社会的基本矛盾不仅体现在生产领域的社会化大生产与生产资料的私人占有之间，也体现在消费领域的集体消费品的社会化大生产与劳动力剩余价值的私人占有之间。资本主义城市的社会矛盾从劳动领域扩展到集体消费领域，从劳动制度扩展到福利制度，从工作空间扩展到生活空间。

其次，发达资本主义国家生产力的高度发展使人们的物质生活得到普遍的改善，早期资本主义社会的绝对贫困被相对贫困取代，人们对非物质性利益的需求迅速增长。资本主义“体系”对“生活世界”的殖民化程度更加严重，技术在国家控制中的作用更加隐蔽和精致。物质生活的丰富使物质主义开始式微，人们的社会群体认同不再只是围绕着生产地位，社会运动也不再只是围绕经济利益，越来越多的是为了维护个体或群体的自主性、生活方式的独立性和价值观，例如动物保护、堕胎权力、反战运动等，社会群体认同从阶级认同扩展到社会地位、世代、族群、信仰、文化等多重身份认同。因此，社会运动围绕更多样化的主题和目标展开，这些社会运动不再是以单一的阶级为群体行动的基础，而是以更加多元的群体为行动基础。

最后，全球化使世界连成一个整体，生产活动突破了国家的地理边界，在世界范围内组织起来，不同国家在全球一体的生产链条上处在不同的地位上，这不仅导致了财富分配在国家与国家之间的不平等，也改变着不同国家的社会阶级阶层结构。发达资本主义国家站在全球生产链条的顶端，在不断获取超额剩余价值的同时，也流失了大量的实体经济的就业机会，作为发达国家主体阶级的中产阶层的生存境遇受到极大的冲击。早期诸如劳工运动、反种族歧视等社会运动主要是社会底层阶级、少数族群或边缘群体反对不平等，争取权利的运动，而21世纪以来，中产阶级日益成为发达国家或地区发起社会运动的主要力量之一，这在“占领华尔街”这类近年来发达国家普遍可见的社会运动中不难看到。

三、城市社会运动的分析视角

社会运动是一种群体性的利益诉求活动，它既可能是一种对现状不满的表达，也可能是一种主动追求变迁的要求，从广义上讲，社会运动是社会矛盾和社会冲突的一种表现形式。资本主义社会的社会运动归根结底是资本主义社会基本矛盾在不同发展阶段的表现形式，不过每一个具体社会运动的产生、过程及其后果都受到社会运动的目标、价值、动员、组织、策略以及社会运动发生的制度结构制约，由此形成不同的社会运动分析视角。

（一）心理失范视角

心理失范视角把社会运动看作集体行动的一种形式，它是那些内心存在不满、挫折感、紧张感、剥夺感的人的集体宣泄和行为失范，具有非理性的行为特征，表现了对现状的不满和要求变革的诉求。在这种视角看来，人们在群处时会通过无意识、传染和暗示等心理过程导致心理趋同，形成"集体心智"，反过来控制个体心理和行为，生成集体行动。而人们的不满、挫折感、紧张感、剥夺感来自社会整合的失败或者结构性紧张。斯梅尔塞认为，社会运动是结构性诱因、社会结构衍生的怨恨、触发社会运动的关键性因素或节点性事件、有效的动员和社会控制能力下降等因素共同影响下导致的结果。例如，2021 年在美国爆发的"黑人的命也是命"社会运动就是美国黑人长期受排挤、受歧视的不满情绪和 2020 年美国大选造成的社会结构性震荡，在乔治·弗洛伊德被警察跪压致死这一诱因下发生的。

（二）资源动员视角

资源动员视角认为，社会运动的发动或成功与否，关键在于能否动员足够的资源以及如何组织和运作资源。社会运动资源可以分为五类：① 道义资源，指外界对运动的支持；② 文化资源，指得到广泛传播的文化知识、文化产品或概念工具；③ 组织资源，指为实现社会运动目标成立的组织或可以借用的组织力量；④ 人力资源，包括人力、经验、技术和领导力；⑤ 物质资源，指资金或物质。发起社会运动这一事实本身说明，该社会群体可能处在边缘地位，因此构建一个动员网络，将更多的人或群体吸纳进来十分必要，流入社会运动的资源越多，社会运动就越有机会发展。

社会运动的资源动员与社会运动的组织特征相关。第一是组织的资源动员策略，例如参与性动员策略有助于人力资源的动员，专业性动员策略则有利于物质资源的动员；第二是组织化程度，包括组织结构、组织的专业化水平、组织领导者的角色等要素，这些要素形成多重组合，对资源动员和运动效能产生并非单向的复杂影响；第三是社会运动参与，社会运动参与是一个经由心理认同转化为实际行动的过程，共识动员和行动动员在中间扮演了十分重要的角色；第四是社会运动组织之间是合作、竞争还是冲突，对社会运动也会产生重要影响。

（三）政治机会结构视角

资源动员视角关注社会运动与制度环境之间的关系。政治机会结构视角认为，个人或群体以何种方式行事，不单纯是他们所掌握的资源的结果，而是制度结构特征带来的。社会运动的发生与民主制度还是非民主制度没有必然联系，主要与制度结构所具有的开放性、组织效能、制度局限、障碍和资源有关系。制度结构性质会影响社会运动的产生和形式，即使在同样的制度结构下，不同社会群体发生社会运动机会也是不一样的。因为不同社会群体在同一制度环境中与权威机构的距离不同，那些与权威机构距离更近的群体可能会更多地运用体制内的方式行动，那些与权威机构距离更远的群体可能会更多地运用体制外的方式行动。

（四）社会建构视角

社会建构视角关注社会运动的主观层面，分析观念塑造与社会运动之间的关系，但它不同于心理-失范视角把社会运动看作一种消极心理的产物，而是分析不同群体对社会现实的解读以及由此产生的对社会运动意义的建构，即符号、话语、价值和身份等因素如何塑造和重建人们对社会运动的认知和参与过程。例如，斯诺用“框架建构”概念来分析社会运动形成的建构过程，在他看来，“框架建构”的核心任务是社会问题的诊断、社会问题的预后和社会运动参与动机的激发三个方面，“框架建构”的工作是问题的识别和归因、提供解决问题的方案、说服人们采取实际行动参与社会运动，“框架建构”的过程包括框架谋划、框架桥接、框架渲染、框架扩展、框架转变。在社会建构视角里，社会运动是在重建社会秩序的价值。

第四节 改革开放与中国城市社会群体

一、城市社会群体多元化

改革开放推动中国进入一个社会转型的重要历史时期，转型的内涵是多重的：从计划经济向社会主义市场经济转型，从传统社会向现代社会转型，从农业社会向工业社会、信息社会转型，转型导致的诸多变化率先以城市为空间和载体凸显出来，城市社会群体呈现出多元的发展趋势。

在计划经济时期，城市居民首先是以工作“单位”组织起来的，因此人们的多重社会关系是叠加的，比如人们居住在单位建造的住房里，社区的邻里关系与单位的工作关系有高度的一致性。单位不仅仅是经济组织，也是政治和社会组织，人们的政治抱负和社会志趣都必须以单位为群体才得以实现，单位更是人们生、老、病、死的相关需求获得满足的地方，人们的群体身份较为单一，或者说不同群体实际上是以单位为核心组成的同心圆结构，如同传统社会以血缘群体为核心的同心圆群体结构。但是随着市场经济的建立，单位制处在逐步的消解中，业缘群体这一传统的“单位”内部，其多重叠加关系逐步简化为单一的经济契约关系，住房、养老、医疗、社会救助等各种职能在向社会转移，人们不得不与承接这些职能转移的新的群体组织发生关系，不得不通过参与单位之外的组织来满足自己多层次的社会需求。例如，企业家通过参与商会或行业协会来提升自己的利益保护能力；老年人通过加入“广场舞”群体来满足自己的闲暇需求；志愿者通过参加社会组织来追求自己的理想，实现自己的价值。中国城市社会群体的多样化发展可以从城市新兴社会组织的发展中窥一斑而见全豹。改革开放以来，社会团体、基金会、民办非企业单位、商会、社区基层组织等各种性质的社会组织在各个领域中成长起来，构成一个极为庞大、复杂的体系，这些社会组织对城市社会产生着重要作用与影响。

经济体制改革释放出巨大的生产力，中国快速地从一个农业国家转型为工业国家，从一个农民占绝大多数的国家转变为一个城市人口占多数的国家，2亿多农民走出农村进入城市，计划经济时期形成的户籍制度及其带来的非流动性藩篱被打破，开放的劳动力市场和人们追求幸福生活的愿望将更多的城乡劳动力吸纳到劳动力流动的人潮中，不同民族、不同语言、不同文化、不同宗教的人在城市里落脚，使原本生活在不同地区的人交汇在城市空间，过去由于非流动性造成的城市文化和族群分化较低的局面被改变，城市社会的文化多样性和族群多样性以前所未有的面貌呈现出来。

市场经济体制改革还打破了计划经济体制下的单一所有制和“大锅饭”，人们在财富、地位、教育等各方面拉开了差距，由此导致人们在观念、价值、心理和行为上的差异，形成一个多维的社会分层结构。一方面，人民的生活水平得到普遍提高，人们开始产生更高的经济、社会乃至政治需求，形成许多新的社会群体；另一方面，那些在社会分层地位上处在相对较低层次的人也在为改善生存境遇而行动。多元化与社会差别、社会不平等现象交织在一起，使城市社会的活力与紧张并存。

信息技术的进步和互联网的发展正在将中国迅速地从一个刚刚实现工业化的国家向信息化、智能化转型。一方面，新产业革命使城市劳动者的职业构成出现新趋势，外卖小哥、网络作家、网店经营者、自媒体主播等各种新业态纷纷出现，自由职业者在就业人群中的比例不断上升。另一方面，城镇6.54亿网民使“网民”成为今天绝大多数城市人新的角色身份。人们在网络上表达自己的观点，讨论公共问题，展现自己的形象，也会因为某个共同的话题在网上聚集起来，采取共同的网上行动，“网民”成为新城市社会群体，“上网”成为城市人新的生活方式。

总之，伴随着计划经济向社会主义市场经济转变，伴随着生产力发展带来的新的劳动分工，伴随着城市“单位制”的消解和社会职能的专门化，伴随着人的社会需求从温饱向小康发展，城市人的社会关系更加分化和复杂，其社会群体身份更为多元。也正因为如此，中国城市社会为人们提供了多元的生活方式选择空间，显示出富有活力的生活画面。

二、移民：城镇化的新社会群体

改革开放以来，中国快速的城市化进程吸引了大量人口从农村迁往城市，一场中国历史上从未有过的人口大迁移正在发生，移民成为中国城市人口增长的重要来源，成为中国城市社会结构中一个主要的社会群体。

移民泛指在不同地区之间迁移的人口，是个体或群体居住地的永久性或半永久性的改变。移民一般分为国内移民与国际移民。国内移民指在本国领土内，从本人出生地迁移到非出生地定居；国际移民指以非官方身份从本人出生地国家迁移到非本人出生地国家定居。

现阶段在我国，“国内移民”与“流动人口”或“外来人口”的含义较为混淆，不过“移民”突出的是“定居”，即居住地的永久性或半永久性的改变；“流动人口”突出的是“流动”，即居住地的变动性和暂时性；“外来人口”突出的是没有本地户籍，而不是定居的事实。严格来讲，在中国实行户籍制度这一国情下，“国内移民”① 大致可以分为两部分人：一部分是人和户籍已经发生迁移的人；另一部分是人已经发生迁移，但户籍没有发生迁移的人，与“流

① 国际上移民研究对“移民”的定义，通常是指从“出生地（国）”迁移到“非出生地（国）”一定时间以上的人或群体。

动人口”“外来人口”“非户籍常住人口”几个人口统计概念的口径基本一致。由于户籍迁移，尤其是农村户籍向城市迁移还受到较大限制，“国内移民”的绝大多数是第二部分人，而这部分人中最主要的是乡—城迁移人口，即农民工。本节主要讨论第二部分人。

（一）国内迁移的基本特征

20 世纪 50 年代开始施行的户籍制度使我国的人口自由迁移基本停止，这一状况一直延续到改革开放。市场经济打破了阻隔劳动力自由迁徙的“栅栏”，大量从土地上释放出来的农村劳动力奔向城市，经济落后城市的劳动力也向改革开放先行一步的地区转移。2015 年全国流动人口总量达到 2.47 亿人，其中跨省流动占 39.4%，省内流动占 60.6%。流动人口以青壮年劳动力为主，但年龄在逐步增长，平均年龄从 1978 年的 27.3 岁增长到 2015 年的 31 岁。从迁移人口的迁移方向来看，我国的国内迁移人口可以分为乡—城流动，城—城流动，乡—乡流动和城—乡流动四类，但以乡—城流动为主，城—城流动次之；从迁移地区来看，东部地区是主要迁入地。2015 年，东部地区迁入人口占全国总迁移人口的 54.8%，中部地区占 21.7%，西部地区占 23.5%。①

（二）国内迁移人口的工作

进城务工或进入大城市工作来改变原来的社会经济地位是国内人口迁移的主要影响因素之一，根据国家卫生健康委员会的报告，在 2015 年的 2.47 亿流动人口中，以务工经商为目的的占 51.9%。② 总体来讲，我国国内迁移人口始终保持着较高的劳动参与率。

在迁移就业人口中，农民工占绝大多数，从 2017 年国家流动人口动态监测数据来看，“商贩、销售”排在农民工就业岗位的第一位，占到 28.24%，其次是“餐饮”，占到 10.65%。如果以工作岗位是否可被自动化替代的程度以及体力/脑力投入的程度来划分，把职业分为常规知识性工作（商贩、销售，公务人员、办事人员和有关人员）、常规操作性工作（装修，快递，农、林、牧、渔、水利业生产人员，生产，运输，建筑，其他生产、运输设备操作人员及有关人员）、非常规知识性工作（国家机关、党群组织、企事业单位负责人、管

① 国家卫生健康委员会：《中国流动人口发展报告 2018》，中国人口出版社 2019 年版，第 4、10 页。

② 国家卫生健康委员会：《中国流动人口发展报告 2018》，中国人口出版社 2019 年版，第 11 页。

理者，专业技术人员）、非常规操作性工作（餐饮、家政、保洁、保安）四大类，那么农民工在四类工作中的分布比例分别为 29.33%、22.92%、14.21%、14.57%。总体上常规性工作占 52.25%，非常规性工作占 28.78%，“不工作”占 18.97%。而城镇户籍流动人口在四类工作中的分布比例分别为 21.95%、17.22%、31.28%、9.88%。总体上常规性工作占 39.17%，非常规性工作占 41.16%，“不工作”占 19.67%。[①] 很显然，在迁移就业人口中，农业户籍流动人口的工作地位低于城镇户籍流动人口，但其工作岗位被自动化替代的程度要高于城镇流动人口。

（三）国内迁移人口的家庭

在改革开放后相当长一段时间里，我国国内人口的迁移行为表现出“独自迁移”的特点。但 20 世纪 90 年代以后，“举家迁移”的比例增加，家庭迁移成为趋势。根据《中国流动人口发展报告 2018》，迁移人口在迁入地的平均家庭规模达到 2.7 人，其中：一人户占 18.1%，二人户占 25.4%，三人户占 31.7%，四人户占 18.4%，五人及以上户占 6.5%。[②] 在迁移人口中，未成年人口规模增长迅速。0~17 岁未成年迁移人口从 2000 年的 1 982 万人增长到 2015 年的 3 426 万人。[③] 在这些未成年迁移人口中，农村人口占绝大多数。在未成年人口增加的同时，迁移人口中的老年人口也在增加，尤其是那些白领职业迁移人口，由于他们的经济社会状况较好，将年迈的父母从迁出地接过来一起生活，或者帮助他们照顾家庭的比例较高。无论是未成年迁移人口还是老年迁移人口，家庭迁移趋势势必导致迁移人口在迁入地的住房、教育、医疗、养老、救助等公共产品供给方面的需求增加，但户籍制度在这些公共产品供给上带来的不平衡发展仍然是城市发展面临的问题。

移民并不是一个同质的群体，少数拥有较高经济、管理、文化、技术资本的移民，通过市场购买或政府提供的“人才房”，较快地解决了城市住房问题并由此融入迁移城市。但是对于绝大多数并不拥有以上资本的迁移人口而言，他们既不具有购买或租住商品房的经济能力，又不具备享受城市公屋的权利，

---

① 国家卫生健康委员会：《中国流动人口发展报告 2018》，中国人口出版社 2019 年版，第 57—60 页。

② 国家卫生健康委员会：《中国流动人口发展报告 2018》，中国人口出版社 2019 年版，第 164 页。

③ 国家卫生健康委员会：《中国流动人口发展报告 2018》，中国人口出版社 2019 年版，第 136 页。

所以他们往往会选择“城乡接合部”、城市“边缘地区”或“城中村”落脚。这些地方不仅居住成本低，而且管理比较松散，可以避免许多城市对迁移人口的特殊管理。

（四）国内迁移人口的“族群性”

“族群”在早期多指民族或种族，尤其是少数民族或种族，但在当下的使用中越来越偏向文化的含义，即指基于历史、文化、语言、地域、宗教、血缘、祖先认同、行为、生物/外貌特征而形成的“一群”与其他人群有所区别的群体。依靠社会关系网络来实现迁移是移民中普遍存在的现象，因为社会网络与社会资本在迁移过程中可以起到节约交易成本和提供信息的作用。社会关系网络对于移民的重要性造就了城市移民的“族群性”特征，这一特征主要体现在生产和生活两个方面。在生产领域，往往会出现同一族群的人在同一行业或同一职业的集聚现象，当然主要是在一些对技术和文化要求不高、进入门槛较低的行业里。例如在建筑行业，一个工地往往是同县乃至同村的人组成施工队伍；在出租车行业，以某一个县的司机为主占据某一个城市的出租车司机行业的现象在中国城市并不乏见。在生活领域，同一族群的迁移人口聚居在同一城市生活空间，形成移民聚居区的现象极为普遍，诸如北京的“浙江村”、深圳的“平江村”等。这些族群聚集区为移民进入一个新城市时提供落脚生活、联系工作的“据点”以及社会交往和精神支持。族群现象是城市社会群体分化和多元化的一种反映，城市的社会分化越高，城市规模越大，城市的流动性越快，社会群体就越多元化，族群的多样性程度就越丰富。中国的城市发展正在显示出日益多彩的多元族群共生的格局。

（五）国内迁移人口的社会适应

迁移不仅仅是一个地理空间上的改变，还是社会空间的改变。移民面对的可能是一个在思想观念、行为方式、生活习惯、风俗礼仪等许多方面“陌生”的社会环境，社会适应是移民普遍面临的社会问题。移民的到来也增加了移入地人口的异质性，移民自身的文化特质也增加了移入地文化的差异性，移入地原住民对移民的社会歧视、社会排斥难以避免。促进城市移民的社会适应是我国城镇化过程中必须直面的问题。要实现城市迁移人口的社会适应，需要开展以下几个方面的工作。

首先，要消除制度层面的不平等。尽管我国的市场经济改革推动了人口的自由迁徙，绝大多数迁移人口已经长期在城市工作和生活，但是户籍制度以及其他城市管理制度导致迁移人口在教育、就业、医疗、保障、住房、救助等各个方面的权利都处在与城市户籍居民不平等的地位上，他们无法让孩子获得完整的义务教育，难以进入正式劳动力市场，没有权利申请保障性住房或购买商品房，即使他们居住在“城中村”，也还会不断地受到搬迁的困扰。消除一系列由制度带来的不平等是实现迁移人口学有教、居有屋、劳有业、病有医、老有养的基础，也是从根本上铲除城市社会隔离和社会排斥，实现城市社会和谐和社会稳定的基础。

其次，要重视城市文明建设。在全体城市居民中开展富强、民主、文明、和谐，自由、平等、公正、法治，爱国、敬业、诚信、友善的社会主义核心价值观教育，尊重移民在城市发展中的地位和作用，尊重迁移人口的文化和生活方式，通过多种渠道开展反社会歧视、反社会隔离的道德观念培养和法律意识教育，真正树立起人人平等的价值观念。

最后，要协助迁移人口主动适应城市社会、融入城市社会。政府要主动安排或引入社会组织力量，协助迁移人口提升自身的文化和技能，增强其在城市职业市场中的竞争能力；协助迁移人口学习和熟悉迁入地的法律和法规，形成依法依规诉求利益；协助迁移人口了解和掌握迁入地的语言、文化和生活方式，提升他们的城市社会适应能力；协助迁移人口和他们的家庭解决在城市社会生活中面临的困难，增加城市的“温暖度”。

（六）国际移民

中国在近代以来一直向他国大量输出移民，是一个典型的移民输出国家。随着中国政治、经济和文化全面融入全球化进程，中国已经成为当今世界上人口流动规模最大、速度最快的国家，不仅国内省际和跨地区的流动以及跨国外移的人口数量逐年激增，国际移民向中国移入的人口也在快速增加，甚至开始形成国际移民聚居区。例如，北京海淀区五道口和望京新城等地有韩国人聚居区，上海古北、虹桥和浦东出现了欧美高级白领聚居的所谓“国际社区”，广州小北路、广园西路一带正形成非洲人的聚居区，浙江义乌有大量中亚移民聚居的“中东人一条街”。此外，中国北方的青岛城阳区、沈阳西塔街和长春桂林路等地都形成了所谓的“韩国城”。这些在肤色、语言、宗教信仰和风俗习惯等方面存在差异的不同族裔的移民的大量涌入，给当地带来了经济、社会以及文化等不同层面的活力，但也引发与国内移民不一样的族群文化差异和冲突，给社会建设和社会治理带来新的挑战。由于历史的原因，中国在国际移民的管理上还缺乏相关的经验与政策。如何妥善地处理国际移民及其给中国社会所带来的族群问题，制定相对稳定与完善的移民政策，建立一个更为开放、完善以及全方位的移民管理体系，正在成为中国政府必须正视的问题，也是亟须学者关注的问题。

三、城市社会群体矛盾

城市人口的多元分化导致人们利益诉求的分化，增加了人们在利益、观念、文化上的摩擦和冲突的可能，而城市人口的高度集中和流动、网络传播的广泛性和情绪性则加剧了利益诉求表达的聚焦性、不确定性。如何在城市中建立一个和谐的社会群体关系，使社会有序运行，这对于满足人民不断增长的物质文化需求，保障社会公平正义，促进社会和谐，全面提升国家治理体系和治理能力现代化是十分重要的。从广义上讲，无论“群体性事件”还是“社会运动”都是社会矛盾的表现形式，客观科学认识城市社会矛盾的性质是建立和谐社会的群体关系的前提。

中国特色社会主义进入新时代，我们已全面建成小康社会，我国社会的主要矛盾转化为人民日益增长的美好生活需要和不平衡不充分的发展之间的矛盾。城市社会出现的绝大多数社会群体之间的矛盾都是社会主要矛盾的表现。因此，坚持党的领导，坚持发展生产力，完善正确处理人民内部矛盾的机制，是化解社会纠纷、调节社会矛盾、消减社会冲突，建立社会群体间的和谐关系，实现社会整合的根本。

社会群体矛盾会给既有社会秩序或权威结构带来影响，但这并不等于说社会群体矛盾的后果都是负面或破坏性的。因为社会群体矛盾的产生实际上是既有体制不完善、既有机制不畅通、既有关系不和谐的反映，它的暴露有利于将社会中不公平、不和谐、落后的方面显露出来，促进社会关系调整、社会体制改革，实现更为长久稳定的社会秩序和社会整合。要辩证地认识社会群体矛盾对既有社会秩序或权威结构的影响以及与社会变革或创新发展之间的关系，要从社会群体矛盾的多重功能、后果的比较中分析其性质，寻找解决的途径。从社会学的观点来看，任何一个社会要建立社会秩序和实现社会整合，都需要达成由核心价值构成的全社会共识。从某种意义上讲，只要社会群体矛盾的目标不指向国家认同的核心价值或政权的合法性基础，长远来看，其对一个社会的制度完善和发展是具有一定积极意义的。

不可否认，社会群体矛盾会引发社会纠纷或社会冲突，发展到一定程度会影响社会稳定，乃至国家安全。不过，一个社会的秩序和整合状态不是取决于有没有社会矛盾或冲突，因为任何社会都存在矛盾和冲突，重要的是有没有建立一套法律和规章制度，保障所有群体平等的利益诉求权利，有没有为不同社会群体提供畅通的经济、社会、文化、政治诉求的表达渠道，为不同社会群体之间的沟通、协调、竞争和博弈提供公正的平台。社会冲突的能量如果不能在正式的体制和有效的机制中得到释放，原本只是短期和局部的影响就有可能转化为长期和全面的影响，冲击甚至破坏社会的基础。

中国已步入全面深化改革阶段，城市社会群体在发生深刻的结构性变化，“两新”组织人员不断增加，中间阶层群体在逐步扩大，新业态正在吸纳越来越多的就业人员，自由职业者在全体就业人员中的比例也在增长，建立与社会群体结构变化相适应的和谐社会群体关系是经济发展、文化繁荣、民族团结、社会安宁的必然要求。要实现这一点，就需要从观念到制度，从国家体制到基层社区治理，从正式制度到非正式制度的全面建设。

第一，要用共产主义远大理想和中国特色社会主义共同理想团结人民，坚持共同的理想信念、价值理念、道德观念，促进各社会阶层和社会群体在思想上精神上紧紧地团结在一起，铸牢中华民族共同体意识。同时要正视不同社会群体在价值观上的分化，尊重差异、包容多样、倡导宽容、谋求共识。

第二，要坚持和发展中国特色社会主义的协商民主制度，与时俱进地将不断出现的新社会群体吸纳到协商民主体制中，保障各社会群体依法通过各种途径和形式管理国家事务、管理经济文化事业、管理社会事务的权利；要畅通和规范群众诉求表达、利益协调、权益保障通道，完善信访制度，完善人民调解、行政调解、司法调解联动工作体系，完善社会矛盾纠纷多元预防调处化解综合机制，努力将社会矛盾化解在基层；要创新和发展多种形式的群众自治，在坚持党的领导下，鼓励在不同社会群体中广泛实行群众自我管理、自我服务、自我教育、自我监督。

第三，要在加快经济发展，做大财富“蛋糕”的同时，合理调节不同社会群体间的利益分配关系，重视发挥第二次分配、第三次分配的作用，保护社会弱势群体的生存与发展权益，缩小社会各个群体在就业、教育、收入、医疗、社会保障与福利等各方面的差异。在大规模、快速的人口迁移和流动的城市化过程中，要重视流动人口这一群体的权益保护，尤其要重视流动人口中的农民工群体的权益，加快消除由传统户籍制度造成的二元结构。

第四，要形塑健康的社会心态。社会心态是在一定时期的社会环境和文化影响下形成的，具有群体性特征的社会成员较为普遍的、一致的心理特点和行为模式。对于处于转型期的中国社会来说，明显的社会结构变迁、多维的社会分化和差异、快速的社会地位流动等，都会直接影响人们的社会心态。不健康的社会心态会引发或加剧社会矛盾和社会冲突，社会矛盾和社会冲突也会影响健康社会心态的形塑。形塑健康社会心态需要加强人文关怀，增加心理支持；要优化社会环境，减少不良刺激；要开展心理教育，提供心理指导；要弘扬中华民族优秀传统文化，加强家教家风建设。

思考题：

1. 简述城市与社会群体的关系。
2. 何谓社会排斥？社会排斥在现代社会有哪些体现？
3. 城市社会学对社会运动有哪些主要分析视角？
4. 如何认识我国国内迁移人口的“族群性”？

▶ 思考题要点

第四章　城市社会分层与社会流动

社会分层与社会流动是理解社会结构的重要概念，是社会学研究的核心内容。分析城市社会分层和社会流动的特征，考察中国城市的阶级阶层结构状况，把握中国城市社会流动的趋势，对认识中国城市社会结构、社会运行等方面有着重要的意义。

第一节　社会分层及其相关概念

人的生存与发展依赖于对经济、政治、社会、文化资源的获取，每个社会也会通过各种制度安排对资源进行分配，由此在人与人之间、群体与群体之间形成资源占有上的差别。“社会分层”是社会学对资源分配和占有不平等现象加以分析的概念，也是对社会结构进行分析的概念。

一、社会分层

社会分层“是指社会成员或社会群体因社会资源占有不同而产生的层化或差异现象，尤其是指建立在法律、法规基础上的制度化的社会差异体系”①。社会分层具有三个主要特征，即“不平等”“制度化”与“变化的”。

“所谓的不平等，指的就是人们在地位维度上的分布，即他们在权力或财务、教育或收入上的差异程度。”②社会不平等是社会分层得以形成的基础，因为“社会分层的实质，是社会资源在社会中的不均等分配”③。在社会学研究中，马克斯·韦伯提出的“权力、收入、声望”是划分社会分层的最基本，也是最重要的社会资源指标。但是社会分层的资源指标并非仅限于此，城市公共资源的分配与占有也是城市社会不平等和社会分层非常重要的方面。

社会分层体现的是一个“制度化”的社会结构。我们所在的社会中，每天

---

① 李强：《当代中国社会分层与流动》，中国经济出版社 1993 年版，第 2 页。

② ［美］彼特·布劳：《不平等和异质性》，王春光、谢圣赞译，中国社会科学出版社 1991 年版，第 69 页。

③ 李路路：《论社会分层研究》，《社会学研究》1999 年第 1 期，第 101 页。

都会出现各种各样的不平等，但那些短暂的、偶然性的、没有形成规律的不平等并不产生社会分层。只有当社会不平等已经形成了结构或制度化后，才会出现社会分层。“结构这个词是指要素之间的排列，在这里，不平等已不是偶然出现的，而是遵循着一定的模式，它显示出了相当的持久性与稳定性，并且以法律化的、为之辩护的观点为后盾。”①

除去“不平等”和“制度化”两个特征之外，社会分层还存在一个重要特征，即“变化的”。社会分层作为社会结构的重要内容，会随着社会变迁而变迁；社会分层作为人们在社会中的位置，也会随着自己的生命历程发生变化。我们把前者叫作社会分化的模式变迁，把后者称为社会流动。

在社会分层的三个特征中，“社会不平等”处于核心地位。简单的社会差异并不意味着社会不平等，社会不平等不仅是对资源分配差异的客观描述，还包含着价值评价在内，即人们对公平的理解。因此，社会不平等可以总结为：“社会不平等=社会差别+对社会差别的社会评价。社会评价就是用一种有关的价值去评价、估价有差异的人或群体的特征。”②任何社会都存在各种各样不平等的事实，人类在追求平等时首先关注的是这些不平等的现状，再对造成不平等的途径和方式进行思考，然后寻找能够实现平等的合理手段，最后达到消除不平等的现状。

所以，从不平等的视角研究社会分层通常集中在两个方面：一是对资源分布状态的观察，主要侧重对不平等现状的分析；二是对分配机制的分析，主要侧重对造成不平等途径的探究。城市社会分层研究也是如此。在现实生活中，人与人之间在地位或资源占有上的不平等是多方面的，体现在经济、政治、社会、文化等各个领域，不同方面的不平等之间相互区别又相互联系，在不同历史阶段或不同性质的社会里，其性质也存在差别。对于社会分层的解释，不同社会学家有着不同的观点，概括起来可以划分为两大传统：一是从阶级的观点分析社会分层现象；二是从阶层的观点分析社会分层现象。

二、阶级

马克思主义认为，物质生活资料的生产活动是人类社会最根本的活动，其

① ［美］彼特·布劳：《不平等和异质性》，王春光、谢圣赞译，中国社会科学出版社 1991 年版，第 69 页。

② 李强：《当代中国社会分层与流动》，中国经济出版社 1993 年版，第 2 页。

他社会活动都是在这一活动基础上展开的。因此，人们在生产资料上的占有关系是人类社会最基础的关系，它最终决定了其他社会关系。阶级正是依据人们在生产资料占有上的地位划分的社会群体。在《德意志意识形态》和《共产主义原理》中，马克思、恩格斯指出，所谓资产阶级，"他们在所有文明国家里现在已经几乎独占了一切生活资料和生产这些生活资料所必需的原料和工具（机器、工厂）"①。而所谓无产阶级，是指"完全没有财产的阶级，他们为了换得维持生存所必需的生活资料，不得不把自己的劳动出卖给资产者"②。列宁曾经对阶级作出如下定义："所谓阶级，就是这样一些集团，这些集团在历史上一定的社会生产体系中所处的地位不同，同生产资料的关系（这种关系大部分是在法律上明文规定了的）不同，在社会劳动组织中所起的作用不同，因而取得归于自己支配的那份社会财富的方式和多寡也不同。"③在列宁的阶级定义中，生产资料关系中的地位是第一位的，由此才产生了在社会劳动组织中的作用不同，以及自己支配的那份社会财富的方式和多寡也不同。显然，马克思主义并不否认社会差别的多样性，例如收入差别、权力差别等。但是在马克思主义看来，是生产资料占有关系中的地位差别最终决定了其他差别，而不是后者决定前者。马克思在《道德化的批评和批评化的道德》一文中曾明确地指出，只有"'粗俗的'人的理智把阶级差别变成了'钱包大小的差别'，把阶级矛盾变成了'各行业之间的争吵'"④。

马克思、恩格斯注意到阶级内部的阶层差别问题，他们指出，"在过去的各个历史时代，我们几乎到处都可以看到社会完全划分为各个不同的等级，看到社会地位分成多种多样的层次……而且几乎在每个阶级内部又有一些特殊的阶层"⑤。毛泽东的《中国社会各阶级的分析》对阶级内部作过极为经典的阶层分析，丰富和发展了马克思主义的阶级理论。毛泽东把中国的资产阶级分为国际资产阶级和他们在中国的买办阶级、民族资产阶级、小资产阶级几个阶层；把中国的无产阶级分为无产阶级、半无产阶级、游民无产者几个阶层，由此对中国革命应该依靠谁、团结谁、打击谁作了精准科学的分析。总之，马克思主义的

① 《马克思恩格斯文集》第1卷，人民出版社2009年版，第677页。
② 《马克思恩格斯文集》第1卷，人民出版社2009年版，第677页。
③ 《列宁全集》第37卷，人民出版社2017年版，第15页。
④ 《马克思恩格斯全集》第4卷，人民出版社1958年版，第343页。
⑤ 《马克思恩格斯文集》第2卷，人民出版社2009年版，第31—32页。

"阶层"概念是阶级内部的层级划分概念，不是横跨阶级的分析概念。

三、阶层

从阶层的观点分析社会分层现象是社会学研究的另一传统，在阶层的社会分层观点中，"阶层"概念与马克思主义阶级分析中的"阶层"概念是不同的，它是一个跨阶级的概念，意指根据人们在地位或资源占有上的差别大小，从低到高划分出来的社会群体层级差序列，那些在地位或资源占有上处在同一位置上的人属于同一阶层。由于人们的社会差别是多方面的，因此划分阶层的标准也是多元的。从理论上讲，对任何一种地位或资源的占有，只要存在人与人之间的群体差别，就可以划分为阶层。在阶层的社会分层观点中，最为经典的是马克斯·韦伯以经济、权力、社会声望为划分维度的阶层分析和涂尔干以职业为划分维度的阶层分析。这些不同的阶层划分维度彼此是相对独立的。我们可以通过收入水平将人们划分成高、中、低收入阶层；可以根据人们的职业声望地位将人们分成高、中、低社会地位阶层；也可以将收入、职业、文化程度建构成一个复合的社会经济地位指标，将人们划分为不同的社会经济地位阶层。在现实社会里，政治、经济、社会、文化等各个领域是相互联系的，不同社会阶层之间存在一定的相关性。例如在权力上处在较高阶层地位的人在经济地位上通常不会处在较低地位。不过这种相关联系在不同历史时期或不同社会制度里存在着差异性。在一个由政府掌握并分配经济资源的再分配体制中，政治地位的高低与收入的高低往往有较强的相关性。而在一个经济资源主要是通过市场机制加以分配的体制中，政治地位与收入之间的相关性就会大大降低。不过，不同社会分层维度上的社会差别如果高度相关，且在差别方向上高度一致，那就意味着这个社会存在"赢者通吃"这种极化的不平等，将会极大地加深社会分化的鸿沟。

阶层的社会分层观所提出的分析工具，可以帮助人们多维度地描述社会地位和资源占有上的不平等现象。但是它没有回答在如此多维的不平等现象中什么是最根本的不平等，因此也无法为最终消灭阶级社会的不平等提出真知灼见。在社会分层和社会流动研究上，坚持马克思主义阶级的社会分层观，借鉴阶层的社会分层观，是科学认识人类社会，尤其是阶级社会的正确立场和方法。

四、中间阶级和中间阶层

"中间阶级"来自英文词汇 middle class，中文通常翻译为"中产阶级"，但从 middle 的词源本义和内涵来讲，译为“中间阶级”或“中间阶层”更为合适。①

（一）中间阶级

“middle class”一词最早由英国学者詹姆斯·布拉德肖在 1745 年提出，他认为中间阶级是位于贵族和雇佣工人之间为数不多的商人、小工厂主和农场主群体等。

在马克思、恩格斯那里，“中间阶级”是指在工人阶级和资产阶级这两大构成资本主义社会基本阶级结构的阶级之间的其他阶级，包括小工业家、小商人、小手业者、农民。恩格斯在《德国的革命与反革命》中虽然没有直接用“中间阶级”这个概念，但对这一阶级的存在和地位作了清楚的描述。“在德国，由于大资本家和大工业家作为一个阶级尚不发达，小手工业者小商人阶级人数非常之多。……它的地位是介于较大的资本家（商人和工业家）即名副其实的资产阶级与无产阶级或产业工人阶级之间，这种地位就决定了它的特性。”②马克思、恩格斯认为，中间阶级是一个会随着大工业的发展而逐步分化的阶级，他们中少数人会向上流动进入真正的资产阶级队伍，但大量的是会向下流动进入无产阶级队伍。恩格斯对中间阶级的这一特征做了如下描述：“它力图爬上资产阶级的地位，但命运中的一点点不顺利就把这个阶级中的某些人抛到无产阶级的队伍中去。……这个阶级永远摇摆在两者之间：既希望跻身于较富有的阶级的行列，又惧怕堕入无产者甚至乞丐的境地；既希望参与对公共事务的领导以增进自己的利益，又唯恐不合时宜的对抗行为会触怒主宰着他们的生存的政府，因为政府有权力使他们失掉最好的主顾；他们拥有的财产很少，而财产的稳固程度是与财产的数额成正比的，因此，这一阶级的观点是极端动摇的。”③在《共产党宣言》中，马克思、恩格斯也从无产阶级队伍来源的角度指出了这一点：“以前的中间等级的下层，即小工业家、小商人和小食利者，手工业者和农民——所有这些阶级都降落到无产阶级的队伍里来了，有的是因为他们的小资本不足以经营大工业，经不起较大的资本家的竞争；有的是

① 由于汉译“中间阶级”和“中产阶级”均来自 middle class 同一单词，因此本章在使用“中间阶级”或“中间阶层”概念时，与“中产阶级”概念并无质的不同，也会在引述中保留“中产阶级”的表述。

② 《马克思恩格斯文集》第 2 卷，人民出版社 2009 年版，第 355—356 页。

③ 《马克思恩格斯文集》第 2 卷，人民出版社 2009 年版，第 356 页。

因为他们的手艺已经被新的生产方法弄得不值钱了。无产阶级就是这样从居民的所有阶级中得到补充的。"①社会学家米尔斯在《白领：美国的中产阶级》中，将马克思、恩格斯笔下的"中间阶级"称为"老中间阶级"，老中间阶级在生产关系中的地位特征是：占有一定的生产资料，但同时参加一定的劳动。

（二）中间阶层

从层级的社会分层观出发，"中间阶层"是指在一个从高到低的地位或资源占有的序列中，处在中间位置上的那个阶层，与"中等阶层"同义。由于阶层分析的维度是多元的，因此存在不同维度划分的中间阶层。例如，根据收入分层，可以有"中间（等）收入阶层"；根据权力大小分层，可以有"中间权力阶层"；根据职业的社会声望分层，可以有"中间社会声望阶层"。从这个意义上讲，在任何一个存在地位或资源占有差别的社会里，都存在"中间阶层"。另外，由于每一维度上由高到低的阶层层级划分没有绝对统一的标准，因此中间阶层的人群构成在不同研究者那里也存在差异。美国皮尤研究中心以全美家庭收入中位数为基准，将达到该标准的75%～200%的家庭归为"中间阶级"家庭。也有研究者以世界银行日人均收入（或支出）2 美元以下为贫困线作为参照系，将日人均收入（或支出）10～100 美元作为划分中等收入群体的标准。在一个社会中，中间阶层的发展对社会不平等的趋势变化有重要影响。以收入分配为例，中间收入阶层的人数比例越大，越有可能缩小整个社会的收入不平等差距。与此相应，中间阶层的"中间"位置使其行为和态度也不同于其他阶层，在社会结构中可能具有平衡两极的功能。因此在现代国家的政治发展中，中间阶层越来越受到关注。

随着工业化的发展，尤其是科学技术进步带来的信息化、自动化、网络化、智能化的发展，小企业主、小商人、小农场主等"老中产阶级"日益减少，一个被米尔斯称为"新中间阶级"的人群则不断扩大，他们包括专业技术人员、职业经理人、公务人员、教师、办公室文员等，又被称为"白领阶级"。米尔斯认为，新中产阶级的特征是，他们不占有生产资料并主要以工资收入为生活来源，但是他们服务于政府和大资本所有者。英国政府统计部门于1913 年发表的、由统计学家史蒂文森所作的阶级分类报告中，就把处于上层阶级和工人阶级之间的其他人群统归为中间阶级。1956 年，美国的"白领"职业人口正

① 《马克思恩格斯文集》第 2 卷，人民出版社 2009 年版，第 39 页。

式超过以产业工人为主的"蓝领"职业人口。现代社会的白领员工与传统的蓝领工人无论在社会地位、收入水平、教育程度、政治态度、价值观念、生活方式等各个方面都呈现出差异，因此，对"白领"这一新社会群体开展研究，在城市社会学中日益受到重视。

必须指出的是，如果说米尔斯的"老中间阶级"划分还是以马克思主义的生产关系地位和雇佣劳动为依据，那么他关于"新中间阶级"的划分则偏离了这一分析立场。"新中间阶级"是一个十分广泛的人群归类，既有像职业经理人、企事业单位中高层管理人、公务人员等服务于政府和资本所有者的群体，也有处在劳动过程最基层的劳动者，二者在生产关系中的地位是有重大差别的。尤其在信息产业中，大量从事信息产品生产的"白领"实际上是"数字劳工"，他们与在制造业中从事物质产品生产的"蓝领劳工"并无本质区别。米尔斯的"新中间阶级"实际上是以职业为标准的"中间阶层"。

五、主观社会分层

无论是阶级的社会分层还是阶层的社会分层，都是对人们在各种社会关系中的地位作出的客观描述。主观社会分层则是对人们在各种社会关系中的地位作出的主观评价。主观社会分层分为自我评价和社会评价。自我评价是人们对自己在社会分层地位序列中所处位置给出的评价，社会评价是社会大众对不同人群在社会分层地位序列中所处位置给出的评价。在社会学研究中，收入、权力、职业、社会声望等都可以成为独立开展主观阶层地位研究的指标，也可以开展综合性的分层地位评价。人们的阶层地位认知会直接影响其对社会制度的评价和自身对社会的行为反应。

人们的主观阶层地位认知是客观阶层地位的反映，但二者并非绝对一致，会受到其他因素的影响。"在任何社会中，仅仅靠金钱和权力两项并不能最终决定社会地位，人们的主观评价也是决定社会地位的重要因素。即不是有钱者、有权者，社会地位就一定高。社会地位的高低，最终还要看民众对此社会群体是否支持、是否尊敬。"①在一个社会里，人们对主观阶层地位的评价会反映出这个社会的价值观取向。在不同的社会里，由于制度、文化、价值观的差别，主观社会分层也会有所区别。社会学对主观阶层地位的研究是要发现客观

---

① 李强：《转型时期冲突性的职业声望评价》，《中国社会科学》2000年第4期，第111页。

阶层地位与主观阶层地位的状况及其二者之间的关系。“与客观维度的分层研究相比，主观维度揭示的是客观社会变迁和社会分化在人们主观认识及价值观上的反映，尤其是公众对于社会不平等的结果、意义的感知与判断，如阶级意识、阶层地位认同、收入不平等感受与公平认知、上升流动预期与归因、社会冲突感等。相对于客观维度，主观维度研究既能贡献补充性、印证性信息，也可以产生比较性、差异化结论。其独特优势在于，能直接获取民众真实、具体的感受和价值判断，并且能够在客观结构位置与社会选择、行为模式之间架起中间桥梁，从而可以更好地与一系列社会后果性议题相联。”①

第二节　城市性与社会分层

无论在城市还是乡村，人们在资源分配和占有上的不平等现象是普遍存在的，收入、财富、权力、教育是形成社会分层最主要的资源，也是广泛地运用于社会分层研究的最基本的指标。但是，城市作为一个生活共同体，具有城市社会学家称之为“城市性”的特质，包括高度聚集的人口、复杂的劳动分工、异质性社会和空间的社会性。这些特质是形成城市社会中人与人、人与群体、群体与群体之间关系的基础，必然也会影响到城市社会不平等和社会分层，成为城市社会分层研究关注的问题。

一、城市人口聚集与社会分层

城市在工商业发展中的中心地位使其对人口产生了巨大的虹吸效应，相对于乡村，城市最基本也最直观的特征就是人多、密度高。城市人口集聚使城市阶级和阶层分化现象更为凸显。阶级和阶层分化建立在生产关系与社会关系的基础上，但是阶级和阶层作为一种社会群体的存在并具备行动能力，是以一定数量的成员为条件的。城市社会学认为，人口规模是产生群体分化的“关键数量”，即只有在某一特征的人口达到一定数量时，才会形成“群”，才有可能产生群体互动并形成群体意识、群体规范、群体行动。关于这一点，恩格斯在分析资本主义城市人口集中与工人阶级的关系时作过精彩的论述。恩格斯认为，

① 秦广强：《社会分层研究：客观与主观的双重维度》，《理论导刊》2016年第9期，第35—38页。

人口的集中“以更快的速度促进了工人的发展。工人们开始感到自己是一个整体，是一个阶级……大城市是工人运动的发源地”。“如果没有大城市，没有大城市推动社会智慧的发展，工人决不会进步到现在的水平。”①恩格斯的这一论述为我们认识城市人口集聚与社会分层的关系提供了指引。

首先，人口集聚在数量上促进了某一阶级或阶层的人数增长，这会使该阶级或阶层的成员感知到作为整体的阶级或阶层的存在。

其次，只有当某一阶级或阶层的成员形成集聚，他们才可能从共同的经济社会生活体验中形成阶级意识或者阶层意识。在马克思看来，没有工人阶级在生产空间的高密度集聚和在社区生活空间的高密度集聚，就不可能认识到自己的阶级境遇，因而也难以形成阶级意识。

最后，只有当某一阶级或阶层的成员形成集聚，只有通过集聚形成阶级或阶层意识时，阶级或阶层才可能产生行动能力，包括形成自己的规范，建立自己的文化，提出自己的目标，对既有社会结构的秩序施以自己的影响。

城市人口聚集与社会分层的关系意味着城市人口集聚的规模不同，其社会分层结构可能存在差别。人口规模越大的城市，社会的群体分化程度可能越高，社会分层结构可能越复杂。

二、城市劳动分工与社会分层

城市是一个国家或地区经济发展的引擎，也是政治和文化发展中心，因而城市的劳动分工十分发达。在涂尔干看来，正是由于劳动分工的发达程度不同，才带来乡村社会的机械团结与城市社会的有机团结的差别。城市发达的劳动分工意味着城市有着高度的职业分化，职业种类更为复杂多样。职业分化代表着人们在劳动过程中的位置不同，从职业劳动中所获得的利益和社会评价不同，在当代城市，职业是绝大多数人赚取收入、获得权力、赢得社会声望的最主要渠道。因此，职业是城市资源分配和占有最主要的机制，职业社会分层是城市社会分层研究最重要的内容。职业在城市社会分层研究中的重要性还因为职业在形塑城市居民的道德观念、价值观念、政治取向和生活方式等方面也有重要的影响。

林德夫妇是最早开展城市职业社会分层研究的学者之一，他们在 1929 年完

① 《马克思恩格斯文集》第 1 卷，人民出版社 2009 年版，第 435—436 页。

成的《中镇》一书中将镇上包括艺术家、会计师、银行职员、书店职员、装卸工、染匠、电工、电气工程师、昆虫学家、排字工、机械师、装配工等约400种职业的“中镇”居民划分为两个阶级：一个阶级是“生产阶级”，从事以“物”为对象的谋生活动，他们使用物质工具来制造产品和提供服务；另一个阶级是“经营阶级”，从事以“人”为对象的谋生活动，他们销售或推广产品、服务和出主意，提供多种非物质的、制度的活动。①

沃纳对美国新英格兰地区的“扬基城”开展的社会分层研究是非常经典的职业社会分层研究，他提出了六阶层的社会分层模式。②

（1）上层群体：分上上层和下上层。上上层大约占小镇总人口的1.4%，主要由大商人、金融家等组成，在社区中有很高声望；下上层大约占小镇总人口的1.6%，多是一些新兴产业的业主，比如制鞋业、纺织业、银器业等的业主。

（2）中层群体：分上中层和下中层。上中层由中等企业所有者、商业所有者、财产所有者和专业技术人员等构成，大约占小镇总人口的10%；下中层由职员、其他白领工人、小零售商、技术工人以及神职人员等构成，大约占小镇总人口的28%。

（3）下层群体：分上下层和下下层。上下层由从事体力劳动的半技术或无技术工人构成，他们约占小镇总人口的34%，是人数最多的一个阶层；下下层是由无固定收入、失业者构成，约占小镇总人口的25%。

三、城市集体消费品与社会分层

一个社会的维持和延续，必须保障社会中的人能够获得满足生存和发展基本需求的消费品，实现劳动力的生产和再生产。城市社会学家卡斯特尔把实现劳动力生产和再生产必不可少的消费品称为劳动力再生产的必要消费品，如交通工具就是城市居民生产生活的必要消费品。在市场经济体制下，必要消费品可以通过市场获得并为私人占有，这类消费品叫作私人消费品，具有排他性、竞争性。但是城市社会人口的高度异质性决定了并非所有人都有能力通过市场来获得满足自身劳动力生产和再生产的私人消费品。为了保障城市社会经济体

---

① ［美］罗伯·S. 林德、海伦·梅里尔·林德：《米德尔敦：当代美国文化研究》，盛学文、马春华、李筱鹏译，商务印书馆1999年版，第29—30页。

② 李强：《社会分层十讲》，社会科学文献出版社2008年版，第158—159页。

系的运行、秩序和发展，政府不得不出面对这些无法通过市场充分满足，但又是劳动力生产和再生产必不可少的消费品进行组织和供给，如政府需要提供公共交通。卡斯特尔将这些由政府组织和供给的必要消费品称为“集体消费品”。显然，相对于农村，城市社会大规模高密度的人口，多样化和高度聚集的产业，复杂的社会分化和阶级阶层结构、职住分离的生活方式等特征使其对集体消费品有更多更高的需求：城市教育、城市公共医疗、城市公共交通、城市公共安全、城市保障性住房、城市公共休闲场所等。集体消费品的内涵不是恒定的，会随着社会发展而不断发展。例如，在生产力发展水平不高的历史阶段，劳动力再生产必不可少的消费品主要是满足人的基本物质需求。但随着生产力水平提高，人的非物质性需求日益成为劳动力再生产必不可少的消费品。例如，精神健康在现代社会已经成为人的基本需求，所以公园、绿地、休闲设施、文化娱乐场所成为实现现代人的精神健康、身心全面发展不可缺少的集体消费品。显然，集体消费品具有公共产品的性质，不能为私人独自占有，其效用是不可分的，受益是非排他的，消费是非竞争的。集体消费品的性质和特征决定了集体消费品的生产往往是非营利性的。如在现代社会，一个人没有一定的文化知识很难被劳动力市场接受，教育成为人的必要消费品。但是，资本对利润的追求决定了市场无法满足所有人的教育需求，因此教育成为政府供给的集体消费品。

集体消费品的出现和不断增加，使人与人之间的资源占有差别日益受到两种资源分配机制的影响：一种是市场主导的分配机制；另一种是政府主导的分配机制。社会分层不仅体现在市场主导的资源分配差别上，还体现在政府主导的集体消费品分配差别上。随着社会经济发展水平的提高和国家在福利供给中作用的加大，集体消费品资源占有差别越来越受到城市社会学的关注，成为社会不平等和社会分层研究的重要内容，研究视角主要体现在以下两个方面。

第一个方面是集体消费品在城市不同人群中的分配。作为人的生存和发展的必要消费品，集体消费品的分配遵循的是均等化原则。但是集体消费品资源并非无限供给，集体消费品的质量也非完全均等，在资源有限的情况下，哪些人或群体能优先获得？在集体消费品质量不均等的情况下，哪些人或群体能优先获得优质的资源？如在我国的一些城市中，谁能够有保障地获得义务教育？谁能够优先获得重点学校的义务教育？集体消费品的生产和供给与城市的福利制度紧密相关，因此对集体消费品在不同人群中的分配和占有的研究本质上是对城市公共资源分配的社会不平等和社会分层研究。

第二个方面是集体消费品分配与市场分配的关系。无论是市场主导的资源分配还是政府主导的资源分配，都会产生资源分配的差别，社会分层受到这两种机制的影响。如果这两种差别在同一维度上重叠起来，如市场竞争中的高收入群体同时又是教育、医疗等集体消费品的优先获得群体，甚至是集体消费品占有比例最大的群体，就会产生社会差别的叠加效应，扩大社会层级之间的距离。但如果集体消费品分配遵循均等化的公平原则，给每个人提供同等的集体消费品，或者遵循公正原则向市场弱势群体差异性地倾斜，给这些群体提供更多的集体消费品，那就有可能抑制，甚至缩小市场分配带来的城市社会不平等。

四、空间社会性与社会分层

空间是一种资源，其价值不仅体现在与空间紧密联系的土地价值上，还体现在空间里的人群、活动、建筑和设施上。空间的资源价值不仅仅是物的价值，还有社会性的符号价值。居住在高档社区意味着某种身份和地位，居住在城中村则可能意味着奋斗尚未成功。空间的资源价值不仅是由它自身的空间构成要素决定的，还与其在一个空间系统中的区位相关，发达的交通、优质的环境、便利的服务等区位优势，可为处在这一区位空间上的人群带来良好的外部效应，增加空间资源的价值。例如，居住在交通枢纽区位上的居民能更便利地出行和更快捷地获得服务；居住在城市花园或湖泊旁边的居民不仅拥有更优质的环境和空气，住宅的市场价值也可以提升。相反，居住在城市边缘地带的居民，出行需要花更多的时间和交通费用，难以获得优质和方便的服务；居住在工厂旁边的居民，不仅可能受到工厂带来的空气污染的影响，住宅的市场价值也可能会降低。因此，空间作为一种资源，同样存在分配和占有的不平等与社会分层。一般来讲，社区分层、服务资源空间配置和空间再生产是城市社会学关注的问题。

（一）社区分层

社区是在一定地域关系基础上形成的社会生活共同体，社区分层是指经济社会资源在空间不平衡分配、流动、组合所带来的不同社区之间的差异。不同社区呈现出来的差异可以体现在区位优势、住宅和环境质量、居民经济水平、教育构成、消费方式等多个方面。恩格斯就对曼彻斯特城市中不同阶级在居住空间上的差异作过精彩的分析。在他的笔下，围绕着城市商业中心的是一个平均宽度一英里半（1 英里约合 1.6 公里）的带状工人住宅区，人口高度密集，街道乱七八糟，卫生条件恶劣，房子摇摇欲坠，工人阶级苦苦求生。在工人住宅区之外，靠的较近的是有着整齐街道的中产阶级居住区。再远一些、地势再高一些的是上层阶级的别墅，他们生活在花园环绕、华丽舒适的住宅里，享受着对健康有益的乡村空气，而且有便利的公共马车将别墅区与城市中心连接起来。① 社区分层会阻碍社区居民之间的交流，甚至导致居住的空间隔离。

有美国学者将北美国家的社区划分为六个层次。

1. 上层阶层城市社区

他们住在最时尚的社区，诸如旧金山的诺布山、旧金山的太平洋高地、纽约的上东区、芝加哥的金海岸、波士顿的贝肯山等，住在这里的人们有意地与城市中其他人口隔离开来，有门卫、保安的保护，进出都要检查。②

2. 中产阶级城市社区

大多数中产阶层生活在郊区，但仍有一部分生活在城市中，如芝加哥的洛根广场、西城、内西城和内南城，密而沃基谢尔曼公园附近的德裔美国人社区。

3. 工人阶级城市社区

北美国家城市中的工人阶级社区往往由族群组成的人群构成，有一种独特的地方感，如新泽西纽瓦克东区的爱尔邦德社区、纽约皇后区瑞吉伍德社区、芝加哥西南区的阿克尔高地社区、旧金山的埃克塞尔西粤社区。

4. 混合收入城市社区

这些社区可能是人为干涉的产物，如那些安排贫困人口集中居住的住宅项目，或者有计划的改造和提升社区的规划的产物，但也可能是那些愿意流动的人口动态迁移的、非计划的产物。如加拿大多伦多的圣劳伦斯社区、美国密歇根州西南部的大急流域。

5. 低收入城市社区

这些社区往往位于城市最老旧的区域。如芝加哥的盖奇公园社区、洛杉矶

---

① ［美］艾拉·卡茨纳尔逊：《马克思主义与城市》，王爱松译，江苏教育出版社 2013 年版，第 146 页。

② ［美］约翰·J. 马休尼斯、文森特·N. 帕里罗：《城市社会学：城市与城市生活》，姚伟、王佳等译，中国人民大学出版社 2016 年版，第 234 页。

的皮可-联盟社区。

6. 无家可归者社区

他们或者睡在公园里的长椅上，或者站在贫民区街道的进出口向匆匆而过的路人乞讨。

（二）公共服务资源空间配置

城市公共服务是指通过政府权力介入或公共资源投入，为公民及其组织提供从事生产、生活、发展和娱乐等活动所需要的各种服务。公共资源包括基础公共服务，如提供水、电、气、交通与通信基础设施，邮电与气象服务等；经济公共服务，如工商登记管理、科技推广、政策咨询、信贷和税收服务等；公共安全服务，如治安、消防、食品安全、环境安全等服务；社会公共服务，如教育、科学普及、医疗卫生、残障救助等服务。公共服务资源具有空间属性，它们要么通过分布在地理空间内的设施提供，要么通过分布在特定区域内的人员及设备来提供。城市公共服务资源空间配置的公平性是城市社会分层的又一维度。

公共服务资源空间配置的公平性涉及均等性与可达性。均等性要求城市中所有公民、社区以及组织都有权力获得均等的公共服务资源，这一要求可以从公共服务的资源投入、使用过程、产生结果及其影响效应进行衡量和监测，以保证所服务群体的普遍满意。

可达性是指拥有相应服务需求的人或组织通过某种交通或沟通方式从某一给定区位获得公共服务资源的便捷程度以及所需花费的成本。如在城市中，人们的居住和工作在空间上是分离的，连接两地的道路和运行系统是城市居民最需要的公共服务，在这里，可达性涉及获得交通工具的便利性，往返两地的时间、交通的舒适度和所需要的经济开支。由于公共服务资源往往是按空间区域配置的，而不同区域内的同一类公共服务的供给可能存在质量差别，如有些区域有重点学校，有些区域没有重点学校，因此对公共服务资源空间配置不平等的分析还涉及对优质公共服务资源的可达性。

城市公共服务资源配置与居民的生产、生活有着密切的联系，由于城市公共服务资源，尤其是优质公共服务资源具有稀缺性、空间分布不均衡性等特点，因此是影响城市居民的生存质量与生活品质的重要方面。①

---

① 顾鸣东、尹海伟：《公共设施空间可达性与公平性研究概述》，《城市问题》2010 年第 5 期，第 25—28 页。

空间可达性是衡量城市公共服务均等化程度的指标，是空间不平等和社会分层的体现，是空间隔离的表现形式之一。在一些历史上存在种族歧视的国家里，城市公共资源的可达性受阶级阶层地位决定。低等阶层往往无法获得优质的公共资源，不能自由地出入城市公共场所，只能生活在公共资源缺乏的空间。上等阶层则能获得优质的公共资源，自由地出入城市公共场所，生活在公共资源丰富的空间。

无论是居住空间不平等还是公共资源获取可达性的不平等，都是城市空间不平等的表现，是城市社会学的重要研究内容。社会分层地位是导致空间不平等的因素，而空间作为一种资源也在影响甚至改变社会分层地位。缩小城市社会阶层差别就要重视城市空间的平等问题，要考虑如何通过空间配置缩小社会差别，消除社会隔离，最大限度地考虑到如何通过空间配置给社会弱势群体增能。

（三）空间再生产

空间再生产包括两个方面：一个方面是城市扩张带来的空间再生产；另一个方面是城市改造带来的空间再生产。

从空间来理解，城市化发展是一个城市空间被不断再生产出来的扩张过程，在这一过程中，农村用地被转变为城市用地，农民被转变为市民，村庄被消解。新的产业、商业、住宅或公共设施安置于这块土地，空间得以重塑，城市空间得以扩张。同样，城市改造也是一个空间重塑的过程，旧的城区被拆除，新的功能被赋予其间，原有的社区共同体被消解，居民需要在新社区中重建社会关系网络和信任。无论是城市化扩张还是城市旧区改造，都会产生空间再生产带来的成本和收益，这些成本和收益会以某种机制在不同群体间进行分担和分配。

空间再生产的收益和成本首先是经济的收益和成本，但不仅限于经济。比如农民土地征购的收益主要体现在经济收入上，但是农民失地的成本绝不限于经济，还包括进入城市劳动力市场的人力资本再造成本，村庄消解造成的原有社会网络的解组和社会资本的流失。在西方一些城市，贫民区改造的结果往往是原来居住在其中的贫民没有经济能力买回或租住原社区的新屋，不得不迁移到更加边缘、可达性更差的另一贫民区中，而进入新社区的往往是中产阶级或更加富有的人，这一过程被称为城市改造的“绅士化”。城市社会学关注空间再生产过程中的利益相关者的行为互动及其权力关系，关注这一过程产生的经济社会成本、经济社会收益以及社会后果，揭示由此产生的社会不平等和对社会分层的影响。

第三节　城市社会流动

一、社会流动的概念

社会流动指社会上的人或群体的社会地位、社会位置的变动，包含两个方面：一是人们在资源分配和占有上的分层地位变化；二是人们在地理空间位置上的变化。社会分层研究主要关注第一个方面。社会流动与社会分层是完整理解社会结构的既联系紧密又相互区别的两个重要概念。社会分层强调的是已经形成的既定社会结构，从静态的角度分析阶层结构的内容和分化的形态，而社会流动强调的是结构、位置、分层的变化，从动态的过程去理解阶层结构及其变化机制和趋势。

社会流动状况反映了社会中个体或群体的发展机会和分层结构的性质。一般来讲，社会发展机会越多，社会流动越频繁；社会分层结构越开放，社会流动的机会越多。一个缺乏流动的社会往往缺乏活力，阶级阶层之间的隔离较为明显，极易产生纠纷和冲突。相反，一个存在流动的社会，可以让社会成员感到有发展的希望并产生积极的行动，可以促进社会竞争，使社会充满活力。社会分层结构是社会制度的产物，人们在地位和资源占有上的差别不可避免地会导致社会不满、矛盾，一个缺乏流动的社会意味着不满、矛盾是无法在既有制度内舒缓或化解的，因而极易引发激烈的社会冲突，甚至产生对制度变革的要求。但在一个社会流动通畅的社会里，由分层引起的不满和矛盾可以通过在不同阶层之间流动得到释放，开放的分层结构具有对矛盾和冲突的调节能力，可化解制度变革的社会压力。

从不同的研究目的出发，社会流动可以划分为不同类型：

从流动的主体类型出发，社会流动可以分为个体流动和群体流动。个体流动指流动给个体带来了社会地位变化。群体流动则指整个阶级或阶层的社会地位变化，如社会主义革命的成功整体地改变了无产阶级和资产阶级的阶级地位。

从流动方向出发，社会流动可以分为水平流动和垂直流动。水平流动意味着流动并没有带来社会地位的改变；垂直流动则意味着流动带来了社会地位变化。垂直流动又可以分为社会地位的向上流动和社会地位的向下流动。

从流动的比较维度来看，社会流动可以分为代内流动和代际流动。代内流动指通过自我比较看个体生涯中的社会地位变化；代际流动是通过上下代之间的比较看代际发生的社会地位变化。

二、城市社会流动的特征

（一）社会流动的量

社会流动的量指发生社会流动的人员规模。除去因为重大自然灾害或战争等因素影响带来的社会流动，社会流动的量一般受到经济社会发展水平的影响，而城市作为经济社会的发展中心，社会流动的规模和速度都远远高于农村。首先，自工业革命以来，城市就成为生产力发展的引擎，成为各种资源汇聚的中心，生产力发展会创造出更多的社会位置和用以分配的资源，因此城市人从经济社会发展的增量中所获得的社会流动机会更多。其次，城市是经济社会发展的中心，产业更新更快，行业门类更多，可以分配的资源更加多元化，这为城市人带来了更多可以选择的流动机会和空间。最后，随着经济社会发展水平的提高，社会和市场对人们获得社会地位和资源的素质要求也在不断提升，社会地位和资源分配的竞争性更强，城市人处在一个不断地被结构地位吸收或淘汰的过程中，这也大大增加了社会流动的量。另外，社会流动的量会受到社会分层结构的开放程度影响，开放度越高，个体对发展机会的自由选择程度越高，流动会更频繁。不过这不等于说社会流动量越大越好，社会流动量要与经济社会发展需求保持一致。

（二）社会流动的影响因素

社会流动的机制指在一个社会中，影响社会流动的因素是什么，尤其是影响垂直流动的因素是什么。在一个社会中，影响人们社会流动的因素是多种多样的，各种影响因素在社会分层中的作用实际上是社会资源分配的正式制度和非正式制度安排的混合结果。社会学将影响个体社会流动的因素分为先赋性因素与自致性因素。先赋性因素指一个人与生俱来的社会属性，是获得地位和资源的决定因素或主要因素，如性别、出身、血统、种族等。自致性因素指一个人经由后天努力获得的社会属性，是获得地位和资源的决定因素或主要因素，如文化程度、创新能力、业务水平、工作经验等。自致性因素更能体现社会流动的质的合理性，它有助于减少社会不平等，促进社会公平。在真实的社会里，两种影响因素通常会同时存在，共同对人们的社会流动产生影响，不过二者发挥影响的重要程度存在差别。在传统的农业主导的社会、经济、政治制度下，先赋性因素往往会对社会流动起主要作用，包括代内流动与代际流动。一般来讲，在先赋性因素占主导的社会，社会分层结构的开放性不足，垂直流动缺乏，特定的社会地位往往只能由特定社会阶级阶层的成员占有，最典型的是印度历史上曾经有过的种姓制度。自致性因素占据主导地位与市场化、工业化、现代化的制度安排相关。在这种制度下，个人获得社会地位和实现社会流动的机会更多地取决于他自己的能力和努力。与此相应，这个社会的阶级阶层结构和社会地位流动机会结构具有明显的开放性，任何一种社会地位都不具有特定的社会阶级阶层归属，任何有能力的个人都有可能通过自己的努力获得较好的社会地位或更多的资源。

在乡村社会中，农业生产普遍具有家庭经营性质和较低的地理流动性特征，这导致血缘关系和地缘关系在人们的生产生活中扮演了重要角色，先赋性因素在社会流动中具有较为稳定的影响。在城市中，经济发展和产业结构变化较快，给人们提供了相对更多的流动机会；市场化程度较高，职业竞争性强，社会选择更看重人力资本与岗位的匹配性，先赋性在社会流动中的作用下降，自致性机制成为城市最主要的社会分层机制。

（三）社会分层地位的多重性

人的经济社会关系是复杂的，在每种关系中，人们都具有某种地位，比如财富地位、权力地位、社会声望地位等。每个人都是一个多重地位的占有者，不过在不同的社会关系地位上，一个人的资源占有状况并非完全一致。例如，一个人拥有高收入地位并不意味着也有高社会声望地位；一个人在工作单位是领导，但在某个社会组织中可能只是普通一员。在传统的农业社会里，人们的社会分化程度不高，群体归属相对简单，在不同群体中的关系地位有着较高的重合性，表现出对某种社会关系或某个社会群体较高的依赖。例如，在我国传统农村的许多地方，村落是族群聚居形成的，家庭、家族、村落是一个同心圆关系，人的家庭关系、血亲关系、邻里关系、劳动关系等多重关系高度重合，人们在经济、社会、文化各个领域的需求满足高度依赖于血亲关系为基础的群体。由于社会关系相对简单，在村落之外的社会组织参与程度低，因此社会流动的路径不多，获取资源的社会地位相对单一。但在城市社会里，人们的社会生活不再依赖于某一种社会关系和社会群体，多元分化的社会关系决定了人们往往归属于不同的社会群体，人们在不同群体中占有不同的社会地位，这些社会地位的重叠度显著低于乡村社会。城市社会地位的多重性决定了城市社会流动的路径更加多元。多元的社会流动路径实际上大大提升了个体在社会流动中的自主选择空间。

第四节 转型期中国城市社会分层与社会流动

一、中国城市的职业分层与新阶层

改革开放以来，我国逐步实现了从高度集中的计划经济体制向社会主义市场经济体制的转型，伴随着这一转型，社会分层结构也在发生变化。与此同时，社会差别的维度也更加多元。

我国是工人阶级领导的、以工农联盟为基础的人民民主专政的社会主义国家。剥削阶级作为阶级已经消灭，阶级斗争不再是社会的主要矛盾，阶级结构不再是社会主义社会分层的主要结构，阶级分析不再是社会主义社会分层研究的唯一视角和方法。政治、经济、文化等多种社会分层维度被广泛地运用来描述我国的社会分层。在城市社会中，相对于其他社会分层指标，职业具有更加综合的社会分层特征。另外，中国城市社会结构变化的一个重要特征是中间阶层和新社会阶层正在迅速形成和发展中。

（一）职业

1. 职业的产业构成

在改革开放初期，我国职业人口构成中以农民为主体，城市中则以工人占多数，尤其以产业工人占多数。历经40余年的改革开放，我国的经济得到快速发展，城市在经济发展中扮演了决定性的作用，城市的非农职业结构发生了重大变化。首先是不同产业的劳动者规模发生了变化，与第一产业相关的“农林牧副渔水利业”劳动者比例大幅下降，“生产、运输设备操作业”劳动者比例明显下降，第三产业劳动者比例则明显上升。从表4-1可以看到，从2005年到2018年这14年间，“农林牧副渔水利业”的劳动者从23.9%迅速下降到只有7.4%；“生产、运输设备操作”的劳动者从28.3%下降到20.3%，二者合计从超过50%到不足1/3。而包括“单位负责人”“专业技术人员”“办事人员和相关人员”“商业、服务业人员”的第三产业劳动者则从47.3%上升到71.7%。

从表4-1可以看到的另一个引人注目的变化是，由“专业技术人员”和“办事人员和相关人员”构成的“白领”职业人群比例得到较大增长，从20.7%增加到28%，增幅达到35.27%。

表4-1　2005—2018年城镇各职业劳动者比例（%）

职业	2005年	2010年	2015年	2018年
单位负责人	2.9	3.4	3.1	2.6
专业技术人员	12.7	13	17.2	13.2
办事人员和相关人员	8	8.7	15.4	14.8
商业、服务业人员	23.7	28	33	41.1
农林牧副渔水利业生产人员	23.9	15.9	7.5	7.4
生产、运输设备操作人员及有关人员	28.3	30.9	23.3	20.3
其他	0.4	0.2	0.5	0.6

资料来源：2006年、2011年、2016年、2019年的《中国劳动统计年鉴》。

2. 职业单位的所有制构成与“白领”

在计划经济时期，单一公有制决定了我国的阶级阶层结构相对简单，被称为“两阶级一阶层”，即工人阶级、农民阶级、知识分子阶层。城市中主要是工人阶级和知识分子阶层。随着经济体制的改革，多种所有制并存取代了单一的公有制，公有制企业逐步退出竞争性行业，主要存在于与国计民生重要领域紧密相关的行业里，大量的劳动者进入私营单位、混合经济单位、外资单位、个体经济领域等非公有制单位工作，劳动者所在单位的所有制性质发生了巨大变化。

表4-2　城镇不同所有制单位从业人员比例（%）

指标	2000年	2005年	2010年	2015年	2018年
国有单位城镇就业人员	54.06	37.16	27.96	16.89	13.88
城镇集体单位城镇就业人员	10.00	4.64	2.56	1.31	0.84
股份合作单位城镇就业人员	1.03	1.08	0.67	0.25	0.16
联营单位城镇就业人员	0.28	0.26	0.15	0.05	0.03
有限责任公司城镇就业人员	4.58	10.02	11.21	17.38	15.85
股份有限公司城镇就业人员	3.05	4.00	4.39	4.89	4.53
私营企业城镇就业人员	8.46	19.80	26.05	30.42	33.74

续表

指标	2000 年	2005 年	2010 年	2015 年	2018 年
港澳台商投资单位城镇就业人员	2.07	3.19	3.30	3.66	2.79
外商投资单位城镇就业人员	2.22	3.94	4.52	3.93	2.93
个体城镇就业人员	14.25	15.91	19.17	21.22	25.25

资料来源：国家统计局网。2012 年行业采用新的分类标准，与前期不可比。

从表 4-2 可以看到，从 2000 年到 2018 年，国有单位、城镇集体单位、股份合作单位和联营单位就业人员比例总体呈持续下降趋势，从 65.37%降至 14.91%。其他单位就业人员总体呈上升趋势，从 34.63%上升到 85.09%，尤其是私营企业和个体城镇就业人员，分别从 8.46%和 14.25%上升到 33.74%和 25.25%。

3. 职业收入

职业是城市社会获得收入的最主要途径。从职业收入的分布状况（表 4-3）来看，2013 年到 2018 年，全国城镇职工年平均工资从 45 676 元增加到 68 380 元，增长了 22 704 元，增长率为 49.71%。分职业来看，年平均工资增长绝对值由高到低是中层及以上管理人员、专业技术人员、办事人员和有关人员及商业、服务业人员和生产、运输设备操作人员，分别是 37 751 元、33 629 元、17 352 元、15 623 元、15 104 元。从增长率来看，排序由高到低是专业技术人员 53.32%，商业、服务业人员 39.73%，生产、运输设备操作人员 37.72%，办事人员和有关人员 37.39%，中层及以上管理人员 35.16%。低收入职业的增长率略高于高收入职业，但绝对值的差别还在扩大。

表 4-3　2013—2018 年分岗位就业人员年平均工资（元）

年份	全部就业人员	中层及以上管理人员	专业技术人员	办事人员和有关人员	商业、服务业人员	生产、运输设备操作人员及有关人员
2013	45 676	107 374	63 074	46 403	39 322	40 044
2014	49 969	109 760	66 074	47 483	40 669	42 914
2015	53 615	115 474	70 981	50 972	44 277	45 346
2016	57 394	123 926	76 325	54 258	46 742	48 005
2018	68 380	145 125	96 703	63 755	54 945	55 148

资料来源：国家统计局网。

（二）中等收入群体

2002 年，党的十六大报告提出“扩大中等收入者比例”的政策目标。党的十九大报告对扩大中等收入群体提出了更长远的目标：2020—2035 年，在全面建成小康社会的基础上，使中等收入群体比例明显提高，基本实现社会主义现代化。中等收入群体是以收入为分层指标的中间阶层。中等收入群体的大小对于缩小社会差别，促进社会稳定有着极为重要的作用。一般来讲，中等收入群体规模越大，社会结构越呈现出“橄榄型”特征，社会就越趋于稳定。

以国际上划分中等收入群体的标准（以世界银行贫困线为参照系，日人均收入或支出 2 美元以下是贫困人口，2～9 美元是低收入群体，10～100 美元是中等收入群体，100 美元以上是高收入群体），根据中国社会科学院 2008、2011、2013、2015 年连续开展的“中国社会状况综合调查”，对中国 18～69 岁人口的收入状况进行分析，中国中等收入群体的比例大幅度增长。

表 4-4　五年份中国 18～69 岁人口的收入分层（%）

收入群体	全国					城镇	农村	北京、上海、广州
	2001 年	2007 年	2010 年	2012 年	2014 年	2014 年	2014 年	2014 年
低收入群体	37.0	30.9	23.1	21.1	18.4	9.1	30.2	8.2
较低收入群体	54.8	52.6	43.3	40.1	33.3	26.9	41.4	8.5
中低收入群体	7.0	13.2	26.2	30.1	35.2	45.1	22.8	42.3
中间收入群体	0.8	2.3	5.4	6.7	9.8	14.0	4.5	28.1
中高收入群体	0.3	0.8	1.4	1.3	2.6	3.9	0.9	9.4
高收入群体	0.1	0.2	0.6	0.7	0.7	1.0	0.2	3.5
合计	100	100	100	100	100	100	100	100

资料来源：中国社会科学院的“中国社会状况综合调查”（CSS）数据。

如果把该调查中的中低收入群体、中间收入群体、中高收入群体统称为中等收入群体，那么从表 4-4 可以看出，这一群体的规模从 2001 年的 8.1%增长到 2014 年的 47.6%，其中城镇达到 63%。考虑到中国城乡、城镇之间的经济发展差距较大，把 10 美元作为中等收入群体起点标准在一些地区可能偏低，因此取相对较高标准，将表中“中间收入群体”“中高收入群体”作为“中等收入群体”，那么中等收入群体比例在全国从 1.1%提升到 12.4%，其中城镇 2014 年为 17.9%，北京、上海、广州一线城市为 37.5%。

不难看出，我国的中等收入群体正在进入一个快速成长时期，收入社会分层结构正在从“金字塔”结构向“橄榄型”结构转变，这将为社会稳定奠定较好的经济社会基础。

（三）新社会阶层

经济体制改革对社会阶层结构的最重要影响之一是“新社会阶层”的出现。“新社会阶层”指改革开放以来在“两新”组织（新经济组织、新社会组织）从业的人群以及自由职业者。新经济组织指非公有制或非公有控股的经济组织；新社会组织指在党政机关和事业单位之外，在政府民政部门登记的社会组织。新社会阶层包括以下三种人群：

（1）私营企业和外资企业的管理人员和技术人员。

（2）社会组织从业人员（包括律师、会计师、评估师、税务师、专利代理人等以及社团、基金会、民办非企业单位从业人员）。

（3）自由职业人员和新媒体从业人员。

很显然，这些新社会阶层是伴随着经济体制和社会体制改革逐步发展成长的，只要我国的经济社会体制改革仍然持续和深化，这个阶层的规模就会继续扩大。2016 年，全国新社会阶层已经达到 5000 多万人，①表现出一些不同于其他社会阶层的特征。根据上海研究院在北京、上海、广州三地开展的“2016 年特大城市居民生活状况调查”的数据，相对于其他阶层，新社会阶层在平均收入水平、拥有私人房产上明显高于社会平均水平；他们的劳动工作时间更长，参加慈善活动的比例更高；他们比较注重个人利益，对社会组织的参与意愿不高，政治态度较为平和，对外来移民持平等接纳的态度；等等。②

二、中国城市的社会流动

由计划经济体制向中国特色社会主义市场经济体制的转型，不仅促成中国社会阶层结构的明显变化，对中国城市社会流动也产生了巨大影响，转型过程中的经济、政治和社会发展状况直接影响和制约着社会流动状况。转型中的中

---

① 李培林：《我国阶级阶层结构的深刻变化》，《北京日报》2018 年 1 月 29 日。

② 李培林、陈光金、张翼：《2017 年中国社会形势分析与预测》，社会科学文献出版社 2016 年版，第 117—134 页。

国城市社会流动体现出以下结构性特征。

第一是城乡二元结构的破局带来了大量农民进城务工，成为中国产业工人的重要组成部分。在计划体制下，为了保障城市和工业的优先发展，国家实行了极为严格的户籍二元分割体制，农村人口被牢牢地束缚在农村，自主的社会流动极为困难，并在城乡严格实行不同的就业体制、劳动报酬体制和社会保障体制。市场经济要求劳动力的自由流动，家庭联产承包责任制使农村剩余劳动力释放出来，二元分割体制开始打破，大量农民从农村流入城市，成为中国产业工人的重要组成部分和城市居民的重要组成部分。农民从农村向城市的流动，整体上提升了这一流动群体的经济水平，改善了家乡的生活状况，一部分洗脚上田的农民成为农民企业家，成为时代的弄潮儿。

第二是经济结构转型给人们的职业流动创造了更大的空间。在改革开放的初期，城市经济发展主要依靠处在产业链低端的行业和企业，相关职业的社会声望地位相对不高，劳动报酬有限，劳动环境较为艰苦。随着城市经济结构从传统的劳动密集型转向资本密集型，城市产业结构从第二产业为主转向第三产业为主，第三产业中新型的知识生产、科技服务、新媒体等行业和以专业技术人员为主体的职业岗位快速增加，从而为人们的向上流动提供了空间。越来越多的人进入专业技术职业领域，越来越多的传统“蓝领”职业也从体能向技能、智能转变。职业的转变给劳动者在市场机会、职业报酬、职业环境、职业保障上也带来了改善。

第三是自致性机制在社会流动中发挥越来越重要的作用。计划经济体制下的城乡户籍制度和“以阶级斗争为纲”的路线，曾经使先赋性机制在社会流动中扮演了重要角色。在农村，户籍不仅阻隔了成年人的社会流动，也阻隔了后代的社会流动，一代为农，代代为农。另外无论城乡，“成分”成为影响社会分层地位最核心的因素，一个人一旦被划为“地富反坏右”，不仅自己会失去向上流动的机会，而且后代也会失去大量的社会流动机会，自致性机制的作用发挥空间十分有限。改革开放初步打破了户籍制度的分隔，彻底取消了“成分”这一先赋性因素对人们进入职业市场和向上流动的影响，个体的自致性因素在社会流动中发挥越来越大的作用，这一点突出体现在教育资源的获取上。改革开放取消了以“成分”论资格的大学教育制度，高考制度的恢复为所有人提供了公平的教育资源获取机会。而快速发展的中国高等教育让越来越多的人凭借自己的努力进入大学。1978 年的 77、78 级两届大学生的人数才近 70 万，但到了 2018 年，这一数据达到 790.99 万。教育是现代社会职业竞争中最重要的人力资本，教育资源的增长为越来越多的人提供了向上流动的人力资本。

第四是随着城市“单位制”的解体，个体与“单位”之间的关系日益契约化，“单位”对个体的行政控制能力大大减弱，加上《劳动法》对劳动者自由择业的权利保护，个体的流动自主性大大增强。传统的体制性因素在社会流动中的“藩篱”逐步被拆除，个体的教育、能力、经验等自致性因素在市场竞争中显示出更大的作用，由此极大地增强了社会流动的活力，提升了社会流动的公平性。

总之，中国城市社会流动无论在量还是在质上都得到了发展，但是不同所有制单位之间的治理结构不同，势必会影响人的社会流动；中国社会的“差序格局”文化传统也会对社会流动机制产生影响；虽然“成分”在社会流动中的影响基本消除，但是家庭资本仍然在社会流动中发挥着作用，上一辈人的经济资源、文化资源、政治资源和社会网络资源会在一定程度上传递给子辈，使其获得某些先赋性优势。

三、走向公平和开放的社会

党的十八大报告指出，公平正义是中国特色社会主义的内在要求，如何缩小社会分层差别，大力促进社会层级地位之间的开放流动，是进一步深化改革开放的要求。要实现这一目标，就必须注重以下方面的发展。

（一）做大“蛋糕”是实现公平正义的基础

改革开放极大地增加了社会各种资源的总量，“蛋糕”越来越大。但是社会上也出现了诸多方面的资源分配不平等现象，有些方面的不平等还在扩大。如何处理这一关系，是社会主义初级阶段面临的重大问题，习近平指出，“社会上有一些人说，目前贫富差距是主要矛盾，因此‘分好蛋糕比做大蛋糕更重要’，主张分配优先于发展。这种说法不符合党对社会主义初级阶段和我国社会主要矛盾的判断”。因为，“没有经济发展，分配就是无源之水、无本之木”①。中国仍然是一个发展中国家，发展极不平衡，城市之间的差别很大，只有在继续做大“蛋糕”的基础上才可能在已经实现的发展平台上向前走，为保障公平正义奠定更加坚实的物质基础。做大“蛋糕”不仅仅是做大经济资源的

---

① 习近平：《在中央财经领导小组第十三次会议上的讲话》，《习近平关于社会主义社会建设论述摘编》，中央文献出版社 2017 年版，第 41 页。

“蛋糕”，还要做大社会资源的“蛋糕”、政治资源的“蛋糕”、文化资源的“蛋糕”，为人们提供更多的社会发展空间、更多的政治参与机会、更多的文化教育发展渠道。

（二）分好“蛋糕”才能实现共享发展

“让广大人民群众共享改革开放的成果是社会主义的本质要求，是社会主义制度优越性的集中体现，是我们党坚持全心全意为人民服务根本宗旨的重要体现。”①共享发展是全面的，即共享改革开放带来的经济、政治、文化、社会、生态各个方面的成果，要在各个方面缩小社会差别，努力做到“让每个人获得发展自我和奉献社会的机会，共同享有人生出彩的机会，共同享有梦想成真的机会，保证人民平等参与、平等发展的权利”②。而要实现共享，在现阶段就“必须逐步减少低收入群体比重、扩大中等收入群体比重，必须坚持先富帮后富”③。同时要加大公共资源的投入，尤其在关乎民生的教育、就业、医疗、住房、社会保障、贫困救助等领域加大公共资源投入，大力发挥公共资源在消除社会不平等、缩小社会差别上的作用。

（三）建立实现公平正义的保障机制

消除社会不平等，缩小社会差别，实现公平正义是一个伟大的发展目标，不同阶层的人对实现这一目标的利益诉求会不尽相同，要解决现实社会中有违公平正义的问题，要化解不同阶层在利益诉求上的差别和矛盾，首先就需要我们的改革和转型必须以“以人民为中心”，从最广大人民群众的利益出发，对涉及资源分配的体制机制和政策规定进行认真审视，“加紧建设对保障社会公平正义具有重大作用的制度，逐步建立以权利公平、机会公平、规则公平为主要内容的社会公平保障体系”④。其次要大力发展社会主义协商民主制度，多层次、多形式地开展民主协商，为所有社会阶层提供表达利益诉求、参与社会经济发展决策的平等机会。最后要进一步改革开放，消除导致不公平社会流

① 习近平：《以新的发展理念引领发展，夺取全面建成小康社会决胜阶段的伟大胜利》，《习近平关于社会主义社会建设论述摘编》，中央文献出版社 2017 年版，第 35—36 页。

② 习近平：《在中法建交五十周年纪念大会上的讲话》，《习近平关于社会主义社会建设论述摘编》，中央文献出版社 2017 年版，第 32 页。

③ 习近平：《在中央财经领导小组第十三次会议上的讲话》，《习近平关于社会主义社会建设论述摘编》，中央文献出版社 2017 年版，第 41 页。

④ 习近平：《切实把思想统一到党的十八届三中全会精神上来》，《习近平关于社会主义社会建设论述摘编》，中央文献出版社 2017 年版，第 27 页。

动的因素，发挥自致性机制在社会流动中的作用，激发社会的活力和创造力。

思考题：

1. 什么是社会分层和社会流动？
2. 马克思主义的阶级阶层观点是什么？
3. 城市社会分层的特征是什么？
4. 如何建设一个更加公平正义的城市社会？

▶ 思考题要点

第五章　城市社会组织

政府、市场与社会是构成现代国家的三个重要部分，三个部分功能有别，相互联系、相互影响，形成一个有机体系，国家治理能力建设与三个部分的协调关系密不可分。社会组织是社会部分的行动单元，一个社会的社会组织发展水平是社会发育水平和三大部分能否协调发展的重要标志，城市社会治理有赖于城市社会组织的协同。

第一节　社会组织概说

一、社会组织的定义

社会组织是社会群体的一种特殊形式，是人们为了实现特定目标，有意识地结合而成的正式社会群体。社会组织有广义和狭义之分。广义的社会组织包括政府组织、企业组织和社会组织；狭义的社会组织主要指非营利部门的组织。本章将在狭义社会组织含义基础上展开讨论。在学术领域，社会组织与非政府组织、非营利组织、第三部门等概念经常互通使用，彼此没有原则性差别。在国外，普遍使用的概念是非政府组织、非营利组织、第三部门。在国内，相当长一段时期里使用的概念是民间组织，2004 年，党的十六届四中全会报告首次用“社会组织”取代了“民间组织”，并被学界和社会接受。2016 年，民政部民间组织管理局正式更名为社会组织管理局。这意味着社会组织与民间组织的含义是一致的，特指“那些处于国家（政府）和市场（企业）体系之间，不以营利为目的，自愿而独立地从事互助或公益事业的民间组织”①。社会组织一般不包括家族、宗教组织、政党组织。

在中国，国务院批准免于登记的中华全国总工会、中国共产主义青年团、中华全国妇女联合会、中国科学技术协会、中华全国归国华侨联合会、中华全国台湾同胞联谊会、中华全国青年联合会、中华全国工商业联合会、八大人民团体、中国残疾人联合会、中国文学艺术界联合会、中国作家协会、中国法学

---

① 王傅、刘忠主编：《社会组织基本知识》，广东人民出版社 2017 年版，第 3 页。

会、中国人民对外友好协会、中华全国新闻工作者协会、中国国际贸易促进委员会、中国红十字会、中国人民外交学会、中国宋庆龄基金会、黄埔军校同学会、欧美同学会、中国职工思想政治工作研究会、中华职业教育社，以及许多公办的事业单位也是社会领域的重要组织行动者，同样具有非营利特征，但是由于它们具有鲜明的政府特征和行政性质，通常不包含在社会组织概念范畴。尽管非政府组织、非营利组织与社会组织、民间组织还是存在一些非原则差别，但为了表述的方便，本章统一使用“社会组织”概念，除非有特别说明的地方。

二、社会组织的特征

社会组织形式多样，功能多元，组织结构有别。一般来讲，它们具有以下共同特征。

（一）非政府性

非政府性是社会组织与政府组织相区别的重要特征之一。虽然社会组织与政府组织都具有公共部门的性质，但社会组织不是政府自上而下的派出机构，也不隶属于政府某个部门。社会组织是由社会中具有相同志趣和理想，具有共同利益或价值观的人自愿组成，追求互益或公益的组织。在现代社会，社会组织大多具有独立的法人资格，这意味着社会组织的成立或解散不能由政府行政命令决定。虽然政府可以通过各种方式与社会组织互动，对社会组织的发展产生影响，但是社会组织在人事任命、组织运行和经费使用上具有高度的独立性，是依法开展活动的自治体。

（二）非营利性

非营利性是社会组织与市场组织相区别的重要特征之一。非营利性首先是指社会组织不以营利为目标，而是以实现公共利益为目标。当然这并不是说社会组织不可以从事有收入的营利活动，而是说社会组织不能将其活动产生的盈利收入作为利润在组织成员中进行分配或在组织发起人中进行分红。社会组织只可以将其盈利收入继续投入组织活动或组织的可持续发展中，社会组织在运作中形成的资产积累不能成为发起人的个人资产，而是社会组织的公共资产。如果某社会组织被解散，其剩余资产只能转交给其他社会组织或公共部门。正是因为这种非营利性，世界各国对社会组织的政策和对企业的政策有很大的不同，政府不但为社会组织提供减免税收待遇，还提供资金扶持或购买服务。

（三）自主性

自主性是社会组织作为独立承担法律责任的自治主体的重要特征。社会组织拥有独立的法人资格，依靠独立的理事会、监事会、秘书处等完整的治理结构进行自我管理。凭借这种自主性，社会组织拥有独立的人事任免权、组织决策权、财政自主权。社会组织自主性是政府部门、市场部门之外的社会部门相对独立的根本特征，没有社会组织的自主性就没有社会部门的相对独立性。

（四）志愿性

志愿精神是社会组织的文化灵魂。社会组织的志愿性主要体现为组织志愿性、活动志愿性和服务志愿性。组织志愿性指社会组织是基于其成员的共同利益、共同志趣、共同价值观或共同信仰自愿组织起来的，组织成员可以自愿加入，也可以自愿退出，对进入或退出不设任何违反个人意愿的强制性规定。组织的志愿性尤其体现为社会组织发起人和作为领导层的理事会理事均是志愿者身份，他们不从社会组织内获取固定的工资性收入。活动的志愿性指社会组织开展的活动是开放的，社会组织会鼓励广大市民积极参与各类志愿活动。服务的志愿性则指社会组织提供服务的根本动力不是来自公权力，不追求任何物质性回报，而是基于参与公共事务的志愿精神。

（五）公共性

公共性是社会组织区别于私人和家庭的本质特征。社会组织是以实现公共利益或者公共价值为目标的团体，它们的愿景、目标和策略都是围绕着如何实现公益目标来建立的，向社会提供公共产品和社会服务是它们实现价值追求和组织愿景的方式，公共性是社会组织获得社会合法性的基础。社会组织可以为政府、企事业单位、各社会利益集团和市民个人提供诸如慈善救济、信息技术、政策咨询、培训教学等各种社会服务，也可以在政府与社会、政府与企业、企业与企业、地区与地区，以及市民个人之间架起沟通的桥梁，还可以协调各行业之间、各利益群体之间的关系，减少纠纷，化解对抗。

三、社会组织的分类

在现代社会里，社会组织活跃在社会生活的各个领域，组织类别丰富多样，分类的维度也不尽相同，主要有：

（一）社会组织主要活动领域分类

“非营利组织国际分类体系”是国际上具有广泛影响力的分类，分类的根据是非营利组织的活动领域，共分为12个大类，包括文化与娱乐类，教育和研究类，卫生和保健类，社会服务类，环境类，发展与住宅类，法律、倡导和政治类，慈善中介和志愿促进类，国际类，宗教类，商业和专业协会工会类，其他组织类。12个大类下再细分为27个小类。①

（二）社会组织活动性质分类

社会组织活动性质是指社会组织活动追求的目标或所提供的公共产品性质。

（1）社会服务类：这类社会组织主要针对社会中存在的各种困难群体或边缘群体提供公益性服务，如养老抚幼、扶贫济困、救灾救助、助学助残等。

（2）志趣类：这类社会组织主要是基于组织成员对文化、艺术、体育、信仰、学术等共同兴趣或共同爱好建立的，活动目标可以是满足组织成员自身的要求，也可以是推动社会上更多的人认同这一志趣，参与志趣性活动。

（3）治理类：这类社会组织活跃于政治或政府事务，追求组织在政治事务中的诉求表达，扩大组织的政治机会空间；或者参与政府、社区的公共事务治理。

（4）政策倡导类：这类社会组织主要针对社会弱势群体、社会发展面临的安全、环境、健康、文化遗产保护等公共问题提出观点、发起倡议，旨在动员人们增加认识或者推动政策的制定或改变。

（5）行业职业类：这类社会组织通常由同一行业或同一职业人群组成，其活动主要围绕形成共同规范、提升同业素质、维护共同利益来开展。

（三）社会组织服务边界分类

社会组织是为了满足人们的社会需求，提供公共产品和社会服务的一种组织方式，如果以服务的组织边界来划分，那么社会组织可以分为互益性社会组织和公益性社会组织。

（1）互益性社会组织：指那些以组织成员为服务对象，以实现组织成员共同利益为主要目标的社会组织，如各种行业协会、商会、职业团体等。

（2）公益性社会组织：指那些以社会大众为服务对象，以实现社会公共利益为主要目标的社会组织，如各种以社会弱势群体为服务对象的社会工作机

---

① ［美］莱斯特·M. 萨拉蒙等：《全球公民社会——非营利部门视界》，贾西津、魏玉等译，社会科学文献出版社2002年版，第502—509页。

构、环境保护组织、野生动物保护组织和慈善基金会等。

（四）社会组织按政府登记管理办法分类

每个国家或地区都会根据自身的需要制定相应的社会组织登记管理办法，组织分类是实现登记管理的必要内容。①

1. 美国

美国根据“国家免税组织分类标准”，将非政府组织按照活动内容分为教育、健康、精神保健、疾病援助、医学研究、犯罪与法律、就业、食品与营养、住房与收容、公共安全与灾害预防、休闲与运动、青少年发展、人力资源服务、文化艺术、环境保护、动物保护、国际问题、民权促进、社区改造、慈善事业、自然科学研究、人文科学研究、宗教服务、互益服务、其他公益活动这 25 大类。

2. 日本

日本根据其税收规制将法人分为公益法人、特别法人、NPO 法人、中间法人和普通法人五大类，前三类原则上享受免税，属于非营利性组织。公益法人包括社团法人、财团法人；特别法人包括社会福利法人、医疗法人、学校法人、宗教法人、职业培训法人、更生保护法人；NPO 法人指特定非营利活动法人。

3. 中国

中国的社会组织登记管理途径有两种。一种是在政府民政部门登记管理，这是最主要的社会组织登记管理途径。社会组织的登记管理分类有基金会、社会团体（简称“社团”）和民办非企业单位三大类。另一种是在街道办事处或乡镇人民政府申请备案，统称为社区社会组织。基金会指利用自然人、法人或者其他组织捐赠的财产，以从事公益事业为目的的社会组织，分为公募基金和非公募基金；社会团体指公民自愿组成，为实现会员共同意愿的非营利性社会组织，包括协会、学会、研究会、促进会、联合会、联谊会、商会、校友会等；民办非企业单位指企业事业单位、社会团体和其他社会力量以及公民个人利用非国有资产举办的，从事非营利性社会服务活动的社会组织，如民办的学校、医院、养老院、图书馆、美术馆、研究所等。民办非企业单位分布在社会各行各业中，其主流分

---

① 程玥、马庆钰：《关于非政府组织分类方法的分析》，《政治学研究》2008 年第 3 期，第 90—98 页。

布在教育事业、卫生事业、文化事业、科技事业、体育事业、劳动事业、民政事业、社会中介服务业、法律服务业等；社区社会组织指由社区组织或个人在社区（镇、街道）范围内单独或联合举办的、在社区范围内开展活动的、满足社区居民不同需求的民间自发组织。

根据中国香港地区《社会福利服务总览》，中国香港地区的公共及非政府服务机构分为9大类，它们是社区发展、家庭及儿童服务、康复服务、安老服务、过犯及释囚服务、学龄儿童及青年服务、长期病患者服务、其他对象服务、辅导服务。

改革开放以来，我国的社会组织得到较快发展。截至2018年年底，全国共有在民政部门登记注册的社会组织81.6万个，其中社会团体36.6万个，民办非企业单位44.3万个，基金会0.7万个，在街道（乡镇）和社区备案管理的社区社会组织32.7万个。

第二节　城市与社会组织发展

一、城市与社会组织

人需要通过"组织"来实现自身的社会需求，从这个意义讲，社会组织由来已久，不过城市在社会组织的发展中起到了更为突出的作用，而且传统社会满足人们社会需求的组织形式与现代社会的社会组织有着质的区别。

在欧洲，封建社会是建立在庄园经济基础上的，庄园内的耕地分领主自营地和农奴（依附农）的份地。领主将土地出租给农奴，农奴在领主自用地上无偿劳动，担负劳役，还以实物地租的方式将份地上的产品缴纳给庄园主。庄园除了有领主的住宅外，还有农奴的居住区、教堂、仓库、磨坊、油坊、铁工房和烤面包房。庄园是领主的"王国"，庄园的生产主要是为领主及其家人等提供生活资料，同时也为生产者及其家属提供生活必需品。农奴生老病死都在庄园，对庄园具有高度的人身依附。庄园既是一个自给自足的经济单位，也是一个满足各种社会需求的社会单位。

中国的封建社会是地主所有制占主导，以小农经济为基本生产结构，以聚族而居的村落为基本社会单位的自给自足社会。地主阶级通过向无地和少地的农户出租土地来收取地租，不过农民与地主之间并不具有人身依附关系。在这个社会里，家庭是人们从事生产和消费的基本单位，也是财产占有和分配单位，家庭内实行家长制，除了年长的家长，其他家庭成员没有自主的权利。在大多数农村，村庄是族群聚居的产物，家族成为满足人们的社会需求、维系乡村整合的基本社会单位，家庭服从于族权。因此，家庭和家族既是自给自足的生产单位，也是自给自足的社会单位。虽然中国封建社会没有欧洲庄园经济下农民对领主的人身依附，但却存在着个体对家庭和家族的人身依附。

总之，传统农村的自给自足性和人身依附性决定了人们主要通过具有自然关系特征的血缘关系或农耕社会聚族而居的地缘关系组织起来，满足自身的各种需求，并通过情感、道德、伦理等非正式规范维系组织。在此之外的独立的社会组织未能充分分化和成长，人们缺少自主、理性的选择空间和权利。

城市的出现和非农产业的发展将人们从土地的束缚中释放出来，人们开始离开农村流向城市，维系乡土社会的血缘关系或地缘关系这类具有自然关系属性的社会纽带日益松懈，城市人无法仅仅依靠血缘关系或地缘关系来满足自己在城市生活中的各种需求，建立在这些关系基础上的组织形式也无法成为人们在城市中生存和发展的最主要的社会组织形式。传统农村以封建土地关系为基础的人身依附性消失了，人们获得了自由，成为独立的个体，各种基于共同利益、共同志趣、共同价值形成的非自然关系成为人们组织起来的社会纽带，社会组织逐步发展成为基于独立个体之间的理性认知和契约关系，以及由法律、制度等正式规范加以约束的现代社会组织。而现代国家对公民结社权的普遍承认和落实为社会组织的发展提供了法制基础，这也是现代社会组织与传统社会组织的重要区别之一。尽管不能说社会组织完全起源于城市，但社会组织的繁荣无疑是与城市联系在一起的，与城市化、工业化、全球化紧密相连。当然，不同地区或国家的历史不同，社会组织的发展也呈现出差异性。

二、西方社会组织发展

从4世纪开始，欧洲处在一个动荡不安的时期，日耳曼等外族的不断入侵导致贸易减少，货币流动减少，城市衰退，欧洲进入一个以领主土地所有制为基础的封建庄园经济主导时期，庄园既是一个自给自足的经济组织，也是一个满足各种社会需求的社会组织。欧洲社会组织的缘起是与欧洲城市的出现联系在一起的。

从11世纪开始，欧洲的商贸和手工业开始兴盛，到了13世纪，城市在商贸和手工业活动及其生产者聚集的地方开始形成，不过这一时期的城市是在封建主的领地上或包围中生长起来的。为了保障商贸活动和手工业生产的利益，摆脱封建领主的压制，城市居民与封建领主展开了抗争，最终通过与封建领主之间签订的宪章或条约获得了自治。城市一方面从封建领主那里获得了自治，另一方面在自身的管理上实行自治。摆脱了对封建领主人身依附的市民组织起各种各样的手工业行业公会和商人公会等自治性组织，并通过这些自治组织保护和实现自身的利益，参与城市公共事务管理。从一定意义上讲，这一时期的城市是作为封建制度的对立物存在的，这一时期的市民逐步发展为后来新兴的资产阶级，这一时期的自治组织成为后来资本主义社会的社会组织雏形，这一时期城市的市民社会特质被带入后来的资本主义社会。

西方社会组织的发展是与资本主义发展同步的。① 从 14 世纪开始，西方资本主义进入萌芽阶段，17—18 世纪资本主义得以确立。在这一过程中，新兴资产阶级通过建立各种社团、俱乐部和沙龙开展资本主义启蒙，宣传资本主义意识形态。资本主义大工业的发展彻底摧毁了封建经济制度，极大地促进了生产力的发展，新兴行业不断涌现，各种各样的行业组织得到了迅速发展。资本主义发展也带来了种种社会问题，劳动环境恶劣、劳动安全缺乏、劳动收入低下、贫困、犯罪、住宅短缺等，由此引发了工人阶级的抗争和社会失序，这迫使资产阶级政府作出缓解社会矛盾的努力。例如，英国在 17 世纪颁布了《慈善法》和《济贫法》，19 世纪废除了《禁止结社法》，各种社会法的制定为社会组织的发展提供了制度空间，围绕着劳动者权利和慈善救助的社会组织首先发展起来，如伦敦工人协会和美国的废奴协会。20 世纪以来，资本主义体系完全建立并成熟，资本主义社会的阶级矛盾也更为尖锐，一些致力于社会变革、社会改造的社会组织纷纷建立，如美国的劳动者联盟。同时，一些致力于社会公益慈善事业的基金会在这一时期开始出现，如洛克菲勒基金、卡耐基基金、福特基金、乐施会等。在这一时期，社会组织在科学、教育、卫生等领域得到了较好的发展，著名的诺贝尔基金会就是在这一时期成立的。第二次世界大战后，争取世界和平、争取民族独立、反对种族歧视、争取妇女解放、促进世界和平成为世界潮流，社会组织也获得了前所未有的发展空间，各种致力于提供

① 王名编著:《非营利组织管理概论》（修订版），中国人民大学出版社 2010 年版，第 20—27 页。

儿童、青少年、妇女、少数群体、社区等领域服务的社会组织纷纷出现。20世纪七八十年代，西方发达国家兴起了新公共管理运动，政府直接提供的公共服务被削减，社会组织更多地参与和分担政府的公共服务职能，社会组织发展进入了一个繁荣时期，在社会治理中发挥的作用越来越大。

当今世界正处于全球化时代，经济全球化带来了全球治理问题，人类社会面临的诸多社会问题日益国际化，如环保、安全、灾害、移民、贫困、毒品、人口贩卖等问题迫切需要跨国合作。1952年，联合国正式将国际社会组织定义为“凡不是根据政府间协议建立的国际组织”，并给出发展指引，国际社会组织由此正式登上了历史舞台。国际社会组织活跃在反战、环保、灾害救助、扶贫助残、社会服务等众多领域，为解决全球治理问题作出了巨大贡献。社会组织发展到今天已经成为一个世界性的现象，尽管各个国家社会组织的发展水平不尽相同，但是在政治、经济、文化、社会、环境等各个领域都可以看到它们的身影，社会组织在全球、国家、城市、乡村、社区等不同层面的发展中都发挥着不可或缺的作用。

但是也要看到，随着国际社会组织的发展和社会组织作用的增长，某些西方发达国家也在利用自己在国际政治、经济、文化上的“话语权”，利用自己在社会组织发展的数量、规模、资金、经验上的优势，通过一些社会组织向其他国家输出价值观念、意识形态，甚至进行政治渗透，制造社会动荡，策划“颜色革命”，这正在成为冷战后某些西方发达国家开展全球竞争的战略，对于这一点需要保持清醒的认识。

三、中国社会组织发展

21世纪之前，中国对“社会组织”的习惯称谓是“民间组织”。民间组织在中国有着悠久的历史。在传统中国，民间组织多以“会”“社”相称，其“发轫于先秦，自汉迄清，一直延续，其间虽有盛衰，但其活动却并无停歇”①。民间组织的历史源流与传统中国的经济、政治、社会特征紧密相关。在经济上，封建中国的基本生产结构是小农经济，小农经济的脆弱性使其难以独自抵抗天灾人祸，互帮互助在民间普遍存在。在政治上，国家的正式权力机构仅仅设置到县，县以下的基层治理“实际上是由士绅阶层利用礼俗等民间自生的、

① 陈宝良：《中国的社与会》，浙江人民出版社1996年版，第13—14页。

非政治性的手段来完成的"[①]，即“皇权不下县，县下唯乡绅”，这为民间组织发展提供了空间。在社会上，农耕社会的安土重迁形成了聚族而居或世代为邻的村落，血缘关系和地缘关系为民间组织形成和维持提供了社会网络和社会信任。

在传统中国，民间组织的内容丰富多样，名称五花八门，归纳起来大致可以分为政治类、经济类、军事类、文化生活类。政治类主要是封建官僚士大夫之间的朋党和民间的秘密结社；经济类有互助性的各种合会，慈善性的各种善会善堂，行业性的行会、商会和会馆；军事类主要是基于民间的自保行为建立的义社、团练、民团、商团等；文化生活类更为多样，有诗文社、书院、讲学会、怡老会、酒社、宗教会社等。

与欧洲中世纪城市形成的传统不同，城市始终是传统中国国家或地区的政治、经济、文化中心，也是商业、贸易、手工业发展的聚集地，虽然民间组织缘起于农村，但是城市发达的劳动分工和资源的高度集中使城市社会显示出更为复杂的群体分化和多样化的社会需求，民间结社在城市也更为集中、多样和活跃。不过，无论城乡，这一时期民间组织的“传统性”鲜明地体现在组织的联结纽带多是血缘关系、姻缘关系、地缘关系、异性兄弟结拜关系和师生关系，组织的边界具有封闭性和排他性，组织的治理缺乏民主性。

现代意义的民间组织产生于清末民初，主要在城市得到发展。1908 年，钦定《宪法大纲》颁布，“臣民于法律范围以内，所有言论、著作、出版及集会、结社等事，钧准其自由”。人民的自由结社权利在法律上首次得到了确认，民间组织获得快速发展。一方面，在西方先进思想和五四运动、新文化运动的影响下，各种具有现代意义的新式民间组织开始出现，如商会、教育会，尤其是各种学会、研究会、学社等新式学术文化社团。另一方面，一些传统的社会组织开始向现代社会组织转型，如旧式的慈善组织转变为新式慈善组织；旧式商业会馆、会所转变为新式的商会组织；旧式的行帮组织转变成工会组织，它们开始初步具备一些现代社会组织要素，即开放性、民主性和制度化。开放性体现在会员参与的广泛性、会员之间的平等性、会员入会出会自由；民主性体现在社团领导层的“公选”和重要事项通过会员或理事（委员）表决通过等机制

① 《农村社会学》编写组：《农村社会学》，高等教育出版社 2019 年版，第 206 页。

和形式出现；制度化体现在规范的章程和财务人事等各项规章制度逐步建立。[①]

1927 年，国民政府开始对民间组织进行规范和管理，制定了诸如《人民团体整理办法》等一系列相关法律和规则，但是未能阻止新式民间组织的发展，学联、妇联、青年团等革命性社团和抗战期间的救国会等政治性社团在这一时期得到发展。到 1946 年，正式登记的民间组织共有 46 007 个，其中包括工会、农会、渔会、工商团体、自由职业团体等职业团体 40 514 个，宗教、慈善、公益、体育卫生等社会团体 5 493 个，这些组织共有会员 10 401 991 人。[②]

1949 年中华人民共和国宣告成立，同年颁布的《中国人民政治协商会议共同纲领》规定了公民有结社的自由。1954 年中华人民共和国首部宪法颁布，确立了“中华人民共和国公民有言论、出版、集会、结社、游行、示威的自由。国家供给必需的物质上的便利，以保证公民享受这些自由”。新中国成立初期，新生政权面临国际国内复杂的环境，尚处在巩固和稳定过程中，为了铲除封建主义、反动势力在社会领域的势力和影响，1950 年国家颁布了《社会团体登记暂行办法》和《社会团体登记暂行办法实施细则》，对社会团体进行了大规模的登记、整顿、改造和清理，一些“封建组织”“反动组织”“秘密组织”被取缔，如“一贯道”“圣母军”“白洋教”等；一些具有进步性质的社团转变为民主党派组织，如“九三学社”“中国民主同盟”“中国民主建国会”等；一些社团被改组，如“中国红十字会”从一个人道主义性质的慈善团体转变为“人民卫生救护团体”，隶属于卫生部管辖的一个业务机构。同时国家还创办了一大批适应社会主义发展要求的公益性社团、文艺工作社团、学术研究社团、宗教社团、国际交流社团，如中国文学艺术联合会、中华全国电影艺术工作者协会、中国佛教协会、中国人民对外文化协会等。据相关数据统计，1965 年全国性社会团体由解放初期的 44 个增加到近 100 个；地方性社会团体发展到 6000 多个。[③]

从新中国诞生到改革开放，我国建立了一个以公有制为基础的计划经济体系，资源和权力高度集中于国家。在城市中，生产资料、衣食住行等各种生活资料和各种服务的提供都是通过国家的制度性安排，即单位制度和户籍制度来

---

① 郭凡：《清末民初广州新式社团的萌发》，《天府新论》2016 年第 4 期，第 97—103 页。

② 王傅、刘忠：《社会组织基本知识》，广东人民出版社 2017 年版，第 37 页。

③ 齐久恒、刘国栋：《历史与逻辑：当代中国社会组织发展脉络的重思》，《云南行政学院学报》2014 年第 6 期，第 110—115 页。

获取的。这对这一时期的社会组织发展带来两个重大影响：第一，社会组织在人、财、物上几乎完全依赖于政府部门或单位，许多社会组织转变为属于国家编制范围的“事业单位”性质，因此社会组织具有浓厚的行政色彩，政社合一；第二，除了社团性社会组织有所发展，基金会和民办非企业单位的发展基本停滞。

改革开放打破了计划经济体制下资源和权力高度集中的状况，政企分离，政社分开，重构了政府、市场、社会三个部门之间的关系，社会组织在市场经济体制下的必要性日益显著，作用不断增强，地位得到认可和巩固。与国际上社会组织发展趋势一样，伴随着全球化进程和我国与世界政治、经济和文化的联系日益紧密，我国的社会组织也开始走出国门，在经济合作、文化交流、全球性社会问题解决、国际标准制定等诸多领域发挥作用。他们正在成为共建“一带一路”倡议的助力者、向世界发出“中国声音”的发言人、开展国际援助的行动者、解决环境污染等全球性问题的参与者、推动非政府间对话的纽带和桥梁。社会组织的民间色彩和独立性、多元性，使其可以更加灵活地进入各种国际交流与合作领域，成为中国推动构建人类命运共同体的重要伙伴。

改革开放40余年来，我国社会组织得到快速增长，社会组织的类别更加全面多样，相对于社会团体，民办非企业单位、行业协会商会、基金会都得到更为快速的增长。以1991年社会组织数量为指数100计算，这一数据到2017年达到919。① 一些社会组织成为国际非政府组织的重要成员。社会组织已经成为我国社会发展的一支重要力量。党的十八大提出，要加快形成政社分开、权责明确、依法自治的现代社会组织体制，社会组织正在进入一个新的发展时期。

第三节 城市社会组织的功能

如果把现代国家理解为一个系统，那么政府、市场与社会就是构成这个系统的子系统，系统的稳定和效能取决于子系统的功能发挥及子系统之间的功能契合程度。在现代国家，社会组织是社会子系统实现自身功能的重要因素，也

① 王名等：《中国社会组织：1978—2018》，社会科学文献出版社2018年版，第4—5页。

是平衡子系统之间的功能关系，促进整体系统发展的重要因素。相对于农村而言，城市的人口构成、城市社会关系、城市社会结构、城市社会问题等城市现象决定了城市社会组织在城市发展中扮演着极为重要的功能角色。

一、社会组织与社会

社会是由众多个人组成的整体，但是，如果个人之间没有形成稳定的社会关系，众多的个人不过是一盘散沙，无法实现社会整合。

城市是一个异质性社会，城市人来自五湖四海，彼此的民族、宗教、语言、文化、习俗各不相同；城市的劳动分工比较发达，社会的分化程度较高；城市人口具有较大的流动性，聚族而居、安土重迁的现象逐步消失。在城市中，由同质性产生的人与人之间的熟悉感、安全感、信任感和情感变得淡薄，乡村的“熟人社会”特征逐渐消失，人与人之间的“陌生感”“孤独感”油然而生，城市人渴望发展新的有深度的社会关系，而仅靠血缘关系或地缘关系难以满足其需求，城市社会整合需要新的社会关系纽带。

在计划经济体制下的城市，人们虽然摆脱了传统农业社会对血缘关系和地缘关系的依赖，但是“户口制”和“单位制”使城市人仍然生活在一个低流动性的社会中，“单位制”的全能主义造就了一个以“单位”为组织载体的“熟人社会”，人们的熟悉感、安全感、信任感等情感建立在“单位”的同质性基础上。随着市场转型，“单位制”逐步消解，人们与单位之间的全面依赖关系逐渐转变为经济契约关系，人们虽然从市场经济转型中摆脱了对“单位”的依附，获得了劳动力市场上的自由，但却失去了“单位”带来的精神、情感、社会支持等社会需求上的满足，从“单位制”独立出来的个体如果没有实现社会整合的新社会纽带，就会处于“原子化”的状态，社会需求难以得到全面满足，社会整合难以充分实现。在市场经济体制下，城市社会组织在实现人的发展以及城市社会整合中可以发挥重要的作用。

首先，人的需求是多层次的，按照马斯洛的需求理论，人的需求包括生理需求、安全需求、爱与归属感需求、尊重需求和自我实现需求。城市社会组织为人们提供了实现自身需求的渠道，而且社会组织的多样性为人们实现自身需求提供了更为多元的选择空间。与家庭成员与家庭、家族的关系或职工与“单位”的关系不同，现代社会组织中参与者与组织之间的关系是建立在非政府、非营利和自愿性基础上的，因此更为平等，更有助于人们实现自主发展。

其次，社会关系是实现社会整合的联系纽带，社会组织则为人们建立稳定的社会关系提供了场域。人们既可以通过互益性社会组织，在具有共同利益的人之间建立起有组织的社会关系网络，也可以通过公益性社会组织在具有共同价值、共同理想的人之间建立起有组织的社会关系网络。在当今中国城市，人们在摆脱了传统农村血缘关系的束缚和计划体制下“单位”关系的依赖后，城市社会组织有助于人们超越不同民族、宗教、文化等异质性特征，在异质性城市人口中建立社会关系网络，重获熟悉感、安全感、信任感和情感，实现新的社会整合。

最后，社会发展依赖于社会成员的积极参与，而社会组织为人们积极参与公共事务、培育公共精神提供了渠道。社会组织是基于公共目标，为提供公共产品而建立的，社会组织的非营利性和公共性决定了它更容易获得社会成员的认同，吸引社会成员参与公共产品的生产和供给活动，服务于他人或大众，并在参与过程中逐步学习和培育起公共精神。社会组织不仅能通过建立个人社会关系网络生产出个人的社会资本，也能通过公共精神的培育生产出国家良性运行的社会资本，由此提升社会的自组织能力。

二、社会组织与政府

公共产品供给是政府最基本的职能，城市是一个人口众多、差异明显、社会问题复杂的社会，人们对公共产品的需求各不相同、变化多样，政府在履行公共产品供给职能上面临的挑战远远大过乡村社会。第一，城市人的利益诉求千差万别，而且城市发展变化较快，人口具有高流动性，政府能否及时准确地了解人们的各种利益诉求并且准确掌握利益诉求变化的趋势，是政府有效履行公共产品供给职能的前提。但是，按照科层体制建立起来的政府架构难以将触须直接伸到城市社会的每一个角落。第二，面对数量巨大的城市人群，政府往往遵循兜底原则或多数原则来提供公共产品，很难按照每一个个体独特的诉求来提供公共产品。也就是说，政府提供的公共产品必须满足每一个市民维持生存和发展的最基本需求，或者满足社会上大多数人的共同利益诉求，但超出这个原则的利益诉求，政府难以全面满足，甚至不被认为是政府的当然责任。第三，政府的垄断性地位决定了如果由政府来生产公共产品，有可能会因为缺乏竞争性而出现生产成本高、生产效率低下、公共产品缺乏创新性、公共产品适应需求变化的灵活性不足等问题。总之，在市场经济体制下，面对城市社会的复杂性，城市政府的权力、责任、资源都是相对有限的，城市政府需要与其他主体合作，共同开展对城市社会的治理。城市社会组织在实现城市社会治理中可以扮演重要的角色。

社会组织可以多渠道、多层次、更接地气地反映社会诉求，促进社会政策改善。社会组织是基于共同利益、共同兴趣、共同价值，在自愿基础上形成的组织，相对于政府组织，社会组织更贴近基层。在一个社会组织发达的社会里，几乎每个社会群体、每个阶层都有其实现群体利益或公共利益的社会组织，社会组织的多样性和贴近民众的特征决定了它们能更加及时、真实、多方面地了解社会的需求，有序地反映社会的诉求，以此促进社会政策的改进和完善，实现社会公平。

社会组织可以提供公共产品，弥补政府供给不足，提高政府供给效率。社会组织的公益形象使其具有其他组织无法替代的社会资源动员能力，包括人力、物力和财力的资源动员能力，而社会组织的非营利性和专业性使其可以更加有效率地生产符合社会需求的公共产品。因此，社会组织可以在政府公共产品供给不足的领域提供公共产品的补充，也可以为政府公共政策关照的“多数人”之外的“少数人”提供公共产品。在现代国家，政府公共产品供给的责任与公共产品生产的职能日益分离开，相对于营利性的企业组织，社会组织能够以更为低廉的成本和更为公平的形象成为政府公共产品生产的合作者。

社会组织可以提升人们的自治能力，成为城市治理中的重要行动者。现代城市的人口规模和复杂性决定了政府不可能直接面对无数的个体实施管理，在政府与个体之间，需要有一些组织把人们联合起来，这些组织是城市政府实现城市治理的合作者。社会组织可以提升人们的自治能力，使可能杂乱无序的个体利益表达变得有序化、理性化，成为协商民主的参与者。“治理”意味着不再是仅靠政府来实现发展目标，而是通过政府与多元主体合作来实现发展目标，而社会组织可以提升人们对公共事务的关注，将更多的人有组织地吸引到城市治理的行动中。

三、社会组织与市场

城市是一个国家或地区的经济、政治、文化中心，是各种资源高度聚集、市场活动最为活跃的地方。在市场经济体制下，市场也是满足人们需求的公共产品和公共服务的供给渠道之一。但是，作为市场主体的企业以营利为首要目的，营利性决定了市场难以有效地满足人们对公共产品的需求。竞争是市场的生存法则，因此企业只有能获取比其他企业更高的利润时才可能在竞争中生存下来，这就导致企业对公共产品和公共服务的供给是以获利为前提的，如果某种公共产品和公共服务的供给不能让企业获利，企业就会减少供给，甚至停止供给，造成某种公共产品和公共服务的“短缺”。这意味着企业对公共产品和公共服务的供给是选择性的，它们要么只提供能获利的产品和服务，要么只向有支付能力的人群提供所需要的产品和服务，产生新的社会不平等。而它们随着获利波动调整供给的行为也会导致市场在公共产品和公共服务的供给上具有不稳定性和不确定性。在缺乏市场监督的情况下，市场上可能会出现企业牟取暴利或提供假冒伪劣产品，严重侵害消费者权益的现象。显然，市场需要其他力量的监督与补充，社会组织可以成为政府之外重要的社会力量。

首先，社会组织可以提升企业的治理水平，改善企业与政府之间的关系。在行业分化和劳动分工日益复杂的市场里，行业标准和职业道德是保障市场秩序最重要的规范。行业组织、商会、同业者协会等社会组织正是适应这一市场需要产生的。这些社会组织一方面可以促进行业自律，实现行业内监督；另一方面可以代表企业表达同业需求，推进企业与政府之间良性互动关系的建立。

其次，社会组织可以对企业的市场行为进行监督，抑制企业经济行为的负外部性。在市场经济体制下，政府是实施市场监督的主体，但是由于政府资源的有限和政府组织的科层化运作，难以全面、精准、及时地实施市场监督。而社会组织的触手深入社会各个群体和空间，能更快捷地反映人们对公共产品和公共服务的需求，并从这些需求中发现企业的机会主义行为。

最后，社会组织可以推动企业承担社会责任，改善企业与社会之间的关系。企业社会责任是指企业在对股东和员工承担责任的同时，还要对消费者、社区和环境承担责任，它要求企业要超越把利润作为唯一目标的传统理念，主张企业在生产过程中重视对人、对环境、对消费者、对社会的贡献。企业社会责任的形成与社会组织发展紧密联系，基金会、社团、民办非企业机构等各类社会组织都为企业以不同形式实现社会责任提供了机会和平台，而企业在实践社会责任的过程中提升了企业的社会形象，促进了企业与社会之间良性互动关系的建立。

四、社会组织的功能性质

如果把社会组织的功能理解为社会组织对构成现代国家的政府、市场、社会这一整体系统作出的积极贡献，那么它表现在可以增强社会的自组织能力，增加公共产品和公共服务的供给，弥补政府局限和市场缺陷。随着现代化、全球化的发展，人类社会对社会组织的功能需求明显增加了，社会组织在当代社会的发展空间大大拓宽了。但是，社会组织的功能并不会天然产生，只有在社会组织与整体系统之间保持有机联系，形成彼此的功能契合关系，才可能生成社会组织对整体系统的积极贡献。换句话说，社会组织所处的政治、经济、社会环境不同，社会组织与环境之间的关系呈现就不同，功能的实现方式也会呈现出差别。社会组织只有与所处的环境相适应，彼此保持和谐互动的关系，才可能实现自身在政治、经济、社会诸领域的发展和贡献。否则社会组织不仅不能有效地发挥积极的功能，甚至有可能产生消极功能。

社会组织能否实现对整体系统的积极贡献，受到多方面因素的制约。首先，社会组织的多样性决定了社会组织之间在目标、愿景和价值上是不同的，甚至彼此存在紧张，如果不能处理好彼此的关系，增强合力，反而有可能增加社会矛盾和社会冲突。其次，社会组织的非营利性决定了它依赖于外部资源的支持，比如政府购买服务、企业赞助、社会捐赠和基金会支持，因此存在一个社会组织发展资源的竞争性市场，如果在社会组织领域不能形成法制有序的竞争市场、良性的竞争环境和对社会组织本身的合法合规监督，社会组织领域也会出现恶性竞争、资源使用不当和不法行为。最后，无论什么社会组织，都是一部分人基于共同利益、共同兴趣、共同价值形成的自治共同体，都是这一部分人的物质和精神的诉求，如何处理社会组织与作为整体利益代表的国家之间的关系在不同制度下是不一样的，如果在二者之间不能形成法制基础上的平等、合作关系，无论在哪种制度下都不会给社会稳定和整体发展带来持久的积极影响。在我国，建立一个与新时代中国特色社会主义相适应的社会组织体系是推进国家治理体系和治理能力现代化的重要内容。

第四节　建设中国特色社会主义的社会组织体制

改革开放以来，我国的社会组织得到快速发展，社会组织在提供公共服务、协调社会关系、应对社会风险、促进社会公平等方面发挥着积极的作用，尤其在教育、扶贫、老年照顾、残障康养、灾害救助、社区服务、环境保护等领域里已经成为不可或缺的力量，社会组织正在成为国家治理体系和治理能力现代化的有机组成部分。随着中国特色社会主义进入新时代，社会组织将迎来更大的发展机会和更广阔的发展空间，同时也将迎来更大的挑战，建设一个符合中国国情、中国特色社会主义的现代社会组织体制是新时代的发展要求。加强和创新党对社会组织的领导机制、健全和完善社会组织法律法规体系、理顺政府与社会组织的关系、建设社会组织的资源支持系统建立现代化的社会组织内部管理制度，是社会组织体制建设的重要内容。

一、加强和创新党对社会组织的领导

从 20 世纪 90 年代开始，多项制度规范先后出台，推动社会组织的党建工作，落实党对社会组织的领导地位。2015 年，中共中央办公厅颁布了《关于加强社会组织党的建设工作的意见（试行）》，明确指出："加强社会组织党建工作，对于引领社会组织正确发展方向，激发社会组织活力，促进社会组织在国家治理体系和治理能力现代化进程中更好发挥作用；对于把社会组织及其从业人员紧密团结在党的周围，不断扩大党在社会组织的影响力，增强党的阶级基础、扩大党的群众基础、夯实党的执政基础，都具有重要意义。"2017 年，党的十九大报告将"坚持党对一切工作的领导"摆在新时代坚持和发展中国特色社会主义基本方略的第一位。但是，由于社会组织具有涉及领域广泛、类别复杂、层次不同、小规模组织多、组织成员流动性大、党员基数小等特点，党建工作面临新的挑战。加强党对社会组织的领导，首先需要创新党的领导机制，根据社会组织的地区、行业、规模等特点，采用灵活多样的党建模式，如单独组建、联合组建、挂靠组建、行业组建等模式。其次要积极吸纳社会组织优秀人才进入党的组织，没有一定数量的党员为基础，党在社会组织中就没有稳固的队伍和领导力量。最后要防止党的组织建设"形式主义化"和党的工作"行政化"取向，党在社会组织中开展工作要与社会组织的特征紧密结合。

二、健全和完善社会组织法律法规体系

法律法规是保障社会组织权益，规范政府、市场和社会的关系，促进社会组织健康发展，发挥社会组织积极功能的基础。在新中国成立之初，我国就在宪法中赋予了公民结社的权利。改革开放以来，我国在社会组织法制法规建设上取得了不小的成绩，出台了一批法律法规。例如，1988 年

9月27日，《基金会管理办法》颁布，2004年6月1日，修订颁布《基金会管理条例》；1998年10月25日，《民办非企业单位登记管理暂行条例》颁布；1999年9月1日，《中华人民共和国公益事业捐赠法》颁布；2016年4月28日，《中华人民共和国境外非政府组织境内活动管理法》颁布；2016年9月1日，《中华人民共和国慈善法》颁布；1989年10月25日、1998年10月25日、2016年2月6日先后三次修订《社会团体登记管理条例》；等等。同时民政部和各省还颁布了一系列实施细则。这些法律法规为社会组织快速健康发展提供了保障。

但是，相对于社会组织的发展趋势及其在社会主义建设中所发挥的作用，相关的法律法规建设亟待健全和完善。第一要加快社会组织实体法建设，健全法律法规体系。我国现有社会组织法律法规最主要的是《社会团体登记管理条例》《民办非企业单位登记管理暂行条例》《基金会管理办法》这些专门性法规以及一些登记管理的程序性法规，均属于社会组织管理的行政法规，在《宪法》赋予的结社权与具体行政法规之间缺少一个覆盖所有社会组织的，关于社会组织的法律地位、权利、义务、责任的结社实体法。第二要理顺登记管理。目前我国的社会组织登记管理除了民政部门，还有工商部门登记管理、人民团体内登记管理和街道登记管理，各个部门的登记门栏和监督管理规则不尽相同。虽然多部门登记为社会组织发展提供了更多渠道，但是也容易带来管理规则的冲突和监管准则的差别，不利于形成社会组织领域的常态秩序。因此，应该在确立社会组织的地位、权利、义务、责任的法律基础上推动多部门社会组织登记管理，只有这样才会形成既有多部门登记管理带来的活力，才有社会组织登记管理的有序。第三要降低登记门槛。长期以来，我国对社会组织实行业务主管和登记主管的双重审批管理制度，许多社会组织因为找不到“婆家”而夭折。2013年，国家对行业协会商会类、科技类、公益慈善类、社区服务类四类组织实行直接登记管理的改革，降低了社会组织登记门槛，同时将社会组织登记管理从注重事前管理向注重事中管理和事后管理转变，增强了社会组织的独立性。但是更多类别的社会组织仍然保持双重管理，因此有必要进一步降低登记管理门槛，以更加积极开放的态度推动社会组织发展。第四要加强社会组织的信息公开，使社会组织监督评估科学化。信息公开和接受监督评估是由社会组织的性质决定的，也是社会组织取得公信力，获取外部资源支持的基础。目前我国尚没有严谨的、规范的、可操作的信息公开法律法规，对社会组织的监督评估也存在两个极端，要么重审批、轻监管，要么重文本指标评估、轻实际效果评估。加强社会组织信息公开就要加快信息公开制度建设，要通过科技支撑建立面向全社会的信息公开网络平台，接受全社会的监督。同时建立和完善第三方评估制度，实事求是地从社会组织服务的性质和成效出发建立科学的评估机制，把是否满足广大人民群众的需求作为评估的第一原则，防止社会组织陷入“文本事务”。

三、理顺政府与社会组织的关系

社会主义市场经济的发展，客观上要求政府转变职能，在社会领域实现政府行政管理与社会自我管理分开，二者权责明确。党的十八届三中全会通过的《中共中央关于全面深化改革若干重大问题的决定》明确提出，要激发社会组织活力。正确处理政府和社会关系，加快实施政社分开，推进社会组织明确权责、依法自治、发挥作用。实现政社分开就要厘清政府职能的边界，政府从统揽社会的角色退出来，真正赋予并尊重社会组织的独立地位、权利、义务和责任：要做到“凡公民、法人或者其他组织能够自主决定，市场竞争机制能够有效调节，行业组织或者中介机构能够自律管理的事项，政府都要退出。凡可以采用事后监管和间接管理方式的事项，一律不设前置审批”①；要在法治基础上推动社会自治的发育和成长，激活“社会组织自主自治的积极性”②，把“适合由社会组织提供的公共服务和解决的事项，交由社会组织承担”③，把“政府管不了也管不好的”事“让群众依法实行自我管理、自我服务”④；要彻底改变社会组织与政府行政机关挂钩，政府公务人员兼职社会组织领导岗位的传统模式，在实现社会组织“去行政化”的同时，引导社会组织加强自身能力建设，提升社会组织服务能力和水平，提高公共服务质量和效率；要在党的领导下，建立政府与社会组织之间的协商合作关系，社会组织不仅是实现社会治理新格局中“社会协同”的主要合作主体，社会组织协商也是推进社会主义协商

---

① 《国务院关于第六批取消和调整行政审批项目的决定》，中华人民共和国中央人民政府网，2012 年 10 月 10 日。

② 《习近平总书记出席中央政法工作会议并发表重要讲话》，新华网，2019 年 1 月 16 日。

③ 《中共中央关于全面深化改革若干重大问题的决定》，人民出版社 2013 年版，第 50 页。

④ 《习近平在党的十八届二中全会第二次全体会议上的讲话》，中央文献出版社 2014 年版，第 54 页。

民主的重要组成部分。

四、建设社会组织的资源支持系统

在现代社会，社会组织承担着大量社会服务、社会管理等公共事务，参与社会治理，在公共领域发挥着重要的作用。不过社会组织的非营利性决定了它的成长与发展及其积极功能的实现，依赖于有效的资源支持系统。首先是政府的支持。政府是社会组织最主要的支持者，政府可以通过培育、扶持、税收减免、购买服务、提供机会和平台等不同方式支持社会组织。即使在许多发达国家中，政府也是社会组织经费来源的主要渠道。其次是社会力量的支持，包括人力、物力和财力支持。如庞大的志愿者队伍，各种来自企业、基金会、公众的捐赠，各类企事业单位对社会组织提供的物质支持等。最后是市民的公共精神和城市的慈善文化。社会组织的公共性决定了它的培育和成长需要市民对公共事务的关注和参与，需要有一个以利他主义为核心的慈善文化，由此才可能在高度异质、分化的城市中形成普遍的“公共精神”和浓郁的“人文关怀”氛围，这是社会组织发展不可缺少的环境。

我国城市社会组织还处在初期发展阶段，社会组织的数量增长较快，但是社会组织的支持系统不发达，资源增长跟不上发展的需要，加强社会组织支持系统建设是实现城市社会组织快速、健康发展的前提条件。在长期的计划经济体制影响下，社会力量在城市社会组织发展中的作用还比较有限，因此政府在城市社会组织发展的支持系统中占有不可替代的地位。但目前除了在上海、北京、广州、深圳、重庆等一些大城市，政府对社会组织的支持已经形成一定规模和制度化外，在多数城市，政府对社会组织的支持十分有限，更谈不上形成制度化的财政保障。将对社会组织的支持纳入各级城市政府的规划，并形成适合社会组织特点的政府项目招投标制度和考核验收制度，是当前社会组织发展亟待解决的问题。在支持社会组织发展的社会力量方面，要进一步解放思想，推动各类基金会的发展，在积极发展大型基金会的同时，重视城市社区基金会发展，使基金会支持更加贴近民众，贴近日常社会生活。同时要加快落实慈善捐赠的税收优惠和减免，简化税收优惠和减免的程序，吸引更多的机构和个人加入支持社会组织的队伍中。要重视市民的公共参与精神和慈善文化的教育和培养，这是社会组织发展更为深层的社会力量，它需要全面渗透在学校教育、职业教育、继续教育中，需要反映在文化艺术宣传各个领域，需要与社会主义核心价值观和中华民族优秀文化传统紧密结合。

五、建立现代化的社会组织内部管理制度

全球化、城市化给社会组织发展带来了广阔的发展空间，人类命运共同体的构建和新时代中国特色社会主义的建设都需要社会组织的参与。社会组织能否在其中发挥积极的作用，取决于社会组织自身的内部管理制度建设。

（一）社会组织内部治理结构

社会组织的健康发展除了要受来自政府和社会的外部治理结构的制约，也要受到内部治理结构的制约。所谓内部治理结构就是组织内部的权力部门设置、权力运行及权力部门之间的法权关系。现代社会组织应该在具备社会组织非政府性、非营利性、自治性、自愿性、公共性特征的基础上，建立权力安排上的互相协调和互相制衡的稳定关系。根据我国的《社会团体登记管理条例》《民办非企业单位登记管理暂行条例》《基金会管理办法》，三类组织都形成了理事会、监事会和秘书处的治理结构，社会团体还有会员大会。理事会、会员大会是社会组织的决策机构，秘书处是社会组织的执行机构，监事会履行内部监督职能，由此形成相对分离和协调的权力安排设计。我国的社会组织内部治理结构安排与世界上多数国家在原则上是一致的，但是相对而言，我国法律法规制度的配套还不够完善，操作性显得不足。加上缺乏社会组织成员对社会组织内部治理进行监督的有效机制，缺乏通过社会组织信息公开获得有效的外部监督机制，导致在实际运作中，一些社会组织的治理结构安排流于形式，民主决策和互相制衡的权力关系没有真正形成。社会组织内部治理结构建设是现代化社会组织体制建设的基础，根据中国国情，完善相应法律法规，对社会组织内部治理结构给出进一步的程序性立法安排，尤其在社会组织信息公开上给出更为开放的法规安排，保障社会组织民主决策制度的实施，是我国社会组织内部治理结构建设面临的挑战。

（二）社会组织人力资源管理

无论什么组织，人力资源管理都涉及人力资源规划、招聘和录用、培训与开发、报酬和激励、绩效管理、档案管理等。但是除了以上共同点，社会组织的非营利性、自愿性和公共性决定了它的人力资源管理具有自身的独特性质。首先，相对于其他组织更强调组织成员的教育水平、工作年限、工作经验等人力资源要素，社会组织更强调组织成员的共同价值观和对组织使命感的认同，

这是维系社会组织的基础，是激发社会组织成员行动力的来源，是形成社会组织成员责任感的保障。所以社会组织在人力资源管理上要有更强的组织文化建设意识，要在组织运行的过程中，重视组织成员的精神世界和对价值实现的追求。其次，社会组织的人力资源管理不仅包括对授薪正式成员的管理，还包括对非授薪志愿者的管理。志愿者是社会组织重要的人力资源来源，也是社会组织体现其人文价值的重要方面。但是志愿者来源具有分散性、非专业性、服务参与的不稳定性等特征，客观上导致社会组织在志愿者招聘、选拔、培训、工作安排和管理、工作激励和风险管理等各个方面与正式员工存在差别，需要形成一套与正式员工不同的人力资源管理制度。不同的社会组织和不同的社会组织项目活动对志愿者的人力资源管理也不尽相同。

（三）社会组织资金筹措能力

社会组织发展需要人力、资金、物质在内的各种资源，但最主要的无疑是资金。社会组织的资金筹措能力是社会组织生存和壮大的基本能力。社会组织的资金来源离不开政府、市场和社会，在一些国家，社会组织也会通过提供部分有偿性服务获取资金。社会组织的资金筹措需要社会组织有富有声誉的公信力形象，符合需要的项目设计，高素质员工的专业运作，多元的筹资网络，有效的组织管理。无论是对政府、企业还是社会大众，社会组织都需要清晰地展现组织的使命和愿景，这是获得资助主体、合作伙伴、受益对象的价值认同的前提。社会组织资金的绝大部分是通过项目设计争取到的，虽然社会组织依赖外部对项目的资助意愿和志愿行动，但仍然需要树立社会组织的社会营销观念，重视资助意愿和志愿行为背后的追求，将受益对象的需求、资助主体的动机、合作主体的追求与社会组织的宗旨有机地结合起来，由此社会组织才可能获得持久的支持和发展。社会组织的资金筹措能力还受到社会组织财务管理能力的制约，合法合规的财务管理可以提升社会组织的形象，也是现代社会组织制度建设的内在要求。

（四）社会组织信息公开制度

社会组织的非政府、非营利、公共性特征决定了信息公开对其公信力的建立尤为重要。社会组织信息公开包括组织信息公开、活动信息公开、财务信息公开、评估信息公开以及与公益相关的其他信息公开。依法、真实、准确、及时地公开社会组织信息，接受外部监督，是对现代社会组织的基本要求，是取得公信力的最重要制度建设。当然，信息公开不是无限的，以不损害资助主体、受益人、合作伙伴等利益相关方的意愿、隐私或商业秘密为边界。我国在社会组织信息公开立法上相对滞后，除了民政部的《基金会信息公布办法》和《民政部关于进一步加强社会捐助信息公示工作的指导意见》外，对社团和民办非企业机构缺乏信息公开的法规文件。2018 年，民政部发布了《社会组织信用信息管理办法》，将未依法履行义务或存在违法违规行为的社会组织列入社会组织异常名录和严重违法失信名单，并向社会公开名录。不过对基金会信息、社会捐赠信息、信用管理信息、违法违规信息或其他信息的公开，目前在其公开内容上还存在偏重登记准入监管信息公开，轻视登记后续监管信息公开的问题；存在偏重结果信息公开，轻视过程信息公开的问题。

保障中国特色社会主义的社会组织体系建立和健康发展，就要在党的领导下，依法加强对社会组织的监管，坚决取缔非法社会组织；要加强社会组织内部治理机制的建设，提升社会组织协同政府、服务社会、帮助个体的能力，同时防止侵占或滥用公共资源，利用社会组织的公益形象进行非法营利活动；要在依法保障境外组织在我国境内开展合法活动的同时，防止其在文化教育、慈善公益的旗号下从事危害我国的国家统一、安全和民族团结的活动。

思考题：

1. 社会组织的特征是什么？
2. 城市社会组织的功能是什么？
3. 什么是现代化的社会组织内部管理体制？
4. 如何开展中国特色的社会组织体制建设？

▶ 思考题要点

第六章　城 市 社 区

社区是生活在一定地域内，靠互动关系和共同的文化来维系的人们所形成的生活共同体。在现实社会里，每个人都生活在社区中，社区既是人们日常生活的空间，也是一个社会的组成单元。城市在人口、居住、经济、社会和文化等诸多方面的差别造就了不同的城市社区特征，形塑了不同的城市社区类型，由此带来不同的城市社区发展和治理问题。

第一节　城市社区概说

一、社区与“社区性”

作为社会学概念，中文“社区”译自英文“community”，而英文的“community”是从滕尼斯提出的德文概念“gemeinschaft”（共同体）翻译过去的。在滕尼斯那里，“共同体”是对应“社会”概念的，二者代表着两种不同的社会结合的性质。共同体代表着一种基于人与人之间紧密互动，相互认同，享有共同情感和文化，其成员形成了“我们”意识和归属感的社会结合；社会则代表着一种基于正式的规章制度和法理关系形成的社会结合。“地域”并不是理解滕尼斯共同体概念的要素。将地域作为要素纳入社区定义的是城市社会学家帕克。帕克认为，社区的本质特征包括：① 按区域组织起来的人口；② 这些人口不同程度地扎根于他们赖以生息的土地；③ 社区中每个人都生活在相互依赖的关系中。

社区作为一个社会学概念，包含了两个层面的内容：首先是指有一定地理边界的地域社会，其表征是人口在这个地域内的集合；其次是在这个地域里，人与人之间的关系紧密，享有共同的价值观和情感，对于社会有归属感。这两个层面的内容缺一不可。前者是构成一个社区的物理条件，后者是构成一个社区的本质属性，即滕尼斯所说的社会结合，可以将这种属性称为“社区性”。从某种意义上讲，一个地域社会得以形成，就意味着该地域内人与人之间存在一定程度上的社区性，但不同地域社会的社区性是存在差异的。例如，在改革开放前，中国农村许多地方都保持着同宗同族的人口集聚，世代为邻、守望相助的社会关系以及共同的经济利益和文化习俗，是社区性极为明显的地域社会。但是随着改革开放，大量农村劳动力外出务工，村庄里剩下的主要是老人、妇女和儿童；集体经济的消解和家庭联产承包责任制的实行，使村庄里人与人之间的利益差异和矛盾日益增多，公共产品供给出现短缺；村庄的人际关系开始涣散，部分传统的文化习俗也开始丧失认同。尽管作为地域社会的村庄还在，但是其社区性大大弱化。在社区概念所包含的地域社会和社区性这两个层面的内容上，社会学的社区研究重点在于社区性，即一个拥有社区性的社会生活共同体是如何形成和维系的。在社会学研究中，社区的地域边界是由人与人之间社会结合的社区性决定的，而社区性的形成往往需要一个长期的、自然的过程，它与政府行政管理中的社区边界并非完全一致。

在我国政府部门的基层行政管理中，社区的地域范围通常指居委会的辖区范围。居委会辖区是基于《中华人民共和国城市居民委员会组织法》，根据城市管理需要进行划分的，通常以每个社区拥有大致相同的户数为依据。从某种意义上讲，基于政府行政管理需要划分的社区是一个“政区”的概念，它构成了城市管理中最小的行政单元。社会学研究中社区的地域边界与政府行政管理中社区的地域边界可能是一致的，但也可能不一致，二者并不必然是重合的。

二、社区研究的重要性

在现实社会里，每个人都生活在某一社区中，社区是人们社会生活赖以依存的空间，也是社会构成的基本单元，对人的发展和社会的发展都具有十分重要的意义。

（一）社区是人们的生活家园，是民生事业和社会福利政策实践的空间

人们的生活总是在一定的社区中展开，良好的社区环境对于人的全面发展具有不可替代的作用。首先，社区是人的社会化最主要的社会环境。社区中的邻里关系、伙伴群体文化、学校教育质量、社会志愿组织发育等对一个人童年和青少年时代的成长是极为关键的，和谐、宜居、健康的社区环境有助于人的社会化顺利完成，使其形成健康向上的人格，帮助他顺利地融入社会。其次，社区作为生活空间是劳动力实现再生产的重要地方，人们的衣食住行主要在社区完成，人们的休闲时间主要在社区中度过，便利的生活服务、和谐的社区关系、健康的社区文化、宜居的社区环境都有助于劳动者身心的发展和健康。最后，社区是困难群体得以生存和获得照顾的最主要的社会空间。所谓困难群体

是指那些因为年龄、疾病、残障等因素丧失劳动能力的人群，这些人的生活空间基本上在社区，社区设施的完备性、社区福利服务的供给和水平、社区社会支持的状况等对于他们的生存和发展有着至关重要的影响。社区在实现人的全面发展和满足人民对美好生活的向往中具有不可替代的功能。

社区是社会构成的基本单元，城市政府在教育、住房、医疗、养老、文化体育等社会事业上的发展需要与社区的构成和分布相适应，各种社会事业资源的供给水平和差异会在社区层面显现出来。同时，城市政府的社会福利服务政策绝大多数都会延伸到社区，社区是城市社会福利体系、社会保障体系和社会救助体系的承接平台。城市居民对民生发展和社会政策的理解，对美好生活的获得感在相当大的程度上依赖于他们在社区中的生活体验。社区呈现出来的状况不仅是居民的生活状况，也是政府践行以人为本理念和社会公平政策的场域。

（二）社区是社会自治能力得以发育的“土壤”，也是促进社会发展的重要力量

社会的自治能力起源于社会成员对共同利益、共同价值的认同和对公共事务的参与，体现在社会成员的自我管理、自我教育、自我服务、自我监督的能力上，而社区为社会自治能力的发育提供了“土壤”。因为社区的形成正是基于一个地区人与人之间相对长期的社会交往以及由居住关系连带产生的利益关系，社区作为人们的生活家园，其对住房、卫生、绿化、环境、安全、服务、公共设施和道德的共同需求为社区居民关心和参与社区公共事务，追求自治能力的发展提供了可能。社区既是一个地域性社会共同体，也是一支重要的社群力量。

通过培养社区居民的自治精神和互助精神，动员社区资源参与社区发展，以此来解决社会问题成为现代国家实现社会发展的战略选择。20 世纪初期，在英国、法国和美国等国就出现了“睦邻运动”，其宗旨就是充分利用社区的人力、物力资源，培养社区居民的自治能力。1954 年，联合国专门建立了社会事务局社区发展组，在世界许多国家和地区积极推动社区发展。同年，联合国通过了《通过社区发展促进社会进步》的文件，提出了作为社区发展的策略和方法的 10 条基本原则。

（1）社区各种活动必须符合社区基本需要，并以居民的愿望为根据制订首要的工作方案；

（2）社区各个方面的活动可局部地改进社区，全面的社区发展则需建立多

目标的行动计划和开展各方面的协调行动；

（3）在推行社区发展之初，改变居民的态度与改善物质环境同等重要；

（4）社区发展要促使居民积极参与社区事务，提高地方行政的效能；

（5）选拔、鼓励和训练地方领导人才，是社区发展中的主要工作；

（6）社区发展工作特别要重视妇女和青年的参与，扩大参与基础，求得社区的长期发展；

（7）社区自助计划的有效发展，有赖于政府积极的、广泛的协助；

（8）实施全国性的社区发展计划，须有完整的政策，建立专门行政机构，选拔与训练工作人员，运用地方和国家资源，并进行研究、实验和评估；

（9）在社区发展计划中应注意充分运用地方、全国和国际民间组织的资源；

（10）地方的社会经济进步，须与国家全面的进步相互配合。

（三）社区是应对工业化、城市化带来的社会问题的重要机制

不可否认，工业化和城市化大大动摇了作为共同体的城市社区基础：社会服务的社会化、网络化弱化了人们对社区服务的依赖；人们社会活动的空间日益超越社区地域，扩展到社区之外更大更多的地方；工具理性、契约精神使情感、认同等非正式社会规范的约束力削弱了。工业化和城市化在给人类创造出高度繁荣的物质文明的同时，也造成了环境污染、资源浪费和精神贫乏、关系淡漠，越轨行为广泛存在。人们开始认识到，城市社区的衰落正在使社会成员越来越远离自己居家生活的真实空间，丧失那些与居家生活空间相关联的邻里关系、共享情感、身份归属等人类原初的、永恒的精神内核。社会学家吉登斯面对现代化带来的以上社会问题，极力主张全球化的推进使得“以社区为重点”不仅成为可能，而且也变得必要，这是因为这一进程产生的向下压力。“社区”不仅意味着重新找回已经失去的地方团结的形式，它还是一种促进街道、城镇和更大范围的地方区域的社会和物质复苏的可行办法。① 人类要避免社会中空化，避免失去归属感和安全感，避免社会发展失掉人的发展这个中心，就要重视社区这个现代社会的“细胞”，经由社区发展来获得社会的发展。② 正因为如此，从20世纪初开始，社区重返政治舞台，倡导回归社区、致

① ［英］安东尼·吉登斯：《第三条道路：社会民主主义的复兴》，郑戈译，黄平校，北京大学出版社2000年版，第83页。

② 江立华、沈洁等：《中国城市社区福利》，社会科学文献出版社2008年版，第4页。

力于社区发展逐渐成为一股世界性潮流。

（四）社区在社会主义民主政治发展中占有重要地位，并日益成为城市社会治理的重心

人民当家作主是社会主义民主政治的本质和核心，人民当家作主不仅落实在我国的人民代表大会制度、中国共产党领导的多党合作和政治协商制度、民族区域自治制度，还体现在基层群众的自治制度之中，城市社区居民代表大会和居民委员会制度是社会主义基层民主重要的组成部分。根据这一制度安排，居民的利益诉求、意见和建议得到上传，居民的公共事务和公益事业在社区层面得到办理和落实，居民可以通过民主协商自主地处理社区内事务、调解民间纠纷和维护社区治安。社区基层民主的落实和发展是国家宏观政治制度得以稳定和发展的基础。

国家的稳定和发展需要有效的社会管理。在计划经济时期，国家通过“单位制”实现对社会的管理，但随着市场经济体制的发展和单位制的解体，国家需要社会管理体制的转型来回应城市社会日益快速变化带来的挑战，社区由此成为实现社会管理体制转型的载体，这是因为社区是每个城市居民赖以居住和生活的空间，构成了城市社会管理最基本的治理单元。同时社区作为生活共同体，共同的居住和生活关系为社区内人与人之间的互动、信任、认同以及规范和制度的形成提供了可能。社区作为一种社群力量，成为国家实现社会治理的重要抓手。

（五）社区是城市生活方式和文化的载体，是城市可持续发展不可缺少的内容

可持续发展是现代社会的发展理念，它不仅指资源的可持续和环境的可持续性，还包括文化的可持续性和历史的传承。城市是一个高度多元化的社会，不同地域、不同族群、不同职业、不同宗教、不同价值观的人在这里聚集，将各自的生活方式与文化带了进来，这些不同的生活方式和文化在不同的社区中得到积淀，与社区的地理特征、建筑特征和空间分布交织在一起，形成了各具特色的社区形态，以及不同的社区集体记忆和社区历史。社区是城市生活方式和文化的重要载体，这种多样化的城市生活方式和文化塑造了城市生活的魅力，它不仅以多元化吸引人们来到城市，更以多元化为人的自主发展提供了可以选择的空间，这种多元化和自主选择性是激发城市创造力潜在的、最为深层的因素。社区是活化的城市文化遗产。

社区作为人类社会生活最基本的共同体形式，其在城市可持续发展中依然占有重要的地位，是城市可持续发展不可缺少的内容。

三、城乡社区差别

在近代之前，人们主要居住在传统的乡村社区，随着工业化、城市化的发展，越来越多的人口流入城市，在城市定居下来，形成了一个个城市社区。城市社区与农村社区存在一些基本的差别。

首先，农村社区是一个生产空间与生活空间高度重叠的空间，居民之间存在较为紧密的经济联系，经济活动是影响社区发展极为重要的因素。在我国，农村土地集体所有制和集体经济更是决定了社区经济是农村社区发展的根本因素。而在城市里，居民处在职住分离的状态，生产空间与生活空间是分离的，社区不再是一个经济生产单位，居民之间不再有生产活动的经济联系。

其次，农村是一个人口流动性相对较低的社会，低流动性决定了在农村社区中，维系社区居民关系的主要是家族的血缘关系和世代为邻的地缘关系，人与人之间的熟悉度较高，分享大致相同的价值观与行为准则。费孝通在《乡土中国》中这样描述"熟人社会"："在人与人关系上也就形成了一种特色，每个孩子都是在人家眼中看着长大的，在孩子眼里周围的人也是从小就看惯的，这是一个'熟悉'的社会，没有陌生人的社会。"① 在熟人社会里，"一切可以根据习惯，轻松自如地应付；生活中所需要的智慧大都耳濡目染而来，根植于心灵的深层；人与人之间的关系，也负有情感性"②。城市社会是一个人口高度聚集、高度流动的社会，人们的职业、居住地点、社会地位都处在不断的变动中，社区居民虽然处在同一个居住空间里，但彼此之间的异质性大、陌生感强，血缘关系和"老乡"关系在社区生活中所扮演的角色不大重要，缺乏"熟人社会"那种"天然"的情感联系和社会支持。

最后，农村社区是一个多功能的同心圆结构，人们的经济、政治、文化、社会等多方面社会需求往往都在社区中实现，是一个生于斯、死于斯的社会。但对于城市人来讲，人们的生活和社交圈子不局限在社区，各种兴趣、爱好或活动在许多时候是在社区之外的不同社会群体中开展的。城市的分工和专业化

---

① 费孝通：《乡土中国》，上海人民出版社2007年版，第9页。

② 成伯清：《格奥尔格·齐美尔：现代性的诊断》，杭州大学出版社1999年版，第82页。

程度较高，人们的不同需求往往通过分散在不同地域的不同群体或组织来满足，这种现象被称为社区的“脱域”。人们的认同感和归属感不再依赖于地域性的社区，社区在实现人们生存和发展需要上的地位发生了变化。对于部分城市居民来讲，社区可能只是他们居家生活和休息的地方，不再具有对农村社区的那种依附性。

总之，无论对于城市还是农村，社区都是非常重要的生活共同体。但是相对于农村社区而言，城市社区缺少了在自然关系基础上发育出来的社区性，包括互动、信任、共享的文化和归属感等情感。城市社区的社区性主要是后天发育起来的，或者说更多的是基于后天的社会关系建立起来的，这种发育和建立需要有新的相关制度、组织、资源和文化。

第二节 城市社区服务

社区是人们的生活家园。满足社区居民的物质生活与精神生活需要，最大限度地提供各种社会服务，保障居民的生存与发展权利，是社区得以维系和发展的基础。

一、社区服务的内涵与特征

（一）社区服务的内涵

社区服务是在政府相关部门的指导下，以社区为依托，以满足社区居民的日常生活需要为基本内容，以提高社区居民整体社会生活质量为宗旨的各项措施的总和。根据社区服务的供给主体，社区服务可以分为以下三个方面的内容。

第一是政府在社区层面提供的社会服务。包括三部分：一是政府在社区提供的一些行政许可、确认、裁决、惩罚等服务。二是针对城市居民个人或家庭提供的服务，如对孤寡老人、残疾人、贫困家庭提供的社会救助；对现役军人、退伍军人、军烈属提供抚恤、照顾和就业安置；对失业下岗人员开展职业培训和再就业服务等。三是政府在社区直接主办和运营的福利机构，如养老院、儿童福利院、残疾人福利院等。

第二是社区内机构提供的服务。这些机构包括社区内的自治组织、非营利组织和驻区企事业单位。社区机构提供的服务内容十分广泛，包括母子咨询、精神健康、生殖健康等在内的社区卫生保健服务；老年大学、幼儿园、特殊教育等在内的社区教育服务；图书阅读、文化娱乐、休闲健身等在内的社区文化娱乐服务；等等。

第三是社区居民之间开展的互助性服务。社区居民之间的互助是社区作为生活共同体的最原初特征，它表现为邻里之间的合作、照顾、帮困、解难、救急、调解等社会支持。互助性服务虽然不是一种正式的、由组织来提供的服务，但从某种意义上讲，它对社区发展具有更为重要的价值，因为互助性服务是社区居民自发的、内生的，正是这种服务使社区呈现出“出入相友、守望相助、疾病相扶”的共同体面貌。

（二）社区服务的特征

社区服务具有以下几个基本特征。

（1）地域性。顾名思义，社区服务是在一定地域范围内提供的服务，即服务对象原则上限于本社区的居民，是为了满足本社区居民的需求而提供的服务，因此具体提供的服务项目要与社区居民的人口构成和文化特征相匹配。

（2）公益性。社区服务以全体社区居民为服务对象，即社区全体居民都有平等享受社区公共产品的权利和机会，如社区保健、环境卫生、文化体育设施等公共服务，而不管社区居民的社会经济地位和族群特征是否存在差别。公益性的另一层含义是社区服务供给不以营利为目的，不论是政府为社区提供的社会服务产品、各类社会机构提供的社区服务产品还是居民互助性的社区服务产品。当然非营利并非不可以适当地收取服务产品的成本开支或微利，但原则是这些收入只能用来发展社区服务事业，不能成为服务提供者内部分配的收益。

（3）保障性。所谓保障性是指在肯定公益性原则的基础上，各种社区服务项目的供给仍然存在一个基于公平正义原则的优先排序，即优先保障那些服务社区困难群体的项目，以保障这些困难人群基本的生存和发展的权利。保障涉及服务供给所需要的资金、土地、设施、人员和各种资源，保障性不仅指国家在社区层面实施的社会服务，也是引导机构和居民参与社区服务供给的原则。

（4）群众性。群众性不仅是指社区服务要让社区广大群众从中受惠，也是指社区服务是一个需要社区广大群众共同参与才可能得到全面发展的事业。如果没有社区群众的参与，社区居民不过是无偿享受社区外部力量给社区提供的服务产品的消费者，社区居民之间的紧密联系、共享价值与文化和居民对社区的公共参与难以形成，社区的社区性难以发育和成熟。

（5）多样性。社区服务供给的有效性需要与社区居民的人口构成和文化特征相匹配，因此不同社区由于其人口构成、族群和文化特征不同，其社区服务的供给就不可能是完全一样的。除了依据国家统一政策在社区层面提供的社会服务产品，社区各类机构和居民互助提供的社区服务产品会呈现出多样性，这意味着社区服务的发展必须发挥社区的自主性。

二、发达国家的社区服务模式

社区服务是指在社区内为人们的物质生活和精神生活所提供的各种社会服务。社区服务在发达国家得到普遍发展，它既是一股思潮，也是一种社会政策，是社会福利发展的重要组成部分。尽管发达国家之间在社区服务上存在明显的差别，但对发展中国家正在形成中的社会服务制度有参考和借鉴的价值。

（一）英国的社区服务

以《济贫法》为标志，英国是最早实施社会福利政策的国家。英国早期针对残障、孤寡等困难人群实施救助的政策主要是设立专门的机构进行集中收养。但是这种集中收养在实施过程中逐渐暴露出机构环境差、服务质量不好、与外部社会隔离等非治疗性、非人道的问题，这导致了社会福利社区化的转变，即社区被看作帮助困难群体、实现国民保健最合适的场域。随着“像家一样的环境中供养人们”成为社区服务的理念，而且英国通过了《国民保健法》《精神卫生法》《国民健康服务和社区照顾法案》《国民保健与社会关怀法》等一系列法律，社区在实施社会福利中的地位被确立。

英国社区服务的内容虽然宽泛，但最主要的还是社区照顾和居家照顾，其追求的是由社区居民共同创造一个共生、共存的生活环境。无论是残障人士、老人、儿童还是其他的社会弱势群体，他们既然是社区的一员，就有权利回到生活的社区，社区也有义务迎接他们的回归。

英国社区服务的核心部门是政府出资兴办的具有综合功能的社区服务中心，中心里设有老年人服务、残疾人服务和学龄前儿童服务等基本上无偿提供的福利项目，工作人员多是政府雇员，经费主要由政府保障。中心对上负责与地方自治体、行政部门、教育、医疗、警察等部门的沟通和协调，对下与社会服务专业人士和照顾人员联系。在中心之外，社区内开办有社区老人院、老年公寓、社区短期护理等机构，并针对困难人群提供家庭照顾和上门服务。这些服务性设施多由政府资助、社区举办，服务有免费和低廉收费之分。为了提高社区服务的质量，英国的社区福利引入了福利经纪人制度，由福利经纪人对服务使用者的所有服务需求进行统一规划和协调。在社区中，服务人员除了少数属于政府雇员，还有大量的社会团体、民间组织和志愿者，他们或者在社区举办服务机构，或者承担日常的社区服务工作，其经费来自政府资助和社会捐赠。

英国社区服务的行政体制特点体现在强调政府在社区服务中的责任，社区照顾和居家照顾的财源实行一体化，但规划和管理权下放到社区，同时建立行政和居民的互动机制，通过社区服务专业岗位的设置提升社区服务的专业水平。

（二）日本的社区服务

日本的社区服务政策形成于20世纪六七十年代。1969年，日本国民生活审议委员会向日本政府提供了题为《社区——要在生活中恢复人性》的报告，提出应该重视居民主体性和家庭主体性。正是根据这一报告，一系列相关政策开始形成。如日本自治省提出了《发展社区对策》，文部省提出了《发展社区教育方向》，厚生省提出了《社区福利与社会福利》，国土厅提出了《建设社区服务中心计划》。1973年，日本提出了“日本型社会福利”构想，其具体发展方向就是“福利社区化”。福利社区化是以社区作为基本单位，所有的活动以社区为范围，社区规划考虑不同人群、不同的需要及不同的问题，社区的发展与建设以构建社区扶持、消除互相间差异、提升生活质量为最终目标。

日本社区服务的对象主要是老年人、残疾人、妇女和儿童，以及老年人家庭、残疾人家庭、单亲家庭和低收入家庭，其服务方式分为家庭服务和设施服务。家庭服务有居住空间服务、家政服务、医疗保健服务、社会交往服务和经济生活保护。设施服务有居住性养老设施、残疾人福利设施、医疗保健设施、儿童福利设施、文化教育设施、信息和咨询服务设施。同时，日本建立了福利经纪人和家庭护理员制度，福利经纪人事务所负责实地考核服务对象的服务需求状况并根据状况设计服务方案，家庭护理员则对居家的服务对象进行定期走访和护理。这些互助、自助自足的社区服务，依靠的不是国家资源，而是人与人之间的感情纽带和人们自发形成的非营利组织和志愿者团体。

日本社区服务的最大特点是重视民间和家庭等社会服务资源，强调从家庭文化和地域文化中发掘出家庭抚养和邻里互助的能力和精神，追求以社区为自治体，由居民自发发起和亲身参与服务供给，居民自由选择适合自己的服务。如年轻的父母们自己兴办幼儿园，按照自己的意愿制定办学方针，父母们轮流充当老师或保姆。政府的责任是对以上自助和互助提供必要的援助和发展环境，通过业务委托或公设民营形式对其进行经济支持和政策指导。

（三）美国的社区服务

美国在社区领域更多使用的是社区发展概念，不过社区发展概念里面包含着社区服务的内容。美国的社区服务发端于 20 世纪 60 年代兴起的反对种族歧视、争取黑人平等权利、消除贫困的社会运动，这一运动后来逐渐延伸到残障人士、老年人、妇女等社会弱势群体的保障领域。美国政府试图从社区入手，通过解决贫困问题来缓和社会矛盾。1964 年，美国联邦政府在《经济机会法》中明确规定，社区必须推动成人教育、职业培训、保护儿童和提供社区服务等公益事业。

美国社区发展政策的主要目的是化解经济贫困、生活贫困和精神贫困等问题，具体内容包括为失业者提供培训和再就业机会、为单亲家庭和无家可归者提供住房支持、为老年人和残疾人提供照顾、为妇女儿童提供保护服务、协助移民融入本地社会、为社区居民争取正当合法的权益。

美国社区服务的规划和运作主要依靠社区委员会。委员会是非营利组织，主要责任是调查社区的社会服务需求，参与预算编制和社区发展规划制订，监督和评估社区服务质量，负责与政府和其他机构的沟通协调。美国的社区服务内容各种各样，但政府的主要责任是提供最低限度的公共服务保障，其他服务需求则需要依靠个人的力量、社区互助力量和社会的力量来解决。美国的非营利组织较为发达，如社区发展合作组织、慈善组织、志愿者组织，它们的资金来自政府资助和各种基金会捐赠、私人捐赠以及收取的服务费，这些非营利组织是社区服务的主要提供者。当然，美国是一个州、市、社区都高度自治的国家，不同社区的服务在实践层面相差较大。

以上三个国家的社区服务发展给我们三点启示：一是国家与国家之间没有完全相同的社区服务制度，一个国家的社区服务制度的形成和发展要与这个国家的经济发展阶段、文化特色、制度体系和历史相结合；二是社区服务的发展需要多元主体的合作，非营利组织在其中起到了关键的作用；三是社区服务发展离不开社区居民和家庭自身的自助和互助，社区居民既是社区服务的使用者，也是社区服务的提供者。

三、中国城市的社区服务

社区服务是指在社区内为满足人们的物质生活和精神生活需要所提供的各种社会服务。社区服务的主体可以是政府、市场、社会组织和居民。居民自治始终是我国城市社区服务最主要的制度形式。

在新中国成立初期，一些城市就以居委会、里弄福利会、冬防服务队、清洁卫生小组等各种自治形式开展社区服务。随着 1954 年《城市居民委员会组织条例》出台，居委会成为法定的城市居民自我管理、自我教育、自我服务的基层群众性自治组织。在这一阶段，居委会在收容安置、扶贫救灾、生产自救、治安保卫、环境卫生、民事纠纷调解、识字扫盲、幼儿照顾等方面做了大量服务性工作。例如，在 20 世纪 50 年代前期的上海，里弄举办了 106 个托儿站，4 632 个识字班；在居委会积极反映和争取下，居委会为 5 万多户居民装置了集体用电电表，设置了 1 600 个给水站。①

在计划经济体制时期，居委会的社区服务功能主要体现在城市居民粮油布棉等生活票证发放、为居民工作或生活出具证明、治安保卫、爱国卫生、邻里纠纷调解等。由于严格的计划供给制度和人口流动控制，居委会在粮油布棉等生活票证的发放、为居民工作或生活出具证明上的社区服务尤为突出。根据对 1961 年 3 月上海的研究，当时社区出具的证明达到 62 大项，内容细到居民婚丧“申请小菜”、婴儿缺奶申请奶糕奶粉、买饭碗、买钉子等。不过，由于“单位制”的建立，单位在生育、就业、教育、医疗、养老等重大民生上承担越来越多的社会职能，居委会的社区服务功能有所弱化，服务能力也变得有限。

市场经济体制改革推动了“政企分离”，“单位”释放出来的保障性和福利性社会功能被转移到社会。政府职能的转变推动了“政社分开”，政府在社会服务领域不再是唯一的资源保障或供给主体。社区成为承接单位转移出来的

① 张济顺：《国家治理的最初社会空间——二十世纪五十年代前期的上海居民委员会》，《中共党史研究》2015 年第 10 期，第 29—40 页。

社会职能和协助政府开展社会服务的主要场域，社区服务的功能地位得到强化。

政府倡导社区成员开展互助性社会服务，自主解决社区内的社会问题。1989年，全国人民代表大会通过《中华人民共和国城市居民委员会组织法》，正式采用“社区服务”的概念，明确规定居民委员会应当开展便民利民的社区服务活动。1994年，民政部、国家计划委员会等14个部委联合颁布了《关于加快发展社区服务业的意见》，由此中国城市的社区服务进入了加快发展阶段。2006年，《国务院关于加强和改进社区服务工作的意见》颁布，确立了城市社区服务的指导思想、基本原则和主要任务，提出了社区服务体系的建设目标，明晰了中国城市社区服务的主要内容。

中国城市社区服务以中国特色社会主义理论为指导，以不断满足社区居民的物质、文化、生活需要为出发点，充分发挥政府、社区党支部、社区居委会、社会组织、驻社区单位、企业及居民个人在社区服务中的作用，整合社区资源，健全服务网络，创新服务方式，拓宽服务领域，强化服务功能。其基本原则是：坚持以人为本；坚持社会化；坚持分类指导。主要任务是逐步建立与社会主义市场经济体制相适应，覆盖社区全体成员、服务主体多元、服务功能完善、服务质量和管理水平较高的社区服务体系，努力实现社区居民困有所助、难有所帮、需有所应。中国城市社区服务体系包括八个方面的内容：社区就业服务，社区社会保障服务，社区救助服务，社区卫生和计划生育服务，社区文化、教育、体育服务，社区流动人口管理和服务，社区安全服务，基层政府公共服务。

从2006年颁布《国务院关于加强和改进社区服务工作的意见》到2020年，我国城市社区服务机构迅速增长，社区服务机构数自2007年的134 852个增加到4 926 070个，其中社区服务中心从9 319个增加到29 000个；社区服务站从50 116个增加到393 000个；城市社区服务机构覆盖率从2015年的31.8%增加到2019年的59.3%。[①] 同时社区服务工作者队伍得到发展，专业化水平得到提高。以社会工作者队伍为例，截至2019年年末，我国持证社会工作者达到53.3万人，其中社会工作师12.8万人、助理工作师40.5万人。[②]

---

① 数据来自国家统计局网及民政部《2019年社会服务发展统计公报》。

② 国家统计局社会科技和文化产业统计司：《中国社会统计年鉴—2020》，中国统计出版社2020年版。

中国城市社区服务的资金主要来源于政府投入、社会捐赠、社区服务收入的再投入。由于中国城市社区服务起步较晚，社区服务资金投入整体规模不大，但增长速度比较快。以广州市为例，政府以街道为单位设立家庭综合服务中心，通过向社工机构购买服务的方式向街道辖区内的居民提供社区服务，从2008年开始至2016年，政府购买服务的经费投入达到17.7亿元。深圳市以居委会辖区为单位设立党群服务中心，通过向社工机构购买服务的方式，每年为每个社区提供50万元的经费。同时各种基金会发展迅速，成为资助社会组织开展社区服务的重要支持者。近几年，一些面向社区的"社区基金会"开始出现，截至2020年12月，我国基金会名称中含有"社区"两字的有160家，[①]是2016年的2.07倍，增长迅速。虽然从全国层面来看，社区基金会绝对数量目前并不多，规模也不大，但是这些社区基金会落脚社区，服务更接地气，在社区服务领域显示出更强的生命力。

尽管我国城市社区服务在不长的时间里取得了显著的成绩，但正如国家《城乡社区服务体系建设规划（2016—2020年）》指出的，我国城乡社区服务体系建设仍处于初级阶段，城乡社区服务现状与全面建成小康社会的总体要求相比还有不小的差距，尚不能满足人民群众日益增长的物质文化需求。这主要体现在：政府和社会的关系需要进一步理清；社区服务发展的资源有限，资源整合不足，区域间发展不均衡状况较为严重；社区内的居民、驻区机构的参与程度不高。

第三节 城市社区社会资本

无论是作为社会生活共同体还是作为城市管理的行政单元来理解，面对工业化、城市化的冲击，社区能否在满足社区居民物质和精神生活需求、调解纠纷和矛盾、维护基层社会秩序上发挥效能，关键在于自身能否发育成为一个具有内在凝聚力、共享文化和价值、有着社区认同和归属感的社群。社区社会资本在社区的发展，或者说在社区性的养成中占据核心地位。

一、社会资本的含义

社会资本是社会学的重要概念，通常可以分为个体性社会资本和集体性社

① 数据来自中国社会组织政务服务平台网。

会资本两个层次。美国学者林南给个体性社会资本下了一个简明扼要的定义：社会资本——作为在市场中期望得到回报的社会关系投资——可以定义为在目的性行动中获取的，或被动员的、嵌入在社会结构中的资源。也就是说，社会资本是个体从自己所属的关系网络中可以利用的、用以实现自己目标的资源。从集体性来诠释社会资本源自美国学者罗伯特·普特南。他在分析意大利南部与北部的政府绩效差异时发现，南部地区的落后与其缺乏公共生活的基础、公共性较弱、公民缺乏参与公共事务的动机等因素紧密关联；而北部地区的发达与众多的自治性社会团体，公民之间的信任、互惠性规范和公民参与网络紧密相关。由此他将社会资本概念扩展到分析西方市民社会，将社会资本理解为一种集体现象，即“与物质资本和人力资本相比，社会资本指的是社会组织的特征，例如信任、规范和网络，它们能够推动协调和行动来提高社会效率。社会资本提高了投资于物质资本和人力资本的收益”①。在普特南看来，西方民主制度能否有效地运转起来，取决于这个社会的公民参与网络和自愿组织的发展水平，这是市民社会得以建立的黏合剂和基础。

其实，无论是个体性社会资本还是集体性社会资本，人与人之间的社会关系网络都是形成、承载、获取资源以实现目标的根本。所不同的是，个体性社会资本是以个体为中心来获取社会关系网络中他人的资源以实现个人目标；集体性社会资本是社群或组织通过成员之间紧密的社会关系网络本身来形成集体行动的能力，以提高社群或组织的行动效率。

社区社会资本是集体性社会资本。它是“建立在社区参与基础上的，在城市社区内部通过个人和组织的长期的内外互动中形成的，嵌入社区关系网络中的有助于实现自助和社区目标的社会资源”②。社区社会资本属于社区的公共产品，即社区的每个居民或组织都可以分享和从中受益，但它的形成本质上是自下而上的过程，是在日常的社区社会生活过程中形成的，私人部门和政府部门无法直接提供，但它们可以为社区社会资本的形成提供条件。社区社会资本对促进社区发展，建设和谐社区有着重要的作用。

首先，它可以给社区成员提供物质、精神上的社会支持，增进社区居民和家庭的福祉。

---

① 姜振华：《社区参与与城市社区社会资本的培育》，中国社会出版社 2008 年版，第 41 页。
② 姜振华：《社区参与与城市社区社会资本的培育》，中国社会出版社 2008 年版，第 101 页。

其次，它可以在社区居民、自治组织、驻区单位之间产生合作性，降低行动成本，提高组织效率，克服社区集体行动困境，促进社区发展和社会整合。

最后，它可以在社区中形成非正式约束，人们在从社区社会资本中获益的同时，也产生了对自身的行为约束，从而可以阻止社会生活中各种破坏和欺诈行为的发生，维护良好的社区秩序。

二、社区社会资本的构成

社区关系网络、社区信任、社区归属感、社区规范是构成社区社会资本的基本要素。

（一）社区关系网络

社区关系网络是指社区居民、社区组织之间具有相对持久和稳定的社会联系，处在关系网络中的成员一般都相互认识，有认同感，彼此会因为某种共同的目标而保持持续的互动。关系网络是作为社会生活共同体的社区必不可少的基础，各种有利于居民、组织或社区的资源正是嵌入在关系网络中，关系网络是社会资本最基础的内容。没有社区关系网络，就不可能有社区信任、社区情感、社区认同，也不可能形成真正有内在约束力的社区规范。

邻里关系是社区关系中最基本的关系，是基于地缘关系以及由此产生的不可避免的日常生活联系所结成的社会关系。不过，城市社区中邻里的地缘性关系并不意味着必然会形成具有社会学意义上的作为共同体的社区，还取决于是否存在足够把邻里连接成一个整体的社区纽带，以及邻里之间的社会性的社区关系，即社区居民在追求物质生活和精神生活满足的过程中，在追求社区共同目标的过程中形成的社会联系。

（二）社区信任

一般来说，信任指主体对于评价对象主动践行承诺、履行职责的一种稳定的心理预期和积极的价值评价。社区信任既包括社区居民之间的个体信任，也包括居民、社区组织、基层政府之间的信任。社区社会资本之所以能够给社区中的个体提供社会支持，能够助力克服人类集体行动的困境而产生社区合作，就是因为它能制造社区信任。如果说社区关系网络是把社区居民和组织联系在一起的纽带，那么社区信任就是把各方凝聚起来的黏合剂。

信任是合作得以开展的基础。没有社区居民之间的信任，就不会有邻里之间的守望相助，人们在社区中的日常生活就会缺乏安全感，从而难以形成社区认同和社区归属感；没有社区居民与居民委员会这一代表居民利益的自治组织之间的相互信任，就不会形成真实和有效的委托—代理关系，不仅居委会的组织行为得不到居民的支持，居民的利益诉求也得不到畅通和有序的表达；没有居民与社区社会组织之间的信任，就不会有社区志愿行动的产生，不仅社会组织的公益行动得不到支持，社区福利也难以有效增长；没有居民、居委会、社会组织、基层政府之间的信任，社区治理就难以形成合力，社区发展目标也无法实现。总之，正是彼此之间诚实、守信的期望，社区多元主体之间的交往、互助、协作才得以形成，社区的良好氛围才得以形成，社区秩序也才得以形成和维持。

（三）社区归属感

“归属感”这一概念是由美国心理学家亚伯拉罕·马斯洛提出来的。他认为，个体具有在自己所属的群体中产生出强烈的“我群体”的需要。这种对“我群体”的强烈认同，马斯洛称之为个体的归属感。所谓社区归属感，包括对社区地域和社区成员群体的归属感，这种心理感受既有对自己社区身份的确认，也带有个体的感情色彩，包括对社区的认同、投入、喜爱和依恋。[①] 社区归属感是社区作为一个社会共同体得以存在的关键，无论对个体还是对社区，乃至整个社会，都是非常重要的社会资本。

“职住分离”是城市生活方式区别于农村生活方式的重要特征，城市人需要一个能与职场分离并使其身心得到放松，有安全感和人情温度的生活空间，社区归属感给城市人提供了这种心理满足。与家庭归属感不同，社区归属感是对社区这一非血缘共同体的认同，这种认同可以促进社区居民在更广泛的领域里建立社区关系，融入社区环境，并形成对社区的责任意识。在人口高速流动的城市社会里，社区归属感能在一定程度上让人们放慢流动速度，从而增进对整个城市社会的认同和市民权利意识。

（四）社区规范

社区规范指的是社区居民或社区组织的行为规矩或活动准则。它是社区成员为了共同生活的需要，在社区互动过程中衍生出来的，包括正式制定的文本制度和约定俗成的非正式规范，如习惯、习俗等。由于社区是整体社会的构成单元，社区规范不仅仅指社区自己制定的规范，也包括由国家制定的与社区相

---

① 王亮：《社区社会资本与社区归属感的形成》，《求实》2006 年第 9 期，第 48 页。

关的正式制度和国家倡导的非正式规范，如道德。任何规范都是对人或组织的一种行为约束，不能说规范越多、限制越多就越好。社区规范作为社区资本的要素，能否对社会资本的整体提升发挥作用，关键在于社区规范能否促进社区关系网络扩展，增加社区信任水平和提升社区归属感。随着我国市场经济的发展和国家制度的日益完善，人们的行为日益理性化，国家权力也进入社区，这使得社区规范越来越正式化和制度化。但是，社区作为人们的生活共同体，本质上它的形成是一个自下而上的发展过程。因此，任何社区规范的制定都必须有利于满足社区居民的需要，激励社区互惠行为的产生，促进社区生活的自治。

第四节 城市社区参与

城市社区的发展离不开政府的支持和社会力量的参与，但是社区发展最为根本的因素是社区居民自身的参与，没有社区居民的参与，就没有真正的社区发展。

一、社区参与的类型

社区参与是指社区居民参与社区公共事务决策以及社区公共活动或公益活动的行为过程。社区事务的复杂性和社会活动的多样性决定了社区参与有着不同的类型。

从社区居民参与的意愿来区分，社区参与可以分为主动参与和被动参与。主动参与是指基于社区居民主观意愿的积极自主参与；被动参与是指基于某种权威压力的非自愿消极参与。这里的权威可以是政府、组织或个人。被动参与与动员式参与有联系，但二者不能画等号。动员是指某种权威为了推动某项计划或活动而开展的宣传、教育、说服，如果经由动员，被动员者认同这项计划或活动的利益目标、价值取向和行动方案并基于这种认同参与进去，他就是主动参与。相反，如果被动员者经由动员，仍然不认同这项计划或活动的利益目标、价值取向和行动方案，但是怯于如果不参与可能会开罪于某个权威，或者基于社区内的群体压力，由此发生的社区参与才可以说是被动参与。对于社区发展，只有主动参与才是有效率的参与、可持续的参与，能够产生社区凝聚的参与。

从社区居民参与的组织化状态来区分，社区参与可以分为组织化参与和非组织化参与。组织化参与是指居民的社区参与是经由某种组织形式来实现的，如居委会、社会组织、社区组织等。非组织化参与是居民自发的参与，如邻里互助、广场舞等多种形式的社区文体活动。无论是组织化参与还是非组织化参与，对于社区发展都是不可缺少的参与形式。

从社区参与的领域或活动内容来区分，社区参与可以分为社区政治参与，如社区居委会选举；社区经济参与，如业主委员会维权；社区文化参与，如社区居民的文化娱乐活动、亲子教育等；社区环境卫生参与，如社区绿化与环境卫生治理；社区秩序与治安参与，如社区纠纷调解或社区巡逻；社区公益参与，如社区助弱帮贫；等等。

从社区参与的动机及其与体制的关系来区分，社区参与可以分为体制化社区参与、抗议型社区参与、公共型社区参与。在体制化社区参与中，参与者被体制动员出来，具体行动又被纳入体制化的表达渠道之中。在抗议型社区参与中，人们的地方性公共参与行为并未得到现有体制的支持，而其具体指向又具有一定的抗议特征。在公共型参与中，人们参与的动机与表达不具有浓厚的体制色彩，指向也不是抗议性的，这种参与并不是被体制力量动员出来的，而主要是由一种自发地参与到公共事务中去的动机所驱动的。

二、居民需求与社区参与

参与受需求动机支配，社区作为人们的生活家园，居民的社区参与与其维护自己或家庭在社区中的权益，追求各种需求的满足是分不开的。任何社区公共事务或社区活动，如果离开了社区居民的利益和需求，社区居民就无法形成内在的参与动机。即使基于某种权威的影响会导致一些社区参与，但是这种参与不可能是自愿的、可持续的、高效能的。因此，社区发展的任何规划与活动都必须从满足居民需求出发，如果社区参与的议题与居民的需求不匹配，居民不能在社区参与活动中拥有获得感，就不可能吸引和激励较多的居民参与，更不会有持续的居民参与。

社区居民并非同质性群体，他们之间由于年龄、性别、教育、职业等因素的差别，其需求类别和需求层次不尽一样，对社区的依赖程度也不一样，因此他们在社会参与的动机和能力上并不一致。如老年人对社区的生活依赖度较高，对福利型社区活动参与度会高一些；年轻夫妇对子女抚养的要求较高，因此对有利于子女健康和教育的社区活动参与度会高一些；业主则更关注自己物业的保值增值，对维权性活动的参与度会高一些。这种差别意味着社区参与的议题需要因社区而异，因人群而异；即使同样的社区议题，由于居民的构成不同，其参与形式和动员方式可能也会有所差异。

社区参与可以简单地划分为决策参与和执行参与，前者是指居民在形成社区发展的议题上有独立表达意见并参与决策制定的权利；后者是指居民在实现社区发展议题上有发表自己的意见和参与执行的权利。一般来讲，决策参与是更深度的参与，或者说更具本质性的参与，有决策参与的权利就有执行参与的权利，但是有执行参与的权利不等于有决策参与的权利。没有决策参与的执行参与，意味着居民参与只是在实现居民之外的某个主体设定的社区议题。当然，这并非说没有社区居民参与决策的社区议题都是无益于社区居民的。社区作为社区居民的共同体，决策参与是居民的权利。而且，没有社区居民参与而形成的社区议题未必真正符合社区居民的需求，是存在极大的决策风险的。所以，居民的社区参与程度直接影响社区居民的参与效能感。“参与决策过程能够赋予参与者对自己的生活方向和周围环境一定程度的控制权，有助于参与者成为负责任的行动者，学会如何成为一个具有公共精神的公民，并产生对社会的归属感。就社区参与而言，参与社区公共事务决策过程对居民的社区自治能力和社区认同感都具有积极效应。”①

居民的社区参与受到自身需求动机的影响，但如果只从个体动机出发，追求个体利益满足的居民参与，那么社区中客观存在的具有不同利益需求的居民之间不可避免地会产生矛盾和冲突，真正的、具有公共议题性质的社区参与就不会出现。所谓公共议题是指动员居民参与的议题在客观上涉及社区整体的公共事务或公共利益，而且参与者主观上认同该议题涉及社区整体的公共事务或公共利益。没有被居民认同的公共议题，居民就无法将个人需求与社区集体福利联系起来，居民的参与就难以从私人领域进入公共领域。只有有公共议题的社区参与才会激发参与者的社区归属感和社区责任感。

社区参与程度与是否形成社区参与公共议题，二者之间紧密相关，相互作用，对居民的社区参与产生影响。有学者据此对社区居民参与的自主性进行了

---

① 杨敏：《作为国家治理单元的社区——对城市社区建设运动过程中居民社区参与和社区认知的个案研究》，《社会学研究》2007 年第 4 期，第 142 页。

类型化分析。居民在四种社区参与中的自主性是不同的，呈现出按强制性参与—引导性参与—自发性参与—计划性参与的顺序依次升高的特点，从而对社区共同体形成不同的影响（表 6-1）。[①]

表 6-1　社区参与的类型

		是否参与决策过程	
		否	是
是否有公共议题	否	强制性参与	自发性参与
	有	引导性参与	计划性参与

三、社区社会资本与社区参与

社区参与是社区居民参加社区发展的规划与执行，参加社区各种公共活动或公益活动的行为过程，它表现为一种由一定数量的社区居民参与的集体行动。但是由社区参与带来的社区服务和社区发展是一个公共产品，是被多数或全体社区居民分享的。例如，部分社区居民自愿组织了社区治安队，坚持社区巡逻，由此降低了社区的犯罪率，提升了居民的社区安全感，受益人包括没有参与社区巡逻的全体社区居民。因此，社区参与也面临“集体行动的困境”。

曼瑟尔・奥尔森在《集体行动的逻辑》一书中指出，一个具有共同利益的集体并非必然产生集体行动，根源就在于集体内客观存在的“搭便车”现象。因为共同利益是一种公共产品，即使某些成员不付出成本也能坐享公共产品的收益，这就会导致一些集体成员不参与集体行动，因为这样既不花费他的私人成本，又能收获共同利益。这种集体行动的困境在社区参与上同样存在，从社区公共议题的决策参与到执行参与，从社区成员的动员到社区活动的开展，每一个环节都可能面临着集体行动的困境。克服社区集体行动困境的重要途径之一就是培育社区社会资本。

第一，社区社会资本的存在意味着社区居民之间存在广泛和良性的社会关系网络。社会关系网络能够扩大社区居民之间的互动范围，增进人与人之间的了解和信任，有利于社区居民就社区事务开展日常性的讨论和达成社区

---

① 杨敏：《作为国家治理单元的社区——对城市社区建设运动过程中居民社区参与和社区认知的个案研究》，《社会学研究》2007 年第 4 期，第 142 页。

共识。社会关系网络对社区参与还具有非正式约束的能力，即当社会关系网络中的其他人都参与社区事务中时，个体的不参与会给自己带来群体压力。由于社区社会关系网络对社区居民个体的功能是多方面的，个体的不参与可能使自己面临失去社会关系网络的风险，至少面临在社区社会关系中的声誉和地位下降的风险。

第二，社区社会资本的存在意味着社区居民之间存在广泛的信任。前面已经指出，信任是互动双方对对方主动践行承诺、履行职责的心理预期，因此信任可以减少个体在参与社区集体行动时对其他人“搭便车”行为的负面预期，增强对社区集体行动效能的信心，从而强化自己的参与行为。在一个拥有良好社会资本的社区中，信任是非常重要的社区资本，“搭便车”的行为在使社区资产受损的同时增加了其他居民的参与成本，“搭便车者”也会由此失去信任，面临被共同体边缘化的风险。

第三，社区社会资本的存在意味着在社区中形成了一套由正式或非正式规范构成的社区规范。规范对社区参与的作用在于它能够通过激励或者惩罚来促进社区参与行为。在这里，激励或惩罚主要是社会性的，如情感、信任、荣誉、尊敬、社会地位、社会支持、环境友好等。不过在某些社区参与活动中，具有经济性质的激励或惩罚也是被运用的。例如，为了形成社区志愿者机制，一些社区中建立了“时间银行”制度，居民为社区公共事务所做的志愿性服务以时间为单位记录下来，存进“时间银行”。当居民由于年龄或身体的原因需要社区服务时，能够优先从社区得到不少于自己存入“时间银行”的服务时间。

第四，社区社会资本的存在意味着社区归属感在社区居民中得以形成。社区归属感是居民个体与社区关系的一种认知建构，即居民在个体利益与社区整体利益之间在认知上取得和谐，标志着居民对社区整体的认同。社区归属感能增加社区居民对社区公共议题的关心和兴趣，增加社区责任感，提升社区参与的积极性。一旦社区归属感得以形成，当居民的个体利益与具体的社区参与活动出现不一致的时候，居民往往会将社区整体利益置于优先地位。

总之，社区资本通过促进人际互动，提高社区信任，形成社区规范，从而塑造了良好的社区合作氛围，由此促进了社区参与的集体行动开展。在社会资本缺乏的社区，集体行动的发起人往往举步维艰，潜在的集体行动很可能在社区成员的冷漠、猜疑甚至是反感中“流产”，社区所面临的共同问题很难得到解决。

第五节　当代中国的城市社区

自1954年12月31日中华人民共和国第一届全国人民代表大会常务委员会第四次会议通过《城市居民委员会组织条例》以后，一个以市—区（或不设区的市）—街道—居委会（社区）为垂直层级行政关系的两级政府、三级管理、四级服务的城市社会管理体制开始建立。60余年来，这一体制随着国家宏观经济社会体制的变化而变化，其中，作为这一体系中最小构成单元的居委会，其功能和地位也在发生调整，社区在城市社会发展中正在发挥日益重要的作用。

一、从“单位制为主，街居制为辅”到“社区制”

自中华人民共和国成立以来，中国城市的基层大致被两套组织体系贯通起来，一套是国家—单位—职工的组织体系，另一套是街道—居委会—居民的组织体系。从20世纪50年代到改革开放前，城市社会管理以“单位制为主，街居制为辅”。单位制是为适应计划经济体制而设立的一种特殊的组织形式，具有政治、经济与社会三位一体的功能。经济上，政府通过对单位的行政管辖权实现人力、物力、财力等资源的计划调拨和分配；政治上，通过单位内置的党群组织和对资源的控制形成高效率的政治动员机制；社会上，人们的各种生活资源和需求的满足都通过单位得以实现，如就业、医疗、养老、住房、家属福利等，由此导致了个人对单位的依附，也实现了社会生活的高度组织化。在这一制度背景下，单位不只是一个经济组织，也是国家治理基层社会的重要工具。相对而言，街居制扮演的作用十分有限，居委会的责任主要是对极少数没有被纳入单位的城市居民进行管理，同时协助街道政府开展一些宣传、治安保卫、环境卫生和政治动员活动。从某种意义上讲，这一时期的居委会只是作为街道这一政府派出机构的助手，功能极为有限，并不构成一个相对独立的社会管理单元。改革开放打破了单一公有制结构和计划经济体制，单位制无法适应市场经济体制和社会快速变迁带来的挑战，社区在社会管理中的地位和作用开始显现出来。

1987年，民政部首次以“社区服务”为主题召开城市工作座谈会。1993年，民政部会同国家计委、财政部、建设部等13个部委联合颁布了《关于加快发展社区服务业的意见》。社区服务的提出是在经济体制改革带来的企事业单位社会福利、社会管理职能被剥离后，寻求实现社会职能社会化转移的体制创新，社区也由此作为一个重要的概念得到认同并运用于城市社会管理实践。1998年，国务院的政府体制改革方案确定民政部在原基层政权建设司的基础上设立基层政权和社区建设司。2000年11月，中共中央办公厅和国务院办公厅转发了《民政部关于在全国推进城市社区建设的意见》，这意味着社区不再只是一个提供区别于民政部门代表国家办的社会福利事业的组织载体，而是城市社会管理中一个相对独立的、最基层的管理单元。社区建设的目标和内容不再局限于承接单位转移出来的服务职能，以社区党组织、社区居民自治组织和社区工作者队伍为内容的社区组织体系建设和社区服务、基层民主、社区环境、社区文化、社区安全、社区卫生等多领域的任务被系统地提出，二级政府（市、区）、三级管理（市、区、街）这一自20世纪50年代以来的中国城市管理架构被扩展为二级政府、三级管理、四级网络（市、区、街、居），社区作为相对独立的一个管理层级和实体地位得以形成。2017年6月12日，《中共中央 国务院关于加强和完善城乡社区治理的意见》颁布，正式明确了城乡社区是社会治理的基本单元。社区正式由单位制下“拾遗补漏”的地位转变为相对独立、具有相对完备功能的城市社会治理的单元。

二、城市社区建设

社区建设，国际上一般称之为社区发展。1915年，美国社会学家弗兰克·法林顿在《社区发展：将小城镇建成更加适应生活和经营的地方》一书中首先提出社区发展这一概念，泛指社区内所有的发展事务与过程。第二次世界大战之后，社区发展成为联合国倡导的一项世界性运动，其宗旨是加强政府与社区的联系，充分发挥社区成员的积极性，利用社区自身力量提高社区经济、社会发展水平，改善居民社区生活，解决社区存在的问题。

在我国，社区建设是指在党和政府领导下，依靠社区力量，利用社区资源，整合社会力量，连接社会资源，以促进社区政治、经济、文化、社会、环境健康协调发展，实现管理有序、服务完善、生活便利、环境优美、卫生整洁、治安良好、人际和谐的社区发展目标。我国的社会主义建设已进入新时代，社区建设包括以下方面的内容。

（一）社区组织和队伍建设

社区组织泛指参与社区事务的所有组织，包括正式组织和非正式组织，最主要的有社区党组织、居民自治组织、社会组织、驻区企事业单位等，这些组织的效能以及彼此的关系决定和影响着社区建设。社区组织和队伍建设的首要任务是加强社区党组织建设。社区党组织是社区建设的领导核心，只有巩固党组织在社区中的领导地位，发挥党员在社区建设中的先锋模范作用，才可能整合社区建设的各种力量，使之凝聚为社区建设的合力。社区居民自治组织以居民委员会为主体，包括业主委员会等多种形式的基层群众自治组织，它是居民实现自我管理、自我教育、自我服务的组织形式，也是居民表达利益诉求，参与社区事务的重要渠道，社区居民自治组织是社区建设的最重要的内生力量。社区建设离不开社会组织的参与，社会组织能够动员社会力量、连接社会资源、引入专业化知识和力量参与社区建设，以多层次多样化的服务满足社区居民的物质和文化需求。社区工作者是社区建设的专业人才，建设一支专业化、高素质的社区工作者队伍，积极发展志愿者队伍，是提升社区服务质量，推进社区建设的重要途径。

（二）社区服务体系建设

社区服务体系建设是社会治理和民生保障的重要载体，是满足人民对美好生活的向往，缩小社会差别，形成积极向上的社会心态的重要制度建设。城市社区服务体系建设要求与基本公共服务、便民利民服务、志愿服务有效衔接的社区服务机制更加成熟；以社区综合服务设施为主体、专项服务设施为配套、服务网点为补充的社区服务设施布局更加完善；网络联通、应用融合、信息共享、响应迅速的社区服务信息化发展格局基本形成；政府预算、社会资本投入、慈善捐赠等筹集社区服务资金的渠道更加多元。

我国城镇化发展已经进入一个新阶段，城市社区服务要着力解决社区服务权利均等化问题，提供面向全体城镇居民、贯穿生存发展各阶段和生产生活各领域的基本公共服务。随着城镇居民物质生活水平的提高，社区服务要加强社区公共文化服务体系建设，提升社区公共文化服务水平。在满足居民基本公共文化服务需求的基础上，多渠道提供更具个性化、多样化的非基本公共文化服务，提升市民素质，增加社区活力，陶冶市民情操。

（三）社区管理机制建设

社区管理机制是社区管理者通过发挥计划、组织、领导、协调、控制等职能来协调实现自我发展的过程，社区是一个政府治理和基层群众自治共生的场域，是一个法治、德治、自治协同的场域，因此社区管理机制建设要处理好基层政府与社区的关系、社区党政领导与基层群众自治的关系、居民委员会与社会组织之间的关系、社区与驻地企事业单位的关系，形成一个资源共享、优势互补、相互支持、协调发展的局面。要提升科学技术在社区管理中的运用，完善网格化管理，建立科技支撑的社会治安综合治理网络，提高对自然灾害、事故灾难、公共卫生事件、社会安全事件的预防和处置能力。

（四）社区群众性自治制度建设

社区群众性自治是社区居民开展自我教育、自我管理、自我服务、自我监督，表达利益诉求、开展民主协商、参与社区公共事务和公益事业的制度形式。居民委员会是社区自治最重要的制度和组织形式。完善和巩固居民委员会制度，有助于其既可以有效地完成政府交办的事务，又可以积极地代表社区居民保护和争取合法权益。随着城市住房商品化的发展，业主委员会这一以物业管理区域为范围、以私有财产为基础、以共有财产为纽带的基层群众自治组织在我国城市社区中普遍出现并获得法律确认，成为维护业主合法权益、实现物业保值增值、促进基层民主发展的重要力量。2017 年《民政部关于大力培育发展社区社会组织的意见》颁布，各种由社区居民发起成立，在社区开展为民服务、公益慈善、邻里互助、文体娱乐的社区社会组织也得到快速发展。中国特色社会主义的社区群众性自治正以多种形式发展。

（五）社区环境建设

社会环境建设可以分为硬环境建设和软环境建设。

社区硬环境建设指社区基础设施建设。整洁的道路、绿化美化的环境、便利的交通、便捷的生活设施、良好的文化体育设施、有助于居民互动交流的社区公共空间等是建设资源节约、环境友好、美丽宜居社区的物质基础。

社区软环境建设指社区精神文明建设。社区居民对社会主义核心价值观的认同、遵纪守法的意识、良好的家风民俗，以及高度的社区认同感、归属感、责任感和荣誉感都是促进社区发展的精神力量。例如，佛山市南海区桂城街滨江一号小区通过在社区中开展“创熟”活动，将一个 80% 是新市民的社区由“陌生人社会”变为“熟人社会”，形成与邻为善、以邻为伴、守望相助的良好社区氛围。城市社区环境建设需要政府重视和支持，广泛发动居民群众和驻社区机关企事业单位参加。

（六）社区科技支撑平台建设

在大数据、智能化时代，社区建设和社区治理离不开社区科技支撑平台建设，即依托大数据和云计算，对原本分散在各个系统的社区信息数据进行整合，建立互联互通、信息共享的社区数字服务平台。依托社区数字服务平台，可以实现对社区中的人、物、活动等进行精准分析，实现更有效率的社区管理；可以基于互联网和物联网，为社区居民提供更便利、更具个性化、更智能化的家居生活服务。要统一做好智慧城市规划建设，将街道、社区纳入信息化建设规划，加强智慧社区基础设施、系统平台和应用终端建设。实施“互联网+基层治理”行动，完善街道、社区的地理信息等基础数据，共建全国基层治理数据库，推动基层治理数据资源共享，进行社区数据综合采集，实行一次采集、多方利用。

三、城市社区治理

社区治理是政府、社区组织、社会组织、居民及辖区单位协调合作，实现社区建设目标，有效供给社区公共物品，满足社区居民需求，促进社区人际关系、维护社区秩序的过程与机制。

（一）城市居民委员会与社区治理

通过发展城市基层群众自治推动社区治理，是中国特色社会主义城市治理的重要组成部分，有着悠久的传统。

1. 新中国成立初期的城市居民委员会

新中国成立初期，在废除旧政权的保甲制后，各地城市就自主开展了不同模式的居民自治探索。1949 年 12 月，杭州市人民政府率先发布了《关于取消保甲制度建立居民委员会的工作指示》。1950 年 10 月，《福州市市区居民委员会暂行组织条例》获得福建省人民政府批准。上海市解放初期建立了里弄福利会、冬防服务队、清洁卫生小组等里弄居民组织，在此基础上于 1951 年 4 月开始了居民委员会建设。1954 年 12 月 31 日，第一届全国人民代表大会第四次会议通过《城市街道办事处组织条例》和《城市居民委员会组织条例》，城市居民委员会作为代表社区全体居民的基层群众自治组织，其法律地位得到确认。协助政府在社区开展宣传和落实政府的基层管理工作目标、对没有工作单位的社区人员进行登记和管理、向上反映居民意见和办理与居民日常生活相关的福利服务这几项工作成为居委会最主要的功能。

在新中国成立初期，国家在政治上面临新政权巩固、经济上面临战后重建、社会生活上面临秩序重建的局面。一方面，居委会在政策法规宣传、防谍防奸防火、肃清反革命、抗美援朝等方面做了大量工作，为新政权的稳定和民主改革运动作出了贡献；另一方面，居委会对城市大量存在的无业失业居民、难民、灾民、个体摊贩等人口进行登记、收容或疏散工作，协助政府全面禁绝烟馆、妓院、赌台，为改善社会风气、恢复社会秩序作出了贡献。同时，居委会还在扶贫救灾、治安保卫、环境卫生、民事纠纷调解、识字扫盲、幼儿照顾等日常生活服务方面积极开展工作。

2. 计划经济体制时期的城市居民委员会

随着国家对农业、手工业、资本主义工商业的社会主义改造完成，计划经济体制全面建立，“单位制”成为计划经济时代城市居民经济社会生活最重要的组织形式。虽然居委会在城市基层治理中的法律地位没有变化，但是其功能地位明显弱化了，表现在以下三个方面。一是居委会的自治性下降。从 1958 年到“文化大革命”结束，居委会主任、副主任不再由居民选举产生，而是由上级党委任命，居委会的工作更多地是完成政府交派的任务。二是居委会对社区中无业、流动人口的管理功能弱化。这是因为工业化发展极大地增加了就业机会，加上户籍制度使人口流动受到严格控制，城市人口就业相对充分，而单一公有制的形成使城市劳动者几乎全部属于“单位人”。三是社区在提供与居民日常生活相关的福利服务方面的功能弱化。在“单位制”下，越来越多的社会职能成为单位责任，劳动者及其家庭成员社会生活需求的满足越来越依赖单位，而非社区。

3. 改革开放与城市居民委员会

改革开放以来，过去由工作单位包揽的、与职工生老病死相关的各种非经济职能逐渐向社会转移，“单位人”转变为“社会人”；城市人口流动规模和速度增加，人口的异质性加大；人民群众的物质和精神生活需求不断增长，利益分化和社会摩擦也在增加。面对以上变化，社区治理在社会治理中扮演着越来越重要的作用，居委会的地位和功能再次凸显出来。但是，由于城市社区人口的异质性和流动性增加，人们不断增长的物质和精神生活需求更加多元，社区治理的工作更加复杂，仅靠居民委员会难以充分满足基层群众自治发展的要求，难以充分调动社会力量参与社区治理。在这一背景下，业委会、社区社会组织等各种新的基层群众自治组织开始成长起来，一个在党的领导下、以居委会为主导、多种基层群众自治组织合作发展的城市基层群众自治的新格局开始形成。

中国城市社区治理经历了政府一元主导阶段、政府与居民二元互动阶段、多元协同阶段三个阶段。在政府一元主导阶段，社区治理主要侧重于社会控制，政府各个部门的社会治理职责几乎都自上而下通过行政命令委派到居委会这一社区基层组织，居委会是政府实现社会治理目标的代理者。在政府与居民二元互动阶段，居委会从单一的政府代理者转变为政府代理者和居民利益代表者的二元角色，然而受制于居委会自身的人力、物力、财力等，在日益繁重的自上而下的政务性工作面前，居委会难以有效地实现代表社区居民自下而上地表达利益诉求，实现自我管理、自我服务、自我教育、自我监督的自治功能。在多元协同治理阶段，社区党支部、居委会、社会组织、业主委员会、驻社区机关企事业单位、物业管理公司、社会企业等多种组织进入社区，社区居民、社会组织人员、商业机构人员、各类专业技术人员等多元行动者参与社区治理，行政资源、社会资源和市场资源相互整合，形成在党领导下的社区多元主体参与的社区治理格局。

不同城市的经济、社会、文化发展水平不同，各种社区治理主体在社区治理过程中的参与程度和影响力不同，社区治理模式也会存在差别。

（二）城市社区治理的模式

1. 政府主导型

政府主导型模式是指主要依靠政府的行政力量，提供社区公共服务、完善社区治理架构、培育社区自治组织、发展社区公共参与的治理模式，如厦门的美丽社区建设。政府主导模式在中国具有强大的制度优势和惯习，权威性较强，能够在短时间内迅速动员各种组织和财政资源，因此具有组织动员能力强、行政效率高等特点。但这一模式也不可避免地会出现过度依赖政府领导者的个人能力，容易产生“政随人变”的现象。而且由于政府主导模式的行政干预力量强大，社会资源的动员则相对不足，居委会的自治性发育不够，社会组织的自主能力欠缺。

2. 市场主导型

市场主导型模式是指主要依靠房地产企业、物业公司等市场力量提供小区物业服务，乃至社区公共服务，培育社区自治组织、发展社区公共参与的模式，如武汉的百步亭社区。市场主导模式是住房商品化改革以来诞生的新模式，其在社区治理的资源配置方面能力很强。而且由于社区的地域边界与居民的利益相关性较为匹配，有利于社区认同的形成。但是，由于社区建设的内容绝大多数是以公共产品性质提供给居民的，理性的市场主体缺乏提供社区公共服务的激励，这导致市场主导模式难以克服其与生俱来的市场失灵问题。因此，市场主导与社区共同体模式的成功往往依靠具有社会责任感的企业家，大量按照市场主导模式运作的社区不同程度地存在市场失灵现象，而且社会力量难以进入这些社区，社区整合能力较弱。

3. 社区自治型

社区自治型模式是指主要依靠社区居民力量，尤其是社区居民自发组织起来的社区组织来实现社区治理，如南京市翠竹园社区。在这些社区中，社区居民依靠自己的力量，争取社区发展资源，推动社区社会组织发育，促进社区参与，提供社区公共产品，完善社区服务，处理社区公共事务。这一模式的优势是它真正建立在社区居民自治基础上，社区居民的公共参与程度较高，社区活力得到激发。但是这一模式缺乏相应的制度保障，社区组织的职能定位、运行规范等比较模糊，缺乏资金保障，可持续发展的能力还比较弱，其在社区中的形成和发展主要依靠个别有理想、有能力的社区精英，一旦这些精英离去，这一模式也会面临可否持续的问题。

4. 社会嵌入型

社会嵌入型是指社区外社会力量在推动社区治理创新中扮演了重要角色，这些社会力量主要有高校/研究机构的专家团队或专业化的社会组织，人们通常用“社区营造”来形容这种社区治理模式，如清华大学的“清河实验”。社区外社会力量的主要功能是链接社区发展的外部资源，动员社区居民参与，培育社区社会组织发展，实现社区公共产品供给，培育社区居民自治。这一模式的优势在于拥有专家学者或专业化社会组织的理论和方法，可以在长远规划和顶层设计基础上开展社区治理，而且专家学者或专业化社会组织的声望也有助于开展社区工作。但是这一模式的局限是专家学者或专业化社会组织的目标设定容易“理想化”，而且一旦社区外社会力量退出社区，其推动建立的社区治理模式能否延续一直受到质疑。

我国的城市社区治理模式还处在一个形成过程中，不同的社区治理模式既是不同城市发展水平的产物，也是社区治理模式的探索性产物，因而需要不断地改革和完善社区治理模式，最终实现政府治理和社会调节、居民自治良性互动的社区治理目标。

在我国的城市社区治理探索过程中，已经形成了一些各具特色、值得总结和推广的社区治理经验。

广州市番禺区在民政部“三社联动”基础上创新了“五社联动”，即在社区、社会组织、社会工作者“三社”基础上增加社区企业、社区基金会，通过城乡议事厅平台，协商推出社区公益项目，通过政府拨一点、群众集一点、企业捐一点、活动筹一点的公益募款渠道建立社区基金会，为社区治理奠定可持续基础。同时调动社区企业的积极性，为社区发展项目提供支持，实现社区发展和企业社会形象市场效益双赢。

宁波市鄞州区针对区内居民结构复杂的情况，创新了“365社区治理工作规程”，即党员联动治、社工联勤治、支援联盟治的“三社”；党建服务强政治、常态化协商服务强自治、源头化平安服务强法治、多元化文化服务强德治、智慧化信息服务强智治、优质化民主服务强善治的“六联”；健全组织齐抓共管机制、民情闭环共解机制、队伍双向共建机制、资源联动共享机制、两网融合共治机制的“五机制”。2019年，鄞州区入选“中国最具幸福感城市”。

（三）完善城市社区治理

社区是国家社会治理体系的最基本单位，社区治理的成效最终会影响到国家社会治理效能。完善城市社区治理必须重视以下几个方面。

1. 完善党对社区的领导，形成社区治理的合力

在党的领导下，发挥基层群众自治的作用是我国实现城市社区治理的重要制度安排，因此社区治理是一个多元主体参与的过程。多元主体参与增加了治理资源，提升了治理活力，但也在目标、资源、方法等方面扩大了差异，增加了协调成本。社区治理客观上需要在多元主体之间形成合力。形成社区多元主体的合力离不开党的统一领导，党的领导工作要与社区治理特征紧密结合，把自上而下的行政过程与基层群众自治有机结合起来。需要在街道或社区搭建区域化党建平台，组织党员、干部下沉参与社区治理、有效服务群众，以广大党员在社区中的参与和表率为基础，吸引社会力量和公众参与。需要以党建引领群建，统筹群团组织，提升社区治理的资源动员和资源协调能力。需要完善精

细化社区管理，依托社区统一将辖区内人员划分成若干个网格状的单元，并让网格中的党员参与其中，以此开展精细、准确、规范的管理服务，对每一网格实施动态、全方位的管理，对网格内的居民进行多元化、精细化、个性化的各种服务。

2. 切实发挥基层群众自治功能，充分调动居民参与的主动性

居委会是城市社区治理最主要的群众性自治组织，改革开放以来，虽然居委会的地位不断提高，但日益繁重的政府交办事务使其“自治”功能难以充分发挥。健全基层群众性自治，第一要加强居民委员会规范化建设，给居委会在行政事务上减负，使其有更多的力量投入反映群众意见和建议，实现自我管理、自我服务、自我教育、自我监督上。第二要在法制基础上，更多发挥代表和服务社区居民的基层群众自治组织的作用，拓宽群众反映意见和建议的渠道。第三要建立切实可行的基层民主协商沟通平台，聚焦群众关心的民生实事和重要事项，定期开展互动、交流和协商。健全基层群众自治制度不只是一个单向的给社区居民提供服务的过程，更是一个培育社区自组织力量，培育社区居民自治能力，提升自我服务能力，形成社会责任和提高市民素质的过程。社区治理只有在社区居民真正把社区治理看作自己的事情、自己的权利、自己的义务时，才会有社区居民广泛、主动的参与，形成人人有责、人人尽责的局面。

3. 加强社区治理正式制度建设，重视非正式制度的作用，促进社区和谐

社区是人们日常生活的空间，是居民之间利益、情感、文化乃至个性面对面交汇的地方，社区治理的根本目的是要让居民群众有一个安全、和谐、幸福的家园。但城市人口的异质性和流动性使社区居民之间缺乏乡村那种依靠血缘关系和世代为邻的地缘关系建立起来的信任和情感。城市住宅建筑在满足城市人追求“隐私”的需要时，也出现了近在咫尺却“老死不相往来”的窘境。尤其是住宅商品化、物业管理市场化强化了社区居民的利益关系，各种与之相关的社区冲突近些年来在城市时有发生。城市社区治理客观上要求加强正式制度建设，完善基层治理的法律法规，制定社区居民公约，健全社区公共法律服务体系。但社区作为日常生活空间，还需要重视非正式制度在社区治理中的作用：要重视对居民的道德观念和社会责任的培养，形成良好的社区氛围；要弘扬中华优秀传统文化，发挥家教家风在社区建设中的作用；要促进社区居民之间的交流互动，增进人际信任和邻里互助。通过正式制度和非正式制度的有机

结合，形成居民的社区认同感、归属感、责任感和荣誉感，形成既具有契约精神和法治精神，又富有情感和关爱的人文精神的和谐社区。

4. 加强社区人才队伍建设，重视本土人才培养

随着社会的发展进步和社区在社会治理中地位的上升，社区治理需要一支专门的人才队伍。社区人才队伍建设首先要加强基层党务工作者队伍建设，建立健全社区党组织书记后备人才库，实行社区党组织书记县级党委组织部门备案管理。其次要加强城市社区工作者队伍建设，健全社区工作者职业体系，建立岗位薪酬制度并完善动态调整机制。再次要探索将专职网格员纳入社区工作者管理。最后要通过政策扶持城市社区人才队伍建设，引导高校毕业生等从事社区工作。在社区人才队伍建设中，要注意培育本土社区人才，即那些积极参与社区事务、对社区发展具有影响力的本地社区居民。因为本土人才与社区紧密的利益关系使其更容易形成社区责任感，他们直接的社区生活经验使他们更了解居民需求所在和社区治理的主要问题所在，他们与社区居民朝夕相处的关系也使他们更容易与居民建立起信任关系。

5. 加强智慧社区建设，提升治理水平，促进基层群众性自治能力增长

随着大数据、平台化、互联网技术的发展，“互联网+基层治理”在城市社区中得到广泛运用。例如，通过对网格的数据收集，实现了社区精准管理；通过车牌识别保障了社区安全；通过社区公共网络平台建设，提升了社区事务的公开性。互联网的发展也为社区居民提供了更便利、更具个性化、更智能化的家居生活。随着城市社会治理复杂性的增加和社区居民在社区服务、社区自治等方面要求的增多，加强智慧社区建设是社区发展的必然要求。智慧社区建设要力求精准掌握社区信息、提供社区服务、快速发现治理问题、迅速作出治理反应、防范社会风险、提高治理效能。但同时也要重视通过智慧社区建设增加居民的社会互动，拓宽居民参与社区公共事务的渠道，加强社区群众对基层政府和群众性自治组织的社会监督，促进基层群众性自治能力的增长。

思考题：

1. 为什么要研究城市社区？
2. 如何理解社区社会资本？
3. 在城市异质性增加的背景下，如何促进社区参与？

4. 中国城市社区治理模式经历了哪些变化?

▶ 思考题要点

第七章　城市社会问题

自工业革命以来，城市化前所未有地推动了城市经济和城市社会的快速发展，但城市高度集中的人口和资源、多元分化的社会结构以及快速的变迁，也带来了人口膨胀、老龄化、交通拥堵、住房短缺、贫困、失业、环境污染、犯罪等城市社会问题。这些城市社会问题被形象地称为“城市病”。

第一节　城市社会问题概述

一、社会问题的概念

人类社会是一个不断变化的矛盾过程。社会学意义上的社会问题是指现代社会的运行和发展过程中出现的种种障碍和失调现象。美国社会学家米尔斯在其代表作《社会学的想象力》一书中指出，要区分“源于周遭情境的个人困扰”与“关乎社会结构的公共议题”。① 在米尔斯看来，这里的个人困扰只是一种私人事务，而公共议题才是公共事务，指公众而非个人所珍视的某种价值受到了威胁。也就是说，社会问题是社会环境中的公共议题，而不是局部环境中的个人困扰。这里的公共议题也即公共问题，影响了社会中许多人的生活，而不仅仅是对个人生活产生影响。

社会问题有广义与狭义之分。广义的社会问题是指人类社会在各个发展阶段都可能遇到的困扰或危机。狭义的社会问题则特指现代社会发展过程中的障碍、失调现象。社会学侧重从狭义的视角来理解社会问题的内涵。当然，并非社会中出现的所有障碍和失调现象都被视为社会问题。一种社会现象是否成为或被视为社会问题，有其必不可少的构成要素。

确定社会问题的构成要素，应该把握以下几个方面：第一，必须有一种或多种社会失调现象。即社会问题是以社会生活存在某种与社会和谐、社会运行和社会发展不相协调的社会失调现象为客观依据的。有些失调现象尽管一时还未被社会觉察或确定，但它依然客观地存在于社会生活中，对社会生

---

① ［美］赖特·米尔斯：《社会学的想象力》，李康译，北京师范大学出版社 2017 年版，第8 页。

活产生影响。第二，这种失调现象影响了多数社会成员的利益或公共生活。即社会问题通常是一种“公共麻烦”，而非个人困扰，其必然与全体或多数社会成员的生活密切相关，涉及相当多的人和较为广泛的社会关系，直接或间接地危及相当一部分社会成员的正常社会生活及利益，使大家共同感到一种困扰或不适。第三，这种失调现象引起了社会的普遍关注。即只有这种失调现象为多数社会成员所认识和确定，才能真正成为社会问题。也就是说，当这种失调现象还处于潜在状态，未被多数社会成员认识到时，就不能成为社会问题。第四，这种失调现象只有运用政府和社会力量才能予以解决。即社会问题的起因一般是社会性的，并不由个人或少数人负责；同时，社会问题的后果也是社会性的，会影响相当一部分人共同的社会生活。因而它的解决或消除也绝不是个别人或少数人能办得到的，要依靠政府和社会力量的通力合作才有解决的可能。

社会问题的基本特征可概括为普遍性、变异性、复合性、周期性和集群性等几个方面。具体来说，社会问题的普遍性是指社会问题在世界各地无处不在、无时不有的特性；社会问题的变异性是指社会问题的性质、内容或形式都各不相同，都有其时间和空间的具体性和差异性；社会问题的复合性是指社会问题是一种十分复杂的现象，其产生原因、表现形式及社会后果等是多种因素的结合，而且往往是几种社会问题并存；社会问题的周期性是指在一定时期内反复出现的特性，说明社会问题非常顽固，化解和消除社会问题需要持续不断的努力；社会问题的集群性是指社会问题往往不是孤立的现象，而是呈现出成群成串的症状，使得社会问题的破坏性更严重，这在一定意义上大大增加了社会问题的治理难度。

改革开放以来，我国进入了一个快速的社会转型时期，依据这一时期社会问题的表现形式及其产生原因，可将其划分为以下三类。第一，结构型社会问题。这类社会问题主要是由社会结构的缺陷所引起，表现为社会结构没有很好地发挥其应有的功能，致使社会结构积存的一些社会弊病不断暴露出来，如城乡二元结构问题等。第二，变迁型社会问题。这类社会问题主要是由社会变迁所致，即在社会现代化与社会转型过程中的结构失衡、功能障碍、关系失调、整合错位导致了各种社会问题的产生，如环境污染问题、区域发展不平衡问题等。第三，失范型社会问题。社会结构的变化引发了原有的社会规范和价值观念紊乱，导致社会生活中出现价值冲突或规范混乱，从而出现行为偏差，如犯罪、吸毒、卖淫问题等。

相对于农村社会，城市社会问题还具有以下几个特点。

第一，交叉性。如西方城市郊区化运动的初衷是逃避城市污染和拥挤，但是其结果不仅加剧了社会阶层的进一步固化，还导致了大城市的内城衰败和环境的进一步恶化。再如城市人口聚集让原来的交通拥堵、住宅紧张、环境污染等城市社会问题更为加剧和突出，错综复杂地交叉重叠在一起。

第二，连锁性。城市社会是一个有机整体，城市系统各组成要素的变化都将引起其他要素乃至整个城市系统的变化。随着城市化发展，城市社会结构不断调整，往往旧的城市问题和社会矛盾尚未解决，新的矛盾和问题又产生了。如城市中若有大量产业工人的失业现象，而相应的社会保障没有及时跟上，随之出现了失业工人的群体上访事件。

第三，突发性。城市的快速发展容易产生一些出人意料的、突发性的社会问题，这些往往会超出城市政府或社会力量现有的应对能力。如2019年年末暴发的新型冠状病毒肺炎疫情，迅速波及全国，成为传播速度最快的一次重大突发公共卫生事件。

第四，变异性。有些城市社会问题就其表现方式、程度、影响范围而言，在不同时期具有较大的起伏性，但会长期存在。例如，“在经济调整成长时期，失业问题会有所缓解，通货膨胀问题则可能加剧；而在银根紧缩、结构调整时期，通货膨胀问题受到遏制，但由于基建规模压缩，就业岗位减少，失业问题则会上升”。[①] 此类问题还有住房问题、犯罪问题等。

二、风险社会与城市社会问题

（一）风险社会含义

“风险社会”是德国社会学家贝克首先提出并进行系统理论分析的概念，它是指对当前人类所处风险时代特征的一种特定的政治、经济、社会、文化形态的概括与描述，其特点是一种不断增长的、人为制造的、不确定性的普遍逻辑在现实社会的展开，且具有产生根源的内生性、发展过程的延展性、影响范

① 郑杭生、李迎生：《我国社会转型加速期与城市社会问题》，《东岳论丛》1996年第6期，第28—34页。

围的全球性、后果计算的不确定性、应对方法的复杂性等特征。[①] 按照贝克的理解，“风险社会”的“风险”所造成的灾难不再局限在发生地，而经常产生无法弥补的全球性破坏，而且风险的严重程度超出了人们的预警检测和事后处理的能力。同时，由于风险发生的时空界限条件发生了变化，各种不确定性不断增加，风险结果不仅呈现出了多样性，而且还无法计算和操作，致使风险预防与控制会变得越来越困难。[②]

风险社会是现代化不可避免的产物。具体来说，风险社会呈现出以下几个比较独特的特点。第一，产生根源的内生性。现代社会所取得的每一个进步都同时带来了新的风险。例如，汽车的发明给人们出行提供了快捷便利，但也带来了交通事故增多的风险。据报道，全球每年因交通事故死亡的人数超过百万。第二，发展过程的延展性。现代社会的风险不仅仅存在于金融领域（各种投资风险）、技术领域（新兴技术带来的风险），也存在于社会领域和生活的方方面面（健康风险等），同时，各种不同风险之间存在着内在的联系（如公共卫生风险与经济衰退风险之间的联系）。第三，影响范围的全球性。现代社会的风险还表现出一种全球化趋势，它的上述特点不仅表现于国家内部，而且在全球范围内得到体现。工业风险和破坏不会受国家边界约束，它在扩大原有的国际不平等的同时，又有着一种普遍化的可能性。如气候变暖、海平面上升、金融危机等。第四，后果计算的不确定性。由科技文明本身所带来的风险，特别是技术—经济决策导致的风险，往往超出我们的预测和控制能力。“现代化风险是一种人为制造的风险或不确定性，且这种风险已然超出了人类的掌控。也就是说，风险社会已经把我们带出了数学计算的安全范围。这种风险甚至超出了时空的限制：风险和危害并不仅限于事件的发生地，跨越国界乃至遍布全球是经常的事情；而且风险和危害也不仅限于现在，尚未出生的人或未来数代的人都可能受到当前事件的危害。”[③] 第五，应对方法的复杂性。如同风险社会是一种全新的社会类型一样，其中所包含的重大社会问题，无论是形成过程还是界定机制，都已带有不同以往的特性。我们已经不能用传统的解决社会问题

---

① ［德］乌尔里希·贝克：《风险社会：新的现代性之路》，张文杰、何博闻译，译林出版社 2018 年版。

② 文军：《直面新冠肺炎：风险社会的社区治理及其疫情防控》，《杭州师范大学学报》（社会科学版）2020 年第 2 期，第 3—9 页。

③ 成伯清：《“风险社会”视角下的社会问题》，《南京大学学报》（哲学·人文科学·社会科学版）2007 年第 2 期，第 129—135 页。

的方法来应对风险社会中的新问题，必须从掌握这个社会的基本运作机制入手，准确地找到理解和解决之道。

（二）城市社会是一个风险社会

在贝克看来，当今世界已经成为一种世界风险社会。以工业文明和信息文明为基础的城市社会日益成为一个复杂的风险社会。[①] 纵观城市发展的历史，它既是一部人类文明不断推进的历史，也是一部人们与风险始终相互伴随、相互作用的历史。农业文明时期的城市社会，主要面临的是全面的生存性风险，这个时期的城市风险更多带有自然性的特征，即更多来自未经深度改造的自然、社会与人自身所产生的风险。工业文明时期的城市社会，人类开始更多地遭遇由人本身的活动、创造所导致的经过更为深度的改造的自然、社会与人自身所产生的风险。这个时期的风险已经日益具有人工性，在本质上源于人的生产和实践。当代大都市社会，城市在全面进步的同时，开始遭遇更为深刻、系统的总体性风险。一方面，就城市社会这个“人造”的复杂社会环境而言，人类开始更为全面、深刻地改变着它；另一方面，人类也开始更为全面、深刻地遭遇了由“人造”的城市复杂社会环境所引发出来的总体性风险。

由于城市社会遭遇的风险是一种总体性风险，它涉及城市社会运行和城市社区发展的所有环节与要素。让城市社会不断变成风险社会的主要原因有以下几个方面。

其一，快速的城市化把越来越多的人口、生产要素等吸纳到城市，集聚产生的效应带来人类文明的巨大发展。但是，城市这种大规模的集聚也可能聚集起原本分散的风险，甚至由集聚突生出新的风险，放大风险效应。在城市发展史上，曾经出现过疾病爆发导致人口大量死亡、城市生态环境恶化使整座城市不再适宜人类生存等现象。城市化是一个综合改变世界及人自身的过程，是一个发展和风险并存的矛盾统一体，而人类对这种对立统一关系的认识还极为有限。

其二，人类对城市发展认知具有滞后性和片面性。工业革命以来，由于城市化速度过快，人类对城市的发展规律，尤其对城市与社会之间关系的认识还

---

① 陈忠：《城市社会的生命自觉与风险治理：一种城市哲学与文明批评史的视角》，《武汉大学学报》（哲学社会科学版）2018 年第 2 期，第 48—56 页。

处于相对滞后的阶段，人们虽然可能通过科学研究探索和发现城市社会运行的基本规律，但从总体上看，人类对城市社会运行、变迁的机理、趋势和发展方向的认识还远未达到已经掌握规律的层面。也就是说，人类对自身发展规律，以及对城市与人本身关系的认识还处于探索过程中，人类对城市发展规律认识的相对滞后性和有限性是导致人类城市实践充满风险的重要原因。

其三，城市建设和运行中具有主观性和脆弱性。当代城市社会已经成为一种全面的人工社会，其运行的方方面面、各个环节都需要人为设计和建设，城市是一个典型的由人的观念、价值引导的“人造社会”。也就是说，人类通过专业化的劳动与组织分工、专业化的区域分划与分工、专业化时间分段与管理、专业化的规划和设计，建构起一种几乎完全依靠人化的城市社会。这种人化的城市系统具有脆弱性，它要求在运行中的每一个环节，特别是一些重要环节不能出现问题，一旦一个环节出现问题，就会产生连锁反应，比如电力或自来水供给发生故障，城市运行的所有方面都会出现问题甚至产生系统性崩溃。

人类是城市的创造者和城市的主人，也是城市社会风险的根本源头。因此，防范与化解城市社会风险，需要人们对城市中所有涉及人的关系不断进行反思和调整，特别需要对人类关于城市的认识和城市行为进行启蒙、约束和治理。

第二节 现代城市的主要社会问题

18 世纪以来，工业革命深刻地改变了人类的生活方式。一方面，随着大量人口不断涌入城市给城市带来了繁荣，人们的衣着起居、交通方式、职业特征、思想观念也发生了巨大变化；另一方面，工业化、城市化的发展也造成了环境污染、交通拥堵、失业、住房短缺、贫民窟等问题。例如，有学者就把工业革命时期的英国称为欧洲的“脏孩子”。意思是说，英国作为最早开启工业化进程的国家，让城市成为人口和经济活动的聚集地，创造了巨额财富，但同时也造成了环境污染、交通拥堵、贫民窟等社会问题。美国学者简·雅各布斯在《美国大城市的死与生》一书中对现代城市发展理念及其影响下出现的各种社会问题进行了严肃的批评，引起了专家学者对城市研究领域的广泛关注以及对现代城市发展的深刻反思。[①]

无论是发达国家还是发展中国家，城市社会问题都是其发展需要面对的问题，一般有城市人口问题、城市交通问题、城市就业问题、城市贫困问题、城市财富分配问题、社会保障问题、城市住房问题、城市犯罪问题、城市环境与资源问题等。这些主要发生在城市的社会问题俗称“城市病”。不过不同国家处在不同的发展阶段，城市社会问题的具体内容、表现形式与程度会不一样。

一、人口膨胀

人口膨胀是指某个国家、地区或城市的人口在短时间内增长过快的现象。人口膨胀如果超出了经济发展水平，或者城市人口生存和发展不可缺少的教育、就业、交通、住房、医院等公共服务得不到相应的增长，就会导致就业不足、交通拥堵、社区贫困、住房短缺等一系列社会问题，人口膨胀在大城市表现得尤为突出。

20 世纪初，大量的移民移居到美国，加剧了纽约、芝加哥等大城市的住房拥挤、种族隔离等城市问题。第二次世界大战以后，日本恢复重建，东京、大阪等特大城市巨大的引力作用使外来人口短时间内大量汇集。例如 1950—1955 年，东京、大阪、名古屋、横滨、京都、神户 6 座大城市人口增长中自然增长仅占 31%，约 70%是外来人口的涌入，由此也产生了住房、交通、环境等城市问题。[②] 从 20 世纪 80 年代开始，西方城市化发展速度放缓，从 1980 年到 2015 年，25 年仅增加了 8%，逐步趋向稳定。而且从 20 世纪 60 年代开始，发达国家的人口在城市高度集中的趋势开始发生变化。变化的第一阶段是郊区化，即城市核心区人口开始大量向郊区迁移，市区内人口密度下降。变化的第二阶段是中小城市的兴起。在欧洲，城市化高度发达的区域往往是像伦敦、巴黎、柏林这样的世界级大城市和不同规模与特色的中小城镇组成错落有致的城市等级网络体系。变化的第三阶段是乡村开发与建设。如 1980 年以来，法国大力推行“乡村复苏”计划，把乡村发展纳入城乡统筹规划，形成城乡之间“空间”的重新配置，使城市发展同乡村建设有机联系起来。1975—1982 年，法国乡村人口的增长速度是 7%，而城市人口的增长速度却只有 1.5%，有的城市人口增长

① 王郁、张彦洁、王亚男：《“城市病”的表象、体制性成因及其治理路径——以上海为例》，《上海交通大学学报》（哲学社会科学版）2014 年第 6 期，第 53—62 页。

② 李陈：《“城市病”研究述评和展望》，《西北人口》2013 年第 5 期，第 20—28 页。

几乎停滞了。①

从 20 世纪 60 年代开始，一些拉丁美洲国家进入快速城市化，大量农民持续涌入城市，大大超过了这些国家的经济发展和城市公共服务的供给能力，出现了“过度城市化”。例如，20 世纪 70 年代中期，巴西制造业就业人口占就业人口总量的 20%左右，但城市人口超过 60%。2011 年拉美地区的城市化率达到 79.1%，仅次于北美的 82.2%，超过了其经济社会发展水平。随着 20 世纪 80 年代经济形势的恶化，其城市人口规模与经济社会发展水平越来越不协调，面临着失业、贫困、住房供应短缺、城市环境恶化等众多难题，被视为过度城市化的典型地区。拉美国家人口膨胀严重的一个重要特征是城市首位度极高。②如阿根廷城市人口的 45%集中于布宜诺斯艾利斯；乌拉圭 52%的城市人口集中在首都蒙得维的亚；秘鲁 40%以上的城市人口集中于利马。如此高的城市人口集中在一个城市，其面临的社会问题是不难想象的。

2020 年，全球人口超过 75 亿，2/3 生活在城市，当代大部分城市人口增长发生在发展中国家，发展中国家正在成为人口膨胀的主要地区。但是，一些发展中国家的人口增长与经济发展严重不协调，甚至出现最不发达地区正在经历某种最高的城市增长率，例如，非洲正拥有全世界最高的城市增长率，每年超过了 4%。③

改革开放以来，中国城镇化也经历了快速发展。据国家统计局发布的数据，中国城镇化率从 1978 年的 17.92%增长到 2020 年的 63.89%，城镇人口从 1978 年的 1.724 5 亿已增长到 2020 年的 9.019 9 亿。总体来讲，中国城镇化带来的人口增长与快速的经济增长之间在方向上是基本一致的。在未来一定时期内，我国城镇人口总量还会随着经济发展保持增长，但也要看到，人口增长在不同地区或城市并不均衡，大城市，尤其是特大城市的人口增长明显要快过其他城市。从 1996 年到 2015 年，上海、北京、广州、深圳、天津、重庆 6 个大城市的人口总量从 7 847.7 万增加到 11 637.4 万。在短短 40 多年时间里，我国城市人口快速大规模增长，无疑对城市建设和城市公共服务带来巨大的压力。

---

① 汤长平、周倩：《西欧的“逆城市化”和农村开发》，《兰州大学学报》（社会科学版）2019 年第 3 期，第 175—189 页。

② 首位度是指城镇体系中的城市发展要素在最大城市的集中程度。为了计算简化和易于理解的需要，通常用首位城市与第二位城市的人口规模之比来表示。

③ ［美］马克·戈特迪纳、［英］莱斯利·巴德：《城市研究核心概念》，邵文实译，江苏教育出版社 2013 年版，第 133 页。

目前，我国拥有世界上最多的拥有千万人口的特大城市，在这些特大城市中，人口增长与城市建设和城市公共服务之间的不均衡明显存在。

如何选择一条符合中国国情的城市化发展道路，在保持持续城镇化发展的同时，避免人口增长过快对资源、环境带来的破坏性影响以及与住房、交通、公共资源配置不相符等民生问题，对于国家能否实现到 21 世纪中叶把我国建成富强民主文明和谐美丽的社会主义现代化强国至为关键。党的十八届三中全会通过的《中共中央关于全面深化改革若干重大问题的决定》提出了全面放开建制镇和小城市落户限制，有序放开中等城市落户限制，合理确定大城市落户条件，严格控制特大城市人口规模的方针。党的十九大报告进一步提出，要建立以城市群为主体，构建大中小城市和小城镇协调发展的城镇格局。这些方针和战略勾勒出了一条具有中国特色的城镇化发展道路。

二、老龄化

老龄化是指在一个国家、地区或城市总人口中，老年人口比例增长的动态过程。一般来说，当一个国家、地区或城市 60 岁及以上人口超过总人口的 10%或 65 岁及以上人口超过总人口的 7%就意味着进入老龄化阶段。

人口老龄化最早出现在西方发达国家。19 世纪 70 年代后，以法国为代表的部分西欧国家就相继进入老龄化社会，65 岁及以上人口占总人口的比重超过 7%。进入 20 世纪，特别是第二次世界大战之后，越来越多的国家加快了老龄化进程。2018 年，世界上 60 岁及以上人口占世界人口比例已经达到 12.95%，65 岁及以上占 8.89%；有 43 个国家 65 岁及以上人口占总人口的比重达到 14%，进入老龄国家。其中日本、意大利、德国已经跨越联合国确定的 21%的超老龄社会标准。在发达国家，老年人多住在城市，他们在城市人口中占有较大比重。老龄化给经济社会发展带来了诸多不利因素：劳动力供给减少、劳动生产率降低；政府所得税减少和社会储蓄率下降；社会保障负担加重。老年人在衣食住行等各个方面有着特殊的需求，城市公共服务能否满足老龄化带来的老年人公共服务增长的需求也是现代城市面临的问题。

20 世纪 90 年代以来，中国的人口老龄化进程加快。据国家统计局发布的数据，2020 年，中国 60 岁及以上人口为 26 402 万人，占 18.70%，其中，65

岁及以上人口为19 064万人，占13.50%，中国已经进入轻度老龄化社会，老龄化进程明显加快。2010—2020年，60岁及以上人口比重上升了5.44个百分点，65岁及以上人口上升了4.63个百分点。与上一个十年相比，上升幅度分别提高了2.51个和2.72个百分点。2020年，中国城镇60岁以及上人口和65岁及以上人口分别占15.82%和11.11%；而乡村60岁、65岁及以上老人的比重分别为23.81%、17.72%，比城镇分别高出7.99、6.61个百分点。老龄化水平的城乡差异，除了经济社会原因外，与人口向城市流动也是有密切关系的。由于城市是经济社会发展的中心，对新增劳动力的需求大，加上城市老年人口绝对数仍然较大且密度高，老龄化带来的诸多经济社会问题在城市更为显著。

相对于发达国家，我国仍然是一个发展中国家。一方面，产业结构、产业的资本有机构成和技术构成的性质和水平决定了经济发展对劳动力人口数量仍然有较大的依赖；另一方面，人均经济发展水平还不够高，这使得我国的老龄化呈现出“未富先老”的特征。这些特征无疑增加了解决城市老龄化问题的难度。进入21世纪以来，我国在以下三个方面作出了重大决策，以应对老龄化的到来：一是优化生育政策，实施一对夫妻可以生育三个子女政策及配套支持措施，促进人口长期均衡发展；二是加快推进产业升级，从劳动力密集型向资本密集型和技术密集型的经济转变，降低经济发展对劳动力数量供给的依赖程度；三是实施积极应对人口老龄化的国家战略。积极开发老龄人力资源，发展“银发经济”，推动养老事业和养老产业协同发展。推进基本养老服务，构建居家社区机构相协调、医养康养相结合的养老服务体系，健全养老服务综合监管制度。弘扬中华优秀传统文化，支持家庭承担养老功能，发挥家庭养老基础作用，构建养老、孝老、敬老的政策体系和社会环境。

三、交通拥堵

自从机动车取代马车成为城市主要代步工具以来，城市交通以及由此引发的环境问题就从未停止过，且伴随着汽车普遍化愈演愈烈。对一个国家来说，交通发展对国民经济发展具有极其重要的支撑作用；对一个城市来说，交通不仅是连接城市的重要纽带，而且是为城市发展运送人流、物流的重要通道，对生产要素的流动和城市发展具有决定性影响。现在尽管出现了大容量、高效率、低污染的轨道交通系统，面对舒适度、自由度极高的私家汽车和高速公路，以及密如蛛网的公共汽车线路，城市特别是大城市仍然无法摆脱恼人的交通拥堵，这已经成为一个世界性难题。即使在发达国家，交通拥堵仍然是困扰至今的城市社会问题。交通拥堵产生了一系列其他经济社会问题：降低了城市经济活动的效率，影响了整个城市系统的运行，增加了城市管理的负担；增加了居民的出行时间和出行成本，这不仅会抑制人们的日常活动，还会降低人们的生活质量；会导致开车时反复地加速和刹车，浪费能源和增加空气污染。有研究表明，当汽车的时速从 40 公里降到 10 公里时，燃料消耗量会增加一倍，环境负荷则会增加 2~4 倍，而汽车尾气造成的空气污染占城市空气污染的 60% 以上。交通拥堵还会增加出行人的精神压力，更容易引发交通事故，造成更多的生命财产损失。

随着我国经济发展和人民生活水平不断提高，私人汽车保有量呈稳步上升趋势。据公安部公布的数据，截至 2022 年 3 月，我国机动车保有量达 4.02 亿辆，汽车 3.07 亿辆；机动车驾驶人数量达 4.87 亿人，汽车驾驶人为 4.50 亿人。从全国各个城市的分布来看，汽车保有量超过 100 万辆的城市有 79 个，其中 20 个城市汽车保有量超过 300 万辆，北京、成都、重庆的汽车保有量更是超过 500 万辆。① 改革开放以来，我国的城市道路建设发展迅速，但是由于城市人口规模大、密度高，加上计划经济时代我国城市道路设计和城市住宅设计没有考虑私家汽车这个因素，因此无论是道路面积还是停车位数量仍然跟不上汽车数量的增长，尤其是私家汽车的快速增加。在一些大城市，交通拥堵和停车位一位难求的现象非常普遍。

交通是与人民的生产生活息息相关的基础设施，是关系国计民生的公共事业。尽管私家汽车的发展是人民生活水平提高的标志，但我国的国情决定了优先发展公共交通、积极倡导绿色出行是解决城市交通问题的科学理念和发展大方向。为了改善城市公共交通设施，近年来我国加快了城市轨道交通系统的建设，包括地铁、轻轨、单轨、有轨电车、市域快轨或市郊铁路、APM（自动导向）以及磁悬浮列车等。截至 2022 年 1 月，中国已有 51 个城市开通并运营城市轨道交通，共开通城市轨道交通路线 270 条，运营线路总长达到 8 759 公

---

① 《全国机动车保有量突破 4 亿辆》，中华人民共和国中央人民政府网，2022 年 4 月 7 日。

里。[1] 城市轨道交通在运量方面的巨大优势，极大地缓解了城市交通拥堵问题。但是城市轨道交通建设和运营过程中也出现了一些值得注意的问题，如轨道交通引起的噪声和振动污染，电磁辐射对身体健康存在的潜在负面影响以及对城市景观的污染等。

四、住房短缺

住房是人的基本生存需求，保障城市居民享有基本的住房条件是城市发展的必要条件。但住房短缺是许多城市面临的突出社会问题。从广义而言，住房短缺包含两方面：一是住房绝对数量不足；二是符合人类文明基本要求的住房数量不足。也就是说，住房短缺不仅指我们通常所说的无处安身，还包括那些没有体面住宅，无法满足基本生活需求的情况，如住房过度拥挤、缺少基本配套设施、建筑质量低劣、位于不适合居住的高风险地域等。

自工业革命以来，住房问题就困扰着城市发展，恩格斯在《论住宅问题》一书中对19世纪末德国工业革命引发的城市住房短缺现象进行了形象的描述：工人恶劣的住房条件因人口突然涌进大城市而特别恶化，房租大幅度提高，每所住房更加拥挤，有些人根本找不到栖身之处。即使在今天，全世界仍有数亿人口面临住房短缺问题，在发展中国家的城市中尤为突出。住房短缺对社会产生多方面的负面影响：第一，住房短缺使一部分人的生存和发展的基本权利得不到保障。住房既是一种生活必需品，又是保障居住者享有稳定的工作权、健康权、社会保障权和教育权等多项权利的前提。失去了住房，就意味着一个人将难以享有安全、安定和有尊严的生活。第二，住房短缺会影响家庭稳定与社会和睦。住房是家庭生活的重要物质基础，获得一套与文明发展水平相适应的住房，不论是租的还是买的，都是保障家庭可以稳定生活的前提。第三，住房短缺对城市竞争力和活力造成负面效应。住房短缺一方面会影响住房短缺者的身体和精神健康，甚至会使其面临居住安全方面的问题；另一方面也会影响城市形象，使城市缺乏吸引力，降低城市竞争力和城市活力。第四，住房短缺还会加剧社会不平等，深化社会排斥和社会隔离，诱发社会冲突。

1998年，我国发布了《关于进一步深化城镇住房制度改革 加快住房建设

---

① 《1月城市轨道交通运营数据速报》，中华人民共和国交通运输部网，2022年2月7日。

的通知》的文件，停止住房的实物分配，建立住房分配货币化，推进住房商品化与社会化的住房供应制度，这标志着我国房地产行业走上了市场化的道路。在此后的20多年里，中国住房市场得到了飞速发展，截至2018年，我国城镇居民人均建筑面积39平方米，比1978年增加了32.3平方米。[①] 有研究发现，我国城市家庭中有66%的家庭拥有一套自有房，13%左右的家庭拥有两套或两套以上的自有房，只有21%的家庭没有自有房，[②] 自有房比例高于许多发达国家。不过相当多城市家庭拥有的自有房是老旧的“房改房”，住房面积不大、功能设置不全、建筑质量和环境较差，改善住房是相当多城市家庭的需求。

党的十九大报告中提出，要“坚持房子是用来住的、不是用来炒的定位，加快建立多主体供给、多渠道保障、租购并举的住房制度，让全体人民住有所居”[③]，这为解决城市住房问题指出了方向。国家正在主要从以下两个方向上落实“坚持房子是用来住的、不是用来炒的”的定位：以城乡一体化战略眼光，打破城乡土地界限，在增加城市土地供应量的同时，增加政府保障性住房的生产和供给；调控住房市场，打击恶意捂盘、哄抬房价的不法行为，在限制住房购买数量的同时增加超标准的住房持有成本。

五、城市贫困

城市贫困是指一个城市人或一个城市家庭处在无法满足城市生存最基本需求的状态。在不同国家或一个国家的不同发展阶段，贫困的标准是不一样的。贫困有绝对贫困和相对贫困之分。绝对贫困又叫生存贫困，是指在一定的社会生产方式和生活方式下，个人和家庭依靠其劳动所得和其他合法收入不能维持其基本生存需要，这样的个人或家庭就被称为贫困人口或贫困户；相对贫困是指在特定的社会生产方式和生活方式下，依靠个人或家庭的劳动力所得或其他合法收入虽能维持食物等基本生活保障，但无法满足在当地条件下被认为是最基本的其他生活需求的状态。绝对贫困解决的是生存问题，而相对贫困则解决的是发展问题。贫困还有广义和狭义之分。狭义的贫困只

---

① 《建筑业持续快速发展 城乡面貌显著改善——新中国成立70周年经济社会发展成就系列报告之十》，国家统计局网，2019年7月31日。

② 蔡禾、卢云、张蕴洁：《房价、房产与城市居民的主观阶层地位——基于中国劳动力动态调查数据的实证研究》，《中山大学学报》（社会科学版）2020年第2期，第144—156页。

③ 习近平：《决胜全面建成小康社会 夺取新时代中国特色社会主义伟大胜利——在中国共产党第十九次全国代表大会上的报告》，人民出版社2017年版，第47页。

关注物质需求为主的基本生存困境，广义的贫困还包含了人力资本、社会资本、文化资本的贫乏，包括能力贫困、权利贫困，是缺乏各种生存条件和发展条件的综合。

无论在发达国家还是发展中国家，城市贫困都是一个普遍存在的城市社会问题，这是因为任何一个城市都存在社会分层，都会有人处在城市社会最底层。一个城市中贫困人口的数量和比例反映了该城市社会不平等的程度。城市贫困的另一个特征是“贫民窟”现象，即贫困人口往往会聚居在某个社区，形成所谓“贫民窟”。贫民窟的居民大部分人处于贫困线以下，他们的居住、出行、卫生和教育条件都很差，形成某种“贫困亚文化”，对下一代产生“贫困遗传”的影响。另外，发达国家的城市贫困还表现出少数种族、单亲母亲、非正规就业者、移民占有较大比例的特征。

在发达国家，由于较高的生活水平、相对完备的社会福利制度以及普遍存在的慈善公益组织，城市贫困整体上进入相对贫困的状态，有人称之为“富裕中的贫困”。这使得传统上仅以收入来解释城市贫困的说法无法令人信服，学者们开始关注能力贫困、权利贫困、底层阶级文化、社会排斥等问题。

在我国，传统意义上的城市贫困群体主要是指那些老弱病残、鳏寡孤独的“三无”（无劳动能力、无生活来源、无法定赡养人）人员和灾民，他们生活在温饱线以下，属于绝对贫困，“三无”人员总体上人数较少。随着经济体制的转型与各种经济和社会政策的变化，一个被称为“新城市贫困”的群体开始出现，他们主要是因为社会结构转型、经济体制转轨、经济和产业调整、国有企业改革而诱发的贫困。旧体制下工作单位具有的养老、病残救助、住房、公费医疗、子女安置等福利功能基本上不复存在，相应的社会保障机制没有完全建立起来，进一步增加了他们因为失业或者福利流失而落入贫困的风险和贫困程度。与农村贫困相比，中国城市贫困的划定标准较难统一，目前普遍以城市最低生活保障线作为城市贫困人口的衡量标准。有研究指出，中国城市贫困人口主要包含三部分群体，即失业人口、下岗人员以及收入低于最低生活保障线的在业人员。① 还有研究将中国城市贫困人口按是否实现就业和是否正在享受低

① 冯丹萌、陈洁：《2020年后我国城市贫困与治理的相关问题》，《城市发展研究》2019年第11期，第102—107页。

保，分为领取低保的在职人员、领取低保的下岗失业人员、未领取低保的贫困农民工以及领取低保的其他人员。[①] 进入 21 世纪以后，中国城市贫困人口比例在明显下降。以国家统计局统计的 2015 年至 2019 年城市居民最低生活保障人数为例，城市居民最低生活保障人数由 2015 年的 1 701. 1 万逐年下降到 2019 年的 861. 0 万，下降了 49. 39%。[②] 在市场经济体制下，城市人口的生存条件不能只满足"菜篮子"的基本生存需要，本人及其子女的教育、医疗、住房、交通都已经成为必不可少的生存条件。而且，由于农民工通常没有被列在城市最低生活保障救助范围内，因此在城市实际工作、生活的人群中，事实上的贫困人口数量可能要比以上数字大。

自 2020 年全面建成小康社会之后，我国的反贫困政策从"求生存"向"求发展"转变，城市贫困问题的解决也需要有相应的制度和政策来应对。一方面，用城市居民中间收入一定比例这一国际惯例作为划分贫困的标准，其比例可低于发达国家，高于现有的低保标准，这样可以常态化的保证贫困标准随着经济发展稳定增长。另一方面，城镇化不仅带来劳动力的流转，还可能带来贫困的流转。随着城镇化水平的提高，流动人口数量不断增加，农民工因为城乡差距成为潜在的贫困人口，而户籍制度门槛又使其难以获得保障。他们在农村标准下并非贫困人口，但流转到城市后，他们能获取的劳动报酬较低，加上城市生活成本高于农村，使其容易成为城镇标准下的贫困人口。[③] 因此，鉴于我国城市中生存型贫困减少，发展型贫困增加，应该进一步扩充和完善救助内容，维护城市贫困群体的合法权益，不断提高贫困救助水平，为城市贫困群体实现"生活富裕"打好基础。

六、环境污染

城市环境污染是指在城市的生产和生活中，向自然界排放的各种污染物超过了自然环境的自净能力，遗留在自然界，并导致自然环境各种因素的性质和功能发生变异，破坏生态平衡，给人类的身体、生产和生活带来危害。城市环

① 朱火云、杨超柏：《城市新贫困：政府与非政府组织合作扶贫研究》，《杭州师范大学学报》（社会科学版）2019 年第 5 期，第 135—136 页。

② 数据来自国家数据网。

③ 李晓嘉：《2020 年后我国反贫困政策转型及展望》，《人民论坛》2020 年第 20 期，第 65—67 页。

境污染包括：空气污染、水污染、噪声污染、固体废物污染、放射性污染等。在世界上，有许多重大的环境污染给人类带来了重大影响。例如，1952 年英国伦敦冬季取暖燃煤和工业排放的烟雾造成了“烟雾事件”，短短 4 天时间内让 4 000多人失去了生命；日本东京 1970 年发生了光化学烟雾事件，让 2 万人患上了红眼病；1986 年苏联的切尔诺贝利核电厂爆炸排放了相当于广岛原子弹 400 倍以上的放射量，使该地区不再适合人类居住。

城市环境污染最直接、最容易被人感受的后果就是城市环境质量下降，直接影响市民的生活质量、身体健康和生产活动，导致发病率上升，甚至引起胎儿早产或畸形等严重后果。严重的环境污染事件不仅带来健康问题，还会造成不同利益群体之间的纠纷和因为环境抗争而产生的社会冲突，导致社会不稳定。我国作为目前世界上经济发展最快的国家，城市环境污染问题也日趋严重，表现在以下几种类型的污染问题。

（一）空气污染

中国的能源消耗量近年来一直稳步增长，这导致中国城市空气污染问题日趋严重，对人的健康影响也很大。工业生产、化石能源燃烧、机动车、扬尘是城市空气污染的主要来源。近年来，虽然国家已下大力气治理空气污染，城市的空气质量取得明显改善，但全国地级以上城市仍有近半污染物平均浓度超过国家空气质量标准，秋冬季重污染天气仍然时有发生，夏季臭氧污染问题也日益凸显。

（二）水污染

我国城市污水排放量一直保持着较高的水平，生活污水和工业废水是造成城市水环境污染和恶化的两个主要因素。虽然受经济结构调整、产业技术进步和污染控制措施等影响，近年来我国工业废水排放总体上呈下降趋势，但随着城市化进程加快和城市生活水平提高，城市生活污水却有增无减，面源污染问题日益凸显。同时，全国多数城市地下水由于过度开采造成的地下水位下降、地面塌陷及海水倒灌等问题，在沿海和北方缺水城市十分突出。

（三）噪声污染

噪声污染是我国除空气污染、水污染之外的第三大环境公害。噪声污染主要有城市道路交通噪声，其中高架道路、轨道交通等引发的交通噪声影响更为突出；建筑工地噪声，扰民矛盾相对突出，是投诉的焦点之一；社会生活噪声，其影响面广量大，其中餐饮、菜场、商店、文化娱乐场所产生的噪声扰民现象呈上升趋势；以及工业企业噪声污染。另外，地铁、变压器、风电、电梯、水泵等引起的低频噪声的烦恼度较高，成为城市中噪声污染的新问题。快速的城镇化发展所伴随的基础设施建设、人口快速聚集、第三产业发展、城市规划不完善以及城市社会治理能力存在短板，是产生城市噪声污染的主要原因。

（四）固体废物污染

随着经济社会持续快速发展，各领域、各环节产生的固体废物总量与日俱增。更为突出的是，城市人口增长和城市规模的扩大，导致了城市家庭生活垃圾的产生量不断增加，生活垃圾问题成为影响全球城市治理的公害之一。根据2020年生态环境部和国家统计局发布的数据，2019年全国一般工业固体废物产生量为44.1亿吨，工业危险废物产生量为8 126.0万吨，城市生活垃圾清运量为24 206万吨。当前，我国固体废物产生强度高、利用不充分，非法转移倾倒事件仍呈高发频发态势，既污染环境，又浪费资源，已成为城市治理中亟待解决的重要问题。

环境保护问题一直是国家关注的重大社会问题。1982年，国家在城乡建设环境保护部设立环境保护局，1988年，环保工作从城乡建设部分离出来，成立独立的国家环境保护局，1998年，国家环境保护局升级为国家环境保护总局，2008年升级为环境保护部，成为国务院组成部门，2018年，组建生态环境部，这是对创新、协调、开放、绿色、共享五大新发展理念的落实，也弥补了过去国家在生态环保上的短板。但是环境保护在相当一段时间内并没有受到重视和落实，“各类环境污染呈高发态势，一段时间内成为民生之患、民心之痛”①。党的十八大以来，生态文明建设正式写入了宪法和党章，生态环境保护得到前所未有的重视，国家先后制定、修订9部生态环境法律和20余部行政法规来保障环境保护的落实。不过，过去多年高增长积累的环境问题，解决起来绝非一朝一夕之功。“生态环境问题归根到底是发展方式和生活方式问题。要从根本上解决生态环境问题，必须贯彻绿色发展理念……把经济活动、人的行为限制

① 中共中央宣传部编：《习近平新时代中国特色社会主义思想学习纲要》，学习出版社、人民出版社2019年版，第168页。

在自然资源和生态环境能够承受的限度内。”①

七、城市犯罪

犯罪问题是人类社会的普遍问题，无论农村还是城市都存在，犯罪是困扰人类社会的一大难题。不过相对于农村，城市的犯罪问题更为凸显。这是因为城市是一个资源和财富高度集中和迅速流动的地方，同时也是一个社会不平等现象更加显著的地方，人们在生存机会和财富等资源占有上存在巨大的差别，这必然会引发社会矛盾和社会冲突，在缺乏有效的社会规范约束下，会诱发犯罪产生。城市是一个异质性高、流动性大的社会，真正熟悉和有感情投入的关系较少，人们的大多数社会联系都是基于某种利益性需要，很少关心这些与之交往但并不熟悉的“陌生人”是谁和他的行为，这导致了城市人行为的“匿名性”，“匿名性”使行为的非正式约束下降，越轨行为出现的可能性增加。同时，城市人口的高密度和复杂的城市建筑结构也降低了对犯罪行为的空间约束。尽管城市犯罪是一种普遍的社会现象，但是国家的制度不同、文化不同，所处的发展阶段不同，其犯罪的类型和程度也不同。

第二次世界大战之后，大多数发达国家在享受不断增长的经济繁荣的同时，也在承受严重的犯罪冲击。1982 年，时任美国总统的里根承认，“犯罪已成为美国的一种流行病”，“有组织的犯罪势力已经渗透到我们社会的每个角落”。② 许多国家的犯罪率居高不下。在工业化、城市化早期，发达国家的犯罪类型以暴力犯罪占据首位，但是随着从工业化社会向后工业社会过渡，财产犯罪占据首位。2018 年，纽约州每万人立案数中，财产犯罪有 144.1 件，暴力犯罪有 35.1 件；华盛顿州分别为 294.6 件和 31.2 件。同时还呈现出白领犯罪有所上升、青少年犯罪人数激增、女性犯罪比例上升等特征。

相对于发达国家，中国的城市犯罪率是比较低的。例如，2017 年上海公安机关立案刑事案件 203 246 起。③ 2018 年广州公安机关立案刑事案件 111 857

---

① 中共中央宣传部编：《习近平新时代中国特色社会主义思想学习纲要》，学习出版社、人民出版社 2019 年版，第 171 页。

② 吴鹏森编著：《犯罪社会学》，中国审计出版社、中国社会出版社 2001 年版，第 89 页。

③ 数据来自上海市统计局网。

起。[1] 不过，改革开放以来，中国的城市犯罪也呈现出上升趋势，从 1995 年到 2018 年，全国公安机关的刑事立案数从 1 621 003 件增长到 5 069 242 件。[2] 同时出现了一些变化：流动人口犯罪较为严峻，青少年犯罪比较突出，职务犯罪上升，网络犯罪发展迅速，毒品犯罪持续增长等。

导致城市犯罪的原因是复杂的，社会学家往往从社会解组、社会失范、参照群体、压力应对、理性犯罪人等视角加以解释，为认识犯罪的产生提供了多维的认识。从治理犯罪的实践层面来看，加强法治建设，依法惩治犯罪依然是降低城市犯罪率的重要手段。不过，仅靠惩罚罪犯是不够的。1991 年 2 月，中共中央、国务院作出了《关于加强社会治安综合治理的决定》，同年 3 月，第七届人民代表大会常务委员会第十八次会议通过了《关于加强社会治安综合治理的决定》，以法规的形式将综合治理犯罪控制模式确立了下来。综合治理模式集打击、防范、教育、管理、建设和改造六个方面的内容，是经过长期的理论和实践探讨形成的、具有中国特色的犯罪控制模式。综合治理不是靠公安司法部门就能实现的，它是一个社会系统工程，需要家庭、邻里、社区、学校、工作单位、社会组织多方力量共同参与。

八、突发事件

突发事件是指突然发生，造成或者可能造成严重社会危害，需要采取应急处置措施予以应对的自然灾害、事故灾难、公共卫生事件和社会安全事件。突发事件一般具有突发性（紧急性）、高度不确定性、影响社会性、非程序性决策等几个基本特征。[3] 大中城市作为人口物资、交通通信、政治经济、基础设施的主要承载体，灾害发生的可能性远远大于小城市和非城市化地区。“突发”强调不可预测和结果的不确定性，而“事件”强调一旦这样的情境出现，则会对公共组织造成较大的影响，存在或潜藏着对整个公共组织的威胁。与突发事件类似的表达还有“公共危机”“紧急状态”“灾难”和“灾害”等。城市突发事件的基本特征有以下方面。

第一，人口密集，威胁性突出。城市人口密度不断增大，城市经济发展迅

---

① 数据来自广州市统计局网。

② 数据来自国家数据网。

③ A. Farazmand, *Handbook of Crisis and Emergency Management*, Marcel Dekker, 2001, pp. 110-115.

猛，企业众多，大型基础设施建设大多落户于城市，伴随着城市的经济繁荣，诱发公共危机事件的因素增长。如2015年上海外滩的踩踏事件等。一方面是日益庞大的社会系统，另一方面是日趋脆弱的生态系统，一旦出现突发事件，将给百姓的财产和生命安全带来风险和危机，给社会稳定和经济的发展构成严重威胁。

第二，交通便利，资源流动快，扩散性明显。大中城市都具备较完善的交通道路、输气管道、通信线路等必要设施，加之人口、生产生活资料以及信息的高速流通，突发事件的影响很可能会蔓延到更大的范围。城市中任何一个设施功能的受损都可能使附近地区乃至全国受到影响。如在城市早晚上下班高峰时期，一旦发生地铁故障，就会造成整个城市“牵一发而动全身”的情况。

第三，市场开放，国际交往频繁，风险性加剧。我国实行改革开放政策以来，在政治、经济和文化等各个领域越来越广泛地融入国际社会。密切的国际往来使我国与世界各国的联系更加深入，危机输入或输出的可能性也因此大大增加。国际国内的经验表明：某一个城市爆发的突发事件会由于城市之间、国家之间的紧密关系，短时间内就在其他国家和地区产生连锁反应。

随着我国经济的不断发展，城市突发公共事件应急管理逐渐受到政府的重视和市民的关注，我国城市突发公共事件应急管理能力有了较大的提高，如对大海大江大河的综合整治，有效降低了旱涝灾害的威胁；军事化的消防体制保证了快速反应，有效保障了国家和人民群众的生命财产安全；近两年国家针对安全生产方面的问题，专门成立了安全生产监督局；SARS疫情过后，公共卫生体系建设得到了前所未有的重视与加强，这都充分说明了政府对城市突发公共事件的关切。

突发事件的特性给作为处理突发事件核心主体的政府提出了更高的要求。如何及时、科学、快速地处理突发事件，将突发事件对社会、经济、环境造成的不利影响降到最低，对政府在突发事件条件下的决策与管理行为提出了巨大挑战。

现代城市是人类活动与信息高度密集的空间汇聚中心，由自然环境或人类自身因素引发的某些突发事件，不仅会对城市系统的正常运行带来严重的影响，而且容易引发大量的公众负面情绪。尤其在日益发达的现代信息网络环境下，突发事件的相关信息能够在极短的时间里得到大面积传播与扩散，人们在有限的认知基础上受到各种传言甚至谣言的影响，极易引发一系列严重的社会次生问题。因此，在对上述突发事件的应急管理上，除了应遵循防止负面影响扩散和合理、合法的原则以外，还应该考虑到公众的情绪及其对认知、理解和接受所造成的影响，才能取得更好的效果，获得公众的广泛支持并转化为社会的自觉行为。

总之，“城市病”是全球城市面对的普遍问题。随着中国城镇化的快速发展，这些问题也不同程度地在中国城市中出现，尤其在大城市中。习近平在2015年12月23日的中央城市工作会议上指出，要“着力解决‘城市病’等突出问题，不断提升城市环境质量、人民生活质量、城市竞争力，建设和谐宜居、富有活力、各具特色的现代化城市”①。而要实现这一目标，还需要在经济发展、技术进步、社会制度、法律道德和城市政策上不断创新。

第三节　转型期中国城市的特殊社会问题

中国的城镇化是全球城市化发展的有机组成部分，既面临与其他国家一样普遍存在的“城市病”问题，也面临一些由国情带来的问题，尤其是从社会主义计划经济向社会主义市场经济转变带来的一些特殊城市社会问题。

一、农民工问题

“农民工”是指具有农业户籍，从事非农职业活动的劳动者。农民工是中国城乡二元体制下的特殊产物。根据国家统计局发布的《2019年农民工监测调查报告》，2019年中国的农民工总量达到29 077万人。其中，在乡内就地就近就业的本地农民工11 652万人；到乡外就业的外出农民工17 425万人，在外出农民工中，进城农民工13 500万人。农民工已成为中国产业工人的重要组成部分，在过去40多年为中国的经济社会发展作出了巨大贡献。有研究表明，农民工数量增加对总劳动生产率增长平均贡献率为19.96%，对总产出增长的平均贡献率为13.41%。② 但是，由于我国仍然处在转型过程中，城乡二元结构没有

① 中共中央文献研究室编：《习近平关于全面建成小康社会论述摘编》，中央文献出版社2016年版，第54—55页。

② 伍山林：《农业劳动力流动对中国经济增长的贡献》，《经济研究》2016年第2期，第97—110页。

完全消除，农民工在城市中的就业、居住、社会保障、子女教育等各个方面还面临着众多问题。

第一是农民工的就业。随着城市劳动力市场的形成，农民工已经可以自由地出入城市劳动力市场，但是劳动力市场上的二元结构差别仍然存在。在 20 世纪，这种二元结构差别主要体现在优先保护城市户籍人口就业或者优先保护城市户籍人口在一些相对较好的职业岗位就业。进入 21 世纪以来，这种二元结构差别主要体现在农民工的非固定就业和非正式就业比例高，进入固定就业、长期聘用的比例不断减少。

另外，农民工的职业培训和终身教育问题缺乏制度性的安排和保障，人力资本素质难以提高，导致他们难以在职业领域获得固定就业、长期聘用和向上流动。

第二是农民工的社会保障。农民工为国家经济建设、城市建设和乡村发展作出重大贡献，但是农民工参与城镇职工社会保险的比例和水平都不高，除了一定规模的企业在社会保障制度上受到较好的监管，大量小微企业、服务企业、网络平台用工都处在严格监管之外。各地城市政府在企业执行社会保障制度的监管力度上差别较大，存在制度碎片化、体系不健全、覆盖面不高等问题。其结果是相当一部分农民工仍然被排斥在城镇职工社会保险体系之外，损害了农民工的合法权益。

第三是农民工的城市社会融入。农民工的城市社会融入不仅包括地理空间、生产空间和文化生活空间的转换，更重要地体现在农民工的身份、价值观念与社会认同上的转换。农民工能否顺利实现上述维度的转换，是影响农民工市民化的关键。从乡村来到城市，城市的工作方式、生活方式、人际交往方式对于农民工来讲是陌生的，他们需要城市的社会支持。但由于受到自身人力资本，城市户籍制度、用工制度和社会保障制度等因素的限制，农民工大多处在不断的职业更换和城市之间的流动中，其社会交往局限在“老乡”这一狭小的“熟人社会”中，对城市的归属感和认同感并不高。据《2019 年农民工监测调查报告》，在进城农民工中，只有 40%认为自己是所居住城市的“本地人”。城市规模越大，农民工的归属感越低。这导致了城市劳动力供给的不稳定，并对城市社会治理带来挑战。农民工的就业稳定性差、工资低和社会保障不足等因素造成了这个群体具有很高的脆弱性，许多农民工面临着“留不下的城市，回不去的农村”这样的生存窘境。解决农民工问题需要真正、彻底地打破城乡分割的制度安排，分离户籍上捆绑的各种权利和公共资源，实现乡村振兴和城乡一体化。

二、城中村问题

城中村是中国快速城镇化过程中出现的一个独特现象，特指由于城市扩张，村民住宅聚落被周边城市建筑所包围，村民住宅聚落与城市社区合为一体，相应的组织及其社会关系得到延伸，从而形成具有村庄特质的城市社区。该社区既表现为一种地理实体的存在，也表现为一种组织化实体的存在。“贴面楼”“握手楼”“一线天”或“不见天”等形象的比喻是城中村外部“景观”的真实写照。

“城中村”对城镇化的影响是复杂的。“城中村”为村民提供了基本生活保障。随着大片农田被征收，村落被城市用地包围，传统农业形态荡然无存，村落土地的农业生产功能丧失，具备传统耕作技能的广大城中村村民因失地而失业，而他们往往又不具备城市劳动力市场所需要的良好的人力资本。在这种情况下，农民从“种田”转为“种房”。他们往往突破城市住宅管理规定，在宅基地上扩建或加建房屋，形成极高密度的“城中村”。村民由原来的经营农业转变为经营物业，租金收入成为他们稳定并维持城市消费的主要收入来源。但是，“城中村”中高密集、低质量的住宅，狭窄的道路，肮脏的卫生环境，乱搭乱建的管线，不仅使居住在里面的人缺乏基本的舒适卫生环境，潜藏着大量人居安全问题，而且对城市景观产生负面冲击。

“城中村”的居住人口主要是流动人口，以农民工居多。在中国的城镇化过程中，众多进城务工人员怀揣对未来美好生活的梦想涌入城市，但他们的流动性强，收入较低。城市昂贵的消费迫使他们不得不选择那些租金低廉、社区周边廉价商品供给方便的地方，“城中村”成了他们的首选。“城中村”是他们落脚城市的地方，是他们实现美好生活梦想的出发地。事实上，在政府无法提供满足城市劳动者居住需求的保障性住房的情况下，“城中村”为流动人口从乡村人向城市人转变提供了“过渡场所”，也降低了劳动力市场的价格。如果没有“城中村”创造出来的居住空间，我们很难想象城市如何留住城市生产和生活已经离不开的这支劳动大军。但是，由于“城中村”的土地仍然属于农村集体用地，缺乏统一规划，缺乏充足有效的城市政府的公共产品供给，加上人员混杂，人与人之间不仅难以建立起信任，居住在里面的人也难以被吸纳到社区组织体系中，治安问题严峻。由于“城中村”中原村民只占有很小一部分，大部分人是租客，因此社区治理往往面对原村民和租客两类人群，社区治理面临许多棘手问题。

由于“城中村”的环境复杂、隐蔽性强，在一些“城中村”中，还潜藏着不少小工厂、小作坊等“地下经济”，甚至少数从事假冒伪劣产品生产的企业也隐藏其中。这种状况不仅加剧了“城中村”的环境和空气污染，而且这些“地下经济”为了维持生存，往往还会扰乱社会秩序。

“城中村”问题的解决出路绝不在简单的“拆”，因为许多“城中村”是城市历史的活化石，是城市的历史记忆和地方文化的载体，它需要的反而是通过社区营造来再建社区的内生活力和文化特色。同时需要建构一个促进多元共融的城中村治理新机制。一方面要保障村庄原村民的利益，同时也要通过法规、政策、乡规民约等措施，规范“城中村”的住房出租和村庄的管理；另一方面要赋予外来人口同城化待遇，促进外来人口的社区参与，增加外来人口的社区责任感，实现“城中村”的合作治理。

三、城郊失地农民问题

城镇化必定会将城市空间不断扩大到周边乡村地区，城郊失地农民就是指那些由于家庭承包土地被城市政府征用后完全丧失土地的农民。根据我国的城镇化水平和经济发展速度，预计每年新增失地农民有 375 万~450 万人。① 城郊失地农民问题是指这部分失地农民的生存和发展问题。在传统体制下，失地农民的利益损失是通过政府安置就业并转换城市户籍来获得补偿的。但随着市场经济体制建立，国家开始采用经济补偿的方式来解决征地问题。这种制度性的转变带来了一些新的社会问题。

首先是土地补偿问题。我国的土地一级市场由政府垄断，即只有政府有权征用农业用地，然后再通过划拨或土地拍卖将土地使用权转移到真正的使用者手中。依照《土地管理法》规定，征收土地的补偿是按照被征收土地的原农业用途性质给予补偿，并在村集体和村民之间分割。因此，土地从农业用地性质转变为城市用地性质后产生的土地差价，农民没有参与利益分割。

---

① 章友德：《我国失地农民十年研究回顾》，《上海大学学报》（社会科学版）2010 年第 5 期，第 28 页。

其次是失地农民的再就业问题。农民失去土地后，原来积累起来的劳动技能就失去了价值，需要重新进行职业培训，但此类培训很多流于形式。对于许多中老年失地农民来讲，培训更不是一件容易的事情，即使他们可以获得重新就业的机会，也往往是一些比较简单的体力劳动，收入偏低。而在一些紧靠城市的“城中村”，由于农民可以从集体物业分红和私人房屋租赁中获得不菲的收入，还出现了青年人就业欲望不高的现象。事实上，如果失地农民不能加入到工业化、现代化的职业队伍，就难以真正完成自身的现代性的重构。

最后是失地农民的社会保障问题。在中国，土地不仅是经济收入的来源，也是在丧失劳动能力后的生活保障来源。他们一旦失去土地，如果不能稳定地纳入社会化的保障体系，就意味着有可能失去最后的生活保障。由于农业生产以家庭为单位，失地意味着整个家庭失去了生活来源和保障，因此为他们重建的社会保障不应该仅仅止于家庭劳动力，未成年子女和丧失劳动力的老人同样应该得到重视。

四、就业问题

就业问题是各个国家城市发展都要面对的问题，改革开放以来，中国城镇就业问题在不同发展阶段、不同人群中有不同表现。

（一）返城知识青年与国有企业下岗职工

从改革开放到 21 世纪初，我国城镇先后出现过两次以城镇户籍人口为主、较大规模的就业问题。

第一次是“文化大革命”结束至 20 世纪 80 年代初，以返城知识青年为主，包括各类落实政策返城的城镇人口就业问题。从 1967 到 1979 年，全国“上山下乡”知识青年累计达 1 647.12 万人。① 1978 年知识青年开始大规模返城，1979 年当年返城知识青年人数就达到 395.39 万，其中以病退、困退返城的就有 140.66 万，② 当年城镇累积待业人数近 2 000 万。③ 面对城镇待业人口

---

① 王桂新：《新中国人口迁移 70 年：机制、过程与发展》，《中国人口科学》2019 年第 5 期，第 2—14 页。

② 国家统计局社会统计司：《中国劳动工资统计资料（1949—1985）》，中国统计出版社 1987 年版，第 110—111 页。

③ 萧冬连：《中国七十年代末的就业危机与城镇非国有经济发展的发展契机》，《中共党史研究》2006 年第 1 期，第 43 页。

的迅猛增长，国家推动了劳动体制改革，打破统包统配的就业体制，在体制外广开就业门路，实施劳动部门介绍就业、自愿组织起来就业和自谋职业“三结合”的方针。同时实行允许企业为职工家属创办“大集体企业”提供条件，允许子女“顶职”替换父母工作的政策。在一系列政策推动下，这一时期包括返城知识青年在内的城镇待业问题得到化解，城镇待业率从1979年的5.4%下降到1985年的1.8%。①

第二次是20世纪90年代开始的国有企业改革导致的大量国有企业职工下岗。1993年全国城镇下岗职工300万人，1995年为564万人，1996年为892万人。② 从1998年到2003年，国有企业累计新增下岗人员达到2 000万。③ “安置国有企业下岗职工的再就业，不仅是重大的经济问题，也是重大的政治问题。”④ 为此，国家实施了“再就业”工程：在国有企业建立“再就业服务中心”，保障下岗职工的基本生活，提供就业指导；鼓励民营经济发展并吸纳下岗职工；鼓励下岗职工灵活就业；通过高校扩大招生减少新增就业人口；通过财政、税收、金融、工商管理等方面优惠政策支持企业安置下岗职工。在“再就业”工程的推动下，仅在1998年至2002年的4年时间里，全国累计有1 680多万下岗职工实现了再就业，企业下岗职工再就业压力逐步得到化解。

（二）城镇经济波动与农民工“返乡”

市场经济体制改革改变了劳动力市场的城乡二元分割局面，大量的农民进城务工经商。经济的持续发展将越来越多的农民吸纳到农民工的队伍，农民工的规模在2019年超过2.9亿人。但是，由于农民工的农业户籍及其自身文化程度的限制，绝大部分农民工从事的是技术性不强、替代性程度较高、收入和福利较差的体力劳动，工作的稳定性不够。一旦经济发展出现波动，劳动力供给出现过剩，首当其冲的往往是农民工。如1997年东南亚金融危机和2008年国际金融危机都给中国经济带来负面影响，一些企业关闭，大量农民工失去工

---

① 国家统计局社会统计司：《中国劳动工资统计资料（1949—1985）》，中国统计出版社1987年版，第109页。

② 沈立人：《中国失业者》，民主与建设出版社2006年版，第83页。

③ 蔡昉主编：《中国劳动与社会保障体制改革30年研究》，经济管理出版社2008年版，第60页。

④ 江泽民：《论社会主义市场经济》，中央文献出版社2006年版，第78页。

作。在 2009 年春节返乡的 7 000 万农民工中，有 1 100 万需要解决就业问题。①然而在城镇劳动力市场上，似乎并没有聚集大规模的失业人口，导致这一现象的关键因素是，绝大多数失去城镇工作的农民工并没有滞留在城镇，他们一旦失去工作，就会流向其他地方，实在找不到工作或无法维持城镇生存就会返回家乡。中国城镇化发展的一个显著特征是进城农民工并不是完全失去土地利益的无产者，农民工家庭通过代际分工或性别分工，形成了亦工亦农的结构，由此为农民工提供了一个出得去、回得来、生活有最基本保障的弹性空间。城乡二元结构是导致农民工在城镇就业时无法获得与城镇居民同样的经济社会权利的不平等原因，但也成为现阶段缓解城镇失业问题的隐形机制。

消除城乡二元分割结构，实现城乡一体化是中国特色社会主义的发展目标，但这是一个渐进的过程，不仅有赖于最终彻底剥离捆绑在城乡户籍上的各种权利差别，还有赖于乡村振兴。

（三）“企业用工荒”

“企业用工荒”是 21 世纪以来我国城市劳动力市场出现的新问题，其实质是劳动力短缺。“企业用工荒”与我国劳动力市场的以下变化紧密相关。一是出生率下降的影响开始呈现，新增劳动力数量快速减少。20 世纪 80 年代年均新增劳动力为 1 724 万人，20 世纪 90 年代为 1 260 万人，21 世纪前 10 年为 1 103万人，2010 年至 2018 年年均减少劳动力 73 万人。二是农民工总量虽然仍然在增加，2019 年达到历史最高的 29 077 万人，但外出进城农民工只有 13 500 万人，比 2017 年少了 210 万人，呈下降趋势。三是农民工虽然在就业机会、劳动报酬、职工社会保险等经济权利上与城镇居民的差别大大缩小，但是在子女义务教育、生活救助、住房救助、残障救助等社会权利上还有很大差别，这导致农民工缺乏城市安全感和在城镇定居的意愿，流动性大，追求短期经济收益。四是随着平台经济的出现，网约车司机、外卖员、快递员等各种灵活就业的职业不断出现，而农民工是灵活就业职业队伍的主力军。这类职业的职工社会保险虽然不完善，但经济收益相对较高，工作的自主性较强，既满足了部分农民工追求短期经济效益的愿望，也契合 20 世纪 90 年代后新一代农民工的特征。

---

① 《统计局：截至 2008 年末全国农民工总量为 22542 万人》，中华人民共和国中央人民政府网，2009 年 3 月 25 日。

面对劳动力供给短缺，国家采取了积极的人口生育政策，同时加快了用技术密集型产业替代劳动密集型产业的步伐。不过解决这一问题还需要在促进企业发展、农民工市民化等诸多方面形成合力。

无论是普遍的“城市病”问题还是特殊的城市问题，其问题呈现的形式和解决问题的办法都会受本国政治、经济、文化和历史等因素的影响。因此，解决城市社会问题要从国情出发，实事求是地直面问题，理性地分析问题，充分发挥制度优势，制订科学可行的解决方案，促进城市发展和提升城市生活质量。

思考题：

1. 城市社会问题的特征是什么？
2. “城市病”主要有哪些？
3. 解决我国城市住房问题如何做到“房子是用来住的，不是用来炒的”？
4. 转型期中国城市的特殊问题有哪些？

▶ 思考题要点

第八章 城市空间与规划

城市是一个由道路、工厂、办公楼、商场、银行、公园、广场、公寓、住宅等建筑物组成的实体空间，各种建筑物在空间中呈现出某种相对稳定的空间关系，人们的政治、经济、社会、文化活动在这一空间中展开，并受空间关系的制约。与早期城市相比较，现代城市在空间规模、空间尺度、科学技术运用、财富生产能力、管理手段上都大大发展了，但是现代城市发展似乎并没有帮助人们摆脱“城市病”，交通堵塞、环境污染、住宅短缺、贫困聚集等问题几乎在所有大城市都存在。城市规划通过引导空间的生产，使空间关系能满足人类对美好生活的向往，这是城市市民和城市政府的追求。不过对于城市社会学来讲，空间不仅是物理的，更是社会的；规划不仅是科学的，更是人文的，城市社会学关注的是城市规划中的社会性质。

第一节 城市空间

空间是物质存在的基本形式。城市空间包含两个方面：一个是由工厂、道路、市场、商铺、住宅、码头等各种满足人们生产和生活的有形物质构成的物质空间；另一个是这个物质空间中的人以及人与人的关系构成的社会空间。物质空间既是人类活动的产物，又是人类活动的基础，二者相互联系、相互作用，不可分割。相对而言，城市社会学更关注的是城市社会空间，或者说城市空间的社会性。城市空间的社会性主要体现在城市空间的对象化、城市空间关系的社会性、城市空间分化的社会性。

一、城市空间是人类劳动的对象化

如果说乡村或者那些人迹未到的荒蛮之地还存在本真性的自然，那么构成城市空间的、以物质形态存在的各种生产设施和生活设施则全部都是人类活动的产物，即使是城市中的树木、花草、绿地、湖泊也都是按照人类的意志加以保护、种植、移植或者深挖堆填制造出来的。如同城市社会学家列斐伏尔所说：“第一自然包括森林、大海、沙漠；第二自然则涵盖着城市与机器，而且还包括一个精心设计的身体，一个‘工作的’身体，它与都市环境以及都市装饰密不可分。第二自然犹如第一自然一样拥有同样的要素，但它是作为人类工作的产物发展起来的。”① 简单地说，城市空间是通过人类劳动生产出来的产品。毫无疑问，构成城市的工厂、道路、市场、商铺、住宅、码头等各种设施都是以有形的空间形式呈现出来，但是城市空间的社会性，其本质不在于它的物质空间形式，而在于它作为劳动产品具有的人的对象化本质，即马克思所说：“劳动的产品是固定在某个对象中的、物化的劳动，这就是劳动的对象化。”②

城市空间作为劳动的对象化意味着它是按照人的意愿，在一定的生产力水平条件下生产出来的，在这里，自然被改造为人们所需要的产品，空间不再是完全中性的，而是被人类赋予了价值、意义，甚至意识形态。例如，“在 18 世纪以前，空间、建筑、领土等与权力、神性和力量联系在一起，我们经常看到的巍峨的宫殿、庄严的教堂、恢宏的庄园，这些建筑均以巨大为特色，象征了力量、统治和上帝”③。由各种生产设施和生活设施构成的城市空间在满足人的需要的同时还通过凝结其间的文化、历史要素形塑了城市的历史文化环境。广州上下九的骑楼，北京大栅栏的四合院，上海里弄的石库门，福州的“三坊七巷”，以不同的物质空间形式展现了各自独特的市井生活；武汉市江汉关的钟声记载了“租界”这段半封建半殖民地历史，北京的故宫则向世人展现了中国封建制度和帝王生活。城市空间蕴含的历史和文化要素使其成为人类情感的重要载体，一栋百年老屋承载的是几代人的生活和记忆，人们对一个城市的情感和认同总是与一定的空间紧密相连的，离开了空间的物质载体，情感和认同就会弱化。

城市空间作为人类劳动的对象化，决定了其生产和再生产不只是一个简单的物质空间的建设和改造问题，还是一个社会空间的建设和维系问题。

二、城市空间是人与人社会关系的投射

城市空间作为人类劳动的对象化，不仅是物质生产的过程，而且还是社

---

① Henri Lefebvre, “Toward a Leftist Cultural Politics: Remarks Occasioned by the Centenary of Marx's Death,” in Cary Nelson, Lawrence Grossberge, eds. *Marxism and the Interpretation of Culture*, University of Illinois Press, 1988, p. 80.

② 《马克思恩格斯文集》第 1 卷，人民出版社 2009 年版，第 156—157 页。

③ 刘少杰主编：《西方空间社会学理论评析》，中国人民大学 2020 年版，第 134 页。

会关系的生产过程。作为一种物质生产活动，它通过对自然界的改造为人类提供栖息地，创造出满足自身需求的物质生产和物质生活的基础设施，同时也投射出人与人之间的社会关系。在城市中，各种建筑、设施、居住和活动的分布形成了基本的城市空间关系。一个城市之所以形成这样而非那样的空间关系，之所以进行这样而非那样的空间规划，是与人与人之间的利益关系紧密联系的，空间是以物质的形态直接或间接反映了人与人之间的社会关系。马克思在分析资本主义生产与工人阶级居住之间的关系时精辟地阐明了空间关系与社会关系之间的联系："在工业中，人——工人，仅仅被看做一笔资本，他把自己交给厂主去使用，厂主以工资的名义付给他利息。大工业企业要求许多工人在一个建筑物里共同劳动；他们必须住得集中，甚至一个中等规模的工厂附近也会形成一个村镇。"① 而城市扩张会将工人阶级原来的社区包围进去，当老社区的土地价值超过房租价值，老社区就会被拆除，工人阶级要么流浪街头，要么付出更高的成本获得更差的住房条件，因为一旦搬到更远的社区，就有可能失去工作或者支付不了往返于工作空间和生活空间的成本。"我们看到在伦敦东头有许多从自己的旧住所里被赶出来的家庭，背着少得可怜的家当到处徘徊……如果工人因拆毁旧房而被赶了出来，那他们并不离开自己的教区，或者，最远也只是搬到紧靠原来教区的地方。他们自然想要尽量住在自己劳动场所的附近。结果原来住两间房的人家，现在也不得不住一间。即使出的房租比原来的高，住的房子却比他们被赶出来的那些糟糕的房子还要糟糕。"② 总之，资本主义工业化大生产需要在生产场所和居住场所之间保持最短的空间距离（这一距离的长短取决于交通工具现代化的影响），以保证资本对劳动力的支配，但工业资本并不为这种最短距离带来的空气污染、交通拥挤和高昂租金承担责任，而且工人随时可能被土地资本家赶到更为边缘的地方。在资本主义社会里，城市空间是为那些在生产资料上占有统治地位的阶级所支配，它们可以选择、分割、控制、影响他们的生存空间，而下层阶级的生存空间则是被决定的。③ 在中国的封建社会里，城市空间严格遵循封建社会人与人的等级关系，在建筑规模、面阔间数、房顶、台基、踏道、建筑饰物、斗拱、门钉等方面都有明确的等级规定。例如，

① 《马克思恩格斯文集》第 1 卷，人民出版社 2009 年版，第 406 页。

② 《马克思恩格斯文集》第 5 卷，人民出版社 2009 年版，第 760—761 页。

③ 王佳煌：《都市社会学》，台湾三民书局 2005 年版，第 90 页。

北京的四合院，普通民居均为正房三间，正房五间是贵族府邸，正房七间则是王府，任何违反这一规制的行为都会受到惩罚。

城市空间的社会性客观上要求城市空间的生产和再生产要与社会发展阶段和社会性质相一致，社会主义社会的城市空间关系应该有助于社会主义经济与社会关系的发展。

三、城市空间的社会分化

城市空间的社会分化包括城市功能区的空间分化和城市社会群体的空间分化。城市是一个由经济、政治、文化、社会等各方面的功能性活动构成的有机体，城市功能区分化是指城市内部各功能活动的空间分布状态。在小规模的城市中，城市各种功能活动的空间分化不明显，但随着城市规模的扩大和现代城市对环境、社会、技术、经济等条件的要求，为避免生产、运输和生活的相互干扰，合理利用土地和自然条件，城市会出现空间分化，形成不同的功能区。例如现代大城市内部一般分为中心商业区、行政区、工业区、文化（娱乐）区、居住区、仓库码头区、游憩区和郊区。城市功能区的合理布局，对促进生产、方便居民生活、保护城市环境等具有重要意义。

城市意味着大规模人口的集聚，但是人口并非随机地分布在城市空间，往往是以“同质相聚”的特征分布在城市空间，形成空间的社会分化，即不同种族、不同民族、不同阶级阶层的社会活动会相对聚集在某些地方。城市空间社会分化最鲜明的体现是居住空间的分化，即不同人群生活在不同的社区中，如在美国社会，一般富人社区位于远郊地区，中产阶级社区位于郊区，贫民社区则往往靠近城市中心地区。社区的空间分布并非随意的，而是城市经济、政治、社会发展的结果。在市场经济体制下，资本对社区分化会起到极为重要的作用。城市社会群体的空间分化不仅仅体现在居住空间，还会体现在购物、娱乐、文化欣赏、闲暇生活等消费空间里。城市社会群体的空间分化在城市空间结构中形成了城市“马赛克”现象，阻碍甚至隔离了不同社会群体之间的互动与交流。

城市社会群体的空间分化必然会产生资源分配和占有上的群体差别。社区区位的土地价值和升值空间、社区的空气与环境质量、社区的交通和生活便利性、公共资源的拥有水平等，这些差别都成为城市空间不平等的重要内容，也成为激发城市社会矛盾和社会冲突的重要因素。

城市社会学家对城市空间分化的研究由来已久，其中最具代表性的理论模型是伯吉斯的同心圆理论、霍伊特的扇形理论以及哈里斯与厄尔曼的多核心理论。

伯吉斯认为，城市的持续发展源于人口压力，它引发了中心聚集化与贸易分散化的双重过程，空间资源的竞争将新的活动吸引到城市中心，但同时也将其他活动驱赶到边缘地带。城市发展依据竞争进行分配，竞争的结果导致空间与功能的区分，城市最终成为以高度集中的中央商业区为中心，并为其他功能不同的区域所环绕的同心圆结构，不同阶层居住在不同的环带上。

扇形理论是霍伊特提出的。霍伊特认为，城市由于自身的复杂性，其结构并不像同心圆那么简单。城市内部的结构主要是由交通线路所决定，工厂和商业对交通运输线路的敏感性比较强，多沿铁路、水路等主要交通干线扩张；低收入住宅区环绕工商业用地分布，而中高收入住宅区则沿着城市交通主干道或河岸、湖滨、公园、高地向外发展，独立成区，不与低收入的贫民区混杂。因此，城市不同土地使用区，例如工业区、商业区和住宅区等，都是沿交通线由中心向外放射出去，从中心到边缘形成一个扇形结构。

多核心理论最先是由麦肯齐提出的，然后被哈里斯和厄尔曼加以发展。"多核心论"认为，城市核心的数目和功能因城市规模大小而不同。中心商业区是最主要的核心，另外还有工业中心、批发中心、外围地区的零售中心、大学聚集中心以及近郊的社区中心等。该理论与前两种模型的不同之处是把城市中职能机构和居住的区位设置与环境资源联系在一起。例如中心商业区需要便利的交通，工厂一定与水源相联系。在他们看来，城市生态中满足某种需求的机构会聚集在一起，从而形成不同的核心或中心。机构间的生态联系与功能上的相互依赖有关系，只有相互协调的机构才会形成相互联系的空间生态关系，而不相协调的机构则会在空间上分离。①

哈里斯和厄尔曼对同心圆、扇形说、多核心说三个模型的图解见图8-1。

城市空间的社会分化客观上要求城市空间的生产和再生产应该在功能分化

---

① 蔡禾主编：《城市社会学：理论与视野》，中山大学出版社2003年版，第15页。

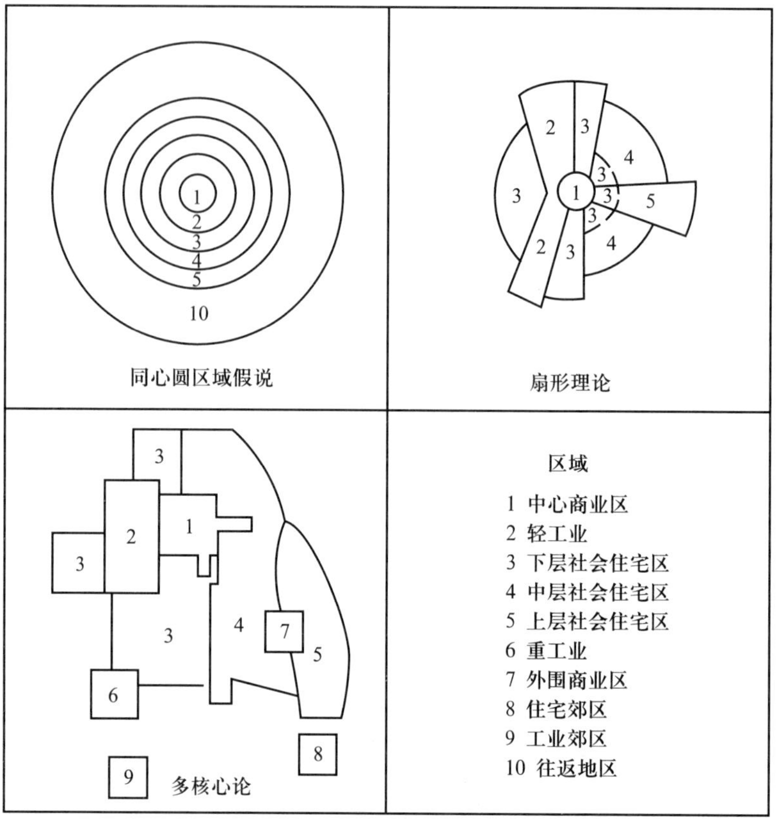

图 8-1 哈里斯和厄尔曼对三个生态模型的图解①

与功能协调，社会群体分化与群体互动之间实现平衡，缩小社会差别，促进社会平等。

第二节 城市规划

一、城市规划的含义

马克思指出，“动物只生产自身，而人再生产整个自然界。……人则自由地面对自己的产品。……人却懂得按照任何一个种的尺度来进行生产，并且懂得处处都把固有的尺度运用于对象”②。城市规划就是人类按照自身的尺度作用于城市空间的过程。

---

① 康少邦、张宁等编译：《城市社会学》，浙江人民出版社 1986 年版，第 85 页。
② 《马克思恩格斯文集》第 1 卷，人民出版社 2009 年版，第 162—163 页。

城市规划是对城市物质空间作出的一种安排，或者说是城市物质空间的生产和再生产。城市规划涉及城市建设的各个方面，包括土地的使用、建筑工程、街道桥梁、公共设施、住宅小区等。其关键就是通过物质空间的布置和协调来确定和达成城市功能，指引城市建设，促进城市资源的优化配置，实现城市系统的高效和谐运行。

城市规划也是对城市社会空间的一种安排，是通过规划来提升城市居民的生活幸福感，缩小社会差别，促进社会公平，实现社会和谐和可持续发展。这是城市规划更为核心的价值和功能。在联合国第二届人类居住大会上，我国政府与参会各国政府共同签署了《人居宣言》，该宣言承诺：在城市化地区实现可持续的人类居住区目标，为此，要推动社会进步，使其在生态系统的承受能力之内，充分利用资源，并考虑到未来的原则；为所有人，特别是易受伤害或处境不利的群体，获得与大自然及其文化遗产、精神和文化价值观相协调的健康、安全和富有成效的生活提供平等的机会。

所以，城市规划是为了实现一定时期内城市的经济和社会发展目标，确定城市性质、规模和发展方向，合理利用城市土地，协调城市空间布局和各项建设所作的综合部署，“是政府调控城市空间资源、指导城乡发展与建设、维护社会公平、保障公共安全和公众利益的重要公共政策”①。

二、传统中国的城市规划思想

从古代城镇形成到清朝末年，在几千年的城镇发展历史中，传统中国形成了丰富的城市规划思想，对历史上的城镇建设起了重要的影响。

（一）崇尚“礼制”的城市规划思想

儒家思想是中国传统文化的主流，“礼”是儒家思想的核心内容。礼既是个人应该遵守的道德规范，也是君王治理国家的准则。依据儒家之“礼”，人在家族中的尊卑和社会上的贵贱是有差别的，每个人的生活方式和行为必须符合他们的身份和地位。所以礼的主要内容是正名分、别尊卑，其精神是秩序与和谐，其内核是宗法和等级制度。一个社会，只要人人循礼守法，遵循固有的社会地位和相应的社会规范，便可维持理想的社会秩序，国家就可以长治久安。

① 《城市规划编制办法》，中华人民共和国住房和城乡建设部网，2005 年 12 月 31 日。

在中国传统城市规划思想中，崇尚儒家礼制的思想典型地体现在《周礼·考工记》中。《周礼·考工记》是春秋末年齐人所著，虽然它主要讲古代都城建设，但其影响绝非止于都城。

《周礼·考工记》将城市划分为王城、诸侯城和都三个等级，对构成都城的城墙、城门、道路、宗祠、社稷、宫殿、市等一系列要素及其空间分布都作出了规定。“匠人营国，方九里，旁三门，国中九经九纬，经涂九轨。左祖右社，面朝后市，市朝一夫。”即都城总体布局为每面城墙有3个城门，共12门；城内有南北向和东西向的街道各9条，宫城南北中轴线亦是王城的中轴线；以宫城为核心，宫城前面为外朝，后面为市，宗庙、社稷对称设置在宫城前方的左右两侧。随着儒家思想正统地位不断加强，其“礼”的思想在城市建设中得到更广泛的运用，上自宫殿、庙宇、陵墓，下至府邸、茅舍都严格遵循左右均衡、对称，整体上严正均齐。在都城的选址上，要符合“以安邦国，以宁万民，以怀宾客”的“教”的需要；在确定都城的规模以及内部布局上，要遵循“以服邦国，以正万民，以聚百物”的“政”的需要；在安排城内设施时，要满足“治”和“礼”的需要；在城市建设上，要“以富邦国，以养万民，以生百物”的“事”的需要，由此城市规划服务于国家治理。①

《周礼·考工记》是崇尚儒家礼制的传统城市规划思想的理想模式，后世的都城建设并非完全照搬，但受其影响极大，隋唐的长安城、明清的北京城在很大程度上都参考了《周礼·考工记》的城市规划思想。

（二）遵循“道法自然”的城市规划思想

“道法自然”是中国古代道家思想的重要观点。老子在《道德经》中说，“人法地、地法天、天法道、道法自然”，其意思是：人要依照大地的法则来生存，大地要依照上天的法则来运行，上天也要遵从道的法则来运行，天、地、人皆要服从“道”，而“道”的法则就是不去干涉自然法则，“道”也要遵从自然法则。这一思想体现在中国传统城市规划思想中，就是主张城市规划要顺应自然，师法自然，因地制宜，城市规划要与自然环境相协调。

春秋时期的杰出思想家管仲是“道法自然”城市规划思想的重要代表人物。在都城的选址上，《管子·乘马》说：“凡立国都，非于大山之下，必于

① 孙施文：《“周礼”中的中国古代城市规划制度》，《城市规划》2012年第8期，第9—13、31页。

广川之上。高毋近旱，而水用足；下毋近水，而沟防省。”《管子·度地》说：“圣人之处国者，必于不倾之地，而择地形之肥饶者。乡山，左右经水若泽。”这些主张表明管仲在城市选址时非常重视考虑自然环境和自然资源，地势高需要考虑水是否足，地势低需要考虑防水患和节省修建沟渠的费用，最好要建在平稳可靠的地方，有肥饶的土地，依山傍水。因此在都城的形制上，管仲一方面坚持“天子中而处”的城市规划观点，另一方面又提出“因天材，就地利，故城郭不必中规矩，道路不必中准绳”的见解，即城市建设应该充分结合地理、地势和资源条件，不必强求形制上的一致。这与《周礼·考工记》讲究规整、中轴、对称明显不同。在区域城市布局上，《管子·乘马》提出，城市与其腹地农村应有良好的配合关系，主张按土地范围等级来合理布局城市。土地肥沃广阔，耕地产量高，可供养较多的城市人口，城市分布密度可以大些；反之，密度应该小些。总之，管仲倡导“无违自然”，以人与自然的和谐来规划城市。

因地制宜地安排城市各种要素，在古代山水城市营建活动中不难看到。例如，伍子胥根据吴大城地处“水乡泽国”的具体情况，以水网为城市命脉，建构起“三横四直”“前街后河”的城市骨架，创立了江南水乡城市的样板。①

中国古代城市讲究与自然的和谐，也造就了以山水为景观骨干的造园风格，并将这种风格应用于建筑群的空间设计、城市格局与自然山水园林的有机结合。“明清北京城市规划设计，就是把这种思想与风格从庭园绿化扩大到整个城市布局，使规则的宫殿与不规则的苑囿（今日的中海、南海、北海）有机地结合，成为我国古代城市布局与城市设计的杰出经典。”②

（三）主张“象天法地”“阴阳五行”的城市规划思想

1.“象天法地”

“象天法地”源于《周易·系辞上》的“在天成象，在地成形，变化见矣”。“象天法地”是对天地万物运行规律的表述：在天则为日月星辰之“象”，在地则为山川湖泊草木之“形”，天地一物，象为形之精华，形为象之

① 龙彬：《中国古代城市建设的山水特质及其营造方略》，《城市规划》2002年第5期，第85—88页。

② 高梅：《中国古代城市规划理论思想的哲学思考》，《中外建筑》2002年第4期，第19—21页。

体质。在中国古代，“天”是一个以北天极为中心，所有星辰组成“三垣”“四象”“二十八宿”构成的天区。“三垣”是紫微垣、太微垣、天市垣，其中紫微垣处在北天中央位置；“四象”指东西南北四个方向，分别用青龙、白虎、朱雀、玄武四种圣兽代表；“二十八宿”星辰分属于四象。

在中国古代城市规划中，“象天法地”的体现是城市规划追求以天象为摹本。秦始皇建都咸阳，以紫薇垣星位建造了象征天帝常居的“紫宫”，渭水横穿京城，恰似银河亘空而过，横桥与“阁道”相映，把渭水南北宫阙、园林连成一体，建造了众多的离宫别馆，似群星灿灿，拱卫“北天极”。汉长安未央宫建有玄武、苍龙二阙，还建有白虎殿、朱乌堂，以取法四象。隋唐时期的长安城，外郭城门东为春明门，西为金光门，宫城里面北为玄武门，而皇城的南门为朱雀门。虽然不是完全依照四象命名，但都是取法四象而来。

2. “阴阳五行”

阴阳五行学说是中国传统文化的重要体系之一。“阴阳”是指自然界相互联系又相互对立的两个方面，如天为阳、地为阴；乾为阳、坤为阴；山为阳、水为阴；奇数为阳、偶数为阴；等等。事物的发展变化是阴阳之间对立运动的结果。“五行”是指构成世间万物的金、木、水、火、土五种基本元素，五种元素在不断的相生相克运动中维持着动态的平衡。阴阳五行在古代城市选址和规划布局中得到广泛运用。

在城市选址上，阴阳说主张阴阳观念与地形结合。阴阳说认为，水之北、山之南为阳，水之南、山之北为阴；与山、水结合，则山为阳（刚），水为阴（柔）。所以选址应合乎“负阴而抱阳”。如果不是为了防御洪水，中国的城市多沿水分布，依山傍水，山环水抱。

在规划布局上，明清紫禁城分为前朝后寝，即外朝内廷。外朝为阳，用阳数，有五门三朝；内廷为阴，用阴数，有两宫六寝。两宫中帝宫为“乾清”，后宫为“坤宁”。五行学说在紫禁城的规划设计中也得到了充分的体现。东华门喻木，西华门喻金，午门喻火，玄武门喻水，三大殿喻中央土，三大殿的三层台阶为一巨大的“土”字，土字的方向面南，与天子面南而坐的方向一致。天子居“土”上，居五行之中央，寓意“得土者得天下”。①

传统中国各种不同的城市规划思想有一个共同点，就是都强调“天人

① 吴庆洲：《中国古代哲学与古城规划》，《建筑学报》1995 年第 8 期，第 45—47 页。

合一”，力求从天、地、人、物的关系中规划城市、建设城市，以达成和谐统一的整体，而非孤立地谈论城市建设，这一观点对于今天的城市规划仍然是有价值的。《周礼·考工记》关于中轴、对称和功能分区的规划思想仍然被运用在今天的城市规划中；“道法自然”强调人与自然的关系，重视山水要素在城市建设中的地位，包含着原始的生态学要素；“象天法地”“阴阳五行”为如何在天、地、人之间，在相生相克的万物中实现城市布局和城市建筑的协调，在建筑的视角环境、景观设计、空间气氛的营造上提出了值得发掘的观点和技术。但是我们要看到，无论是哪种传统中国的城市规划思想，其核心都是突出“王权至上”，城市规划和建筑设计渗透着封建等级观念，而且还包含着某些神秘主义、封建迷信的东西。发掘传统中国城市规划思想中的精华，剔除糟粕，是我们走中国特色社会主义城市规划道路的客观要求。

三、西方的城市规划思想

面对19世纪末20世纪初席卷欧洲、北美的工业化和城市化带来的诸多社会问题，人们提出了种种城市规划思想并加以实践尝试，其中最有影响力的当属英国埃比尼泽·霍华德提出的田园城市、法国勒·柯布西耶提出的当代城市和美国弗兰克·洛伊德·赖特提出的广亩城市。虽然这三位城市规划思想提出者没有一位能完全实现其设想，但他们的思想对于20世纪城市规划和城市生活影响深远。

（一）埃比尼泽·霍华德：田园城市

霍华德于1898年出版《明天：一条通向真正改革的和平之路》，1902年再版改名为《明日的田园城市》①，成为20世纪城市规划历史中最有影响力和最重要的书。在这本书里，霍华德倡导一种社会改革思想，建议用土地社区所有制和建设田园城市的方法逐步消灭土地私有制，疏散大城市，用城乡一体的新社会形态来取代城乡分离的旧社会形态，由此把资本主义社会和平地重建为一个合作性的共同体。

霍华德认为，城市和乡村都各有其优点和相应缺点，而城市—乡村一体可以避免二者的缺点。他认为，社会和自然的畸形分隔再也不能继续下去了，城市和乡村必须结合，这种结合将迸发出新的希望、新的生活、新的文明。为了形象地说明上述观点，他绘制了三磁铁图，三块磁铁分别注明“城市”“乡村”

① ［英］埃比尼泽·霍华德：《明日的田园城市》，金经元译，商务印书馆2000年版。

和“城市—乡村”三种不同的引力（图 8-2）。针对工业城市问题，霍华德提出的解决办法是在乡村兴建小规模、自给自足、绿带环绕的田园城市，逐步吸引大城市人口迁入。他描绘了一种和当时污染严重的工业城市截然不同的图景：没有贫民窟的无烟城市，同时享有城镇和乡村的好处——既有城镇的机会、娱乐和高工资，又有乡村的美丽、新鲜空气和低租金。

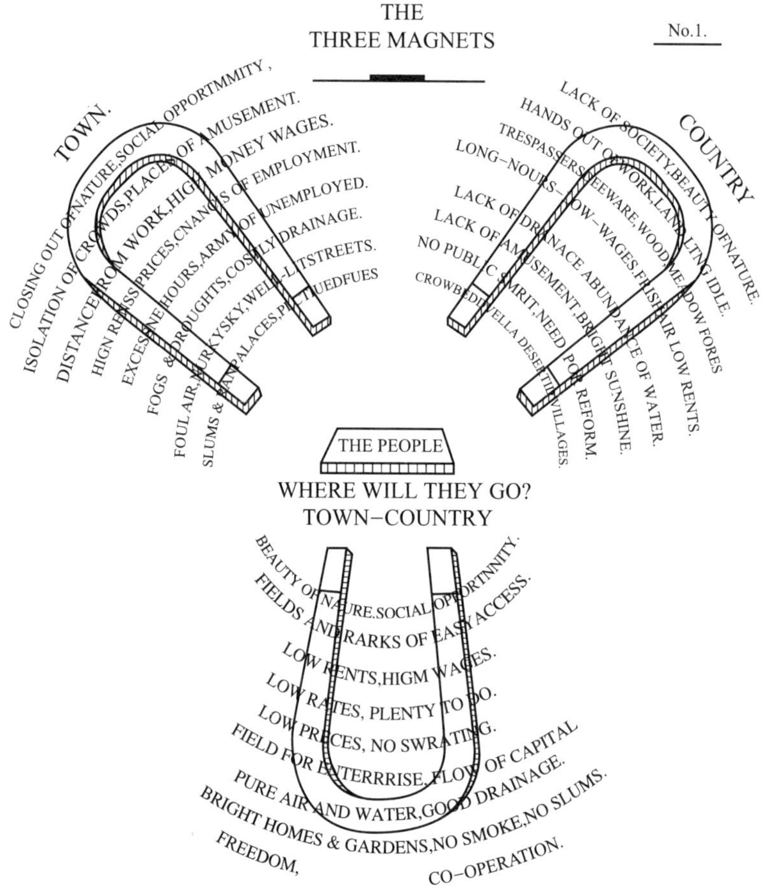

图 8-2 三磁铁图：人们何去何从？①

左面的磁铁：城市——远离自然；社会机遇；群众相互隔阂；娱乐场所；远距离上班；高工资；高地租；就业机会；超时劳动；失业大军；烟雾和缺水；排水昂贵；空气污浊；天空朦胧；贫民窟与豪华酒店；宏伟大厦。

右面的磁铁：农村——缺乏社会性；自然美；工作不足；土地闲置；提防非法侵入；树木、草地、森林；工作时间长；工资低；空气清新；地租低；缺

① ［英］埃比尼泽·霍华德：《明日的田园城市》，金经元译，商务印书馆 2000 年版，第 7 页。

乏排水设施；水源充足；缺乏娱乐；阳光明媚；没有集体精神；需要改革；住房拥挤；村庄荒芜。

下面的磁铁：城市—乡村——自然美；社会机遇；接近田野和公园；地租低；工资高；地方税低；有充裕的工作；低物价；无繁重劳动；企业有发展余地；资金周转快；水和空气清新；排水良好；敞亮的住宅和花园；无烟尘；无贫民窟；自由；合作。

霍华德所构想的“新生活”发生在远离大城市的乡村地域，占地 5 000 英亩，城市用地 1 000 英亩，拥有 32 000 人口。城中心是中央公园和重要的公共建筑，零售商业带环绕中心。6 条林荫大道从中心通向四周，把城市分成 6 个相等的分区（图 8-3）。位于城镇的制造业工厂将为居民提供就业机会，而位于绿化带的农场将提供居民所需的所有农产品。当田园城市达到人口上限（不超过 32 000 人），就不再增加新的人口，而在附近另择地块，建设新的田园城市，依此类推。每一个田园城市自给自足，为本城居民提供就业和服务，但田园城市不是孤立的，它们由快速铁路系统与一个占地 12 000 英亩、人口为 58 000 人的中心城市连接起来，中心城市与周围若干田园城市共同构成总面积

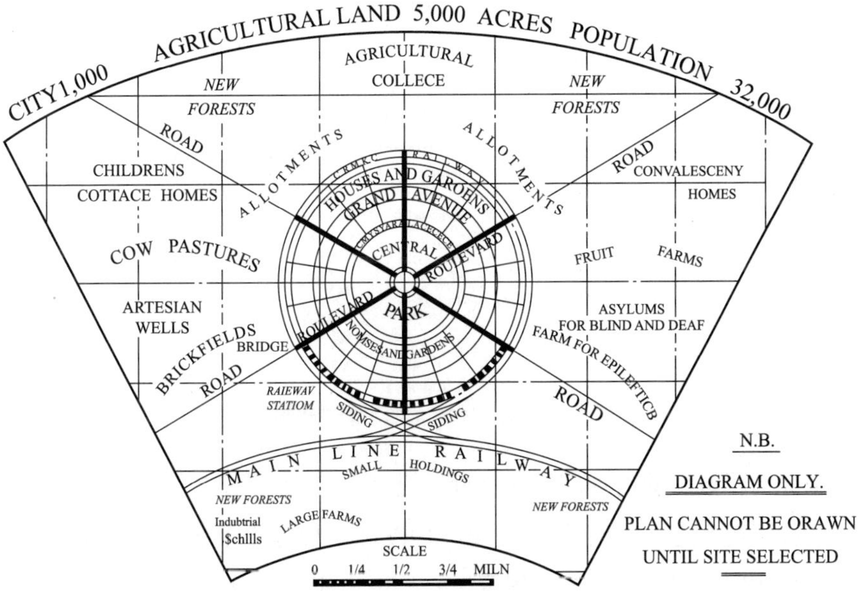

图 8-3　田园城市①

① ［英］埃比尼泽·霍华德：《明日的田园城市》，金经元译，商务印书馆 2000 年版，第 13 页。

达 66 000 英亩、总人口 250 000 的田园城市群，或曰多中心的社会城市（图 8-4）。每一个田园城市都将集体持有土地，分割地块出租给居民使用，租金依据“土地的年度价值”而定。田园城市由管委会管理，管理支出来自城市土地的租金收入；扣除支出后的地租收入用来为居民提供养老济贫等社会福利。

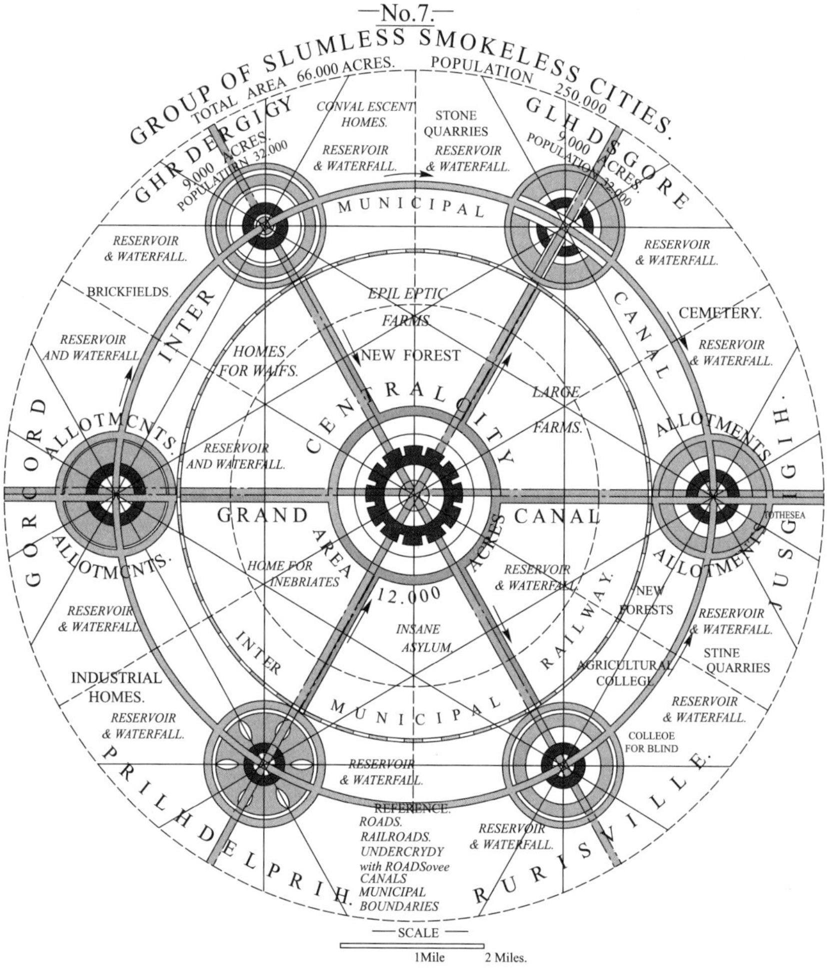

图 8-4 无贫民窟无烟尘的城市群①

霍华德为了推广他的理念，1903 年组建了一个合作股份公司，用以建设第一个田园城市莱奇沃思，距伦敦 34 英里。1919 年，他建设了第二个田园城市韦林。不过，最终建成的田园城市与霍华德最初的设想相去甚远，尤其是他关于消灭私有制，实现土地集体所有的想法更无法实现。不过，霍华德的田园城市可谓现代城市规划的原型，他关于城市中心疏散、功能分区、把自然引入城市、绿带隔离

① ［英］埃比尼泽·霍华德：《明日的田园城市》，金经元译，商务印书馆 2000 年版，第 13 页。

以及发展自给自足的新城等理念在后来的城市规划实践中不断被修正和应用。

（二）勒·柯布西耶：当代城市

柯布西耶被誉为“现代城市主义的预言家”，是现代高层设计的先驱，相信技术和理性可以解决工业城市的社会问题。柯布西耶对现代工业城市有不同的设想。霍华德和赖特都认为现有工业城市密度太高，但他却认为现有城市密度还不够大，提出把巴黎和其他大城市的市中心铲平，平整出大块土地，在公园和高速路网络中对称地布置钢铁玻璃的摩天大楼。柯布西耶设想的“当代城市”遵循的基本是：消除市中心的交通阻塞，提高密度，加快交通速度，增加公园和开放空间。他规划的新城市包括三个不同的地区：办公大楼所在的商务地区，有电梯公寓所在的住宅区，生产和仓储地区。住宅和办公区之间是一个连续的绿化花园，超级街区（super block）被高架路划分。市中心每公顷土地容纳 1 200 人，建筑密度基本上靠建筑的竖向发展来完成，高层建筑只占据 5%的土地，而 95%的土地为开敞空间。因此，柯布西耶的当代城市又被称为“公园里的塔楼”（towers in the park）、“垂直的花园城市”（vertical garden city）（图 8–5）。公共开敞空间、超级高速路、摩天大楼等组合在一起，提供了一种标签式的建设现代城市的新方法。

图 8–5 柯布西耶的“当代城市”①

① Le Corbusier, “A Contemporary City from the City of Tomorrow and Its Planning,” in Richard T. LeGates & Frederic Stout, eds., *The City Reader*, Routledge, 2011, pp. 336–344.

1922年柯布西耶提出一个300万人口的当代城市计划（图8–5），城市布局几何对称，等距排列摩天大楼。这个城市计划选址巴黎右岸，需要拆除几百公顷旧城。柯布西耶的当代城市未能在法国实现，但其思想却在世界其他国家得到不同程度的实践。最完整体现柯布西耶规划思想的莫过于从一张白纸建成的巴西的巴西利亚、印度的昌迪加尔，以及马来西亚吉隆坡的新行政中心布城。第二次世界大战后，美国城市更新项目的空间蓝图来源于柯布西耶的理念，号召对那些最衰败的住区进行激进的处理，拆除后用全新的街区来代替，“垂直向天空，面对阳光、空气，清新、闪亮、光芒四射”。但是，城市更新需要征用无数的私有产权土地，柯布西耶没有指明这应通过协商还是吞并的方式来获得。他同样不清楚靠什么机构去实施规划，也从未对如何重新安置上百万居民和数以千计的企业提出任何设想。

（三）弗兰克·洛伊德·赖特：广亩城市

赖特被美国建筑学会授予“最伟大的建筑师”称号。1935年，赖特提出“广亩城市”，建议调整城市形式来应对汽车的出现。与柯布西耶规划的密集中心发展不同，赖特提出分散型发展。赖特规划的城市由单家独院组成，人均至少1公顷土地，以解决传统城市过于拥挤的问题。他认为电话和汽车的出现使距离不再制约城市发展，密集拥挤的大城市将会消亡，而代之以基于个人主义和自给自足的新型社区。如果说霍华德的核心思想是“合作”，那么赖特的核心思想则是“个人主义”。赖特提出的广亩城市，把社会的最小单元从社区转移到单家独院的家庭。个人的自由和尊严建立在个人对土地的所有权之上，从而保证社会和谐，避免阶级斗争。人们同时在自家农场干活和在点缀于农场中的工厂、办公楼和商店里工作，高速公路网络把分散的千万户家庭连接起来。赖特的广亩城市预言了第二次世界大战后美国城市的郊区化发展，广亩城市变成了蔓延的郊区。随着通信技术的进步和远程办公的出现，20世纪末21世纪初美国的“技术郊区”似乎实现了赖特的设想。

总之，19世纪工业城市的“城市病”激发了霍华德、柯布西耶和赖特创造城市“天堂”的灵感。他们把城市规划作为社会变革的手段，相信改变物质环境可以改变社会的生活方式。他们认为工业社会具有内在结构和理想形式，一旦实现，就能消除矛盾，带来秩序、自由、繁荣与美丽。他们提出与当时工业城市现状截然不同、革命性的城市乌托邦，试图用技术来解决工业城市的社会问题，霍华德用城际火车系统，柯布西耶用钢铁玻璃、摩天大楼和汽车，赖特借助汽车、高速路体系、电话和无线通信技术，但他们提出的方案却大相径庭。霍华德的“田园城市”属中等分散型，柯布西耶的“当代城市”是高密度大都市，赖特的“广亩城市”则属极端分散型。柯布西耶的当代城市是大规模、高密度、垂直、分等级的，可以说是现代建筑的社会扩展。赖特则走向另一个极端：广亩城市是托马斯·杰斐逊的农业个人主义和郊区主义的结合，两者由高速路系统衔接。霍华德的田园城市规模介于两者之间。他们的城市乌托邦不仅是物质层面的，还包括社会、经济和政治层面。在城市乌托邦，不但人与人和平共处，而且人与自然和谐共存。城市乌托邦提供了城市发展的其他可能的图景，迄今世界各地的城市规划实践仍不同程度上受城市乌托邦思想的影响。

（四）新城市主义

新城市主义是针对现代主义城市建筑和规划设计提出的新的城市规划设计思想和实践。现代主义城市规划设计主张用技术进步以及物质增长来发展城市社会，他们在规划上主张通过城市更新，即推倒城市原有街区和建筑，通过所谓现代化的建筑来重新发展城市；他们十分重视城市的发展效率，追求机动性，大量建设适应于私人交通的基础设施，推动了郊区化扩张和城市蔓延。① 但是这种城市发展带来了交通阻塞、环境污染、侵占农田、居住隔离、传统社区文化丧失等一系列问题。到20世纪90年代，以上问题受到发达国家前所未有的关注，政府、城市规划设计者、环保机构等发起了一系列运动来阻止这种现象的蔓延，其中新城市主义和精明增长思想的影响最为显著，由于二者的理念有高度的重叠性，本书统一以“新城市主义”表述，他们有如下主张。

1. 发展传统街区

新城市主义主张学习古典建筑和地方传统文化的观念，认为街区内应该保留传统的建筑要素，要有用于社会交往的公共空间，建筑和规划应该有助于增加人们的社会交往，他们赞同商住混合和不同阶层的居住混合，在承认社区内部阶层差异的情况下，主张应该保证贫困阶层和中上阶层居住场所没有视觉差异。

2. 公交导向的开发

新城市主义认为，与传统建筑以及传统街区相适应的应该是公交导向的设

---

① 曹杰勇：《新城市主义理论——中国城市设计新视角》，东南大学出版社2011年版，第22、51—53、126—130页。

计，鼓励步行和自行车的出行方式，中高密度的居住、就业、商业混合型社区，社区内设施是步行可达的。这样的设计不仅有助于减少污染、土地占用和交通问题，还可以避免流动性太大的小汽车为人与人之间的交往带来隔膜，增进人与人之间的交往，提高人们在所属地区的社会参与。因为这种设计更加看重环境友好与可持续发展原则。①

3. 精明增长

美国规划协会对精明增长的定义是：精明增长是旨在促进地方归属感、自然文化资源保护、开发成本和利益公平分布的社区规划、社区设计、社区开发和社区复兴。通过提供多种交通方式、多种就业、多样住宅，精明增长能够促进近期和远期的生态完整性，提高生活质量。很显然，精明增长理念与新城市主义有许多重叠，例如土地的混合利用，住房多样化，创建宜步行社区，培育具有强烈地方特色的社区，提倡多样化的交通工具，使开发决策更易于预测、更公平、更节省成本，鼓励社区和利益相关者合作等。不过与新城市主义相比，精明增长对环境问题和公共政策更加重视，更加主张采用集约型建筑设计，保护公共用地、农用地、自然美和环境敏感区，是一种在提高土地利用效率的基础上控制城市扩张、保护生态环境、服务于经济发展、促进城乡协调发展和人们生活质量提高的发展理念。

作为新的城市规划设计理念，新城市主义在实践上是否能够成功还有待检验，但它反映了现代社会中由于城市规模扩张、人口异质性和社会分化带来的社会发展问题以及对如何解决这些问题的新思考和新的实践主张。

首先，新城市主义重视社区和邻里，这直接反映在新城市主义的纲领性文件《新城市主义宪章》中。按照这份文件的说法，新城市主义诞生的背景是“社区建设面临的挑战”，其目标在于“将蔓延的郊区重新配置组合成为具有真正邻里关系的多元化地区的社区”。② 其次，新城市主义重视社会参与和公共空间，特别是社区内的社会交往和公共空间。城市社会学的研究已经发现，社会参与除了能促进城市居民的邻里关系、增强社区凝聚力之外，③ 还有利于增加

① ［加拿大］吉尔·格兰特：《良好社区规划——新城市主义的理论与实践》，叶茂齐、倪晓辉译，中国建筑工业出版社2010年版，第52—53页。

② 曹杰勇：《新城市主义理论——中国城市设计新视角》，东南大学出版社2011年版，第287页。

③ 蔡禾、贺霞旭：《城市社区异质性与社区凝聚力——以社区邻里关系为研究对象》，《中山大学学报》（社会科学版）2014年第2期，第148页。

城市居民对他人的信任水平，产生有利于个体精神健康的积极因素。同时，社区公共问题的解决有赖于社区公共领域的建设，包括社区公园、社区广场、社区文化中心、社区舞台等公共空间。再次，新城市主义提倡混合居住，这背后其实折射的是他们对空间聚集与隔离和社会分层之关系的重视，对社会分层与不平等问题的关注，以及希望通过混合居住来减少居住隔离的努力。最后，新城市主义在资源和环境上的认识与可持续发展模式的基本理念是比较一致的。

第三节　城市规划中的社会

从某种意义上讲，城市规划是一种把城市发展的诸多目标具体落实到空间的技术手段，例如要发展经济就要规划出产业发展空间，要发展教育就要规划出学校的位置。所以城市规划会关注作为物质实体的城市空间的规划和建设。但是城市规划不仅仅是对城市物质空间的生产作出合理的安排，还需要关注物质空间的变化对社会空间的影响，要把规划的科学技术和工具理性与规划的人文关怀和价值理性有机地结合在一起；要意识到城市规划不是城市管理者和规划师在一个物质空间的容器中，简单地按照科学原则将各种设施、人群安排到不同位置，它还是一个社会空间的再生产过程，是一个涉及城市中人与人之间、群体与群体之间的关系调整和利益分配的过程。因此，城市规划必须关注规划中的社会。

一、城市规划的社会发展理念

城市是物质空间和社会空间的辩证统一体，但是在相当长的一段时间里，城市规划脱离不了建筑和工程思维，偏重于物质空间的构筑，致力于各种富有想象力的空间设计和现代技术的运用来实现城市的发展，其结果是城市社会的发展相对滞后。规划是人制定的，物质空间的形塑是人的观念的产物，因此，人类对城市社会发展的基本理念是城市规划的灵魂。它不仅是城市社会空间发展的要求，也是城市物质空间发展的要求，如果没有社会发展的理念，物质空间的规划和建设不会给人类带来社会进步。

城市规划要有以人为本的社会发展理念。早在1933年，国际现代建筑协会通过的《雅典宪章》指出，城市规划的目的是解决居住、工作、游憩与交通四大功能活动的正常进行，要将预计作为居住、工作、游憩的不同地区进行分区及平衡后，建立一个联系三者的交通网，同时要保护有历史价值的建筑和地区。在城市规划的四大功能中，居住是首要的。对从事于城市规划的工作者来说，人的需要和以人为出发点的价值衡量是一切建设工作成功的关键。城市是人类生活的一种共同体形式，城市规划所力图达到的对城市功能的空间安排、对城市设施的规划建设、对城市环境的改造、对经济发展的推动等所有设计，归根结底是为了改善城市居民的生产和生活环境，提升生活质量。因此，城市规划必须坚守以人为本的社会发展理念。以人为本就是要以满足人的物质和精神需要为核心来开展城市规划工作。要避免只见物不见人，为了建设而建设的城市规划；要避免只见经济不见社会，为了 GDP 而建设的城市规划；要避免发展的片面性，注重人的各个方面发展的平衡协调，尤其是物质需求的满足与精神需求的满足之间的协调，要在城市物质空间的生产中融入人类文明的精神内涵。

城市规划要有公平正义的社会发展理念。城市是一个人口高度异质性的社会，各种民族或阶层、不同职业或文化背景的人，各类社会群体在衣食住行上的需求、兴趣爱好上的追求、文化习俗的认同上各不相同，彼此在实现自身发展上的机会和能力各不相同。这就要求城市发展应该兼顾不同社会群体的发展需求，协调各方面的利益，坚持城市发展的共享原则。规划公平既包括在教育、就业、医疗等民生资源配置上的公平，也包括在城市基础设施、公共设施、服务设施、环境质量、交通便利性上的公平。要尽可能地排除和降低因为阶级阶层、种族民族、性别、年龄等因素带来的社会差别。同时，规划正义还要求优先考虑弱势群体的需要，要通过规划保障每个市民都能获得实现自身发展的基本资源。例如，交通便利的地块应该优先用来安排依靠公共交通通勤的社会大众，而非依靠私家轿车通勤的小众。公平正义的城市规划理念不仅体现在不同社会群体之间，还体现在区域发展之间，尤其是城市中心地区与边缘地区的均衡发展，城市与周边乡村的均衡发展。

城市规划要有促进社会交往，增强社会凝聚力的社会发展理念。一个城市的市民如果缺乏良好的社会交往，就不可能产生社会信任，也无法在不同社会群体之间开展对话，因而无法形成社会凝聚力，城市社会的和谐有序难以实现，城市居民也不会产生城市家园的归属感和幸福感。1977 年的《马丘比丘宪章》就明确指出：“人的相互作用与交往是城市存在的基本依据，在安排城市居住功能时应注意各社会阶层的融合，而不是隔离。”① 因此，城市规划要在物质空间的生产和改造中高度关注如何促进人际之间的社会交往，要在城市规划中尽可能减少人际交往的空间阻隔，同时为人际交往留出更多开放性的公共场所，使全体市民有更多的共享空间。另外，城市规划要重视社区规划和社区再造，因为社区是人们日常生活的空间，人们的社会关系网络和城市情感多半都是从社区伸展出去的，而且社区也在城市社会治理中扮演着重要角色。

城市规划要有维系城市遗产的社会发展理念。城市遗产是指城市中现存在，能够体现城市的历史、文化、艺术、科学价值，具有传统和地方特色的一切物质和非物质遗产。每个城市都有自己的历史，每个城市的遗产是该城市自身历史的载体，也是人类社会的历史载体。城市遗产因其唯一性、不可再生性使每个城市具有了自己独特的城市风貌，形成城市个性。也正因为如此，才有了城市的多样性，而非千城一面的城市景观。城市遗产还是维系市民的城市情感和城市认同的重要标识。

二、城市规划的公众参与

城市规划作为政府调控城市空间资源，维护社会公平、保障公共安全和公众利益的重要公共政策，其如何实现公共性是政策制定的核心。公共性既要求政府在制定城市规划时应从最广大市民的利益出发，兼顾各社会阶层或各种社会群体的利益；也要求社会大众积极参与到公共政策的制定中去。也就是说，城市规划不只是政府部门和规划师的专属权力，公众也应该成为城市规划的主体之一。

城市规划中的“公众参与”缘起于20世纪中叶。在这之前，城市规划基本上是一个精英主义主导的自上而下的过程，规划者是理性的技术专家。在西方，这种以理性主义为特征的现代城市规划理念在19世纪末20世纪上半叶得到实践。例如在美国，由联邦政府主导了大规模的、自上而下的城市更新，大拆大建，铲平贫民窟，清空城市空间，建设大型基础设施。但是这并没有解决美国城市社会中的隔离和分化问题。由此，城市规划制定过程的公众参与问题被提了出来。1965年，保罗·达维多夫发表了《规划中的倡导性和多元论》一文。② 他认为，社会中存在多元化利益群体，不同群体有不同的需要，对规划

---

① 谭纵波：《城市规划》，清华大学出版社2005年版，第70页。

② Paul Davidoff, “Advocacy and Pluralism in Planning,” *Journal of the American Institute of Planners*, vol. 31, no. 4, pp. 331-338.

的要求也不同，规划不能只是实现目的的工具，还必须考虑多元化利益群体的不同利益，尤其要保障社会弱势群体的利益。而要实现这一点，规划的技术理性决策程序应该转变为民主决策程序，即规划必须建立在有效的城市民主基础上，公民必须在公共政策决策中发挥积极的作用。

在发达国家，城市规划的公众参与突出表现在以下三点：首先，听证制度是公众参与的基础性程序。听证制度使规划决策程序中各类主体间的互动和沟通走向制度化和规范化，成为规划制定和实施中意见表达、利益协商与权利救济的重要程序。其次，决策信息和过程的透明公开是推进公众参与的基础条件。没有决策信息和过程的透明公开就不会有理性的意见表达和利益协商，也不会有积极的公民参与。最后，规划决策的民主化，即公众可以通过间接或直接的方式参与规划决策。

随着我国的城市化和市场化发展，城市规模日益扩大，城市功能日益复杂，城市社会日益分化，尤其是随着土地交易市场化、物业私有化，我国城市从过去单一的土地权属和物业权属性质转变为多元化的土地权属和物业权属性质，这使得城市规划的多元利益关系问题更加凸显出来。在社会主义国家，城市规划的公众参与，其合法性不仅仅是因为城市规划带来的空间生产和再生产会给市民个体或市民群体造成不同的利益影响，更根本的合法性来源是，社会主义国家城市土地公有制性质决定了市民在城市规划过程中具有当然的参与权利。我国《城乡规划法》明确规定，城市规划要提交人民代表大会审议，要充分考虑公众的意见。不过，城市规划是一项具有较高专业性和综合性的工作，而公众个体的生活空间有限性和规划知识的碎片化决定了其理解和参与城市规划决策的难度。因此，要有效实现城市规划的公众参与：第一，需要将专业的规划知识转化为公众可理解和可接受的政策知识，要借助现代化的技术手段来形象地传递规划理念和规划的空间形态，这样才能使公众参与更有价值；第二，需要有多种形式的公众参与，并在社区、街道、区、市等多种区域空间层次上组织公众参与；第三，需要为公众参与城市规划建立法制法规的保障机制。

三、城市规划与社区发展

社区是城市居民的生活空间，人生的童年时代、学校教育、工作闲暇、老年安养等大部分时间是在社区中度过的，人们的家庭生活、社会关系网络、情感联系乃至城市归属感都与社区紧密相联。城市社会面临的诸如贫困、犯罪、社会隔离、居住环境恶化、社会信任缺失等社会问题在社区中都有相对集中的表现，因此，社区在现代城市规划中占有越来越重要的地位。

以美国为例，早在 1929 年，佩里就提出“邻里单位”概念，从社区尺度上考虑城市规划。① 第二次世界大战以后，美国进入了一个人口、商业和制造业的郊区化过程，结果导致了内城住房和设施的衰败、失业人口增加、贫困集中、种族隔离严重、地方政府财政不足等问题。为了解决这些问题，美国提出了城市更新计划，开始了大规模的城市改造：拆除老旧衰败社区，将清理出来的土地集中开发，或者建设新的社区，或者建设新的商业设施，而原有的社区居民大多数被安置到其他社区。从 1949 年到 1973 年历时 25 年，政府支持了 2 800 个地方城市更新计划项目，重新安置了 30 万个家庭。城市更新计划将分散利用的土地集中起来统一规划使用，使城市的基础设施得到改善，缓和了城市交通问题，提供了更多高质量的住房，整治了一些非常糟糕的贫民窟。但是这种试图通过单一的物质空间的再生产来解决城市社会问题的规划理念和实践并没有真正解决那些引发城市更新的主要社会问题：贫困人群无力支付新建社区的费用，不得迁移到更远的衰败社区，就业可能更加困难，种族隔离可能更加严重。在美国 30 万个被安置的家庭中，58%是非裔居民；老社区的拆除也破坏了原来的生活共同体，被强制迁移的居民失去了原来的社会纽带，一时又难以重建社会关系网络；新建的高大楼宇缺乏特色，社区的多样性不复存在。

20 世纪 60 年代开始，美国以城市更新为特征的城市规划受到广泛批评。例如简·雅各布斯认为，这种城市更新政策破坏了已有的社区，创造出孤立、不自然的城市空间。她认为城市应该为人而建，而不是为汽车或者企业而建，呼吁废除分区条例，恢复自由市场，创造密集、混合使用的社区，并提出城市重建的新原则：多样性、高密度和活力。② 在城市为人而建的理念驱动下，20 世纪 60 年代以来，美国城市规划理念逐渐从注重城市更新向注重社区发展转变，即不是以大规模社区拆迁为目标，而是社区成员通过集体行动来推动社区公共事务的解决，促进社区发展。“社区规划”（community planning）被提出

---

① 谭纵波：《城市规划》，清华大学出版社 2005 年版，第 56—57 页。

② ［加拿大］简·雅各布斯：《美国大城市的死与生》，金衡山译，译林出版社 2005 年版。

来。社区规划要求各政府机构和商业、公益组织、地方居民合作协调，共同制订有效的地区发展计划，市民被赋予了参与规划的权利。社区规划“不仅仅在于创造设计良好的空间，或者追求设计上的美感，而是开始转向更广泛的社会目标：创造社区和谐氛围，赋予社区居民权利，促进社区经济发展，保护社区环境质量，通过转变社区环境影响社会和政治过程”①。由于社区规划保留了传统社区的共同体和文化，因而也保留了城市的多样性。社区规划很快在世界许多国家和地区得到发展。英国在 1998 年启动“社区新政”，在 2001 年启动“邻里复兴国家策略”，将社区规划确立为全面提高地方社区福利的综合战略。② 日本等地进一步发展出社区营造实践，其特征是：以社区为主要运作对象和范围；强调社区生命共同体的存在与意识；社区居民的主动参与，自下而上创造属于自己的生活文化及环境；社区全面性发展，包括有形的建设及无形的文化、精神建设；凝聚社区共识等。有学者指出，社区规划是可以“用来应对小镇、城市、国家甚至世界范围所面临的最具有挑战性的问题：人际关系的疏远，犯罪，贫穷，对政治的漠然，对生活的无望和无助，政治边缘化以及环境品质恶化”③。

应该说，在城市发展的过程中，一些老旧社区被拆除是不可避免的，也是发展的必要，不可以一味地否定。社区规划的社会学意义在于，它说明了城市社会问题的解决和城市发展是不可能通过单一的物质空间改造来实现的，空间生产本身就是一个政治、经济、社会、文化混合的社会过程，只有坚持以人为本、公平正义、公众参与，以及政府、市场、社会等多元主体合作，才可能实现城市规划所追求的社会目标。

第四节 当代中国城市规划与社会空间

自 1949 年中华人民共和国成立以来，中国的城市发展经历了计划经济和市

① ［美］威廉·洛尔：《从地方到全球：美国社区规划 100 年》，张纯编译，《国际城市规划》2011 年第 2 期，第 85—115 页。

② 倪赤丹、苏敏：《英国社区发展经验及对当代中国的借鉴》，《理论界》2013 年第 1 期，第 53—56 页。

③ ［美］威廉·洛尔：《从地方到全球：美国社区规划 100 年》，张纯编译，《国际城市规划》2011 年第 2 期，第 85—115 页。

场经济两个不同体制的时期，城市规划和城市空间也依阶段不同呈现出不同的特征。

一、计划经济体制时期的城市规划与社会空间

计划经济时期的城市规划是与当时的历史环境和现实条件分不开的。中国的社会主义革命是在一个生产力水平十分落后的农业大国中实现的，这一历史的阶段性特征决定了这一时期的社会主要矛盾是先进的社会主义制度同落后的社会生产力之间的矛盾。1956 年党的八大《关于政治报告的决议》明确指出："我们国内的主要矛盾，已经是人民对于建立先进的工业国的要求同落后的农业国的现实之间的矛盾，已经是人民对于经济文化迅速发展的需要同当前经济文化不能满足人民需要的状况之间的矛盾。这一矛盾的实质，在我国社会主义制度已经建立的情况下，也就是先进的社会主义制度同落后的社会生产力之间的矛盾。"因此，以生产为中心，优先发展工业，尤其是优先发展重工业成为这一历史阶段国家发展的战略。

早在 1949 年 3 月的中国共产党七届二中全会上，毛泽东就指出："从我们接管城市的第一天起，我们的眼睛就要向着这个城市的生产事业的恢复和发展"，"城市中其他的工作……都是围绕着生产建设这一个中心工作并为这个中心工作服务的"，要"将消费的城市变成生产的城市"。[①] 同时，由于我们没有社会主义城市建设的经验，苏联把解决工业发展需要作为城市规划重中之重的经验被我们加以学习和借鉴，这对整个计划经济时期的城市规划产生了持久的影响。这一影响的核心是确立了计划经济时期城市规划的地位与作用：城市规划要服从于国家或地方的经济社会发展计划，城市规划实际上是国民经济计划的延续和具体化，是计划在空间上的落实，注重的是物质建设规划。城市规划部门是以落实政府提出的建设目标（由五年计划规定）为城市规划的主要依据。在这一城市规划性质指导下，计划经济时期的城市社会空间呈现出以下特征。

第一，在大力推进重工业的国民经济战略和城市建设影响下，新中国头三十年的城市建设普遍具有"重生产轻消费"的特点。"将消费城市变成生产城市"的方针对新中国成立初期恢复生产和尽快形成国家工业体系起了积极作

① 《毛泽东选集》第 4 卷，人民出版社 1991 年版，第 1428 页。

用，也在一定程度上缓解了城市人口增长带来的就业压力。但是这一方针导致城市的非生产性投资严重不足，消费受到抑制，城市居民生活水平长期徘徊不前。例如，城市居民的住房严重短缺，城市居民的生活服务设施普遍匮乏，生活质量不高。

第二，由于计划经济体制下的城市土地使用由行政划拨，工业单位在选址上往往有较大话语权，城市空间基本上是围绕工业项目建设扩展的，大量的工业设施散布在城市建成区或近郊区，一批新兴城市其实就是围绕国家工业重点建设项目形成起来的，例如大庆、鞍山等。所以，城市土地的混用程度极高，城市空间的功能分化程度很低，各种功能部门见缝插针地分布在城市各个地方。

第三，计划体制实行的“单位制”导致大量社会职能是由工作单位承担，职住不分现象十分普遍，人们通常居住在自己单位建设的住宅区里，或者居住在上级单位统一建设的住宅区里，尤其是机关、大学、大型企业，生活空间与生产空间高度统合在单位空间里，形成“大院式”的生活。“单位”成为城市空间结构的基本单元。

第四，在计划经济时期，城市保障所有户籍劳动者的就业机会并实行“铁饭碗”制度，工资差距相对不大，教育、住房、医疗、养老等基本民生领域均实行政府财政或单位供给制度，因此城市社会分化程度不高。城市社会空间的分化主要体现在“单位”之间，不同行政级别的单位，其职工在教育、住房、医疗、养老等基本民生领域获得的福利水平有所差别。由于人们的生活空间与生产空间高度统合在单位空间里，同一单位里不同地位、不同工种、不同文化、不同收入的人往往居住在同一个社区，这造就了社区邻里关系与职场同事关系重合的同质性特征，加上人们的职业流动性低，因此城市社区中邻里关系比较密切、稳定，社区整合程度较高。即使在那些非单位社区里，由于住房改善机会小，人们往往长期稳定地居住在同一社区，世代为邻的邻里关系也维系了社区的整合。

二、转型期的城市规划与社会空间

从 1978 年开始，我国进入改革开放、逐步从计划经济体制向市场经济体制转变的历史时期。1981 年党的十一届六中全会通过的《关于建国以来党的若干历史问题的决议》，对这一时期我国社会的主要矛盾作出了新的判断，即“人民日益增长的物质文化需要同落后的社会生产之间的矛盾”。社会主要矛盾的性质决定了这一时期的城市规划既要把促进城市经济发展作为规划目标，也要把满足人民日益增长的物质文化需求作为规划目标，生产和消费是城市发展的双动力。

土地、资金、人口是城市发展的最基本资源要素。在计划经济体制下，土地靠行政划拨，资本来自政府财政，人口受国家户籍指标控制，城市规划只是一个被动的、落实计划目标的技术工作。但在市场经济体制下，土地、资本、人口等城市发展的资源要素供给机制均发生了变化：城市土地使用从单一的行政划拨转变为行政划拨与有偿使用双轨并行，土地收入成为许多城市政府财政收入的主要来源之一；城市建设的投资渠道从单一财政拨款转变为财政投入、银行贷款、私人或企业投资、境外资本投资等多种渠道，投资主体多元化；城乡之间、城市之间的人口流动藩篱被拆除，大量的农村劳动力进入城市。总之，土地、资本、人口等城市发展的资源要素逐步成为竞争性要素，其供给机制从单一的行政供给转变为市场调控。在这种背景下，城市规划的地位从被动的、落实计划的技术工具转变为主动引导城市合理发展，吸引和调控城市资源配置，建设和管理城市的重要依据和手段。市场转型时期的城市社会空间呈现出以下特征。

首先，随着城市规模的扩大和城市规划的调控，城市空间的功能配置得到改善，提高了城市运作的效能，改善了城市景观。同时，为了改变计划经济时期城市“重生产轻消费”的状况，这一时期城市规划的一个主要任务就是改善欠账多年的城市基础设施和居民生活服务设施，这些设施无论在衣食住行的物质生活领域还是在文化娱乐的精神生活领域，都得到快速的发展。尤其是居民居住环境建设方面，从 1978 年城镇居民人均住房面积 3.6 平方米迅速上升到 2018 年的 39 平方米。

其次，随着我国《土地管理法》和《物权法》的颁布，城市地权属性和业权属性日益多元化，社会财富得到快速增长。但城市社会的利益分化日趋复杂，城市建设中的利益矛盾不断出现。例如小区物业与业主之间的矛盾，公共设施建设的“邻避”冲突，城市拆迁遭遇的原住民抗争等利益纠纷不断在城市上演。在市场转型时期，城市规划如何在政府调控城市空间资源、指导城乡发展与建设的同时，维护社会公平、保障公共安全和公众利益、实现多元利益和谐并存共同发展的公共政策属性尤显重要。

再次，在市场经济体制下，有偿转让土地使用权是城市政府获得城市建设资金的重要来源之一，城市建设的投资主体不再只是政府，而是更加多元化。土地的有偿使用和投资主体的多元化给城市发展注入了活力，城市建设都得到快速发展，城市改造也取得显著成绩。但在一些城市，政府对绩效的追求和资本逐利的本性也给城市空间带来了破坏：以资源消耗为代价的城市开发使生态环境遭到破坏，自然和人文遗产难以得到保护，作为历史文化和城市特色的传统社区往往以“危房改造”为名被拆毁。城市规划的制定和执行需要科学、合理，更需要公平、正义。

最后，随着计划经济的“单位制”解体和城市居民住房的商品化，城市居民的居住空间结构开始发生变化。例如，“北京市社会空间结构以‘同心圆’为主，伴随着‘多核心’和‘扇形’模式；上海市中心城区居住空间结构由改革开放前的‘圈层+组团’模式演变成改革开放后的‘圈层+扇形+组团’；南京市居住空间结构从第五次人口普查数据时期的‘圈层+扇形’模式演变为当前新的圈层模式”①。居住空间结构变化既受到历史发展惯性的影响，也受到房地产开发影响和城市规划的引导。与居住空间结构变化同时产生的是居住空间异质性的增长。空间异质性增长的表现之一是社区之间的社会差别扩大，不同社会群体相对聚居在不同的社区里。例如，广州市就形成了混合人口聚集区、党政及高级职员聚集区、专业技术及管理人员聚集区、普通工人聚集区、底层工人及农民工聚集区。② 空间异质性增长的表现之二是社区居民之间以陌生人居多，人与人之间的信任度下降，社会关系纽带松弛，邻里情感相对缺失。

三、新时代的中国城市规划

从改革开放到党的十八大召开，中国的城市建设取得了举世瞩目的成就，但也带来了诸多深层次的发展问题：区域发展不均衡，环境和生态问题严峻，城市建设的土地资源占用大、效益不高，一些城市的历史文化肌理受到伤害，城市化发展带来的机会、资源、财富分配在不同社会群体之间的差距正在扩大。中国城市的可持续发展问题被提了出来。

---

① 周春山、罗仁泽、代丹丹：《2000—2010 年广州市居住空间结构演变及机制分析》，《地理研究》2015 年第 6 期，第 1109—1124 页。

② 周春山、罗仁泽、代丹丹：《2000—2010 年广州市居住空间结构演变及机制分析》，《地理研究》2015 年第 6 期，第 1109—1124 页。

2014 年，国家正式提出，“从社会主义初级阶段这个最大实际出发，遵循城镇化发展规律，走中国特色新型城镇化道路”①。新型城镇化作为新时代的城市可持续发展道路被提了出来。新型城镇化是以城乡统筹、城乡一体、产业互动、节约集约、生态宜居、和谐发展为基本特征的城镇化，是大中小城市、小城镇、新型农村社区协调发展、互促共进的城镇化。新型城镇化的提出标志着中国的城镇发展方式从寻求“量变”到追求“质变”的转型。

2017 年，党的十九大报告提出我国社会主要矛盾已经转化为人民日益增长的美好生活需要和不平衡不充分的发展之间的矛盾这一重大政治论断。新时代社会主要矛盾的转变在为新时代城市规划提供理论依据的同时，更提出了客观要求。

（一）新时代中国城市规划的客观要求

1. 坚持城市规划要以人民为中心

城市规划不仅是对城市物质空间作出的一种安排，更是对城市社会空间的一种安排，要想通过城市规划来提升城市居民生活幸福感，缩小城市社会差别，实现城市社会和谐、可持续发展，就必须坚持以人民为中心的规划理念，这是社会主义制度根本性质决定的。习近平指出：“无论是城市规划还是城市建设，无论是新城区建设还是老城区改造，都要坚持以人民为中心，聚焦人民群众的需求，合理安排生产、生活、生态空间，走内涵式、集约型、绿色化的高质量发展路子，努力创造宜业、宜居、宜乐、宜游的良好环境，让人民有更多获得感，为人民创造更加幸福的美好生活。”②

2. 坚持城市规划的科学性，统筹城市规划工作

城市规划要尊重城市发展的客观规律，增强规划的前瞻性、严肃性和连续性，实现一张蓝图干到底。城市规划工作要贯彻创新、协调、绿色、共享的发展观念，统筹空间、规模、产业三大结构，提高城市工作全局性；统筹规划、建设、管理三大环节，提高城市工作的系统性；统筹改革、科技、文化三大动力，提高城市发展持续性；统筹生产、生活、生态三大布局，提高城市发展的宜居性；统筹政府、社会、市民三大主体，提高各方推动城市发展的积极性。

---

① 《国家新型城镇化规划（2014—2020）》，中华人民共和国中央人民政府网，2014 年 3 月 16 日。

② 谢环驰：《习近平在上海考察时强调　深入学习贯彻党的十九届四中全会精神　提高社会主义现代化国际大都市治理能力和水平》，《人民日报》2019 年 11 月 4 日。

3. 合理规划城市布局，健全城镇体系

坚持以中心城市引领城市群发展，推动一些中心城市地区加快工业化城镇化，增强中心城市辐射带动力，有序实施城市群发展规划。培育发展现代化都市圈，探索建立中心城市牵头的都市圈发展协调推进机制。超大特大城市立足中心城区功能定位，合理疏解中心城区非核心功能，防止无序蔓延。中小城市发展要分类施策，协调发展。支持特色小镇有序发展，坚持特色兴镇、产业兴镇。构建以中心城市、都市圈、城市群为主体，大中小城市和小城镇协调发展的城镇化空间格局。

4. 实施城市更新行动，推动城市高质量发展

我国的城市发展已经进入由增量扩张为主转向存量提质改造和增量结构调整并重的新阶段。通过城市更新，推动城市开发建设方式从粗放型外延式发展转向集约型内涵式发展，补齐基础设施和公共服务设施短板，推动城市结构调整优化，提升城市品质；完善城市生态系统，保护城市山体自然风貌，修复河湖水系和湿地等水体，加强绿色生态网络建设；全面推进城镇棚户区改造和老旧小区改造，完善住房保障体系，及时回应群众关切，着力解决“城市病”等突出问题，提升城市生活品质。

5. 强化历史文化保护，塑造城市风貌

加强对城市的空间立体性、平面协调性、风貌整体性、文脉延续性等方面的规划和管控，留住城市特有的地域环境、文化特色、建筑风格等“基因”。建立城市历史文化保护与传承体系，加大历史文化名胜名城名镇名村保护力度，修复山水城传统格局，保护具有历史文化价值的街区、建筑及其影响地段的传统格局和风貌，推进历史文化遗产活化利用。治理“千城一面”和“贪大、媚洋、求怪”的建筑乱象，塑造城市时代特色风貌。“要妥善处理好保护和发展的关系，注重延续城市历史文脉，像对待‘老人’一样尊重和善待城市中的老建筑，保留城市历史文化记忆，让人们记得住历史、记得住乡愁，坚定文化自信，增强国家情怀。”①

6. 重视城市规划的社会效应

城市规划要从传统规划偏重生产空间产品转向更加重视空间产品的社会效

---

① 谢环驰：《习近平在上海考察时强调 深入学习贯彻党的十九届四中全会精神 提高社会主义现代化国际大都市治理能力和水平》，《人民日报》2019 年 11 月 4 日。

应。更充分地体现城市规划的公共政策属性，引导和平衡不同主体的利益诉求，促进共享城市发展的成果；要在空间布局和设施配置上体现更多对老年人、残疾人、妇女儿童、贫困人口和流动人口等群体的关怀，通过规划促进城市社会公平；要更加关注社区建设、社区服务、社区治理，避免“大拆大建”式的开发而破坏社区纽带和社区归属感；重视休闲、旅游的公共空间规划，为市民提供更多接触大自然、互动交往、休闲娱乐的场所，满足人们不断增长的精神生活需求，培养健康、积极向上的社会心态。

7. 完善城市规划的法治体系和科技支撑体系

进一步完善城市规划的法制建设，为城市规划的独立性、科学性、权威性提供法治基础，同时尊重市民对城市发展决策的知情权、参与权、监督权，鼓励企业和市民通过各种方式参与城市建设的规划和管理。加快推进基于信息化、数字化、智能化的新型城市基础设施建设和改造，打造智慧城市的基础操作平台，全面提升城市建设水平和运行效率。通过大数据分析或社会模拟仿真，在各种自然资源和社会资源之间建立分析模型，寻找资源约束下的城市各方面发展的均衡点，优化空间配置，为城市规划履行公共政策属性提供科学依据。

（二）新时代的中国城市规划实践

中国特色社会主义进入新时代以来，许多城市政府以新型城镇化发展为方向，在践行新时代中国城市规划理念上展开了创新性探索。

1. 北京——立足城市功能定位、疏解中心城区非核心功能

北京是我国的首都，是一个人口超过 2 100 万，各项功能齐全的超大型城市。针对如何走可持续发展道路，带动周边城市群发展，北京市围绕“建设一个什么样的首都，怎样建设首都”这一重大问题，对超大城市如何实现功能定位，防止无序蔓延，合理疏解中心城区非核心功能进行了探索，提供了经验。

（1）城市定位。北京作为首都，城市战略定位在全国政治中心、文化中心、国际交往中心、科技创新中心，履行为中央党政军领导机关工作服务、为国家国际交往服务、为科技和教育发展服务、为改善人民群众生活服务的基本职责。为了着力提升首都功能，北京市通过区分首都核心功能区、中心城区、非中心城区来合理规划城市，做到有所为有所不为，城市规划实现人随功能走、人随产业走，做到服务保障能力同城市战略定位相适应、人口资源环境同城市战略定位相协调、城市布局同城市战略定位相一致。

（2）空间布局。构建“一核一主一副、两轴多点一区”的城市空间结构。一核是首都功能核心区；一主是中心城六区；一副是北京城市副中心，范围涵盖了原通州新城规划建设区；两轴是中轴线及其延长线、长安街及其延长线；多点是5个位于平原地区的新城，是承接中心城区适宜功能和人口疏解的重点地区，是推进京津冀协同发展的重要区域；一区是生态涵养区，是包括门头沟区等在内的7个地区，是北京的“大氧吧”，是保障首都可持续发展的关键区域。北京市的战略目标为，到2035年及之后，北京市常住人口稳定在2 300万人以内，城乡建设用地规模减少到2 760平方公里左右，城乡职住用地比例调整为1∶2以上。

（3）城市空间结构。遵循中华营城理念、北京建城传统、通州地域文脉，构建多组团集约紧凑发展的生态城市布局，形成以大运河为骨架的一条蓝绿交织的生态文明带和一条沿六环路延伸的创新发展轴，依托水网、绿网和路网形成12个民生共享多组团，建设职住平衡、宜居宜业的城市社区。

（4）区域发展。在市域范围内实现主副结合发展、内外联动发展、南北均衡发展、山区和平原地区互补发展。突出水城共融、蓝绿交织、文化传承的城市特色。通过功能疏解，形成中心城区与通州副中心、雄安新区“一体两翼”格局，共同推动京津冀区域建设成为以首都为核心的世界级城市群、区域整体协同发展改革引领区。

2. 成都——建设“公园城市”

2018年2月，习近平在成都视察期间首次提出“公园城市”理念，这是对新时代城市发展建设模式的新概括。作为公园城市的首提地，成都积极开展公园城市的规划，践行新发展理念的公园城市示范区，探索城市可持续发展新模式。

（1）发展逻辑。从“产—城—人”向“筑境—聚人—营城—兴业”转变。先期建设公园、绿道、公共服务设施和重大功能设施，以优美的环境与完善的配套设施吸引人才聚集，快速提升区域整体价值，带动周边商业、产业和住宅的发展，使城市发展综合效益最大化，实现“先公园后城市，先生活后生产”。

（2）营城理念。从“单纯物质空间建造”向“以人为中心的场景营造”转变。公园城市规划建设从单纯物质空间建造模式，转变为以人的获得感和幸福感为根本出发点，更加注重多种功能承载、多样化服务设施建设、满足多层次人群需求、多元化活动植入的空间场景营造，并突出公园的“公”字，做到共商、共建、共治、共享、共融。

（3）空间布局。从“城市中建公园”向“公园中建城市”转变。公园城市建设全面落实生态优先、绿色发展，保护好生态本底，构建“山水田林湖草一体化”生态体系，将城市建在“大生态公园”中。在市域总体层面，通过生态修复、土地综合整治等，形成环境优美的山水田园大地景观，实现望得见山、看得见水。在城市区域，推动实现“300 米见绿、500 米见园”，大大小小的公园与绿化网络、生态廊道相连接，并围绕公园绿地、绿道网络布局城市公共服务设施、社区综合体，形成“公园+”的布局模式，引导健康生活，提升宜居品质；在乡村区域，以农业景区和农业园区为本底，以绿道为脉络，串联特色镇与特色村落，植入创新、文化、旅游、商贸等功能，构建“农业景区（农业园区）+特色镇+特色村落”的发展模式，实现农商文旅体融合发展。

（4）生态价值转化。从“生态净投入”向“生态价值创造性转化”转变。公园城市作为生态文明新时代城市发展方式的全新模式，积极探索“绿水青山就是金山银山”的实践路径，创新推动生态价值的转化。一是通过利用绿色生态空间营造实现对周边土地价值的提升，推动将绿色生态建设带来的土地增值与收益反哺绿色生态空间的投入与运营，形成绿色生态建设投资与周边用地空间增值之间的良好互动。二是围绕绿色生态空间及其周边区域，植入新兴消费功能与新兴业态，推动绿色生态空间成为新场景集聚地与价值增值地。

3. 苏州——保护历史文化名城

苏州是一座有着 2 500 多年历史的文化名城。改革开放以来，苏州迅速成长为长江三角洲重要的中心城市之一，2020 年实现国内生产总值 20 170. 5 亿元，远高于江苏省省会南京。如何在保持经济持续发展的同时，保护好历史文化，苏州市制定了《苏州市历史文化名城保护专项规划（2035）》，主要内容如下。

（1）城市文化定位。苏州史前文明灿烂，是吴（地）文化发祥地、核心传承地，是江南水乡文化景观综合体现地，是古代中国水网地区城市建设典范。

（2）文化保护内容体系。构建苏州名城保护内容体系和文化系列保护内容体系。前者包含自然生态环境及景观、文化生态带（廊）、文化景观区、世界遗产、江南水乡历史文化聚落体系、历史文化街区和历史地段、文物保护单位和历史建筑、非物质文化遗产和优秀传统文化 8 个类型的苏州名城。后者包括史前系列、春秋吴文化系列、稻作水利系列、商贸系列、蚕桑丝绸系列、工艺美术系列、园林系列、建筑系列、宗教儒家系列、文学书画系列、南社系列、科技医药系列、藏书刻书系列、戏曲曲艺系列、美食系列、水乡民俗系列、重大历史事件和吴地名人等文化内容。

（3）文化保护空间体系。构建市域、市区、历史城区三个历史文化空间保护层次。市域空间历史文化保护突出历史文化聚落节点，以水利水运系统、历史水路为脉络，整合自然与历史文化资源，形成网络化的历史文化保护格局，促进苏州市域历史文化的整体性保护。市区空间历史文化保护延续和强化“四角山水”城市格局，保护古城周围及太湖沿岸的山体，梳理和修复太湖沿线历史遗留的古道义路、古镇古村落和文化遗产。苏州历史城区空间保护以古城城墙、外城河、内城河及城墙环境构成的城市轮廓，保护内部的世界文化遗产、文物保护单位，保护苏州传统民居肌理及建筑，保护“小桥流水、粉墙黛瓦”的传统风貌。

（4）文化保护与全面发展。通过加强历史城区历史文化资源的保护与利用，引导产业调整优化，以“文化”为主线，发展文化新经济，促进文化产业振兴。突出古城“慢”特质和“精”优势，加强历史文化街区内的产业（业态）经营管控。发展全域旅游，深度发展文化旅游，推动旅游产业精品化、全域化、品牌化、高附加值发展。同时保护“控湖通达江海、河网纵横交错、湖荡星罗棋布、平原连绵宽广、低山丘陵岛屿相伴”的整体自然环境格局，强化水乡生态基底和风貌的整治和修复，优化古城人口结构，倡导绿色出行，优化公共资源配置，提升宜居环境。

思考题：

1. 什么是城市空间的社会性？
2. 传统中国的城市规划思想有哪些特征？
3. 简述霍华德、柯布西耶和赖特三位城市规划思想家对理想城市的构想。
4. 如何理解规划中的社会？

► 思考题要点

第九章　城市社会发展

第一节　城市社会发展概说

社会发展是社会学的中心议题之一，它不是一般意义上的社会变迁，而是指社会文明进步的变化过程，社会发展服从社会变迁的客观规律，但也包含着目的性、方向性和价值性，与人类对美好生活的梦想与实践紧密相关。

一、社会发展概念

社会发展是一个内涵丰富的概念，在中文词汇中，社会一词有着狭义和广义之别，因此社会发展就其内涵也有不同层面的含义。广义的社会是指宏观的、整体的社会形态，包括经济、政治、文化等构成整体的所有方面。狭义的社会专指构成整体社会形态的某一个方面，是相对独立于经济、政治、文化而言的社会。社会学侧重于狭义的社会发展，重点研究人们的社会行为、社会关系和社会结构的发展变化，关注机会、资源和财富的分配及其公平性，教育、就业、住房、医疗、养老等基本民生的保障和发展，社会服务体系的完善和公共产品的供给，社会运行中的冲突和秩序，社会整合和社会治理能力以及与政府、市场相对分开的社会的成长等问题。但是，社会学并不局限于狭义的社会发展研究。社会发展与经济发展、政治发展、文化发展紧密相连，从相互联系的角度研究社会发展是社会学的基本方法。

二、城市社会发展特征

城市是不同于乡村的人类生活共同体形式，具有独立的特征和发展的规律性，面临一些区别于乡村的社会发展问题。

1. 城市人口承载力与城市社会发展

城市人口承载力是指城市的自然资源、生态环境、公共资源和经济规模能够承载的人口数量。城市人口承载力不高会制约农业人口向城市转移，而城市人口数量如果超出了城市人口承载力，就会影响城市社会发展的质量。当城市人口数量超出自然资源和生态环境的承载能力时，就会造成资源过度开发、生态环境恶化；当城市的基础设施和民生服务无法满足人口需要时，就会导致交通拥挤、住房短缺、民生服务供给不足；当人口数量超出经济规模所能提供的就业机会时，就会导致失业、贫困。我国的城镇化发展面临资源环境承载能力和公共资源供给的双重压力，通过优化产业结构来提高资源利用率和对环境的保护水平，通过完善基础设施、加快城市改造、增加民生服务来补足公共资源供给短板，是我国城市社会发展的客观要求。

2. 城市社会关系与城市社会发展

城市人口往往来自五湖四海，异质性高，加上快速的社会流动，人与人之间的熟悉度低，缺少由先赋性关系形成的带有感情色彩的社会关系。因此，城市生活更容易摆脱传统习俗的约束，形成独立性，人与人之间的关系趋向理性化，人们的生活态度趋向世俗化，人们行为的工具性色彩较重，社会生活秩序更依赖于正式规范制度。这些特征也导致了城市人的社会关系缺乏“温度”，社会支持网络不足，社会纽带松弛，凝聚力有限。城市需要通过发展社会组织，加强社区建设，扩大公共参与等多种途径促进社会互动，增加社会信任，累积社会资本，增进社会情感，提升社会整合，推动城市社会发展。

3. 城市社会分化与城市社会发展

城市是资源和财富的聚集中心，相对于农村：一方面，城市的社会分工更加复杂，社会变迁更为迅速，人们向上流动、实现自我发展的机会空间更大；另一方面，城市社会的分化更快，分化程度更高，人口的高密度聚集强化了社会比较，增强了人们的相对剥夺感，社会矛盾和社会冲突的诱发因素更多。城市社会发展需要降低社会分化程度，缩小社会差别。这需要建立更加公平的市场分配机制，加大政府二次分配的调节作用，促进社会公益慈善事业在三次分配中发挥更大的作用。

4. 城市社会生活多样性与城市社会发展

城市作为区域或国家的发展中心，新的技术运用、新的观念、新的思潮、新的时尚往往都是在城市先出现。城市作为区域或国家的交流中心，不同地区、不同国家的观念、文化和生活方式也在这里交汇。全球化和网络化则把更为丰富的观念、文化、生活方式呈现出来。城市社会生活展现出多样性，充满活力，使人们在社会生活上有更多的选择性和更强的自主性，促进了人的全面发展。但是，传统与现代之间、不同族群之间、本土与外来之间的差异乃至碰撞，精华与糟粕之间的混杂，决定了城市社会生活的多样性对城市社会认同、社会共识的达成和健康的社会生活方式带来挑战。城市社会发展需要形成共享的核心价值观，现代的市民意识、良好的社会公德和社会责任感。

5. 城市聚集性与城市社会发展

城市是人口、资源、信息等各种经济社会发展要素的聚集中心，聚集产生了经济效应，带来了社会生活的多样性，但也加大了突发事件、公共危机发生的可能，包括自然灾害在内的各种突发事件在城市中也会带来更大的破坏力，产生更多的次生效应，这些都增加了城市社会风险。一些在没有准备的情况下突然爆发的、紧急性的公共危机事件更有可能在城市产生，例如人群聚集产生的踩踏事件。城市社会发展需要政府和市民有更强的社会风险意识，要控制城市“脆弱性”，建设“韧性城市”，不断完善社会治理体系，提升社会治理能力。

6. 网络化与城市社会发展

随着以信息化、大数据、智能化、网络化为特征的新时代到来，“互联网+”正深刻地改变着城市社会。网络将越来越多的劳动者从集中的组织化工作制度下释放出来，个体化、家庭化、非固定性工作岗位日益增加，这不仅改变着劳动关系和劳动过程，也给劳动者权益保护带来新的挑战。网络为民众提供了更为便捷的服务、丰富的商品和智能化的生活环境，但是大数据“杀熟”、网络欺诈等社会越轨行为也在破坏着市场公平。网络不仅在熟人之间，也在陌生人之间建立起社会互动，“网络群体”成为城市人几乎每天都要参与互动的社会群体。但是网络社会的“虚拟性”使网民不受真实社会中人际交往的道德规范约束，“网络群体”内部的交往并没有在网民中建立真实的社会信任，各种网络暴力、网络不道德行为存在于网络社会。不论在现实社会中的阶层地位如何，网络为每个网民提供了一个平等地表达自己的观点、提出自己的诉求、展示自己的智趣、追求自我发展和履行社会监督的平台，但是虚拟化的身份使一些网民对自己的言论缺乏自我约束，甚至极端化，极易引发网上冲突或网络突发事件，给社会稳定造成冲击。同时，“数字鸿沟”也在形成新的网络不平等。在网络时代，人们社会交往空间的拓展、生活质量的提升、权利平等和自主性发展需要更加智能化的“互联网+”，这些目标的实现有赖于网络道德的加强、网络社会治理体系的建立和网络治理能力的提升。

三、马克思主义的社会发展观

马克思主义认为，人类为满足自身生活需要的第一个活动就是生产劳动，生产力是推动人类社会发展的最根本动力，人们在生产活动中结成的生产关系是最基本的社会关系，生产关系的总和构成社会的经济基础，在此基础上，形成了由法律、政治、道德、意识形态等构成的上层建筑。只有当生产关系适应生产力的发展要求，上层建筑适应经济基础的发展要求，社会才能得到和谐发展，否则社会发展将受到阻碍。

马克思主义肯定生产力在社会发展中的决定作用，但并不简单地把一切社会关系变化都归结为生产关系的结果，把所有社会发展都归结为经济决定，而是辩证地认识构成整体的各个部分的关系，承认生产关系对生产力、上层建筑对经济基础的反作用。人类社会是人们在特定的物质生活资料生产基础上形成的各种关系的有机整体，构成这个有机体的各个部分既相互区别，又相互联系、相互促进、共同发展。社会发展是一个动态的过程，相对于经济、政治发展而言，一个国家或一个民族的人与人之间的关系特征、行为方式、婚姻和家庭模式不可以简单地用先进与落后来衡量，更多的是一个与经济、政治、文化发展相适应的问题。社会发展具有阶段性和相对独立性。

人类社会的发展是一个矛盾运动的历史过程，社会基本矛盾贯穿于人类社会始终，在不同的社会发展阶段，社会发展的主要矛盾不一样，社会主要矛盾在社会发展进程中的诸多矛盾中占主导地位，是对社会发展起主导、支配作用的矛盾，是把握社会发展特征、制定国家发展长远战略的重要根据。新时代中国特色社会主义社会的主要矛盾已经转化为人民日益增长的美好生活需要和不平衡不充分的发展之间的矛盾。

以物为本还是以人为本是两种不同的社会发展观。马克思主义在深刻批判资本主义社会“对物的依赖性”的基础上，提出了以人为本的社会发展观。马克思主义认为，人是全部人类活动和全部人类关系的本质和基础，人类的全部活动追求的是人自身的全面发展，人类社会发展的最高追求是人的自由和解放，共产主义是“所有自由人的联合体”。在马克思主义看来，人的发展与社会发展是统一的，社会发展的阶段不同，人的全面发展的实现程度就不同。“坚持以人民为中心”是中国共产党人把马克思主义普遍理论与中国实践相结合，在治国理政的长期实践与思考中逐步形成和完善的中国特色社会主义的社会发展观。

四、新时代中国特色社会主义城市社会发展观

改革开放以来，我国经历了世界历史上规模最大、速度最快的城镇化进

程，取得了举世瞩目的成就。城市作为我国经济、政治、文化、社会等方面活动的中心，不仅带动了整个经济的发展，在社会发展领域也先行一步。城镇居民人均可支配收入从 1979 年的 405 元增长到 2020 年的 43 834 元，城镇居民人均住房面积从 1978 年的 6.7 平方米增长到 2019 年的 39.8 平方米，城镇居民在生活的品质、丰富性和便捷性上取得了前所未有的进步，在个体发展的自主性和基层社会的自治性上得到了显著提高。随着进入中国特色社会主义新时代，人民对美好生活的向往不仅是对物质生活有更高的要求，也会在民主、法制、公平、正义、安全、环境等各方面提出更高的要求。在全面消灭贫困，总体实现小康社会之后，相对贫困会凸显出来，发展的不均衡不充分问题会更显突出。新的科学技术发展和应用正在改变人们的观念、行为和人际关系，也给社会治理带来新的挑战。在所有这些变化面前，城市社会发展面临更大的挑战，需要与新时代发展要求相一致的城市社会发展观。

1. 坚持以人民为中心

城市是人民的城市，人民城市为人民。城市的核心是人，城市发展要围绕“衣食住行、生老病死、安居乐业”的民生需求，让大数据、云计算、区块链、人工智能等前沿技术惠及民生服务，让市民的工作、生活、休闲、娱乐更加便捷、多元、智能。老百姓是否满意，是否有更多的获得感、幸福感，生活是否方便，是评判城市社会发展的重要标准。

2. 实现城市社会包容性增长

城镇化为中国经济发展作出了巨大贡献，但城市之间的发展不平衡，城市社会群体之间存在社会不平等等现象依然存在。城市社会包容性增长主张不同地区、不同社会群体在政治、经济、文化发展上的权利平等，追求共同参与发展，共享发展成果，强调对弱势地区或弱势人群在发展机会、发展诉求、发展成果共享上的保护，逐步缩小社会差别，促进社会和谐，实现共同富裕。我国的城市社会发展要加快推进城市在户籍、教育、就业、住宅、社会保障等领域的改革，有序实现常住人口市民化。

3. 倡导绿色发展，建设宜居城市

城市发展要全面协调人口、产业、资源、生态环境、基础设施、民生服务之间的关系，统筹生产、生活和生态：要从“摊大饼”式外延发展向内涵提升方式转变，实现资源节约、空间集约高效；要加快棚户区、老旧小区和危房改造，科学规划环境容量和城市综合承载能力，合理配套公共服务设施；

要本着尊重自然、绿色低碳的理念，提升城市的通透性和微循环能力，把好山好水好风光融入城市，建设人与自然和谐共处、可持续的、共生共荣的宜居城市。

4. 统筹城市发展与城市安全

城市是推动文明发展的重要“引擎”，但城市的人口、功能和规模不断扩大，日趋复杂的城市发展也潜藏着巨大的安全风险。发展是解决问题的基础和关键，安全则是发展的前提，二者互为条件，相互支持。要坚持国家利益至上，以人民安全为宗旨，以政治安全为根本，确保国家经济安全，保障人民生命安全，防控社会风险、维护社会稳定和安全。

5. 提升市民素质，倡导积极的生活态度和健康的生活方式

城市是一种文明形态，客观上要求相应的市民素质。要在坚持社会主义核心价值观和中华民族优秀传统文化的基础上，吸收人类城市文明的精华，提升市民的思想文化素质、道德素质、身体健康素质、心理健康素质，在社会上形成积极向上的生活态度，培养市民健康的生活方式。

6. 建设“智慧社会”

党的十九大报告首次提出了建设“智慧社会”的发展目标。智慧社会不是一个简单地把新的信息技术运用到既有社会体系中去的技术问题，而是以新一代信息技术，对人类社会的生产、生活和治理带来创新性重构的新型社会形态。在智慧社会里，生产的自动化、智能化、信息化会极大地提高生产力，形成新的经济增长模式；知识生产者的地位将获得极大的提高，“橄榄型”社会结构会得到发展，政府管理和公共服务将向智能化方向转变，这会大大提高交通、环境、教育、医疗、卫生、安全、扶贫和救助等民生事业中的决策科学性和公共服务供给的精准性；物联网、互联网也会给人民群众带来更加安全、便捷、舒适、高品质的生活，带来更加多元和个性化的生活选择，信息系统的互联互通将为大众创造出更多的表达、沟通和共享的公共空间，有助于更加多渠道地拓展政府、市场、社会之间的交流互动促进，创新协商民主的形式。正如习近平指出的：“更好服务我国经济社会发展和人民生活改善。”①

① 《习近平在中央政治局第二次集体学习时强调 审时度势精心谋划超前布局力争主动 实施国家大数据战略加快建设数字中国》，《人民日报》2017 年 12 月 10 日。

第二节　城市社会发展的多重模式

一、“外生型”与“内生型”发展模式

根据国家走向现代化的起始点，即社会发展的致因是内在的还是外在的，可以将它们分为内生型国家和外生型国家，如英国和日本就分别是内生型和外生型的典型。另外，经济学常常将地区经济发展模式归纳为内源经济和外源经济两种，其中外源经济通常是指通过利用外部的资金、技术等生产要素发展经济的过程，而内源经济主要是指依靠本地的资金、技术、人才等生产要素发展经济的过程。与此类似，以城市发展主要是依据外部还是内部资源为标准，也可以把城市发展分为外生型发展模式和内生型发展模式两种。约翰·弗里德曼把城市发展分为“城市营销”（基于外部的发展）和内生型模式。

（一）城市营销

城市发展离不开资源，如何吸引资源是城市发展的关键因素之一。随着全球化发展，城市间对资源的竞争也日益激烈。“城市营销”概念来源于西方的“国家营销”理念，菲利普·科特勒在《国家营销》中认为，一个国家也可以像一个企业那样用心经营。在他看来，国家其实是由消费者、制造商、供应商和分销商的实际行为结合而成的一个整体。因此，国家营销应当突出自己的特点，发掘自己的优势，提高自己的竞争力。由“国家营销”衍生而来的“城市营销”力求将城市视为一个企业，运用一系列市场营销的意识、机制和手段，对城市中的社会、政治、文化、经济资源进行系统的策划与整合，通过树立城市品牌、提高城市美誉度以及城市有形或无形资产，吸引更多的投资者和消费者，以此争取更多的外部资源来推动城市发展。

城市营销发展是一种倾向于“外生型”的城市发展模式，因为这种城市发展模式把城市的未来建立在城市对外来资金的竞争力上，始终以从区域中争夺资源和谋求发展机遇为主要动力，尤其在每一波全球化产业转移的背景下大量涌现，十分注重招商引资。弗里德曼认为，城市营销模式专注于外来资本，追求短期效益，带来的机会是狭隘的、短视的，社会或环境方面的利益将会被牺牲。过度专注于外部资源还会带来很多负面效应：城市营销过于注重外在形象，忽视内在发展特质，城市形象同质化；致力于打造形象工程，忽视对公共

利益的实现与维护；在公共基础设施方面进行的巨额超限度投资，加大城市营运成本，反而造成了企业的经济负担，限制城市综合实力的提升以及公共利益的实现，制约城市的可持续发展。

（二）内生型城市发展

20世纪70年代初，联合国经济及社会理事会针对欠发达地区经济发展提出了不同于发展中国家普遍实行的外生型发展模式的五点共识，强调平等、自由和经济民主化等内部因素对区域发展的影响，成为区域内生发展思想的雏形。五点共识为：① 社会大众应该平等地享受社会发展成果；② 在项目开发过程中应引入居民参与；③ 对于进行开发的具体行政手段必须加以强化；④ 对于基础设施进行城乡统筹配置；⑤ 环境保护要彻底。“内生发展”的概念正式被提出是在1975年，瑞典某财团于联合国发表的关于“世界未来”的报告中提出：如果发展作为个人解放和人类的全面发展来理解，那么事实上这个发展只能从一个社会的内部来推动。

20世纪80年代以来，内生发展理论研究日益深入。扬·杜威·范德普勒格和安·龙提出，内生型发展意味着一个地方社会动员的过程，它需要一个组织结构将各个利益集团集合起来，以制定出符合当地需求的战略规划以及资源分配机制，其最终目的是获得地方的发展能力。因此，内生型发展是一种地方可以控制自己的发展过程，作出自己的发展选择，保留自己的发展利益的模式。弗里德曼将内生发展理论引入对城市发展的研究中，提出“内生式”城市发展模式，以此作为对“城市营销”模式的替代选择。“内生式发展的特征包括：以当地人为开发主体、培养当地的发展能力、保护生态环境、保护文化的多元性和独立性、鼓励发展模式的多样性等。该发展模式强调一个地域协同对内发展和对外竞争的能力，注重培育地方发展力，在不断积累自身实力并提升城市—区域能力的基础上，注意积极、超前地保护或提升区域内创造财富的资源复合体的质量，力求鼓励创新思想和实践，并在与外部经济主体竞争与合作的过程中，具有自身力量的优势。”① 弗里德曼用表9-1将两种模式的差别凸显出来。

① 张健：《平衡与选择：城市内生式发展模式与营销发展模式比较研究》，《江苏城市规划》2012年第8期，第30页。

表 9-1　城市发展的两种模式

	模式Ⅰ：城市营销 （基于外部的发展）	模式Ⅱ：内生式发展 （基于内部的发展）
行动空间	核心城市	城市—区域
时间框架	长期负债	短期负债
影响范围	经济增长最大化	众多发展目标的优化
发展的基本推动力	外生	内生
模式	竞争的（零和）	合作的（网络组织）
可持续性	差	强

弗里德曼非常重视城市—区域关系，认为城市发展必须投资于“区域性资源或资本复合体”，这些区域性资源或资本复合体至少包括以下 7 种。①

（1）人文资本，包括所有能使人们成为更健康、更具生产力的人类的东西。例如：好的营养物质、住房、能自我发展的社区邻里、健康护理及教育条件。

（2）社会资本，指一个强有力的、具有自我组织能力的、与社区日常生活息息相关的文明社会。

（3）文化资本，或称该城市—区域的物质遗产及其文化生活的特异性和活跃性。

（4）智力资本，包括区域内高等院校及科研机构的质量，以及日本人称为“活着的人文财富”的艺术家、人才及科学家等构成的城市创新的力量。

（5）环境资本，即保持人类自我生存的关键物质环境的质量，例如：人们呼吸的空气、喝的水，以及保持人类住区长期发展的土地承载力。

（6）自然资本，或说区域天赋的自然资源，比如土地、景观、海滩、森林、渔场以及矿产储量等用于生产或享受的资源。

（7）城市资本，或说城市基础设施，包括（地面、空中、海上）交通、能源、供水、污水处理以及固体废物等处理设施和设备，或说总体意义上的建成环境。

二、“经济增长”“综合发展”和“可持续发展”

如果说“内生型”与“外生型”发展模式是从城市发展的资源和动力来划

① ［美］约翰·弗里德曼：《规划全球城市：内生式发展模式》，《城市规划学刊》2004 年第 4 期，第 3—7 页。

分，那么“经济增长”“综合发展”和“可持续发展”模式则是从发展的全面性来划分，表现出某种时间上的先后阶段性。

（一）“经济增长”模式

“经济增长”模式产生于20世纪五六十年代，这种模式强调经济增长在社会发展中的作用，认为只要有经济增长，人民的生活水平就会自然得到提高，社会问题就会自然减少，社会的其他方面也会自然得到改善和增长，本质上是将经济增长等同于社会发展。“经济增长”模式实际上是发展中国家希望摆脱贫困落后状况，赶超发达国家的一种发展路径的选择。

发展中国家大多数都有长期被殖民和被奴役的历史，第二次世界大战以后，随着殖民主义体系的解体，这些国家在政治上取得了独立，开始进入建设时期。但是长期的殖民统治使这些国家丧失了巨大财富和资源，经济处在极端落后的状态，教育极不发达，政治相对封闭。无疑，经济发展对任何一个国家的独立和社会发展都是基础性的，对这些发展中国家尤其如此，优先发展经济成为这些国家的战略选择，国内生产总值（GDP）成为国家发展最主要的指标。不可否认，“经济增长”模式对这些国家提升国力，改善国民生活水平发挥了积极作用，并推动一个国家在短时间内取得较大发展。但是经济增长并没有自然地带来社会各个方面的发展，相反，在许多发展中国家，“经济增长”模式带来的是经济与社会等其他方面发展的不协调、不平衡，甚至滋生出更为复杂的社会问题，如贫富差距扩大、民生发展缓慢、民主发展停滞、社会动荡频发等，导致“有增长无发展”，甚至是“恶性增长”的结果。另外，一味地追求经济增长，还导致过度地开采资源，不仅产生了严重的资源浪费，更破坏了生态平衡，给当地带来不可修复的伤害。一味地追求“经济增长”，还引发了工业污染，废气、废渣、废水的大量无处理排放，致使国家乃至人类付出了严重的环境代价。

（二）“综合发展”模式

“综合发展”模式是在对“经济增长”模式反思基础上提出来的。“综合发展”模式的核心是区分了“增长”与“发展”的不同，突出了“发展”包含的内在价值。

1976年，国际劳工组织在关于就业、收入分配与社会进步的国际分工问题世界会议上提出了“基本需求战略”，主张应该把满足人们特别是贫困人口的基本需求作为重点。“基本需求战略”认为，发展的主要目标是满足人民的基本需求，而人民的基本需求不仅包括物质产品需求，还涉及同等数量的非物质方面的需求，如公平、自尊、自立、稳定、自我发展与自我实现等。由此，衡量发展的指标包括以下五个方面：基本必需品的消费量、收入和分配的均等程度、识字率、健康水平、就业状况等。“基本需求战略”的出现代表着发展观从对“物”的追求转向对“人”的关注，体现了发展战略重心的转移。从目标上来看，由追求经济增长转向争取社会的全面进步，努力实现社会公正与人人康乐。

1981 年，佩鲁受联合国教科文组织委托撰写《新发展观》一书，明确提出了“为一切人的发展和人的全面发展”的发展观，认为新的发展观是“整体的”“综合的”“内生的”。“整体”即主张人的发展的全面性；“综合”即主张发展过程中各部门、各地区、各阶级阶层之间的协调性；“内生”即主张发展必须基于自身的条件和历史。总之，“综合发展”模式主张发展是经济、政治、文化等各种要素的全面发展，是为了人的发展。

（三）“可持续发展”模式

“可持续发展”模式也是在对“经济增长”模式反思基础上提出来的，如果说“综合发展”模式凸显了发展的“全面性”，那么“可持续发展”则凸显了发展的“可持续性”。

1972 年，美国学者巴巴拉・沃德和雷内・杜博斯的著作《只有一个地球——对一个小小行星的关怀和维护》问世，同年罗马俱乐部发布了有名的研究报告《增长的极限》，二者都从人类与环境的关系提出了可持续发展问题。1987 年，联合国世界与环境发展委员会发布“布伦特兰报告”——《我们共同的未来》，正式提出可持续发展理念，并将其定义为既满足当代人的需要，又不对后代人满足其自身需求的能力构成危害的发展。时至今日，“可持续发展”已经是一个被广泛应用于社会科学的概念，“可持续”并非只指环境和资源的可持续，而是一个涉及经济、社会、文化、技术和自然环境的综合的动态的概念。作为一种发展模式，可持续发展强调发展的公平性，即要关注所有人的发展，尤其把贫困人群的基本需求放在发展的优先位置；要关注发展的代际公平性，不能以牺牲后代人的利益为代价来满足当代人的需求，处理好短期利益与长期利益的关系；要关注整体和共同的发展，一个国家或地区不能以牺牲其他国家或地区的利益为代价，处理好局部利益与整体利益的关系。可持续发展模式主张“发展”是有限制的，即满足人类需求的行为不能破坏人类赖以生存的物质基础，不能超过资源和环境的承受能力，它追求的是经济与人口、资源、环境、社会以及内部各个阶层的整体协调，这种协调在空间上是世界、国家和地区不同空间层面的协调发展，在时间上是不同代之间的协调发展。

三、智慧城市

“智慧城市”是实现“智慧社会”的核心内容。自2010年国际商业机器公司提出“智慧城市”以来，智慧城市建设在世界各地得到广泛的探索和发展，智慧城市的意义已经远远超越技术运用层面，正在成为城市规划、城市建设、城市运营、城市治理、城市安全以及城市生产和生活等各个领域的城市发展理念和战略，成为城市发展的新兴模式。

智慧城市是以大数据、云计算、移动互联、物联网等为核心和代表的新一代信息技术为基础，平衡其社会、经济和环境的发展需求，优化资源的使用，提供城市解决方案，促进城市发展的可持续性。

在智慧城市，信息、科学和技术等非实体性生产要素渗透到生产力系统，经济增长的驱动因素由土地、劳动、资本等传统要素转向信息、科学、技术等具有创新潜力的要素。智慧城市可以更优化配置自然资本、货币资本、生产资本，由此节省社会资源，提高增长效率，促进生态环境改善。

智慧城市是数字化、网络化、智能化深度融合的社会，政府能够充分运用信息和通信技术手段感测、分析、整合来自各部门的运营数据，转化成为信息和知识，打造集决策、监管、服务为一体的集成化体系，对包括民生、环保、公共安全、城市服务、工商业活动在内的各种需求作出智能的响应，打造更加均衡化、优质化的教育、医疗、交通资源和服务模式，更精准地实现对城市弱势群体或边缘群体的关注和支持，“对症下药”解决城市社会问题，实现科学决策、精细监管、精准服务，创造更加美好、公平正义的城市生活。

智慧城市是一个互联网、物联网高度互联互通的城市，它能为居民提供衣、食、住、行等物质生活或学习、娱乐、艺术等精神生活方面的舒适便捷的服务、多样化的服务选择乃至个性化的定制服务。同时人们在现实社会之外获得了一个崭新的网络世界，相对于现实世界，人们可以更自由地进出网络世界，开展网络社会交往，在网上表达和讨论公共事务，人的需求在其间得到更多且更高层次的满足。智慧城市正在发展出新的生活方式。

以用户为中心，借助开放创新空间，汇聚公众智慧，实现协同创新，是智慧城市能够持续发展的关键。因此，实现健全、透明、开放的信息获取，促进企业、组织、个体、公众等多元主体利用信息技术和移动应用服务，在政府、市场、社会之间建立起更多的互动平台，拓展不同主体间的互动渠道，吸引更多的利益相关者参与到城市经济社会建设中来，才能创新民主形式，促进人的自由和社会民主的发展。

智慧城市作为一种新的城市发展模式，给人类发展带来了前所未有的潜力，并改变着人们生产生活方式。但新的城市发展模式也会在实践中向人类提出新的挑战。

第三节　社会发展指标体系

伴随着社会发展理念的转变，评价一个国家的社会发展状况和评估人们社会生活质量的标准也不再局限于经济发展和物质生活，公正、平等、自由、民主、保障、福利等均成为评价一个国家经济社会发展的重要内容，健康、教育、闲暇、精神生活等也在个体生活质量评价中受到关注。“社会指标”成为制订社会发展规划、提出社会福利政策、评估政府治理绩效的重要管理工具，成为描述社会发展状况、研究社会发展规律、建构社会理论的重要分析工具。

一、社会发展指标的提出

社会发展指标的普及和应用发轫于20世纪60年代的美国，并在世界范围内迅速引发“社会指标运动”的热潮，鲍尔被认为是这一领域的先驱。鲍尔在1966年主编出版了《社会指标》一书，该书是关于空间竞赛计划对美国社会的影响及其利弊的研究。在这一研究过程中，研究者发现，缺乏一个系统的概念结构和一套精密的分析方法来对空间计划可能带来的诸方面后果作出报告。因此，他们试图建立一个社会指标体系，通过采用统计数字和数列来描述社会现状及预测社会变化。在鲍尔的定义中，社会指标是统计数值、一系列的统计量，以及其他形式的证据。它们能够使我们判断社会正处在何种阶段，价值和目标实现的状况如何。[①] 他们的这一研究与当时人们对经济增长模式的反思相

---

① 周长城等：《生活质量的指标构建及其现状评价》，经济科学出版社2009年版，第14页。

契合，激起了人们对社会指标的广泛兴趣。自鲍尔出版《社会指标》之后，社会指标的研究大致上一分为二：一个是沿着鲍尔的“社会指标”研究传统，关注对社会整体或其成员具有意义的社会环境特征，重视整体或群体的客观指标；另一个是从社会心理学意义上关注生活质量，重视人们对生活环境满意程度和对生活的全面评价的主观指标。尽管二者有不同的传统，但他们关心的是同样的问题，即在经济增长和科技进步的历史条件下，如何正确分析、评价人类社会的发展。

从20世纪60年代开始，社会指标作为衡量和评价社会发展的重要工具得到广泛运用，到了80年代，就有31个国家发表了社会指标报告。而且这一发展在联合国等国际组织推动下，很快蔓延至发展中国家。同时，“社会指标”研究与“生活质量”研究逐渐走向融合，客观社会指标与主观生活质量指标共同构成了社会发展指标体系。社会发展指标体系已经在全球事务、国家或地方发展、各项社会事业发展中发挥着重要作用，成为描述和反映社会发展状况，比较和评价社会进步程度，监测和预报社会发展过程中的各种敏感或热点问题的重要手段，成为开展学术研究最重要的数据源泉。

社会发展指标既是客观描述社会发展状况的工具，也是反映和促进社会发展目标实现的工具，国情不同、社会发展的阶段不同、社会发展的目标不同，社会指标体系的设计就存在差别。

二、国外的社会指标体系

（一）欧洲社会指标体系

欧洲社会指标体系是欧洲报告计划的一部分，覆盖27个欧洲国家，由德国曼海姆调查研究与方法论中心研发，被认为是在政策评估、理论建构、概念框架、结构设计和指标选择等方面发展最为完善的区域性社会指标体系之一。该指标体系建立了一个“二元八维”的指标设计概念框架。“二元”就是指标体系的设计目标是要观测欧洲社会的福利发展与社会变迁，其中福利发展方面包括生活质量、社会凝聚和可持续发展三个方面。该体系通过八个测量维度来设计指标，测量生活质量、社会凝聚、可持续发展、社会变迁这四个方面，每个方面都有两个测量维度。该指标设计概念框架将用于社会各个领域具体的社会指标建构，换句话说，每个领域的具体社会指标都必须分以上八个维度来设计。

欧洲社会指标体系共列出了十二个社会领域，即人口、家庭、劳动力市场与工作条件、住房、教育与职业培训、收入、生活标准与消费模式、健康、环境、犯罪与公共安全、社会保险、总体生活状况。每个领域都遵循“二元八维”的指标设计框架开发设计出相应的指标，目前已经开发出十个领域的650个指标。

（二）美国的卡尔弗特—亨德森生活质量指标体系

卡尔弗特—亨德森生活质量指标体系由美国卡尔弗特公司与黑兹尔·亨德森合作开发。该指标体系将自己定位于评价国家趋势的一个崭新工具，分教育、就业、收入、住房、健康、娱乐、人权、基础设施、能源、环境、公共安全、国家安全十二个领域来反映社会发展及其在全国的发展趋势，每一个领域又分别包含一系列指标，合计102个指标，具有高度的综合性。

（三）加拿大的社会凝聚指标

社会凝聚指标是加拿大的学者和社会政策研究者共同努力的结果，是一个以社会凝聚力为主题，具有专门性的社会指标体系。指标体系建立在对社会凝聚的六个分析维度基础上，即归属与孤立、融合与排斥、参与与不介入、认可与拒绝、合法与非法、平等与不平等。指标分“有利于一切社会凝聚的状况”和“社会凝聚互动的要素”两大部分。“有利于一切社会凝聚的状况”具体包括影响社会凝聚活动的经济状况、生活机会、生活质量三个领域；“社会凝聚互动的要素”包括合作的意愿、参与和读写能力，下面再设具体指标，合计24个。

三、中国的社会指标体系

中国的社会指标体系是在改革开放之后开始建立和完善起来的，大致可以分为两大类。一类是以中央政府或地方政府的统计部门为收集信息而建立起来的指标体系，此类指标体系内容涉及资源、环境、人口、经济、社会、政府行政等各个方面，指标量巨大。例如，《中国统计年鉴》《中国城市统计年鉴》所采用的指标体系。另一类主要是大学或学术研究机构提出的社会发展指标体系，此类指标体系往往以城乡整体为对象，少有专门针对城市的。此类指标体系涉及的指标内容相对政府统计部门的指标内容要少一些，但重点会更突出。不同大学和研究机构的研究目的不同，指标体系之间也存在差异。

（一）中国国家统计局的城市经济社会发展指标体系

1983年，中国国家统计局参照国外社会指标体系，结合我国实情，首次编制反映我国社会发展状况的社会统计指标体系。之后多次修改，初步形成了较为完整和稳定的经济社会指标体系。其中《中国城市统计年鉴—2016》收录了全国656个建制城市（含地级以上城市和县级城市）2015年社会经济发展方面的主要统计数据，具体包括人口、劳动力及土地资源、综合经济、工业、交通运输、邮电通信、贸易、外经、固定资产投资、教育、文化、卫生、人民生活、社会保障、市政公用事业和环境保护等方面的数据，是目前最为全面、完整和权威的政府数据。

（二）上海交通大学社会评价指标体系

上海交通大学国家社科基金重大项目“完善经济社会发展考核评价体系研究”课题组遵循“五位一体”总体布局，从经济、政治、社会、文化、生态五个方面设计提出了“全面建成小康社会评价指标体系”,① 共设5个一级指标58个二级指标。“经济建设”一级指标下设人均GDP、第三产业增加值占GDP比重、新经济产值占GDP比重、城镇化率、居民消费支出占GDP比重、R&D经费支出占GDP比重、每万人口发明专利拥有量、全员劳动生产率、互联网普及率、战略性新兴产业增长速度、信息化发展水平、现代农业发展水平、工业化发展水平、科技进步贡献率14个二极指标。“民主法制建设”一级指标下设党风廉政建设满意度、法治建设满意度、基础民主参选率、每万名公务人员检察机关立案人数、命案现案破案率、最高人民法院受理案件审结率、地方各级人民法院受理案件审结率、执法腐败发生率、每万人口拥有律师数、非正常死亡率、社会安全指数、政府诚信指数12个二级指标。“人民生活”一级指标下设居民人均可支配收入、失业率、失业保险覆盖率、恩格尔系数、基尼系数、城乡居民收入比、城乡居民家庭人均住房面积达标率、公共交通服务指数、人均预期寿命、人均受教育年限、每千人口拥有执业医师数、基本养老保险参保率、农村自来水普及率、农村卫生厕所普及率、农村贫困发生率15个二级指标。“文化建设“一级下设文化及相关产业增加值占GDP比重、人均公共文化财政支出、有线广播电视入户率、城乡居民文化娱乐服务支出占家庭消费支出比重、人均拥有公共文化体育设施面积5个二级指标。“生态文明建设”一级下设单位GDP能耗、单位GDP水耗、单位GDP建设用地占用面积、单位GDP

① 朱启贵：《全面建成小康社会评价指标体系研究》，《人民论坛·学术前沿》2017年第4期，第52—60页。

二氧化碳排放量、非化石能源占一次能源消费比重、环境质量指数、城市生活垃圾无害化处理率、城市污水处理率、主要污染物排放总量降低率、工业固体废物综合利用率、地表水达标率、森林覆盖率 12 个二级指标。

（三）中国社会科学院社会学研究所的“社会质量指标体系”

中国社会科学院社会学研究所于 2015 年在中国开展以生活质量为主题的中国社会状况综合调查，形成了一套由 4 个一级指标 17 个二级指标构成的指标体系。“社会经济保障”一级指标下设收入消费、就业质量、社会保障、居住等 5 个二级指标；“社会凝聚”一级指标下设社会一般信任、公众道德遵守、公众法律遵守、正向价值观、社会矛盾与冲突、社会公众信仰 6 个二级指标；“社会包容”一级指标下设公众社会公平感、公众社会宽容程度、社会歧视情况的严重程度 3 个二级指标；“社会赋权”一级指标下设公众社会参与、公众政治参与、公众效能感 3 个二级指标。

（四）武汉大学“中国生活质量评价指标体系”

武汉大学“中国生活质量评价指标体系”包括客观指标体系与主观指标体系两个子指标体系。客观生活质量评价指标体系包括“生活质量保障状况评价指标”和“生活质量需求满足程度评价指标”，由物质福利、消费、健康、教育、社会保障、社会公正、公共安全、环境、休闲、居住十个领域组成，下面再设次级指标。

主观社会质量评价以被访者的满意度为测量指标值，由工作状况、家庭生活、健康、休闲娱乐、消费、自我发展、公共服务、公共政策八个领域组成，下面再设次级指标。

第四节　城市文化与城市社会发展

一、城市文化的含义

城市文化是相对于乡村文化而言的。广义的城市文化是城市物质文化和城市精神文化的总和，及城市发展过程中形成的人类的物质生产和精神生产的能力、物质和精神的全部产品。狭义的城市文化指城市精神文化及城市发展过程中形成的人类的精神生产能力和产品，包括一切社会意识形式。城市社会成员的语言、观念、价值、信仰、风俗、习惯以及社会成员之间的社会交往方式、生产方式和生活方式等均是精神文化的内容。城市社会学注重研究城市文化形成的社会因素，关注城市阶级阶层和不同社会群体之间的文化差异和文化不平等、文化排斥和文化隔离、文化交流和文化融合。

城市文化可以划分为不同类别。从社会群体角度来看，可以划分为民族文化、宗教文化、精英文化、大众文化等；从文化地位角度来看，可以划分为主文化、亚文化等；从空间角度来看，可以划分为社区文化、广场文化、商场文化、网络文化、校园文化等；从行业角度来看，可以分为企业文化、教育文化、医疗文化、管理文化等；从日常生活角度来看，可以划分为劳动文化、休闲文化、消费文化、节庆文化等。

城市文化是城市社会成员共同创造的。城市总是与一定的地理、地貌、环境、生态联系在一起的，但纯粹的自然不是文化，“只有当自然存在物经过人的加工、改造、创造，作为社会的对象、化为人的对象的时候，我们才称之为文化现象”①。无论是城市物质文化还是精神文化，都是人类生产生活实践活动的产物，并在长期的生产生活实践活动中经过不断继承、改造、创新，得到发展。城市文化是城市社会成员共有的、“必须接受的，同时又时刻在增新的世界”②。城市文化一旦形成，又会作为一种环境影响到城市社会成员的观念和行为。

城市的魅力在于城市文化的特色。城市的古迹文物、传统建筑、历史街区和城市标志物展现了城市的历史独特性，城市的民间艺术、市井文化、生活方式则展现了城市的市民社会特征。不论是北京的紫禁城、拉萨的布达拉宫，还是苏州的园林、广州的骑楼和平遥的乔家大院，都以自己独特的建筑风格和蕴含其中的政治、宗教、社会意义成为彰显城市文化特色的标志。有学者指出，如果将经济比作城市的血肉和躯架，文化则是城市的灵魂。没有了城市文化，城市就失去了特色，失去了个性。

二、城市文化的特征

（一）地域性

城市总是坐落在一定的地域范围内，城市的空间分布、建筑风格、街道肌

① 司马云杰：《文化社会学》，中国社会科学出版 2001 年版，第 9 页。
② 邹广文：《人类文化的流变与整合》，吉林人民出版社 1998 年版，第 14—16 页。

理和城市市民的价值观念、风俗习惯、行为模式、生产方式、生活方式等必然会受到所在地域的影响。地域性一方面指城市文化会受到所在地区的区域文化影响，例如郑州的城市文化受到中原文化的影响；另一方面指城市文化会受到自身区位的地理地貌、自然环境的影响，例如威尼斯丰富的水系打造了水城文化，重庆崎岖的山地和丘陵打造了山城文化。从一定意义上讲，地域性是城市文化特色的外在表现。

（二）多样性

城市是“人口、生产工具、资本、享受和需求的集中这个事实”①。各种资源、功能和需求向城市集中意味着不同文化向城市汇聚，而集中又会碰撞出新的文化，由此构成城市文化的多样性。城市人口的大规模聚集和高流动性必然导致不同民族、不同宗教、不同地域的文化在城市社会里共存。经济在城市的聚集会导致产业结构分化和劳动分工专业化，催生出更多的行业和不同的职业，行业文化和职业文化在城市日益发达。集聚导致了城市功能的扩张和城市土地的扩大，进一步产生了城市功能在空间上的分化，形塑出不同的空间文化。同时，城市规模越大，国际化程度越高，城市文化的多元性愈加突出。中国的上海、香港，美国的纽约、旧金山，法国的巴黎，英国的伦敦，日本的东京都具有高度多样化的文化特征。

（三）先导性

城市是一个地区的经济、政治、社会和文化中心，各种高素质的人才、各类科学教育文化艺术机构、各行各业最具竞争力的公司企业、国家或地方政府的部门等，绝大多数都聚集在城市。城市的中心地位使其面临更大的竞争压力，加上文化多样性产生的文化碰撞，使得城市文化处在不断的突破和更新之中。新的思想观念、新的技术发明、新的文化形式、新的建筑风格、新的业态和新的生活方式往往首先出现在城市，然后再梯度地从大城市向中小城镇、从城镇向乡村辐射，影响着整体文化的发展。在当代社会，城市文化的先导性和辐射作用伴随着信息化、智能化、网络化技术的运用更加凸显，也更为迅速。

三、城市文化发展

随着以城市为中心的全球竞争加剧和网络时代的到来，城市文化已经不只

① 《马克思恩格斯文集》第1卷，人民出版社2009年版，第556页。

是相对于城市经济而言的文化现象或城市发展的文化标识，知识经济、创意经济、文化产业、自媒体的出现使城市文化与城市经济之间的界限开始模糊，城市文化发展日益成为全球化时代城市竞争力的重要力量。

（一）城市文化发展要坚持文化的继承性

每个城市的文化都是在历史发展过程中逐步积淀形成起来的，民族性、地域性和城市的主要功能性质会嵌入城市的物质文化、制度文化和精神文化各个层面，形成城市的特色。城市文化的发展需要坚持文化的继承性，只有这样才可能保持城市的特色，彰显文化在集聚资源、发展城市中的魅力，凝聚市民的城市认同。坚持城市文化的继承性，就要做好城市文化遗产的保护，包括具有历史、艺术、科学价值的城市形态、历史街区、各类物质与非物质文化遗产。城市文化遗产反映了城市历史，体现了城市品质，显示了城市特色，是城市发展最重要的文化资本。

保护城市文化遗产既要制止在城市扩张和旧城改造中对文化遗产的破坏，也要防止把仿古等同于保护文化遗产，还要重视城市文化遗产的“活化”。坚持城市文化的继承性，要在城市文化传统中发掘与时代发展相结合的城市建设的理念、风格和技艺，发扬与时代发展相适应的思想观念、伦理道德、风俗习惯和生活方式，弘扬优秀文化传统，摈弃文化糟粕。

（二）城市文化发展要尊重文化的多样性

多样性是城市文化的基本特征，不同历史阶段文化、不同地域文化、不同宗教文化、不同民族文化、不同行业职业文化等各种文化构成了城市文化的多样性。在城市市民身上，城市文化多样性呈现出语言文字、观念习俗、思维方式、行为方式和生活方式等诸多方面的差别。尊重文化多样性能够减少或消除由文化差异引起的文化摩擦和文化冲突，推动城市文化和谐发展；能够促进不同文化之间的交流互补，在差异性中发现一致，形成城市文化发展的共识和合力。只有尊重文化多样性才能保持城市的开放性，才能在开放中获得文化创新的动力。

城市文化是国家整体文化的组成部分，国家的意识形态对国家主体文化有着质的规定性，无论城市文化的多样性如何复杂，都要与国家主体文化在质上保持一致，这与尊重文化多样性并不矛盾。在中国，它表现为城市文化发展要坚持中国特色社会主义的核心价值观，坚持中华民族文化的主体性。

（三）城市文化发展要坚持文化创新

城市文化发展不仅需要继承文化和尊重文化多样性，更需要创新。有学者指出，文化是一个过程，是一个开放的体系，要随着时代发展和社会进步，不断进行调整、更新和重塑，使一个民族的文化永葆与时俱进的生机和活力，这就是文化的发展和创新。因为传统失去了创造是要“死”的，只有不断创造，才能给传统赋予生命。[①] 当今城市处在快速发展但又充满矛盾的时代，一方面，气候变化、环境变迁、资源紧张、文化冲突、贫富分化等一系列重大问题对城市发展提出重大挑战；另一方面，新的时空观、新的自然观、新的科学技术、新的材料、新的能源、新的思想、新的观念又为城市文化发展提供了创新的可能。城市文化创新就是要面对城市发展问题，“以发展的观点结合过去同现在的条件和要求，向未来的文化展开一个新的起点”[②]。只有坚持创新，城市文化才可能在继承的基础上不断发展，才能让城市特色保持常青的魅力。

四、城市文化对城市社会发展的影响

经济建设、政治建设、文化建设、社会建设、生态文明建设是推进中国特色社会主义事业的总体布局，五个方面相互联系、相互影响、相互促进，文化建设对于社会建设有着重要且不可替代的影响。文化在以建筑、雕塑、广场等物质文化形式满足人类生存和发展需要的同时，也以婚姻家庭、宗教制度、法规民俗等制度文化形式和道德观念、审美意识、价值标准等精神文化形式对社会关系、社会行为、社会结构产生影响，优秀的、健康的、具有民族或地方特色的城市文化会对城市社会产生积极的影响。

（一）城市文化能培养城市归属感

城市发展取决于对人口、资金、信息、资源等生产要素的吸引力，在市场经济体制下，城市文化对吸引各种生产要素至关重要，尤其是对劳动力、对人才的吸引。城市文化能够培养人们对城市的归属感，增强城市的吸引力和城市治理的社会认同基础。

人是有“文化”的生物，但文化并不是人与生俱来的，是在居住、学习、工作、休闲、社交等日常生活过程中潜移默化习得的。在这个过程中，人们不仅得到文化的教化，还对所处的城市产生认知和情感。西安人会对城市历史拥有自豪感，深圳人会对改革开放的氛围感到骄傲。厚重的、富有特色的城市文

① 费孝通：《费孝通文化随笔》，群言出版社 2017 年版，第 287 页。

② 方李莉：《“从实求知”：在实地考察中认识中国社会》，《群言》2016 年第 8 期，第 26 页。

化会让人形成对城市的信心和对城市的依恋，由此形成“家”的归属感。一个没有文化的城市会让人觉得没有“根”，一个不能融入城市文化的人也很难在城市立足或顺利发展。

（二）城市文化能凝聚城市精神

一个国家需要自己的民族精神，一个城市也需要自己的城市精神。城市精神不是抽象的，它蕴含在城市文化中。有学者提出，城市一旦形成深层的文化，形成市民的集体性格，这个城市便有了灵性、有了魅力，也就有了城市精神。城市精神是一个城市的“文明素养和道德理想的综合反映，是意志品格与文化特色的精确提炼，是生活信念与人生境界的高度升华，是市民认同的精神价值与共同追求”①。城市精神体现在城市生产生活的方方面面，辛勤诚实的劳动、改革开放的精神、勇于创新的追求、积极的生活态度、健康的社会心态、主动的公共参与，无不体现一个城市的城市精神。

（三）城市文化能提升城市生活品质

城市总是与房屋、街道、商场、写字楼等人造物联系在一起的，这些人造物作为物质载体，体现了城市建造者的观念、信仰、艺术等人文追求和科学技术的结合。城市文化能促使城市建造者重视城市建设中的文化内涵，从“以人为本”的理念出发，关注城市建设中的人与人、人与环境、人与自然之间的和谐，打造既绿色、美丽，又有助于社会互动、消除社会隔离，宜居的城市社会环境。城市文化能培养市民对生活品质的追求，注重物质生活中的文化品位，增加精神生活的需求，养成良好的生活方式和文明的社会习俗。发展城市文化、提升城市生活品质，也会推动城市政府重视科学技术、文化教育、音乐艺术、电影电视等文化事业的发展。

（四）城市文化会影响城市社会和谐

相对于乡村，城市的分化和差异更为显著，更容易产生社会矛盾，社会秩序面临更大的挑战。解决这些问题受到生产力发展水平的制约，与城市的制度文化直接相关，同时也受到城市精神文化的影响。城市对不同文化越具有包容性，社会融合就越有可能形成；反之，社会排斥和社会隔离就不可避免。城市文化中的公平意识、人文关怀精神越浓厚，市民的慈善公益精神越容易养成，从而有助于缩小社会差别。城市文化越重视对市民社会责任和公共精神的培

---

① 朱瑾、王军编著：《城市文化简论》，中国建筑工业出版社 2020 年版，第 28 页。

养，市民公共参与的程度就可能越高，越有助于形成共建共治共享的社会治理格局。

第五节　城市社会治理

社会治理是国家治理的重要组成部分，是指国家通过与社会、市场、公众等多元主体合作，履行对社会领域公共事务的管理职责，实现社会领域的发展目标，最终实现公共利益最大化的过程。不同的社会制度、不同的历史发展阶段，其社会治理体制必然存在差异。一个国家的社会治理模式必须建立在本国的历史和现实的基础上。

“中国社会治理体制是在继承历史与文化传统基础上，不断因应经济社会发展与变革需要、吸收借鉴国外有益经验中逐步发展起来的”[①]；是在总结新中国成立以来，尤其是改革开放 40 余年的治国理政经验和教训中逐步发展起来的。党委领导、政府负责、社会协同、公众参与、法制保障、科技支撑，是新时代中国特色社会主义的社会治理体系。

一、城市社会治理的若干国际经验

发达国家的工业化和城市化发展已经有几百年的历史，城市社会发展的许多问题在他们的城市中早已得到显现，并形成了一些治理经验。尽管我国与发达国家因为经济、政治、文化制度不同，问题的性质、特征以及解决的办法可能都存在差别，但是工业化和城市化自身的若干普遍性特征决定了这些社会治理的国际经验对于我们仍然有借鉴和启发价值。

（一）城市发展规划与决策的多元合作网络

在城市发展中，政府权力配置无疑是最重要的。在欧美国家，城市高度自治且规模不大，一个大城市地区往往存在多个自治政府，例如美国匹兹堡大都市区内有 905 个地方政府，这种状况被称为管理“碎化”或“巴尔干化”[②]。“碎化”会导致城市管理的各自为政，缺乏整体规划和效率，而且由于公共产

---

① 张来明：《中国社会治理体制历史沿革与发展展望》，《社会治理》2018 年第 9 期，第 5—17 页。

② 洪世键：《大都市区治理：理论演进与运作模式》，东南大学出版社 2009 年版，第 176 页。

品具有外部性特征，还会导致公共产品的分配和消费的不公。解决“碎化”问题的一个办法就是实现权力的纵向一体化，即将分散的下级政府（或将中心城市）和周边的县（或将多个城市主体）加以合并，形成一个更大的政府（西方把它称为“巨人政府”），新的大政府与原来独立的政府之间形成纵向的行政控制等级。19 世纪末 20 世纪初，发达国家曾出现过一个城市兼并热潮，例如美国纽约就是在 1897 年合并了 5 个市镇，面积从 63 平方英里变为 314 平方英里，人口从 100 万人变成 300 万人，一跃成为当时仅次于伦敦的世界第二大城市。

统一的大政府确实比小政府在运作成本上、在规模性的公共产品供给上、在整体的规划上显示出了一定的优点或效率，但是也产生了新的问题。城市规模越大，顶层政府跟基层社区之间的管理链条就越长，顶层政府的决策有可能跟基层社区的需要不一致，产生偏差；公共产品是面向居民供给的，应该满足居民的偏好，但是不同地区的居民偏好不一样，而大城市政府的统一规划很难满足不同地区的要求；政府具有自然垄断的性质，大一统往往缺乏竞争，难以形成有效运作、创新、减低成本的激励机制，从而带来供给的无效。

从 20 世纪中叶开始，发达国家的城市管理不再走兼并的“巨人政府”道路，而是推动政府之间建立横向的合作网络，上级政府的责任不只是协调，而是重在推动合作。该模式力图在城市政府或组织的内部与外部达到一种分工协作和平衡发展的机制，以实现公共服务的有效供给。例如，美国联邦政府将对地方发展的资助重点放在地方政府之间的合作计划上，如果地方政府对区域性问题或未来的发展规划能够形成共识，就可能拿到联邦政府的资金支持。在美国，这种多元主体合作的形式就有“政府联席会议”“专区”“区域联盟”等。

“政府联席会议”是根据州一级的专门授权法律建立起跨政府的自愿合作组织形式，它有法律地位，但这种合作是自愿的。合作不一定是完整的两个政府，可以是政府之间在某一领域的合作，也可以有具有独立法人地位的专区、学区参与，边界具有弹性。政府联席会议的理事成员由各地方政府委派，有一个执行委员会开展日常工作。

“专区”是由州的议会和地方政府为某一个特定的功能或专项服务成立的合作网络，它有独立的行政权和财权，例如专门设一个税种为这个专区使用。专区不以政府行政区域边界设立，它以针对性强、低成本的方式生产区域性的公共服务，通常由专门的管理委员会实施管理。美国最多的专区是消防专区，即几个城区或几个小城市合作建立和运作一个消防中心。除此之外还有防洪排涝、住房和社区开发、水土保持、供水、下水道、公园和娱乐场所、公墓等。

“城市联盟”是指在城市区域或城市内部，由城区与郊区、公共部门和私人部门、社会团体之间建立的多元主体的合作网络，是一种重要的城市区域合作组织形式。

（二）城市公共产品供给的多元合作网络

公共产品供给是政府的职责，公共产品的供给不仅受到社会福利政策的影响，还会受到政府供给公共资源的能力的限制。政府如何能将蕴藏在市场和社会里的资源动员起来，投入公共产品的生产，有效地提升公共产品的持续供给能力，达到公共利益的最大化，是实现城市“善治”的关键。法国的“社会住宅”政策提供了一个通过政府、企业、社会之间的合作来解决城市问题的案例。

住房问题是城市普遍面临的问题，大城市尤为严重。“社会住宅”是法国政府为解决低收入家庭住房问题开展的廉租屋建设、出租（少部分低价出售）和管理政策。法国政府一开始也是通过公共部门兴建一些较为集中的社会住宅区来集中解决住房问题。不过随着城市化发展，这种成片建设社会住宅的政策也暴露出局限：首先是城市土地供给越来越紧张；其次是这些集中建设的社会住宅一般都建立在较为边缘的城市地段，交通成为严重的问题；最后是这些住宅区在经历一段时间后，沉淀下来的都是极为贫困的家庭，导致社区隔离。在这种情况下，法国政府采取了一系列政策来增加社会住宅供给，同时减少社区隔离。

首先，政府不再单一依靠公共部门建设住房来增加政府拥有的社会住宅，法国政府赋予政府对私人住宅的“优先购买权”，在尊重市场价格的基础上，政府对城市范围内建成时间超过10年的房地产拥有优先购买权，由此保证了政府在不大幅增加土地资源投入的情况下，最大限度地增加公共住房的储备。其次，法国政府采取了一系列政策将私营企业和私人业主吸引到社会住宅计划，使社会住宅形成了一个多元化的供给体系。对于私营企业，政府通过优惠贷款方式来激励企业建设社会住宅，对于私人业主，政府通过住房维修补贴来激励业主将自己的住宅纳入社会住宅计划。这些政策使社会住宅不再全部都是集中居住，而是分散在城市各个地段和社区，在一定程度上减缓了由于集中安置带来的社会问题和社区隔离。

（三）城市社区改造的多元合作网络

随着城市规模的扩大和城市产业结构的调整，旧城改造成为城市建设中一个绕不开的发展阶段，城市空间通过改造得到重构。空间重构本质上是社会关系的调整和重建，往往会引发利益矛盾和社会冲突。另外，空间重构导致原来的社区共同体被拆散，原住民面临一个新的认同和整合问题，同时他们也带走了对城市文化的记忆以及一种传统生活方式。一般来讲，低收入阶层居住的社区往往首先被拆迁改造，但是这些社区改造往往被批评为“绅士化”改造，即改造后的社区只有中高收入阶层才能入住，原住民只能搬到更为边缘的老旧社区，同时还失去了与旧区联系更紧密的就业机会和社会关系。如何在实现旧城改造的同时保持原住民的居住权利和传统社区文化，构建一个宜居、公平的城市空间是城市社会治理必须回应的问题。一些国家提供了若干成功的城市社区改造案例。

例如，美国广泛地存在一种叫作“社区发展合作组织”（Community Development Corporations，CDC）的机构，它是社区居民自治的非营利组织。CDC 的目标是促进社区发展，工作重点之一就放在那些衰退的社区，放在那些以蓝领和贫困人群为主的社区和贫困家庭，致力于修缮危旧房，激发社区活力，驱散居民们的沮丧、孤独感，实现社区复兴。例如，“波士顿住房合作社”在“三年内修复了 700 套住房，按计划还将再建 1 000 套。他们的方法是：利用 10 个社区的技术、资源条件——市政支持、企业赞助、地方银行贷款，还有专家、技术人员等等联合建房，当房屋交付使用时，CDC 还要处理一系列复杂的事情，比如选择租户、确定房租、维修房屋等。这些工作由 CDC 来做，会比公共机构做得好”。①

又如，英国北方纺织城麦克尔斯菲尔德的布莱克路居住区一度被认为是一个被遗弃的、毫无希望的地区，被政府宣布拆除，但拆除决定引起了原住民的不满。该社区居民自己组织成立了社区委员会，说服政府放弃拆除，并制订出了一个居民自助的街区改造计划。在计划实施前，所有居民都购买了他们的房产，然后他们将来自政府补贴、贷款等不同渠道的资金集中使用，街区内不论老少，所有人都在街区的设计、拆除、清理等整个改造过程中发挥自己的作用。改

① 侯玉兰、侯亚非主编：《国外社区发展的理论与实践》，中国经济出版社 1998 年版，第 37 页。

造后的房子保留了原来的建筑材料并让其产生出新的质感和魅力，充分显示出19世纪初里弄建筑的独特风格，一个曾经毫无希望的社区被改造成为具有吸引力的社区，居民在此过程中获得了技巧、信心、安全感和社区意识。

虽然发达国家在社会治理上形成了一些值得发展中国家借鉴的经验，但政党竞争、轮流执政的资本主义政治制度决定了它们在公共政策制定上难以达成共识，公共政策往往缺乏连贯性和稳定性。同时，由于各级政府的自治程度较高、独立性强，因此中央政府与地方政府之间、地方政府与城市政府之间缺乏有效的整合机制。另外，发达资本主义国家日益加剧的社会分化和种族矛盾使社会对立严重，这也使得公共政策的执行经常会遇到一些社会群体的抗拒，难以得到有效实施。

二、城市社会治理的中国地方经验

中国特色的社会主义市场经济体制改革取得了巨大的成就，人民生活水平有了极大的提高，社会发展水平从温饱进入小康。经济发展带来了社会结构的分化和重组，给传统的社会秩序带来挑战。这些变化和挑战在具有大规模、异质性、高密度、高流动性人口特征的城市中更显突出。面对城市经济社会变迁带来的新挑战，各地城市政府在社会治理创新上开展了积极的探索，形成了不少地方经验。

（一）北京市的“街乡吹哨、部门报到”

北京市开展的“街乡吹哨、部门报到”改革是在党建引领下，推动社会治理重心下移，把资源、服务、管理下沉到基层，健全基层社会治理体系的创新。

“街乡吹哨、部门报到”第一是明责赋权优化职能，增强街乡“吹哨”能力。全面取消街道经济职能，制定工作清单，为街乡明责；强化街乡对辖区需多部门协同解决事项的协调权和督办权，以及对相关职能部门派出机构负责人工作绩效的建议权，为街乡赋权；变向上对口为向下对应，减少优化街乡内设机构，为街乡优化职能。第二是建立综合执法平台，推动执法部门到街乡“报到”。在290个街乡建立实体化综合执法中心，解决基层执法力量分散问题。第三是引导街乡干部深入一线，构建“吹哨报到”快速响应机制。推行街巷长制度，2018年选派街巷长1.5万名，活跃在近5 000条大街、1.4万余条小巷胡同，随时随地出现在群众身边；建立专职社区专员制度，负责沟通协调、组织发动、检查督促，是“吹哨报到”工作在社区的指导员、宣传员。第四是拓宽“吹哨报到”参与范围，调动驻区单位和社会力量共建共治。建立区、街乡、社区三级党建协调委员会，吸纳区域内机关企事业单位、“两新”组织党组织负责人参加；建立资源、需求、项目“三个清单”，实行属地和驻区单位双向需求征集、双向提供服务、双向沟通协调、双向评价通报“四个双向”机制；推动在职党员在社区“报到”，为社区群众开展服务；通过政府购买服务、公益服务品牌创建等方式，发挥新型经济组织和社会组织在基层治理中的作用。第五是推动“吹哨报到”向社区延伸，激活基层治理“神经末梢”。开展社区减负行动，推广“离案式”、走动式工作法，社区工作者年入户率不低于90%；开展微心愿服务、爱心银行等活动，把“报到”的服务资源集聚起来，对接和提供给千家万户；发动社区群众自我管理、自我服务。通过议事厅、恳谈会、理事会等途径听民声、汇民意、集民智，招募2.3万余名热心居民担任“小巷管家”，培育志愿服务品牌，涌现出“朝阳群众”“西城大妈”“石景山老街坊”等一批影响力大的群众力量。

“街乡吹哨、部门报到”打通了城市基层治理“最后一公里”，办好了群众的烦心事、操心事，促进了中心工作和重点任务落实，推动了党员干部务实亲民转变作风。

（二）上海市的城市运行“一网统管”

城市是一个复杂的经济社会文化系统，以智慧化创新为驱动，以“一网统管”建设为标志，提升城市现代化治理能力和水平，是上海市落实习近平关于“搞好城市治理，关键是要抓一些‘牛鼻子’工作，上海正在以智能化为突破口，重点抓‘政务服务一网通办’和‘城市运行一网统管’两张网建设”① 讲话精神，探索符合超大城市治理特点和规律的新路子。

“一网统管”就是运用大数据、云计算、区块链、人工智能等前沿技术推动城市管理手段、管理模式、管理理念创新，推动“一网统管”的业务数据、视屏数据、物联数据和地图数据的集中统一管理，实现“治理要素一张图、互联互通一张网、数据汇聚一个湖、城市大脑一朵云、城运系统一平台、移动应用一门户”，推动建立数字化、智能化、智慧化的新型城市治理体系。“一网统管”建设坚持从群众需求和城市治理突出问题出发，主动转变视角，从“管理者”转向“服务者”，从政府管理转向用户体验；从以条为主的专业管理向条

① 《用好“一网统管”提升城市“智治力”》，人民网，2020年6月19日。

块协同的综合管理转变，构建“三级平台、五级应用”的架构，加强条块业务系统的深度融合，形成横向到边、纵向到底、互联互通的“大格局”矩阵结构；从传统的粗放管理向现代的精细治理转变，推动城市治理由人力密集型转向人机交互型，由传统经验型转向大数据支撑型，由被动处置型转向主动发现型，让人力围着算力转；以应用为要，管用为王。目前，上海市的“一网统管”系统已经从最初聚焦城市运行和应急处置向公共服务、公共管理、公共安全三大领域拓展与延伸，整合接入公共安全、绿化市容、住房和城乡建设、交通、应急、生态环境、卫生健康等领域 22 家单位 33 个专题应用，探索研发地图服务、气象服务、交通保障、应急处置等六大插件，为跨部门、跨系统的联勤联动增效赋能。

“一网统管”是城市社会治理在数字化、智能化、智慧化上的创新，在打造城市智慧“大脑”，提升城市社会治理效能方面正在展现出成效，有效地助力新冠肺炎疫情防控工作，在人员排摸、社区防护、流行病学调查、预报预测方面发挥了积极作用。

（三）诸暨市坚持和发展“枫桥经验”

“枫桥经验”是 20 世纪 60 年代，浙江省诸暨县枫桥镇干部群众创造的“发动和依靠群众，坚持矛盾不上交，就地解决。实现捕人少，治安好”的基层治理经验，得到了毛泽东的批示和肯定。习近平高度重视在社会治理中珍惜、推广、创新“枫桥经验”。

面对改革开放以来社会发展面临的新问题，如何畅通和规范群众诉求表达、疏导民间纠纷、缓解社会矛盾，构建社会矛盾综合治理机制，维护社会安定团结，诸暨市党委政府坚持和发展“枫桥经验”，创新社会治理。首先，坚持发动和依靠群众这一“枫桥经验”的精髓，认真践行党的群众路线。诸暨市全面推广了公共事务收集议题、酝酿方案、审议决策“三上三下”民主议决事制度；建立了发动村民参与监督的村级监察议事会机制，探索自下而上群众监督和自上而下专责监督有机结合；动员社会力量参与基层治理，组建各类社会组织 4 700 余家。其次，遵循“枫桥经验”矛盾不上交、就地解决的思路，诸暨市纪委监委推行就地受理、分流、办理、化解和分析的“五就地”工作法，提升初信初访处置精准度和满意度，从源头预防和减少重复上访；建立包括 13 个专业调解机构、742 家调解组织、3 536 名人民调解员的大调解体系，形成了“多层次、社会化、全覆盖”大调解格局。再次，注重村风乡风文明建设，促进自治法治德治“三治”结合。建成农村文化礼堂326家，创新推行“道德银行”，发展“全城志愿”，实名注册志愿者23.8万名，坚持以移风易俗催生治理新活力。最后，与时俱进，加强社会综治、市场监管、综合执法、便民服务“基层治理四平台”，运行管理和全科网格建设，整合提升基层治理数字化平台；推广“社区党组织+业委会+物业公司”三方协同城市社区治理新模式，构建社区生命体、治理共同体、生活综合体“三位一体”的共享社区。

诸暨市坚持和发展“枫桥经验”能够取得成绩，关键在于“真抓实干”的党建引领。一是强化对领导干部的监督，建立了一个网络信息监督、网片协同监督、网格提早监督的基层公权力监督平台，采集了1.5万名监察对象、8.6万名党员基础数据，横向联通了公共资源交易、基层综合治理等重要系统，纵向打通了市纪委监委机关、派驻机构、乡镇纪委监察办三个层面，实现“一键查询”“一网办理”“一图成像”。二是注重社会组织的党建工作。全市建立了省内首个镇级社会组织党校，推动党建引领“1+3+N”乡镇社工站建设。

（四）中山市的“全民参与”

中山市地处珠江三角洲腹地，改革开放以来，经济发展较快，外来人员众多，本地人与外地人人口比例“倒挂”，社会治理的难题较多挑战较大，传统的社会治理体系很难有效覆盖“单位”体制外市民群众和流动人口。2011年以来，中山市突破城乡与城市双重二元结构，提出了“齐”“愿”“能”“真”“常”的社会治理“五字”模式。

第一是以问题为导向，促全民“齐”参与。做到从群众关心的现实问题入手，针对不同群体以不同的方式，按不同参与动机以不同办法来促全民“齐”参与。例如，率先建立“特别委员”制度，超过600名优秀异地务工人员担任村“两委”“特别委员”，为异地务工人员提供平等参与村居管理，表达利益诉求的机会。第二是激发活力，促全民“愿”参与。做到从群众的切身利益入手，打好“民生牌”和“民心牌”。把顺民意、解民忧、惠民生作为一切工作的出发点和落脚点，全民参与系列行动，件件围绕民生福祉，群众件件可以参与。实现了100%镇区建有全民健身广场、100%行政村建有健身苑、100%社区建有健身点、100%的全民健身场地设施全天候免费向社会开放。第三是畅通渠道，促全民“能”参与。做到畅通全民通过社会组织参与的渠道，畅通全民通过基层社区参与的渠道，畅通全民通过具体项目参与的渠道，畅通全民通过软硬件设施参与的渠道。例如，坚持举办“我为中山善治献一策”金点子大赛，每年可收到点子数量数百条，其中一部分被转化为部门实际行动。第四是强化保障，促全民“真”参与。以“枢纽型”社会组织作为社会治理创新项目的申报主体，明确项目的牵头部门、职责权限、督导方式、考核目标以及各项保障。完善社会创新观察项目遴选机制，对具备创新性、可行性和可推广性的项目提供支持。推进全民参与的“细胞工程”建设，着重抓好全民治安、全民创食安、全民参与矫正社会工作、全民修身和全民公益 5 个社会治理的基础性项目。第五是健全机制，促进全民“常”参与。加强长效机制建设，促进全民参与的常态化。做到规划先行，机制健全，机构和资金保障有力。出台了社会组织“1+9”政策体系，为社会组织培育发展提供专项资金。

中山市“全民参与”推动了社会治理在党委、政府领导下走向多元合作治理，形成了人民群众广泛参与的局面和积极向上的城市氛围，连续六年获得“全国社会治安综合治理优秀市”称号，4 次捧回全国政法综治最高奖“长安杯”，成为全国获得此奖次数最多、捧杯时间最长的地市之一。

三、中国特色的“共建共治共享”社会治理格局

经过 40 余年的改革开放，我们国家不仅建立了中国特色社会主义市场经济体系，还逐步建立了中国特色社会主义社会治理体系，提出了“打造共建共治共享的社会治理格局”的新战略思想。“共建共治共享”就是要建立人人有责、人人尽责、人人享有的社会治理共同体，通过“共建共治共享”过程来落实“把党的群众路线贯彻到治国理政全部活动之中，把人民对美好生活的向往作为奋斗目标，依靠人民创造历史伟业”①。

（一）加强社会治理制度建设

社会治理制度是指社会治理主体为了维护正常的社会秩序而制定的具有约束性的各种行政法规、章程、制度、公约的总称。它既包括明文规定的法律和规章制度，也包括伦理道德、风俗习惯、社区公约等非正式制度。在我国的社会治理制度建设中，一方面要加强法治建设，推进科学立法、民主立法、依法立法，以良法促进发展、保障善治；另一方面要发扬优秀文化传统，运用非正式制度来规范社会行为，调节利益关系，协调社会关系，解决社会问题。

---

① 习近平：《决胜全面建成小康社会　夺取新时代中国特色社会主义伟大胜利——在中国共产党第十九次全国代表大会上的报告》，人民出版社 2017 年版，第 21 页。

（二）完善社会治理体系

在市场经济体制下，经济资源、技术资源、人才资源并不是都集中在政府手上，政府无力包揽对社会成员的服务和管理，需要发展与企事业单位、社会和市民之间的合作，激活蕴藏在他们之中的资源，共同参与对群众的服务和对国家社会公共事务的管理。要在多元主体之间形成推动社会发展的合力，就要建立和完善党委领导、政府负责、社会协同、公众参与、法治保障、科技支撑的社会治理体制。坚持在党的领导、政府负责下，培育和引导社会力量参与，在各种主体间建立互动、沟通、协商的民主机制，以法治为保障，以科学技术为支撑，形成推动社会发展的合力。同时推动社会治理和服务重心向基层下移，把更多资源下沉到基层，夯实社会治理的基础。

（三）加强预防和化解社会矛盾机制建设，加快社会治安防控体系建设

随着劳动分工复杂化、社会群体多元化、财富和资源分配差异化，社会矛盾不可避免，处理不好将影响社会的和谐稳定。为了有效预防和化解社会矛盾，建设行之有效的社会治安防控体系，要高度重视重大改革措施和重大建设项目对人民群众利益带来的影响，建立重大决策的社会稳定风险评估机制；要完善以人民调解为基础、以行政调解为主导、以司法调解为保障的“大调解”机制；要继承和创新“枫桥经验”，坚持发动群众、依靠群众来解决涉及群众切身利益的各种矛盾；要运用政治的、经济的、行政的、法律的、文化的、教育的等多种手段开展综合治理，强调自治、法治、德治融合，整治社会治安，保障社会稳定。

（四）健全公共安全体制机制，完善国家安全体系

安全和秩序是城市发展的基础，健全公共安全体制机制就是要为社会和个人开展正常的生活、工作、学习、娱乐和交往提供稳定的外部环境和秩序。要在安全生产、信息安全、食品安全、公共卫生安全、出行安全等公共安全领域建立隐患排查和安全预防控制体系，优化面对自然灾害、事故灾难、公共卫生事件、社会安全事件的应急管理能力体系建设。完善国家安全体系需要坚持总体国家安全观，以人民安全为宗旨，以政治安全为根本，以经济安全为基础，以军事、科技、文化、社会安全为保障，健全国家安全体系，增强国家安全能力。完善国家安全领导体制，健全国家安全法律制度体系，加强国家安全人民防线建设，增强全民国家安全意识，建立健全国家安全风险研判、防控协同、防范化解机制。

（五）提高社会治理的社会化、法治化、智能化、专业化水平

城市社会治理需要政府与多元主体的合作，这就需要调整政府与社会的关

系，属于社会的事务交给社会去办，属于政府的某些事务也可以通过购买服务的形式交给社会组织承担，充分发挥社会力量和公众社会治理的协同作用。现代城市的社会治理一定要做到有法可依、有法必依、执法公平，加强法律的实施和监督，增强司法的权威性；要抓住城市数字化转型机遇，实现社会治理方式上的变革，在网络化和网络平台基础上，运用大数据、云计算、物联网等信息技术，使社会治理做到精准化，提升城市治理体系和治理能力现代化水平；要建立一支有专业的理念、专业技术和方法的专业队伍，尤其要培养造就一支数量充足、结构合理、素质优良的社会工作专业人才队伍。

（六）加强社会心理服务体系建设

激烈的市场竞争给人们带来了巨大的心理压力，剧烈的社会变迁和快速的社会流动给人们带来了适应性困境，生活方式的多样化给人们带来了选择性焦虑，城市社会的“陌生性”和“理性化”则给人们带来了情感性焦虑，建设社会心理服务体系在新时代显得尤为重要。建设社会心理服务体系需要改善思想政治工作，注重人文关怀，在社会成员中树立正确的人生观、世界观、价值观。要加强社会心理服务机构、专业队伍和社会支持体系建设，塑造社会成员的健康人格，培育自尊自信、理性平和、积极向上的社会心态。

思考题：

1. “内生型”与“外生型”社会发展模式区别与联系是什么？
2. 城市社会的发展特征是什么？
3. 如何理解城市文化的特征及其对城市社会的作用？
4. 如何实现共建共治共享的社会治理格局？

▶ 思考题要点

第十章　城乡关系

城市起源于乡村发展，是不同于乡村的生活共同体形式。城市一出现就有了城乡关系，城乡关系是广泛存在于城市和乡村之间的普遍联系和互动关系。无论对于城市、乡村或整体社会，城乡关系的性质与发展水平都对其持续、和谐发展和公平、正义的实现有着直接影响，城乡关系是人类文明发展的重要尺度之一。

第一节　城乡关系概说

一、城乡关系的内涵

城市是指那些人口规模较大、居住较为密集、非农经济活动人口较多、人与人之间的关系结构相对复杂的地区；农村则相反，是指那些人口规模较小、居住较为分散、从事非农业活动人口较少、人与人之间关系结构相对简单的地区。城市与农村代表着人类生活的不同的共同体形式，呈现出不同的生活方式和物理景观。城市与农村的划分并没有一个绝对的标准，在不同国家、不同时期，其标准并不一样。例如美国规定，凡是人口在 2 500 人以下或人口在每平方英里 1 500 人以下的地区都是农村。欧洲各国则一般以居住地在 2 000 人以下的地区为农村。中国没有绝对硬性的划分城市和农村的正式标准，人口也不是划分城市与农村的单一指标，城市与农村的划分是基于多种因素的综合结果。一般来讲，县以下地区为农村地区，从中国“撤县设市”的规定中看，城市与农村的划分通常会考虑以下因素：一是人口规模和密度；二是非农职业人口规模和比重；三是非农经济占地区经济的比重；四是公共服务供给的基础设施水平。例如，《国务院批转民政部关于调整设市标准报告的通知》中就规定，每平方公里人口密度 400 人以上的县满足以下条件的可以撤县设市：县人民政府驻地所在镇从事非农产业的人口不低于 12 万，其中具有非农业户口的从事非农产业的人口不低于 8 万，县总人口中从事非农产业的人口不低于 30%，并不少于 15 万；全县乡镇以上工业产值在工农业总产值中不低于 80%，并不低于 15 亿元，国内生产总值不低于 10 亿元，第三产业产值在国内生产总值中的比例达到20%以上；地方本级预算内财政收入不低于人均100元，总收入不少于6 000万元，并承担一定的上解支出的任务；城区公共基础设施较为完善。其中自来水普及率不低于65%，道路铺装率不低于60%，有较好的排水系统。人口密度越大的地区，各个标准也相对降低。

无论城市还是农村，都是一个由人口、经济、社会、文化、环境和生态构成的相对独立的整体，因此城乡关系是一个涉及多重关系的总合，这些关系相互联系、相互影响，其均衡和协调状态决定了整体社会的发展。

（一）城乡人口关系

城乡人口关系是指人口在城市和乡村地区的分布，包括人口的数量、性别、年龄、教育的分布和人口在城乡之间的流动。均衡的城乡人口关系应该是人口与资源环境承载能力、人口与产业结构、人口与经济发展水平、人口与城市化水平之间的协调。在现代社会，城市是经济、政治、文化中心，是各种资源汇聚之地，也具有更多的就业和发展机会，这导致人口向城市流动和人口在城市与乡村之间的再分配，过快的人口流动或过慢的人口流动都是不均衡的城乡人口关系。例如，2018年中国第一产业国内生产总值总量为64 734亿元，为同期全国国内生产总值总量的7.5%，但是农村常住人口为56 401万，占全国人口的40.42%，这势必导致农业劳动的边际效益低，农村地区生活水平提高缓慢。

（二）城乡经济关系

城乡经济关系是指城市和乡村地区在产业结构的配置、生产要素的流动、分配/交换/消费领域的联系。城乡经济关系在城乡关系中居于主导地位，工业与农业的关系则是城乡经济关系的核心。农业是城市化和工业化的基础，农业如果不能够提供超出农业劳动力再生产需求的农业产品，就不可能有可持续的城市化和工业化。但是正如德国经济学家李斯特所说："要使农业物质资本做大规模、有节奏、继续不断地增长，只有在农业国建立充分发展的工业才能实现。"① 城乡经济关系的均衡发展客观上要求工农业生产之间的协调互补。现代化的工业和科学技术体系为农业的产业化、生态化、优质高效提供了技术支持，农业的现代化反过来为满足人民不断增长的物质需求、保障国家安全和生

---

① 转引自潘晓成：《论城乡关系：从分离到融合的历史与现实》，人民日报出版社2019年版，第43—44页。

态环境提供了坚实的基础。

（三）城乡社会关系

城乡社会关系是指基于城乡互动产生的农民与市民之间的社会关系、社会地位流动以及社会保障、社会福利和各种社会权利的实现状态。城乡居民之间的社会关系状态反映了城乡之间的融合程度，城乡居民之间的社会互动越多，社会关系网络越密织，职业和社会流动越畅通，城乡之间的社会排斥或社会隔离就越小，城乡之间的融合程度就越高。城乡居民之间在社会保障、社会福利和社会权利方面的实现程度差别越小，意味着城乡之间的一体化程度越高，社会平等程度越高。反之，城市和农村就可能处在相对排斥或隔离的状态，处在社会不平等状态。

（四）城乡文化关系

无论城市还是农村，作为一种相对独立的生活共同体，都有其基于自身发展历史形成的文化，城乡文化关系是指城市与乡村地区在科技教育、文学艺术、民俗传统、宗教信仰、道德文明、文化生活等方面的存在状况与联系方式，呈现在城乡居民的生活方式中。从历史的角度看，乡村文化是一种更为久远的文化，民族文化中独具特征的文化内核往往较好地包含在乡村文化中，乡村文化更具有传统性和稳定性，但也因此存在某些滞后于现代文明发展的地方。城市文化是城市化和工业化发展的产物，更具有现代性、多样性和变动性，但也因此容易导致文化的不稳定性，甚至无根性。无论是城市文化还是乡村文化，都是自身经济社会生活的反映，反映着城市和农村的精神内涵和文明程度。城乡文化关系不是用城市文化去取代乡村文化，而是伴随着社会进步克服自身文化的局限，在城乡互动过程中共生共荣。而城乡文化的发展和和谐文化关系的建立不仅需要城乡经济的共同发展，还需要消灭城市和乡村之间的教育不平等。

（五）城乡生态关系

城乡生态关系是指城市和乡村在资源利用、环境效用上的关系。城市和农村的生态环境是存在差异的，相互之间在自然区位、自然资源、地理地貌、植被系统、自然景观、环境质量诸方面皆有不同，各有其相对独立的生态。但是二者又是无法分离、相互影响和相互制约的。城市化和工业化的发展不断地将农村地区吸纳到城市体系中，一方面它为乡村资源的开发和利用提供了更大的空间，另一方面也改变了乡村的环境和生态。过度的城市化和不计环境资源代价的工业化不仅破坏了城市本身的生态环境，还会将乡村变成城市垃圾和有害物质的排放场所，破坏乡村的自然资源、地理地貌、植被系统、自然景观。从一定意义上讲，城乡生态关系的建立与城乡人口关系、城乡经济关系的协调发展紧密相连。

二、城乡关系的性质

马克思主义认为，城市与乡村的分离是生产力发展、劳动分工发展的必然结果，但在私有制条件下，城乡分离关系的性质是对立的。“一个民族内部的分工，首先引起工商业劳动同农业劳动的分离，从而也引起城乡的分离和城乡利益的对立。”①而且，“一切发达的、以商品交换为中介的分工的基础，都是城乡的分离。可以说，社会的全部经济史，都概括为这种对立的运动”②。当然，城乡关系的分离和对立经历了一个漫长的历史发展过程，其表现形态随着生产资料所有制、生产力发展水平和劳动分工程度的变化而变化，因此每个时代的城乡关系都具有时代的特征。正如马克思在《哲学的贫困》中所言：“城乡关系一改变，整个社会也跟着改变。”③

（一）前资本主义的城乡关系

在城市出现的早期阶段，整个社会的经济仍然建立在土地财产和农业经济基础上，而且农业生产力极不发达。城市在这一时期的主要功能是军事中心和政治中心，并非经济中心。尽管围绕着城市军事、政治、宗教功能的实现，城市中出现了为满足城市居民消费需求的商业活动和手工业活动，但是水平极为低下，分工非常简单。虽然城市通常是贵族、地主等上层阶层居住的地方，但他们在农村拥有土地，并依靠土地财产权在政治上获得对乡村的政治支配权。在这一时期，城市发展极大受制于农村经济，农业所能提供的物质生活资料的水平决定了城市的规模和城市手工业、商业和服务业的发展，农业越发展，乡村越兴旺，城市才越繁荣。在这一时期，城乡之间的人口流动是自由的，并无特定的城乡身份界定。例如在西方，“无论古希腊的城邦时期或古罗马时期，城市居民和乡村居民皆享有同等的公民权和各项政治、社会权利。城市和乡村不是隔离的，而因为公民权联结在一起。古希腊和古罗马时期的许多贵族居住

① 《马克思恩格斯文集》第 1 卷，人民出版社 2009 年版，第 520 页。
② 《马克思恩格斯文集》第 5 卷，人民出版社 2009 年版，第 408 页。
③ 《马克思恩格斯文集》第 1 卷，人民出版社 2009 年版，第 618 页。

在乡村，只有在发生战争的情况下，人口才向城市聚集，城市既是战时的庇护所，又是来自于乡村的士兵集结地”①。因此马克思指出，“古典古代的历史是城市的历史，不过这是以土地所有制和农业为基础的城市；亚细亚的历史是城市和乡村的一种无差别的统一（真正的大城市在这里只能看做王公的营垒，看做真正的经济结构上的赘疣）”②。这一时期的城乡关系在某种程度上表现为经济上城市依附于农村，政治上农村依附于城市。

（二）资本主义与城乡对立

城乡对立是中世纪之后真正发展起来的，城市工商业发展，尤其是以城市为中心的资本主义工业化的发展将其尖锐化。近现代工业的出现并在城市的集中导致了人口、劳动力、资本、各种生产要素以及商贸服务向城市汇聚，城市不再只是军事中心或政治中心，还是整个社会的经济中心，相对于封建制度，城市代表着先进生产力和生产关系。与此相应，教育、科技、文化也在城市得到集中和快速的发展。所有这些加上大规模人口聚集，一种不同于乡村的独立的城市文明得以形成。如果说在城乡分离之初，城市运转并未完全脱离乡村取得自主的行动轨迹，不得不依赖乡村的人力资源和物质资源来满足自身的演变，“或者像在中世纪那样工业在城市中和在城市的各种关系上模仿着乡村的组织”③，那么在进入资本主义工业化之后，城乡分离和利益对立使城市在运行上获得了彻底的独立性，乡村社会的关系组带和生活方式完全失去了存在的客观基础。“在乡村和小城市中，这种关系仍然带有宗法色彩，而在比较大的城市、真正的工场手工业城市里，则早就失去了几乎全部宗法色彩。”④资本主义大工业的发展“破坏手工业和工业的一切旧阶段，它使城市最终战胜了乡村”⑤。

城市与乡村的分离和对立是生产力发展的产物，因而具有历史的必然性和进步性。在欧洲，正是城市与乡村的分离和对立才使城市成为自由民的聚集地，商品货币经济在这里得到快速成长，并逐步形成相对独立于封建社会的市民社会体系和城市自治，最终导致了封建制度的解体。正如马克思所说：“中

① 潘晓成：《论城乡关系：从分离到融合的历史与现实》，人民日报出版社 2019 年版，第 6—7 页。

② 《马克思恩格斯文集》第 8 卷，人民出版社 2009 年版，第 131 页。

③ 《马克思恩格斯文集》第 8 卷，人民出版社 2009 年版，第 31 页。

④ 《马克思恩格斯文集》第 1 卷，人民出版社 2009 年版，第 562 页。

⑤ 《马克思恩格斯文集》第 1 卷，人民出版社 2009 年版，第 566 页。

世纪（日耳曼时代）是从乡村这个历史的舞台出发的，然后，它的进一步发展是在城市和乡村的对立中进行的；现代的历史是乡村城市化，而不像在古代那样，是城市乡村化。”① 其次，城市和乡村的分离和对立产生了一种被马克思称之为“聚集着社会的历史动力”②，即各种生产要素在城市的高度聚集极大地促进了生产力的发展，创造出以往历史无法比拟的财富。“城市的繁荣也使农业摆脱了中世纪的最初的粗陋状态”③，“使很大一部分居民脱离了农村生活的愚昧状态”④。最后，建立在私有制基础上的资本主义工业化使城乡分离“产生了明显的社会弊病：无家可归的人挤在大城市的贫民窟里；一切传统的血缘关系、宗法从属关系、家庭关系都解体了；劳动时间，特别是女工和童工的劳动时间延长到可怕的程度；突然被抛到全新的环境中的劳动阶级大批地堕落了”⑤。但与此同时，人口的集中“更快的速度促进了工人的发展。工人们开始感到自己是一个整体，是一个阶级……大城市是工人运动的发源地”⑥。“如果没有大城市，没有大城市推动社会智慧的发展，工人决不会进步到现在的水平。”⑦ 总之，城乡分离和对立使无产阶级与资产阶级的矛盾在城市聚集并尖锐化，同时资本主义大工业和城市环境也为无产阶级阶级意识的形成和阶级队伍的组织提供了舞台，为人类社会从资本主义社会向社会主义社会过渡准备了力量。

城市与乡村的对立是与私有制的产生和发展紧密相关的，因而它也不断地产生着社会不平等。在城市出现的早期阶段，整个社会建立在落后的农业经济基础上，服务于政治、军事、宗教功能的城市是一个消费中心，是贵族、地主、僧侣等上层阶级居住和消费的地方，因此城乡关系在经济上表现为城市依附于农村。但是贵族、地主、僧侣等上层阶级是农村土地的主要占有阶级，他们实际上是农业生产的支配者和农业收入的主要占有者，也是农村社会的控制者，城乡关系表现为政治上乡村依附于城市。

资本主义的发展使城市与乡村的对立尖锐化了：作为经济中心的资本主义城市不断地将资本、生产资料、劳动力等各种要素吸纳到城市，“城市已经表

---

① 《马克思恩格斯文集》第 8 卷，人民出版社 2009 年版，第 131 页。
② 《马克思恩格斯文集》第 5 卷，人民出版社 2009 年版，第 579 页。
③ 《马克思恩格斯文集》第 2 卷，人民出版社 2009 年版，第 222 页。
④ 《马克思恩格斯文集》第 2 卷，人民出版社 2009 年版，第 36 页。
⑤ 《马克思恩格斯文集》第 9 卷，人民出版社 2009 年版，第 392 页。
⑥ 《马克思恩格斯文集》第 1 卷，人民出版社 2009 年版，第 435—436 页。
⑦ 《马克思恩格斯文集》第 1 卷，人民出版社 2009 年版，第 436 页。

明了人口、生产工具、资本、享受和需求的集中这个事实；而在乡村则是完全相反的情况：隔绝和分散”①。当大量人口走出乡村进入城市时，乡村社会共同体的联系就变得松散；当工业比农业提供了更高的劳动生产率时，“农业工人的工资被压到最低限度”②，相对于城市的繁荣和发展，乡村变得衰落和荒凉。不仅如此，这一时期的农业生产的资本化经营在提高农业生产率的同时，也对土地和环境造成灾害。“资本主义农业的任何进步，都不仅是掠夺劳动者的技巧的进步，而且是掠夺土地的技巧的进步，在一定时期内提高土地肥力的任何进步，同时也是破坏土地肥力持久源泉的进步。”③ 城乡对立的结果是“农村屈服于城市的统治……农民的民族从属于资产阶级的民族”④，是以农村为代价的。资本主义制度下的城乡分离和对立还使“个人屈从于分工、屈从于他被迫从事的某种活动的最鲜明的反映，这种屈从把一部分人变为受局限的城市动物，把另一部分人变为受局限的乡村动物，并且每天都重新产生二者利益之间的对立”⑤。这种对立“立即使农村居民陷于数千年的愚昧状况，使城市居民受到各自的专门手艺的奴役。它破坏了农村居民的精神发展的基础和城市居民的肉体发展的基础”⑥，使人的自由而全面发展难以实现。

（三）城乡对立的消失

城乡对立是历史发展到一定阶段的产物，因而也会随着生产力发展、生产关系的变迁而消失。如同城乡关系从分离到对立是一个漫长的历史过程一样，城乡关系从对立到对立的消失也需要一个漫长的历史过程。因为“消灭城乡之间的对立，是共同体的首要条件之一，这个条件又取决于许多物质前提，而且任何人一看就知道，这个条件单靠意志是不能实现的”⑦。

生产力的高度发展是消除城乡对立的最根本的因素。马克思主义认为，城乡对立是生产力发展到一定阶段的产物，消灭城乡对立则是生产力发展更高阶段的产物。因为城乡对立是“工农业发展水平还不够高的阶段”⑧ 的产物，当

---

① 《马克思恩格斯文集》第 1 卷，人民出版社 2009 年版，第 556 页。
② 《马克思恩格斯文集》第 5 卷，人民出版社 2009 年版，第 740 页。
③ 《马克思恩格斯文集》第 5 卷，人民出版社 2009 年版，第 579 页。
④ 《马克思恩格斯文集》第 2 卷，人民出版社 2009 年版，第 36 页。
⑤ 《马克思恩格斯文集》第 1 卷，人民出版社 2009 年版，第 556 页。
⑥ 《马克思恩格斯文集》第 9 卷，人民出版社 2009 年版，第 308 页。
⑦ 《马克思恩格斯文集》第 1 卷，人民出版社 2009 年版，第 557 页。
⑧ 《马克思恩格斯文集》第 1 卷，人民出版社 2009 年版，第 689 页。

生产力得到高度发展的阶段就可以实现“农业和工业在它们对立发展的形态的基础上的联合”①。而且也“只有使工业生产和农业生产发生紧密的联系，并适应这一要求使交通工具也扩充起来……才能使农村人口从他们数千年来几乎一成不变地在其中受煎熬的那种与世隔绝的和愚昧无知的状态中挣脱出来”②，彻底改变文明的城市和愚昧的乡村之间的隔离。生产力的高度发展，物质财富的极大涌流，也使人们有可能摆脱旧的分工，摆脱强加的不得不为谋生而局限在一定的特殊的活动范围的状况，从事农业和工业的将是同一些人，而不再是两个不同的阶级，人的自由和全面发展得以变成可能。

生产力的高度发展为消除城乡对立带来的可能只有在消灭私有制的前提下才可能成为现实。因为只有消灭私有制才可能解决资本主义社会存在的社会化大生产与生产资料私人占有之间的矛盾，从而释放出更大的生产力；只有消灭私有制才可能使不断增长的物质财富能够公平地在全体社会成员之间分配，而不是少数人剥削多数人，形成尖锐的阶级对立和社会自身无法克服的阶级对立；只有消灭私有制才可能统一调配人口与生产力的分布，“使工业在全国分布得最适合于它自身的发展和其他生产要素的保持或发展”③，而“大工业在全国的尽可能均衡的分布是消灭城市和乡村分离的条件”④。总之，正如马克思、恩格斯所言，只有“由社会全体成员组成的共同联合体来共同地和有计划地利用生产力；把生产发展到能够满足所有人的需要的规模；结束牺牲一些人的利益来满足另一些人的需要的状况；彻底消灭阶级和阶级对立；通过消除旧的分工，通过产业教育、变换工种、所有人共同享受大家创造出来的福利，通过城乡的融合，使社会全体成员的才能得到全面发展，——这就是废除私有制的主要结果”⑤。

城乡对立的消失不是用城市完全取代农村，而是城市与乡村之间的融合，这种融合是“把城市和农村生活方式的优点结合起来，避免二者的片面性和缺点”⑥。

---

① 《马克思恩格斯文集》第5卷，人民出版社2009年版，第579页。
② 《马克思恩格斯文集》第3卷，人民出版社2009年版，第326页。
③ 《马克思恩格斯文集》第9卷，人民出版社2009年版，第313页。
④ 《马克思恩格斯文集》第9卷，人民出版社2009年版，第314页。
⑤ 《马克思恩格斯文集》第1卷，人民出版社2009年版，第689页。
⑥ 《马克思恩格斯文集》第1卷，人民出版社2009年版，第686页。

第二节 城乡关系发展的国际经验

工业化和城市化发展对城乡关系的影响是全球性的，统筹城乡发展成为各个国家亟待解决的重要问题。不同国家站在不同发展阶段，在不同的政治、经济、文化背景下制定和实施了城乡发展政策，所带来的结果也各不相同。总结不同国家处理城乡关系、化解城市化遭遇的社会问题上的经验教训，为加快化解我国城乡二元结构，实现乡村振兴，推进城乡一体化，落实城乡融合发展，带来了启发和借鉴。本节仅就若干欧美国家、亚洲国家以及拉美国家地区的经验进行分析。

一、欧美国家

欧美国家率先开始工业化和城市化，也率先遭遇城乡关系问题，在统筹城乡发展上积累了不少经验，其中以英国、美国和法国最为典型，目前在城乡关系上达到了一个相对较好的平衡。

英国是世界上最早推进城市化的国家，起源于第一次工业革命。到 2019 年为止，英国城市人口的比重达到了 83.7%，形成了乡村、小城镇和城市协调发展的格局。美国也是工业化发展较早的国家。作为当今世界第一大国，美国也拥有世界上规模最大的现代化农业，在满足本国农产品需要的基础上还大量出口。法国是一个传统农业大国，在促进城乡协调发展、走农业现代化的道路中，既保留了自己的特色，又顺应了城乡一体化的发展趋势。英、法、美三个发达国家在城乡发展过程中虽然各有特色，但在促进城乡协调发展的过程中均显示出以下三个特点：高度法制化；城市反哺农业；缩小城乡生活差距，弱化城乡边界。

（一）高度法制化

城市化是工业化发展带来的，人口、产业和交通在城市高度聚集，必然会带来一系列问题。市场机制并不能自发实现在有限区域内的空间优化问题，实现城乡资源合理配置，协调城乡发展，需要政府介入，制定城乡规划，干预城乡发展。发达国家是在城市化过程中，在经历众多城市化问题后，逐渐认识到协调城乡关系的重要性，并将城乡关系规划统筹上升为法律，颁布了一系列法律或规划法案，用法律规范确保对城市和农村发展的调控，以此推动城乡均衡发展。

1909年英国颁布了《住房与城乡规划法案》，这是英国第一部关于城乡规划的法律文件，政府以此为依据开始干预土地问题。第二次世界大战后颁布《城市规划法》，从法律上确立了区域规划的地位和相应的规范。此后英国不断修订《城市规划法》，逐渐形成了以行政为主导的城乡规划体系、规划督察制度和司法审查，在保证政府对城市和农村土地利用进行积极有效的规划和开发的同时，对权力进行制约，协调公共利益和个体利益。

美国早期城镇化水平不高，农业现代化领先于城市化并起到了推动城镇化发展的作用。19世纪，美国制定西部大开发战略，颁布《宅地法》《鼓励西部草原植树法》《沙漠土地法》等法律，鼓励美国公民对西部土地进行开发，快速推进工业化和城市化。在城市化发展后期，农业发展的脆弱性凸显，农民收入大大低于城市人口收入，农村成为贫困、落后的代名词。20世纪30年代出台的《农业调整法》标志着美国开始调整城市和农村的关系，实施城市反哺农业的政策，支持农业发展，增加农民收入。20世纪30年代和90年代分别出台的《水土保持和国内生产配给法》《联邦农业发展与改革法》则意在保护优质农业用地和约束城市对耕地的占用。各种法规的制定和相关政策的调整有力地促进了农业现代化发展，极大地增加了农作物产出，改善了农民的境遇。

法国拥有悠久的农耕历史，在进行资产阶级革命后走上了一条小农资本主义道路，这种小农经济阻碍了法国农业现代化进程的推进，工业化和城市化也稍微落后于其余发达资本主义国家。第二次世界大战后，法国进入到一个快速发展时期，工业化和城市化迅速发展，被称为“光辉30年”。这种快速发展打破了法国城乡平衡，农村劳动力外流，城市越来越处于支配地位，农村开始衰落。20世纪60年代，政府注意到农村危机，开始着手调整城乡关系，颁布《农业指导法》和《农业指导补充法》，推动农业土地集中和规模经营，调整农业和其他产业的关系，增加农民收入，综合考虑农村发展，缩小城乡差距。70年代颁布《乡村整治规划》和《土地占用规划》，强调土地合理利用和环境保护，改善农村基础设施，避免城市空间无序开发。

（二）城市反哺农业

发达国家超过80%的城市化带来了工业和城市的快速扩张，农村土地减少，大量农村人口外流，经济、教育、社会福利等各方面资源向城市倾斜，农村地区逐渐衰落。要想缩小城乡差距，减少农民的外流，增加农民收入，仅仅靠农业自身难以实现，需要城市反哺农业，实行一系列政策增加农民收入，激发农民进行农业生产的热情。发达国家大多通过财政政策，通过对农民进行直接或者间接的补贴和优待来支持农业的发展。

英国在第二次世界大战后，发现了农业生产的重要性，开始通过城乡规划控制城市的蔓延，加强对农业耕地和粮食生产的保护，确立了农业补贴政策，建立农产品价格保护机制，通过农业补贴提高农民生活水平。

美国对农业的补贴有直接补贴和间接补贴。直接补贴是直接对种植农产品的农民进行现金补贴和进行环境保护补贴。间接补贴是为农民提供低息贷款和农业保险，用于保障农业生产。2011 年，美国农作物保险提供的补贴达 68 亿美元，2014 年，美国提出十年内增加 70 亿美元的农作物保险。① 除此之外，政府推动建立强大的农业教育体系，政府通过转移支付保障农民的基础教育，并通过法律保障各个州的高等农业院校发展，培养高素质农民支持农业研究。②

法国因为土地分散，更多是通过财政政策促进土地合并和机械化生产。法国为大农村建设提供低息贷款，农民自发进行土地合并可以减免税费。为了推行机械化生产，国家给予机械燃料免税，农业用电价格低于工业，购买农业机械的农民可以领取政府的价格补贴、享受 5 年低息贷款的政策优惠。

（三）缩小城乡生活差距，弱化城乡边界

在统筹城乡发展的过程中，复兴农村，重新发掘农村价值，促进城乡融合成为发达国家城市化中十分重要的一部分。城市化过程中不可避免会出现城市人口过多引起的一系列问题，发达国家为了控制城市规模，一方面加强对农村的建设，缩小景观差距；另一方面注重城市和乡村之间的小城镇的开发和保护，吸引人口定居和旅游。

英国为顺应城乡一体化发展的需要，打破城乡边界，重新调整了城乡空间划分体系。对于农村，支持农村基础设施建设，重视道路、水电、灌溉、排水

---

① 胡卫华：《美国城镇化与农业现代化协调发展经验借鉴》，《世界农业》2015 年第 2 期，第 139—142 页。

② 胡卫华：《美国城镇化与农业现代化协调发展经验借鉴》，《世界农业》2015 年第 2 期，第 139—142 页。

等基础设施以及教育、医疗、卫生等社会服务设施建设，逐步使得乡村生活方式向城市靠近。对于介于城市和农村地区中间的小城镇，英国在进行开发和建设的同时注意保留当地传统特色，在对具有当地文化的历史建筑进行保护的前提下，发展小城镇的服务业和相关产业，吸引城市居民到小城镇定居，缩小与大城市的界限。

美国缩小城乡生活差距的主要措施在于改善农村基础设施，建设城乡之间的交通和通信设施。第二次世界大战后，美国各级政府不断改善农村基础服务设施，推进公共服务均等化，建立农村教育体系，培养高素质人才，使得农村生活方式向城镇转变。美国较早建立起城乡之间的交通和通信网络，城市发展得以辐射到农村地区，推进城镇和乡村之间的人口、信息、资源的流动，缩小了城乡社会差别。

法国促进农村地区发展、统筹城乡一体化的措施是在乡村建立新城和注重为农村居民提供公共服务和发展机会。法国在 20 世纪 60 年代，注重改善农村道路、学校、通信等方面设施，保护农村生态环境。同时，积极发展农业和旅游业，利用当地资源促进生产，缩小城乡差距，维护乡村价值。另一方面，政府在完善农村社会保险、提高农村公共福利上保持关注。

二、亚洲国家

亚洲国家的现代化发展起步和程度整体上落后于欧美国家，在处理城乡关系上也面临着与欧洲不同的问题。亚洲国家起源于农耕文明，具有小农经济的传统。传统的农村、农业和农民如何实现现代化，成为亚洲国家的重点问题。20 世纪 60—70 年代，亚洲进入现代化较早的国家在发展工业和建设城市的时候，开始注意到农村的建设和发展，注意到统筹城乡关系，形成了一些特色，主要有日本的町村改造和韩国的新村运动。

日本是一个岛国，耕地面积较少，人口众多。在现代化初期出现了大量耕地被占用、农业萎缩的情况。在第二次世界大战后经济恢复时期，日本开始农村改革，进行町村改造。从 1953 年开始町村合并，提高农村行政效率，促进农村发展。日本通过多次町村合并，扩大行政范围，同步城镇化过程，适应社会发展需要（表 10-1）。从日本城乡发展进程来看，日本是在城市化发展中期开始协调城乡关系，通过发展乡村产业缩小城乡差距，城市经济完善后，扩大福利范围，城乡公共服务均等化，达到城乡一体化。

表 10-1　日本不同阶段城乡人口特征和收入差距①

阶段	期末城市化率	市町村数量（个）	城乡居民可支配收入比
1920 年以前	18.0%	1888 年合并后 39（市）：1 5820（町村）	1920 年 2.60
1940—1960 年	63.3%	1956 年 495（市）：1 870（町）：2 303（村）	第二次世界大战后保持在 1.50 左右
1990—2015 年	93.5%	2010 年 786（市）：757（町）：184（村）	1990—2008 年 0.86~0.97

韩国也同样面临着耕地面积较少，城乡发展失衡的问题。与日本不同的是，韩国是在经济和城市化发展早期就开始关注农村问题，进行新村运动。政府会根据城乡发展情况不断调整新村运动策略，不同阶段侧重点不同，从改善农村生活条件、改变农民面貌到农村支援运动，从自上而下逐渐转变为自下而上。

概括而言，日本町村改造和韩国新村运动具有以下两个特点。

1. 加强农村基础设施建设

在城市化发展过程中，农村人口流失，农业发展凋敝，使得农村与城市面貌差距过大。为了防止农村人口大量外流，缩小城乡差距，国家开始逐步改善农村基础设施。农村基础设施的改善，不仅改善了农民的居住条件，还加强了城乡之间的联系，提高了农村的发展能力，为吸引工业、第三产业进驻农村打好了基础。

日本政府在加强农村基础设施建设的时候，多渠道筹集资金，中央政府进行财政拨款和贷款，地方政府除了财政拨款外，还发行债券进行基础设施建设。同时为了提高行政效率，政府根据城乡发展水平，进行町村合并，在不改变自然村为主的基础上，扩大町、村的公共服务范围，减少设施和不必要的开支。日本町、村基本上都建设有污水和垃圾处理设施，农户可以通过市政管理部门进行申请配备市政设施。

新村运动最开始着重点在于农村整治，目标是改善农村居住条件。政府主导开始进行的农村基础设施建设，因为资金问题逐步转变为自上而下和自下而上结合。到了新村运动后期，则是农民主导乡村发展，农村建设项目由农村决定，农村申请建设项目，政府进行材料补贴支持和技术支持。

① 徐素：《日本的城乡发展演进、乡村治理状况及借鉴意义》，《上海城市规划》2018 年第 1 期，第 63—71 页。

2. 调动农民生产和建设的积极性

随着农村基础设施的完善，城乡差距逐渐缩小，如何进一步留住农民，激发农村活力成为亚洲国家要处理的城乡关系难题。在保持经济高速发展的同时进行农村环境改造也给亚洲国家带来了双重压力，政府面临着巨大的财政负担。日本和韩国政府注意到农民的重要性，开始调动农民积极性，引导农民建设农村，缓解财政和人员的不足。

日本在农业发展方面组建了农业协同组织，把大部分农户组织起来，提高农业生产效率，加大农民在社会经济方面的竞争力。农协为农民提供技术支持，制定农业规划，帮助农民集中销售农产品，统一订购生产生活资料，提供贷款和养老、医疗等公共服务。在农村文化建设上，日本政府鼓励农民参与到乡村建设中，包括地区活动的开展、村规民约的制定，以及地区发展规划的制定等。

韩国在新村运动后期，农村建设从政府主导、公众参与，转变为民众主导、政府支援，建立和完善了全国性新农村运动的民间组织，提高农民自立能力，增强农民主体意识，一些培训、宣传工作由民间组织承担。

日本和韩国在处理城乡关系上的道路与欧美国家有很多差别，如果说英美法更注重农村经济和农民收入的提高，那么日韩更注重农村基层治理结构和基层自治组织建设。日本韩国与我国在地理和文化上接近，其经验对我国具有欧美国家不可替代的价值。不过日本和韩国的城乡协调发展仍然面临巨大的挑战，例如，日本城市人口过密化和乡村人口过疏化问题；韩国乡村衰退状态并没发生根本转变，城乡发展差距仍然显著。

三、拉美国家

拉美国家的城市化快速发展起源于 20 世纪上半叶。从这一时间开始，拉美各国普遍实行进口替代战略，极大地刺激了国内经济增长，许多国家很快进入了中等收入国家行列。同时城市人口飞速增加，1920 年拉美地区城市人口比重仅为 22%，1997 年增长到 77.7%，联合国预计 2025 年拉美城市人口将占总人口的 85%，城市化水平居世界前列。但是从 20 世纪 90 年代后期开始，拉美国家经济开始恶化，政府外债有增无减，工农业发展缓慢，城市化发展与经济发展之间的不协调日益显现和严重，拉美国家开始陷入困境当中，过度城市化和城乡差距扩大问题亟待解决。

（一）过度城市化

过度城市化是指城市化水平明显超过工业化和经济发展水平的城市化，拉美地区的城市化率在 20 世纪 60 年代初超过 50%，1975 年超过 60%，1990 年超过 70%，2013 年达到 80%。[①] 但同时由于拉美国家采用进口替代战略，工业基础未能真正发展起来，整体工业化水平偏低，甚至出现了倒退。从 1980 年到 2000 年，拉美有关国家制造业产值占 GDP 的比重变化如下：阿根廷由 30.3% 降为 16.1%；巴西由 27.2%降为 19.8%；智利由 19.3%降为 17.4%；哥伦比亚由 21.5% 降为 13.7%；秘鲁由 29.3% 降为 14.6%；乌拉圭由 28.6% 降为 17.9%。[②] 到 2005 年，拉美国家过度城市化程度已经相当严重，城市化水平约为 70%，而工业化水平在 30%左右（图 10-1）。

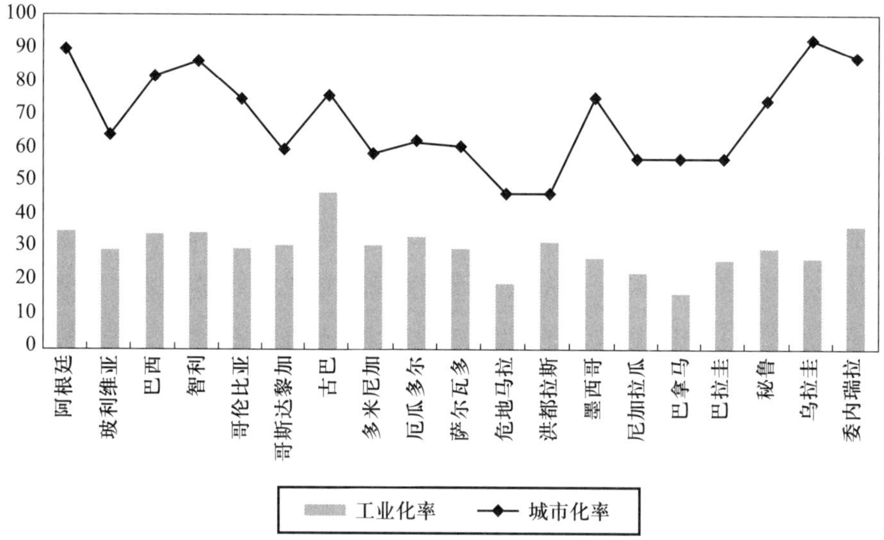

图 10-1 拉美国家滞后工业化与过度城市化[③]

资料来源：UNDP，World Bank，CIA World Factbook：2005.

拉美国家过度城市化具体表现有：大量农村人口进入城市，城市人口的比重增长过快；就业不充分，城市人口中存在大量过剩的劳动人口，存在大量非正式就业人口；国家内部城市体系不均衡，大城市占据主导地位。这些问题带

① 谢文泽：《城市化率达到 50%以后：拉美国家的经济、社会和政治转型》，《企业家日报》2014 年 10 月 12 日。

② 樊纲、张晓晶：《“福利赶超”与“增长陷阱”：拉美的教训》，《管理世界》2008 年第 9 期，第 12—24、187 页。

③ 樊纲、张晓晶：《“福利赶超”与“增长陷阱”：拉美的教训》，《管理世界》2008 年第 9 期，第 12—24、187 页。

来的主要后果就是城市的混乱和城市贫民窟的出现。拉美国家的城市化是短期内完成的，也就是说农村人口在短时间内以爆炸性速度流入城市，这就使得现有的城市建设无法支撑大量人口在城市生活，城市无法为外来人口提供住房和基本公共服务。因为工业化水平较低，城市工业无法吸纳所有劳动力，大量剩余人口没有正式工作，长期处于失业和半失业状态，无法解决温饱问题，生活在贫困线以下。这类人群的大量出现，加上城市基础设施不足，导致他们采取非法手段占领限制土地，搭建房屋，形成了贫民窟，造成一系列经济、社会和环境问题。

（二）城乡差距过大，区域发展不平衡

拉美国家快速的城市化增长并没有形成良好的城乡体系，使城市和农村都陷入发展的困境。一方面，城市经济难以持续发展，人口规模过大，就业不充分，基本公共服务供给严重不足；另一方面，农业经济处于劣势地位，农民收入增长缓慢，农村发展停滞不前。

巴西是拉丁美洲最大的国家，也是拉美地区城市化水平增长最快的国家。不过，巴西的城市人口主要集中在少数大城市，全国 10 万人以下的城市数量占总体数量的 80%，但城市人口数却只占人口总量的 20%～22%。与发达的大城市相比，巴西的小城市普遍发展缓慢，农村贫困现象突出。许多偏远小城市仍然是泥泞的土路，道路旁的住宅仍是简陋的木板房或砖房。据巴西土改局的统计数据，在农业发展较快的 20 世纪 60 年代至 80 年代，农村贫困人口有增无减，贫困人口在农村中的比重从 1981 年的 5.7%上升到 1990 年的 70%。农村的人均收入也一直“原地踏步走”，没有什么增长。农业创造的财富高度集中在少数的农场主和农业企业主手中。国家对农村建设的投资也比较少，使得农村教育落后、医疗卫生缺乏、缺水缺电、环境污染，生存条件恶化。拉美国家高速发展的城市化，没有给经济持续健康增长创造新机会，也没有解决农业和农村问题，反而让城市陷入了更大的危机当中，使得国家整体经济和社会发展停滞不前。总之，不同国家的国情不同，城市化发展阶段不同，如何走出一条城乡融合的发展道路就会不同。但是其他国家的经验和教训是我们必须重视和引以为鉴的。我国仍然是一个发展中国家，我国现阶段的城乡发展战略，既不可能完全照搬发达国家的经验，也要避免出现发展中国家的问题，防止出现“拉美化困境”。从中国国情出发，正确处理工业与农业、城市与乡村、市民与农民的关系，统筹推进城乡一体化发展，是在 21 世纪中叶把我国建成中等发达的社会主义现代化国家的关键。

第三节　当代中国城乡关系发展

新中国成立以来，党和国家始终重视城乡关系的发展，毛泽东的“工农并举、城乡兼顾”思想，邓小平的“城乡协调发展”思想，江泽民的“统筹城乡经济社会发展”思想，胡锦涛的“工业反哺农业、城市支持乡村”思想，习近平的“以工促农、以城带乡、工农互惠、城乡一体”思想，代表了几代领导人对建立社会主义城乡关系的思考。但是由于复杂动荡的国内外经济政治环境等因素，城乡关系的实践出现了一个起伏变化的过程，经历了不同发展阶段。

一、计划性城乡二元关系

新中国成立之初，中国是一个人口众多、经济落后、以农业为主的大国。1952 年，现代工业产值只占工农业总产值的 43. 1%，重工业在工业产值中只占 35. 5%。如何向现代工业大国转变，实现社会主义现代化，是国家亟待解决的问题。集中力量发展工业，优先发展重工业，建设社会主义工业化基础成为国家发展的优先战略。工业发展需要大量的资金，尤其重工业是典型的资本密集型产业，而当时国内极为薄弱的工业是难以通过自身积累来满足建设资金需求的，将农业生产的剩余集中起来，有计划地支持工业化成为实现国家战略的手段。但是新中国成立初期的小农经济和自由市场的存在使农业生产和农产品交换难以实现国家的发展要求。一方面，因为城镇人口增长和工业发展，国家需要征收的农产品大幅增加；另一方面，农产品的增长有限，而且普遍存在的自由市场上的农产品交易冲击了国家征收农副产品的能力。例如，在 1952 年 7 月到 1953 年 6 月这个粮食年度内，国家的粮食收支就有 40 亿斤的赤字。在这种情况下，对农产品实行统购统销成为满足国家政治经济社会发展需要，实行把农业剩余集中起来支持工业化发展的手段。从 1953 年开始，国家对油料、棉布、棉花等实行统购或统销，同时还对生猪、鸡蛋、糖料、桑丝、蚕茧、黄红麻、烤烟、水产品实行派购，这些产品不能自由买卖，价格由国家统一规定。

从 1953 年开始，国家开始大规模工业建设，工业化带动了城镇人口增长。由于统购统销压低了农副产品的价格，自由贸易的取消使农民减少了收入来源，城乡之间的贫富差别推动农民向城市流动，城镇人口由1949年的5 765万猛增到1954年的8 249万，5年增长了43%，超出了农业剩余能够提供的生活资料和城镇工业化发展能够提供的就业机会的承载水平。1956年12月，《国务院关于防止农村人口盲目外流的指示》公布，要求制止农民外流，严格控制城市粮食部门向“盲流”人员提供粮食等生活必需品。1958年1月，《中华人民共和国户口登记条例》公布实施，人口的户籍身份分农业户籍与城镇户籍，不同户籍的人口不能自由改变户籍身份，不能自由流动。

新中国成立后不久，国家就推动了农村集体化运动。从1953年到1956年，农村逐步完成了从初级社、中级社到高级社的合作化运动，建立了生产资料集体所有制和收入的按劳分配制度。1958年，人民公社制度基本实现。人民公社是农村基层政权和集体经济组织“政社合一”的形式，它不仅是农民参加劳动获得劳动收入的组织，也是接受义务教育、获得合作医疗、养老和社会救助、实现各种权利的组织形式。一个由统购统销、户籍制度、人民公社三者为支柱的农村经济社会体制建立起来。

在城镇，从1952年开始，国家对手工业和资本主义工商业实行社会主义改造，其目标是消灭私有制，建立由国有制和集体所有制构成的社会主义公有制体系。到1956年年底，仅仅4年时间国家就完成了对手工业和资本主义工商业的所有制改造，一个单一的工商业社会主义公有制体系得以建立，社会主义计划经济得以全面实施。城镇户籍人口的生活资料由国家保障，实行计划供给制度。城镇户籍人口的就业、教育由政府安置，医疗、养老、社会救助等几乎所有社会保障都与城市户籍和工作单位挂钩。一个以单一公有制和公共财政为基础、“单位制”为特征的城镇经济社会体制建立起来。

随着社会主义制度的建立，国家的经济社会建设得到全面发展。在农村，农业基础设施得到建设，农业生产得到发展，农民收入得到提高。从1952年到1978年，乡村办水电站从98个增加到82 387个，农村机械总动力从18.4万千瓦增长到11 749.9万千瓦；农作物耕作面积从128 826千公顷扩大到150 104.1千公顷，有效灌溉面积从19 959千公顷扩大到44 956千公顷，农业总产值从461亿元增长到1 397亿元。从1957年到1978年，农村居民家庭人均收入从73元增长到133.6元，人均消费绝对值从65元增长到138元。在城镇，一个相对完整、独立自主的工业体系初步建立，工业总产值从1952年的349亿元增长到4 237亿元；城镇居民家庭人均收入1978年为343.4元，人均消费绝对值从

1952 年的 154 元增长到 1978 年的 405 元。

但是，由于国家在这一阶段实行工业发展优先的战略和城乡二元的计划经济社会体制，城乡发展的差距则扩大了。第一，国家从统购统销的“剪刀差”中获得了大量资金，极大地支持了工业发展。但是工业化发展并没有带动农业现代化，农业生产力长期徘徊在较低水平，农业发展和农民收入增长缓慢。从 1952 年到 1978 年，工业总产值增长了 12. 1 倍，农业产值仅增长 3 倍。第二，城乡居民生活水平差距扩大了。从 1952 年到 1978 年，城镇居民家庭人均消费绝对值增长了 2. 6 倍，农村居民家庭人均消费绝对值只增长了 2. 1 倍，人均消费绝对值差从 89 元上升到 267 元，农村家庭消费恩格尔系数不降反升，从 1957 年的 65. 7%上升到 1978 年的 67. 7%，城镇家庭消费恩格尔系数 1978 年为 57. 5%。1978 年城镇居民家庭人均收入与农村居民家庭人均收入之比为 2. 56 : 1。第三，城乡之间的自由迁徙受到阻碍，从 1952 年到 1978 年，工业总产值增长了 12. 1 倍，但同期农业就业人员占全国总就业人员的份额仅由 88%下降到 76. 4%。第四，虽然人们在诸如就业、教育、医疗、养老、社会救助等社会权利方面得到普遍发展，但是被分隔在城镇和农村两个不同的体系中，权利保障的水平相差显著。城镇是一个质量相对较好且有保障的体系，农村则是一个质量相对较差且缺乏保障的体系。第五，在农村，与农民日常生活紧密相关的村庄道路、生活用水电、卫生等生产生活基础设施改观不大。

总之，从 1952 年开始到 1978 年，我国逐步形成了一个计划经济下的城乡分隔的体制性城乡二元关系，其关系特征是“农业支持工业、乡村支持城市”，其结果是城乡发展的不平等。

二、市场性城乡二元关系

1978 年党的十一届三中全会开启了改革开放的伟大事业，从 1978 年到 2002 年是由乡到城全面推进经济体制改革的阶段。

1979 年党的十一届四中全会通过的《中共中央关于加快农业发展若干问题的决定》指出：“农业发展速度不加快，工业和其他各项建设事业就上不去，四个现代化就化不了。”农业发展对我国现代化建设的重要位置被提了出来。发轫于安徽凤阳小岗村的家庭联产承包责任制在农村得到推广，1983 年年底我国 98%以上的农户都实现了各种形式的承包责任制，农民重新获得了土地的使用权、生产决策权和收益索取权，农村剩余劳动力也从土地的束缚中解放出来。同时，农副产品统购统销政策逐步改变。1985 年，实行了三十多年的农副产品统购统销制度彻底结束，市场取代计划成为农副产品交易的主渠道，传统农村经济潜力由此得到极大的释放。与此同时，国家改变了对农村非农产业发展的限制，鼓励发展个体商业，大力发展乡镇企业，极大促进了非农经济在农村经济中的比重。1983 年 10 月，中共中央、国务院联合发出《关于实行政社分开，建立乡政府的通知》，政社合一的人民公社体制被政社分开的乡政府——村集体体制取代。计划经济体制下以统购统销、户籍制度、人民公社制度为支柱的农村经济社会体制被解构。

1984 年，以城市为重心的经济体制改革被优先提到了党的议事日程，十二届三中全会的《中共中央关于经济体制改革的决定》明确指出："现在面临的任务，是在继续深入搞好农村改革的同时，加快以城市为重心的整个经济体制改革的步伐。"由此，各项改革在城镇全面展开：单一公有制结构转变为以公有制为主体，个体、私营、外资等非公有制经济共同发展的所有制结构，同时公有制实现形式开始走向多元化；资源配置从行政审批配置为主、指令性计划配置为主向以市场配置资源为主转变；长期向农民关闭的城市劳动力市场逐步打开，城镇户籍改革从小城镇开始逐步向大城市推进；计划经济体制下"单位"所承担的社会保障和社会福利职能被分离出来，社会化的社会保障和社会福利制度开始建立。

城乡经济社会体制的改革打破了计划经济体制下城乡之间的制度藩篱，各种资源和生产要素在城乡之间得以自由流动，市场机制逐步成为资源配置的主要机制，对城乡关系产生了多方面的积极影响：第一，工农产品市场化交易程度提高，城乡商品经济活跃，乡镇企业发展促进了城乡经济之间的联系。第二，从土地上释放出来的农村剩余劳动力满足了城镇经济发展对劳动力的要求，农民"洗脚上田"，进城经商务工，逐步成为城镇化发展最主要的劳动力资源，2002 年超过一个亿的农民工进城务工，全国城镇化率当年超过 39%。第三，城乡居民的收入得到快速增长。从 1978 年到 2002 年，城镇居民家庭人均可支配收入从 343 元增长到 7 703 元，农村家庭人均纯收入从 134 元增长到 2 476元。第四，农村非农经济发展带动了小城镇发展，优化了城乡结构。

虽然市场经济体制改革打破了计划经济体制下城乡分隔的制度藩篱，但并没有从根本上消除城乡之间的不平等，出现了从体制性城乡二元向市场性城乡二元转化的特征。在市场经济环境下，资源和生产要素的自由流动在城乡之间是不均衡的，现代工商业与传统农业之间的巨大落差导致劳动力、资本、土地以及各种要素主要向城镇流入，工业化、城市化的发展再次从农村转移出来的低廉劳动力和土地征收中获得资本积累。在这一转变过程中，城镇获得了更快的发展，农村发展则相对滞后，一些农村由于人口减少、土地抛荒、基础设施滞后、社会保障缺失而衰落。农村家庭人均纯收入与城镇居民家庭人均可支配收入之间的比值，在经历了 1978 年到 1984 年从 1∶2.56 缩小到 1∶1.71 的短期缩小趋势后，又逐步扩大，2002 年达到 1∶3.1。同时，作为城镇化发展不可缺少的一部分，大部分农村进城经商务工人员仍然不能与拥有城市户籍的市民一样，获得城镇的教育、医疗、社会保障、社会救助等公共产品，计划性城乡二元依然残存。

三、城市“反哺”农村，城乡统筹发展

伴随着改革开放的深入，中国经济持续快速发展，2001 年我国人均 GDP 超过 1 000 美元，进入工业化中期阶段，这为调整城乡关系奠定了经济基础。从 2003 年到 2012 年，我国的城乡关系进入一个以城市“反哺”农村为主要政策手段，城乡统筹发展的阶段。

2002 年党的十六大提出全面建设小康社会的目标，将“统筹城乡经济社会发展”作为解决城乡二元关系问题的基本方针。2004 年胡锦涛在党的十六届四中全会上提出了“两个趋向”的重要论断，即在工业化初始阶段，农业支持工业、为工业提供积累是带有普遍性的趋向；但在工业化达到相当程度以后，工业反哺农业、城市支持农村，实现工业与农业、城市与农村协调发展，也是带有普遍性的趋向。2005 年党的十六届六中全会正式提出了“建设社会主义新农村”的历史任务。

在“两个趋向”论断的指导下，城市“反哺”农村成为这一时期主要的政策手段。一是提高财政支持力度，2003 年到 2011 年，中央财政支持“三农”投入额从 2 144 亿元增加到 10 408 亿元。二是从 2006 年开始，全面取消了包括农业税、屠宰税、牧业税、农林特产税在内的农业四税，在中国延续了千年的农业税成为历史。三是改善了农业支农方式，出台了包括种粮直补、良种补贴、农机具购置补贴和农资综合直补在内的“直补”政策，让农民拿到“真金白银”。四是加大对农村教育、医疗、卫生等公共服务的支持，从 2005 年开始，全部免除了农村义务教育阶段学生学杂费，对贫困家庭学生免费提供教科

书并补助寄宿生生活费；在“赤脚医生”制度消失多年后，2006年开始重建农村新型合作医疗卫生体系，2009年启动了新型农村养老保险体制的建设。

在城镇，户籍制度改革日益深化。1984年《国务院关于农民进入集镇落户问题的通知》标志着户籍严控制度开始松动，之后逐步扩大办理城镇常住户口的人群范围，对办理小城镇常住户口的人员不再实行计划指标管理。2012年《国务院办公厅关于积极稳妥推进户籍管理制度改革的通知》公布，开始主动引导非农产业和农村人口有序向中小城市和建制镇转移，逐步满足符合条件的农村人口落户需求，逐步实现城乡基本公共服务均等化。

从2003年到2012年，国家在处理城乡关系上，坚持了“多予、少取、放活”的“反哺”方针，我国传统农业生产模式开始转变，农业生产效率提高；道路交通，电力、网络信息、清洁安全饮水等农村生产生活基础设施得到改善；农村居民人均纯收入由2002年的2 476元增长到2012年的7 917元，农村家庭人均纯收入与城镇居民家庭人均可支配收入之间的比值从2009年的3.3峰值下降到2012年的3.1，城乡收入差距扩大的趋势得到抑制；农村新农合参保率达到98%以上，农村新农保基本实现全覆盖，一个新的农村社会保障体系初步建立。总的来讲，城乡二元关系问题在这一阶段得到一定程度的消解，但城乡二元差别依然显著存在，重建的农村社会保障体系与城镇社会保障体系在保障水平上相差显著，村庄自身的内生活力有待生成。

四、乡村振兴，城乡一体化发展

党的十八大以来，中国特色社会主义进入新时代，城乡关系发展也进入一个新阶段。2013年，党的十八届三中全会明确指出，“城乡二元结构是制约城乡发展一体化的主要障碍。必须健全体制机制，形成以工促农、以城带乡、工农互惠、城乡一体的新型工农城乡关系，让广大农民平等参与现代化进程、共同分享现代化成果”。“新型工农城乡关系”首次作为国家发展战略提了出来。从2013年到2020年，党中央从全面建成小康社会的要求出发，把扶贫开发工作作为实现第一个百年奋斗目标的重点任务。“中国要强，农业必须强；中国要美，农村必须美；中国要富，农村必须富”① 成为共识。

① 中共中央宣传部编：《习近平总书记系列重要讲话读本》，学习出版社、人民出版社2014年版，第68页。

党中央作出了一系列重大部署和安排，构建了一整套行之有效的政策体系、工作体系、制度体系，走出了一条中国特色的减贫道路，积累了许多宝贵经验：一是坚持党的领导，落实脱贫攻坚一把手负责制，省、市、县、乡、村五级书记一起抓；二是发挥政府投入的主体和主导作用，发挥资本市场支持贫困地区发展作用，形成脱贫扶贫资金多渠道、多样化投入；三是坚持精准扶贫方略，做到对象精准、项目安排精准、资金使用精准、措施到户精准、因村派人精准、脱贫成效精准；四是发挥社会主义制度能够集中力量办大事的政治优势，凝聚各方力量，构建专项扶贫、行业扶贫、社会扶贫互为补充的社会扶贫格局，形成跨地区、跨部门、跨单位、全社会共同参与的社会扶贫体系；五是坚持调动广大贫困群众积极性、主动性、创造性，激发脱贫内生动力；六是践行社会主义核心价值观，坚持弘扬和衷共济、团结互助美德，营造全社会扶贫济困的浓厚氛围。

2021 年 2 月 25 日，习近平在全国脱贫攻坚总结表彰大会上向世界宣布，“在迎来中国共产党成立一百周年的重要时刻，我国脱贫攻坚战取得了全面胜利，现行标准下九千八百九十九万农村贫困人口全部脱贫，八百三十二个贫困县全部摘帽，十二万八千个贫困村全部出列，区域性整体贫困得到解决，完成了消除绝对贫困的艰巨任务”①，提前 10 年实现《联合国 2030 年可持续发展议程》减贫目标，为推动构建人类命运共同体贡献了中国力量。

伴随着我国脱贫攻坚目标的实现，“两个一百年”交替之际，在党的十九大上，中央提出了“乡村振兴”这一实现中华民族伟大复兴的重大任务，要求按照产业兴旺、生态宜居、乡风文明、治理有效、生活富裕的总要求，坚持乡村振兴与新型城镇化共同发展。乡村振兴是包括产业振兴、人才振兴、文化振兴、生态振兴、组织振兴的全面振兴。乡村振兴重在支持乡村内生力量的振兴，重在支持乡村社会生活共同体的振兴。2019 年 4 月 15 日《中共中央 国务院关于建立健全城乡融合发展体制机制和政策体系的意见》发布，为新时代消除城乡二元，实现城乡一体化指明了方向。

促进城乡融合，实现城乡一体化就是要“以协调推进乡村振兴和新型城镇化为抓手，以缩小城乡发展差距和居民生活水平差距为目标，以完善产权制度和要素市场化配置为重点，坚决破除体制机制弊端，促进城乡要素自由流动、平等交换和公共资源合理配置，加快形成工农互促、城乡互补、全面融合、共

① 习近平：《在全国脱贫攻坚总结表彰大会上的讲话》，人民出版社 2021 年版，第 1 页。

同繁荣的新型工农城乡关系，加快推进农业农村现代化”①。

第一，破除妨碍城乡要素自由流动和平等交换的体制机制壁垒，促进各类要素更多地向乡村流动，在乡村形成人才、土地、资金、产业、信息汇聚的良性循环。要统筹城乡国土空间开发格局，加快形成城乡融合发展的空间格局，通盘考虑城镇和乡村发展，统筹谋划产业发展、基础设施、公共服务、资源能源、生态环境保护等主要布局；要完善城乡布局结构，实现以城市群为主体构建大中小城市和小城镇协调发展的城镇格局，因地制宜发展特色鲜明、产城融合、充满魅力的特色小镇和小城镇，增强城镇地区对乡村的带动能力，以镇带村、以村促镇，推动镇村联动发展；要通盘考虑城镇和乡村发展，统筹谋划产业发展、基础设施、公共服务、资源能源、生态环境保护等主要布局，形成田园乡村与现代城镇各具特色、交相辉映的城乡发展形态。

第二，围绕发展现代农业、培育新产业新业态，完善农企利益紧密联结机制，实现乡村经济多元化和农业全产业链发展，加快农业现代化步伐。习近平在2014年12月11日中央经济工作会议上就指出：要坚定不移加快转变农业发展方式，尽快转到数量质量效益并重、注重提高竞争力、注重农业技术创新、注重可持续的集约发展上来，走产出高效、产品安全、资源节约、环境友好的现代农业发展道路。要实现传统农业向现代农业的转变，就要加快农业转型升级，按照建设现代化经济体系的要求，加快农业结构调整步伐，着力推动农业由增产导向转向提质导向，提高农业供给体系的整体质量和效率，加快实现由农业大国向农业强国转变；要建立现代农业经营体系，构建家庭经营为基础，集体经营、合作经营、企业经营等共同发展的新型农业经营体系，发展多种形式适度规模经营，发展壮大农村集体经济，有效带动小农户发展；要加快农业科技进步，提高农业科技自主创新水平、成果转化水平，引领支撑农业转型升级和提质增效；要以完善利益联结机制为核心，以制度、技术和商业模式创新为动力，推进农村一二三产业交叉融合，加快发展根植于农业农村、由当地农民主办、彰显地域特色和乡村价值的产业体系，推动乡村产业全面振兴；要坚持市场化方向，放开搞活农村经济，合理引导工商资本下乡，推动乡村大众创业、万众创新，培育新动能。

① 《中共中央 国务院关于建立健全城乡融合发展体制机制和政策体系的意见》，中华人民共和国中央人民政府网，2019年4月15日。

第三，拓宽农民增收渠道，建立有利于农民收入持续增长的体制机制，让农民富起来。土地是涉及农民权益的根本问题，2013 年中央提出了开展农村土地承包经营权确权登记颁证工作，2018 年，国家宣布了保持土地承包关系稳定并长久不变，2027 年第二轮土地承包到期后再延长三十年。土地承包经营权的明晰和延长，为实现赋予农民更多财产权，增加收入创造了根本性条件。增加农民的财产性收入就是要在坚持农村土地集体所有权的基础上，依法维护农民土地承包经营权，发展壮大集体经济；要在坚持和完善最严格的耕地保护制度前提下，赋予农民对承包地占有、使用、收益、流转及承包经营权抵押、担保权能，允许农民以承包经营权入股发展农业产业化经营；要鼓励承包经营权在公开市场上向专业大户、家庭农场、农民合作社、农业企业流转，发展多种形式规模经营，让农民增加收入的渠道更加多样化，实现城乡居民收入均衡化。

第四，建立有利于城乡基本公共服务共建共享的体制机制，大力促进城乡基本公共服务均等化。城乡基本公共服务不均等是我国城乡社会不平等的最重要特征，因此，要“把国家社会事业发展的重点放在农村，促进公共教育、医疗卫生、社会保障等资源向农村倾斜，逐步建立健全全民覆盖、普惠共享、城乡一体的基本公共服务体系，推进城乡基本公共服务均等化”①。要优先补齐农村教育事业、农村公共卫生服务、农村社会保障体系、防灾救灾能力的短板，统筹城乡义务教育资源均衡配置，统筹推进城乡基本公共服务均等化，统筹整合城乡居民基本社会保险制度，统筹推进城乡最低生活保障制度发展。2014 年开始，国家先后开始了以下工作：将新农保和城居保两项制度合并实施，建立统一的城乡居民基本养老保险制度；在整合农村义务教育经费保障机制和城市义务教育奖补政策基础上，建立城乡统一、重在农村的义务教育经费保障机制；推进城镇居民医保和新农保制度整合，逐步建立统一的城乡居民医保制度。同时国家加快了户籍制度改革，规定除超大城市和特大城市外，全面取消城区常住人口 300 万以下的城市落户限制，全面放宽城区常住人口 300 万至 500 万的大城市落户条件，农民市民化速度加快，2019 年全国城镇户籍户口人口比率达到 44.37%。

第五，建立健全有利于城乡基础设施一体化发展的体制机制。要把公共基础设施建设重点放在乡村，实现城乡基础设施统一规划、统一建设、统一管护，建设生态宜居、文明美丽、生活富裕的乡村。二元格局下的城镇化发展既

---

① 《乡村振兴战略规划（2018—2022 年）》，人民出版社 2018 年版，第 83 页。

阻隔了乡村发展的空间，又对乡村产生了虹吸效应，使人口外流、生活设施衰败、公共服务短缺、精神文化生活贫乏，乡村生活共同体关系处在松弛中，乡村失去归属感和内生的动力。要实现城乡一体化，就要“让农业成为有奔头的产业，让农民成为有吸引力的职业，让农村成为安居乐业的美丽家园”①。要以建设美丽宜居村庄为导向，加快推进村庄基础生活设施建设，统筹城乡卫生环境，全面提升农村人居环境质量；要牢固树立和践行绿水青山就是金山银山的理念，坚持尊重自然、顺应自然、保护自然，统筹山水林田湖草系统治理，加快转变生产生活方式，推动乡村生态振兴，建设生活环境整洁优美、生态系统稳定健康、人与自然和谐共生的生态宜居美丽乡村；要坚持以社会主义核心价值观为引领，以传承发展中华优秀传统文化为核心，以乡村公共文化服务体系建设为载体，培育文明乡风、良好家风、淳朴民风，推动乡村文化振兴，建设邻里守望、诚信重礼、勤俭节约的文明乡村；要持续推进农村精神文明建设，提升农民精神风貌，倡导科学文明生活，不断提高乡村社会文明程度。推动城乡公共文化服务体系融合发展，增加优秀乡村文化产品和服务供给，为广大农民提供高质量的精神营养。

思考题：

1. 城乡关系的内涵有哪些？
2. 马克思、恩格斯如何论述城乡关系？
3. 当代中国城乡关系的发展过程与特征是什么？
4. 如何理解新时代中国特色社会主义的新型城乡关系？

▶ 思考题要点

① 《乡村振兴战略规划（2018—2022 年）》，人民出版社 2018 年版，第 11 页。

阅读文献

■ 恩格斯：《英国工人阶级状况》，《马克思恩格斯文集》第 1 卷，人民出版社 2009 年版。

■ 马克思、恩格斯：《共产党宣言》，《马克思恩格斯文集》第 2 卷，人民出版社 2009 年版。

■ 恩格斯：《共产主义原理》，《马克思恩格斯文集》第 1 卷，人民出版社 2009 年版。

■ 恩格斯：《论住宅问题》，《马克思恩格斯文集》第 3 卷，人民出版社 2009 年版。

■ 中共中央文献研究室编：《改革开放三十年重要文献选编》（上、下册），中央文献出版社 2008 年版。

■ 中共中央文献研究室编：《习近平关于社会主义经济建设论述摘编》，中央文献出版社 2017 年版。

■ 中共中央文献研究室编：《习近平关于社会主义社会建设论述摘编》，中央文献出版社 2017 年版。

■ 中共中央宣传部编：《习近平新时代中国特色社会主义思想学习纲要》，学习出版、人民出版社 2019 年版。

■ 王世刚主编：《中国社团史》，安徽人民出版社 1994 年版。

■ 顾朝林、刘佳燕等：《城市社会学》，东南大学出版社 2002 年版。

■ 蔡禾、张应祥：《城市社会学：理论与视野》，中山大学出版社 2003 年版。

■ 李路路：《再生产的延续——制度转型与城市社会分层结构》，中国人民大学出版社 2003 年版。

■ 张鸿雁：《城市、空间、人际——中外城市社会发展比较研究》，东南大学出版社 2003 年版。

■ 高佩义：《中外城市化比较研究》（增订版），南开大学出版社 2004 年版。

■ 李汉林：《中国单位社会：议论、思考和研究》，上海人民出版社 2004 年版。

■ 高鉴国：《新马克思主义城市理论》，商务印书馆 2006 年版。

■ 孙逊主编：《阅读城市：作为一种生活方式的都市生活》（都市文化研究第 3 辑），上海三联书店 2007 年版。

■ 傅崇兰、白晨曦、曹文明等：《中国城市发展史》，社会科学文献出版社 2009 年版。

■ 夏建中：《城市社会学》，中国人民大学出版社 2010 年版。

■ 吴晓、魏羽力编著：《城市规划社会学》，东南大学出版社 2010 年版。

■ 李友梅等：《城市社会治理》，社会科学文献出版社 2014 年版。

■ 折晓叶、艾云：《城乡关系演变的制度逻辑和实践过程》，中国社会科学出版社 2014 年版。

■ 王名等：《中国社会组织（1978—2018）》，社会科学文献出版社 2018 年版。

■ [德] 裴迪南·滕尼斯：《共同体与社会》，林荣远译，商务印书馆 1999 年版。

■ [法] 涂尔干：《社会分工论》，渠东译，生活·读书·新知三联书店 2000 年版。

■ [德] 齐美尔：《社会是如何可能的》，林荣远译，广西师范大学出版社 2002 年版。

■ [德] 马克斯·韦伯：《非正当性的支配——城市的类型学》，康乐、简惠美译，广西师范大学出版社 2005 年版。

■ [美] 简·雅各布斯：《美国大城市的死与生》，金衡山译，译林出版社 2006 年版。

■ [美] R. E. 帕克、E. N. 伯吉斯、R. D. 麦肯齐：《城市社会学——芝加哥学派城市研究》，宋俊岭、郑也夫译，商务印书馆 2012 年版。

■ [加拿大] 道格·桑德斯：《落脚城市：最后的人口大迁徙与世界未来》，陈信宏译，上海译文出版社 2014 年版。

人名译名对照表

[丹]	阿布瑞汉森，彼得	Peter Abrahamson
[美]	艾格纽，罗伯特	Robert S. Agnew
[美]	艾辛格，彼得	P. K. Eisinger
[美]	安斯坦，谢里	Sherry R. Arnstein
[美]	奥尔森，曼瑟尔	Mancur Olson
[澳]	奥尼克丝，珍妮	Jenny Onyx
[美]	班菲尔德，爱德华	Edward C. Banfield
[美]	鲍尔，雷蒙德	Raymond Bauer
[美]	贝尔，丹尼尔	Daniel Bell
[德]	贝克，乌尔里希	Ulrich Beck
[英]	贝利，布赖恩	Brian Joe Lobley Berry
[法]	布迪厄，皮埃尔	Pierre Bourdieu
[美]	伯吉斯，欧内斯特	Ernest Watson Burgess
[美]	步济时，约翰	John Stewart Burgess
[英]	布拉德肖，詹姆斯	James Bradshaw
[美]	布劳，彼特	Peter Michael Blau
[澳]	布伦，保罗	Paul Bullen
[美]	厄尔曼，爱德华·路易斯	Edward Louis Ullman
[美]	达维多夫，保罗	Paul Davidoff
[美]	邓肯，奥蒂斯·达德利	Otis Dudley Duncan
[英]	迪亚尼，马里奥	Mario Diani
[美]	杜博斯，雷内	Rene Dubos
[荷]	范德普勒格，扬·杜威	Jan Douwe Van Der Ploeg
[美]	法林顿，弗兰克	Frank Farrington
[美]	费舍尔，克劳德	Claude S. Fischer
[美]	弗拉纳根，威廉	William G. Flanagan
[美]	弗里德曼，约翰	John Friedmann
[美]	福山，弗朗西斯	Francis Fukuyama
[美]	甘博，西德尼·戴维	Sidney David Gamble

[法]	格拉夫梅耶尔，伊夫	Yves Grafmeyer
[英]	格迪斯，帕特里克	Patrick Geddes
[法]	戈特曼，简	Jean Gottmann
[德]	哈贝马斯，尤尔根	Jürgen Habermas
[英]	哈孟德夫妇（哈孟德，约翰·劳伦斯；哈孟德，露西·芭芭拉）	John Lawrence Hammond; Lucy Barbara Hammond
[美]	哈里斯，昌西·丹尼森	Chauncy Dennison Harris
[英]	哈维，大卫	David Harvey
[英]	赫尔德，戴维	David Held
[美]	亨德森，黑兹尔	Hazel Henderson
[美]	怀特，威廉·富特	William Foote Whyte
[英]	霍尔，彼得	Peter Hall
[英]	霍华德，埃比尼泽	Ebenezer Howard
[美]	霍利，阿莫斯	Amos H. Hawley
[美]	霍伊特，霍默	Homer Hoyt
[英]	吉登斯，安东尼	Anthony Giddens
[意]	加罗弗利，焦阿基诺	Gioacchino Garofoli
[西]	卡斯特尔，曼纽尔	Manuel Castells
[美]	卡西迪，迈克尔·F	Michael F. Cassidy
[法]	柯布西耶，勒	Le Corbusier
[英]	克罗斯利，尼克	Nick Crossley
[美]	科塞，刘易斯	Lewis Coser
[美]	科特勒，菲利普	Philip Kotler
[美]	赖特，弗兰克·洛伊德	Frank Lloyd Wright
[法]	勒努瓦，勒内	Rene Lenoir
[英]	雷克斯，阿德尔纳·约翰	Arderne John Rex
[德]	李斯特，弗里德里希	Friedrich List
[法]	列斐伏尔，亨利	Henri Lefebvre
[美]	林德夫妇（林德，罗伯特·斯托顿；林德，海伦·梅里尔）	Robert Staughton Lynd; Helen Merrell Lynd

［美］	林南	Nan Lin
［美］	马尔库塞，赫伯特	Herbert Marcuse
［美］	马斯洛，亚伯拉罕	Abraham Maslow
［美］	迈达尼普尔，阿里	Ali Madanipour
［美］	麦卡锡，约翰	John D. McCarthy
［美］	麦克亚当，道格	Doug McAdam
［美］	麦肯齐，罗德里克·邓肯	Roderick Duncan McKenzie
［意］	梅卢西，阿尔伯特	Alberto Melucci
［美］	米尔斯，C. 赖特	C. Wright Mills
［美］	默顿，罗伯特·金	Robert King Merton
［英］	莫尔，唐纳德	Donard R. Moor
［美］	纳拉扬，迪帕	Deepa Narayan
［美］	欧文，费雷，沃尔特	Walter Irving Firey
［美］	帕克，罗伯特·E	Robert Ezra Park
［意］	帕累托，维尔弗雷多	Vilfredo Pareto
［法］	佩鲁，弗朗索瓦	François Perroux
［美］	佩里，科拉伦斯·阿瑟	Clarence Arthur Perry
［德］	齐美尔，格奥尔格	Georg Simmel
［英］	桑德斯，彼得	Peter Saunders
［美］	沙森，丝奇雅	Saskia Sassen
［英］	史蒂文森，托马斯	T. H. C. Stevenson
［英］	斯宾塞，赫伯特	Herbert Spencer
［美］	斯托弗，S. A	Samuel Andrew Stouffer
［美］	塔罗，西德尼	Sidney G. Tarrow
［德］	滕尼斯，斐迪南	Ferdinand Tönnies
［法］	涂尔干，埃米尔	Émile Durkheim
［法］	图海纳，阿兰	Alain Touraine
［美］	托夫勒，阿尔文	Alvin Toffler
［德］	韦伯，马克斯	Max Weber
［美］	维克瑞，威廉	William Vickrey
［英］	沃德，巴巴拉	Barbara Ward
［美］	沃纳，威廉·劳埃德	William Lloyd Warner

[美]	沃思，路易斯	Louis Wirth
[美]	希勒里，乔治	George Hillary
[加拿大]	雅各布斯，简	Jane Jacobs
[美]	扎尔德，迈耶	Mayer N. Zald

后　记

《城市社会学》是马克思主义理论研究和建设工程重点教材，由教育部组织编写，经国家教材委员会审核通过。

在教材编写过程中，得到了国家教材委员会高校哲学社会科学（马工程）专家委员会、思想政治审议专家委员会以及教育部原马工程重点教材审议委员会的指导。同时，广泛听取了高校教师和学生的意见建议。

本教材由蔡禾主持编写，陈映芳任副主编。绪论，蔡禾、陈映芳、李怀撰写；第一章，何艳玲撰写；第二章，黎熙元撰写；第三章，蔡禾、夏循祥撰写；第四章，李怀、梁玉成撰写；第五章，朱健刚、蔡禾撰写；第六章，桂勇、蔡禾撰写；第七章，李怀、卢俊秀撰写；第八章，蔡禾、李丽梅撰写；第九章，张文明、蔡禾撰写；第十章，蔡禾、张文明撰写。

2022 年 3 月

郑重声明

高等教育出版社依法对本书享有专有出版权。任何未经许可的复制、销售行为均违反《中华人民共和国著作权法》,其行为人将承担相应的民事责任和行政责任;构成犯罪的,将被依法追究刑事责任。为了维护市场秩序,保护读者的合法权益,避免读者误用盗版书造成不良后果,我社将配合行政执法部门和司法机关对违法犯罪的单位和个人进行严厉打击。社会各界人士如发现上述侵权行为,希望及时举报,我社将奖励举报有功人员。

反盗版举报电话　(010)58581999　58582371

反盗版举报邮箱　dd@hep.com.cn

通信地址　北京市西城区德外大街 4 号

　　　　　高等教育出版社法律事务部

邮政编码　100120

读者意见反馈

为收集对教材的意见建议,进一步完善教材编写并做好服务工作,读者可将对本教材的意见建议通过如下渠道反馈至我社。

咨询电话　400-810-0598

读者服务邮箱　gjdzfwb@pub.hep.cn

通信地址　北京市朝阳区惠新东街 4 号富盛大厦 1 座

　　　　　高等教育出版社总编辑办公室

邮政编码　100029

防伪查询说明

用户购书后刮开封底防伪涂层,使用手机微信等软件扫描二维码,会跳转至防伪查询网页,获得所购图书详细信息。

防伪客服电话　(010)58582300